中国非洲研究院文库·学术译丛

通布图的意义

The Meanings of Timbuktu

［南非］沙米尔·耶派
（Shamil Jeppie）
［美］苏莱曼尼·贝希尔·迪亚涅 / 编
（Souleymane Bachir Diagne）

李新烽　杨琼　陈阿龙　陈密容 / 译

中国社会科学出版社

图字：01-2020-6525 号

图书在版编目（CIP）数据

通布图的意义／（南非）沙米尔·耶派，（美）苏莱曼尼·贝希尔·迪亚涅编；李新烽等译. —北京：中国社会科学出版社，2022.6
（中国非洲研究院文库. 学术译丛）
书名原文：The Meanings of Timbuktu
ISBN 978-7-5203-9303-4

Ⅰ.①通… Ⅱ.①沙…②苏…③李… Ⅲ.①文化—研究—非洲 Ⅳ.①G14

中国版本图书馆 CIP 数据核字（2021）第 265914 号

© HSRC 2008
This translation in Chinese of this book is published by arrangement with HSRC Press

出 版 人	赵剑英
责任编辑	陈雅慧
责任校对	王 斐
责任印制	戴 宽

出 版	中国社会科学出版社
社 址	北京鼓楼西大街甲 158 号
邮 编	100720
网 址	http://www.csspw.cn
发 行 部	010-84083685
门 市 部	010-84029450
经 销	新华书店及其他书店
印 刷	北京君升印刷有限公司
装 订	廊坊市广阳区广增装订厂
版 次	2022 年 6 月第 1 版
印 次	2022 年 6 月第 1 次印刷
开 本	710×1000 1/16
印 张	34
插 页	2
字 数	491 千字
定 价	198.00 元

凡购买中国社会科学出版社图书，如有质量问题请与本社营销中心联系调换
电话：010-84083683
版权所有　侵权必究

《中国非洲研究院文库》编委会名单

主　任　蔡　昉

编委会（按姓氏笔画排序）

　　　　　王　凤　　王林聪　　王启龙　　王利民　　安春英
　　　　　邢广程　　毕健康　　朱伟东　　李安山　　李新烽
　　　　　杨宝荣　　吴传华　　余国庆　　张永宏　　张宇燕
　　　　　张忠祥　　张振克　　林毅夫　　罗建波　　周　弘
　　　　　赵剑英　　姚桂梅　　党争胜　　唐志超

充分发挥智库作用　助力中非友好合作

——"中国非洲研究院文库"总序言

当今世界正面临百年未有之大变局。世界多极化、经济全球化、社会信息化、文化多样化深入发展，和平、发展、合作、共赢成为人类社会共同的诉求，构建人类命运共同体成为各国人民的共同愿望。与此同时，大国博弈加剧，地区冲突不断，恐怖主义难除，发展失衡严重，气候变化问题凸显，单边主义和贸易保护主义抬头，人类面临诸多共同挑战。中国是世界上最大的发展中国家，是人类和平与发展事业的建设者、贡献者和维护者。2017年10月中国共产党第十九次全国代表大会胜利召开，引领中国发展踏上新的伟大征程。在习近平新时代中国特色社会主义思想指引下，中国人民已经实现了第一个百年奋斗目标，正在意气风发地向着全面建成社会主义现代化强国的第二个百年奋斗目标迈进，同时继续努力为人类作出新的更大贡献。

非洲是发展中国家最集中的大陆，是维护世界和平、促进全球发展的重要力量之一。近年来，非洲在自主可持续发展、联合自强道路上取得了可喜进展，从西方眼中"没有希望的大陆"变成了"充满希望的大陆"，成为"奔跑的雄狮"。非洲各国正在积极探索适合自身国情的发展道路，非洲人民正在为实现《2063年议程》与和平繁荣的"非洲梦"而努力奋斗。

中国与非洲传统友谊源远流长，中非历来是命运共同体。中国高度重视发展中非关系，2013年3月习近平担任国家主席后首次出访就选择了非洲；2018年7月习近平连任国家主席后首次出访仍然选

充分发挥智库作用　助力中非友好合作

择了非洲；6年间，习近平主席先后4次踏上非洲大陆，访问坦桑尼亚、南非、塞内加尔等8国，向世界表明中国对中非传统友谊倍加珍惜，对非洲和中非关系高度重视。在2018年中非合作论坛北京峰会上，习近平主席指出："中非早已结成休戚与共的命运共同体。我们愿同非洲人民心往一处想、劲往一处使，共筑更加紧密的中非命运共同体，为推动构建人类命运共同体树立典范。"在2021年中非合作论坛第八届部长级会议上，习近平主席首次提出了"中非友好合作精神"，即"真诚友好、平等相待，互利共赢、共同发展，主持公道、捍卫正义，顺应时势、开放包容"。这是对中非友好合作丰富内涵的高度概括，是中非双方在争取民族独立和国家解放的历史进程中积累的宝贵财富，是中非双方在发展振兴和团结协作的伟大征程上形成的重要风范，体现了友好、平等、共赢、正义的鲜明特征，是新型国际关系的时代标杆。

随着中非合作蓬勃发展，国际社会对中非关系的关注度不断提高，出于对中国在非洲影响力不断上升的担忧，西方国家不时泛起一些肆意抹黑、诋毁中非关系的奇谈怪论，诸如"新殖民主义论""资源争夺论""中国债务陷阱论"等，给中非关系发展带来一定程度的干扰。在此背景下，学术界加强对非洲和中非关系的研究，及时推出相关研究成果，提升中非国际话语权，展示中非务实合作的丰硕成果，客观积极地反映中非关系良好发展的局面，向世界发出中国声音，显得日益紧迫和重要。

以习近平新时代中国特色社会主义思想为指导，中国社会科学院努力建设马克思主义理论阵地，发挥为党和国家决策服务的思想库作用，努力为构建中国特色哲学社会科学学科体系、学术体系、话语体系作出新的更大贡献，不断增强我国哲学社会科学的国际影响力。中国社会科学院西亚非洲研究所是遵照毛泽东主席指示成立的区域性研究机构，长期致力于非洲问题和中非关系研究，基础研究和应用研究并重。

以西亚非洲研究所为主体于2019年4月成立的中国非洲研究院，

是习近平主席在中非合作论坛北京峰会上宣布的加强中非人文交流行动的重要举措。自西亚非洲研究所及至中国非洲研究院成立以来，出版和发表了大量论文、专著和研究报告，为国家决策部门提供了大量咨询报告，在国内外的影响力不断扩大。按照习近平主席致中国非洲研究院成立贺信精神，中国非洲研究院的宗旨是：汇聚中非学术智库资源，深化中非文明互鉴，加强治国理政和发展经验交流，为中非和中非同其他各方的合作集思广益、建言献策，为中非携手推进"一带一路"合作、共同建设面向未来的中非全面战略合作伙伴关系、构筑更加紧密的中非命运共同体提供智力支持和人才支撑。中国非洲研究院有四大功能：一是发挥交流平台作用，密切中非学术交往。办好"非洲讲坛""中国讲坛""大使讲坛"，创办"中非文明对话大会""非洲留学生论坛""中国非洲研究年会"，运行好"中非治国理政交流机制""中非可持续发展交流机制""中非共建'一带一路'交流机制"。二是发挥研究基地作用，聚焦共建"一带一路"。开展中非合作研究，对中非共同关注的重大问题和热点问题进行跟踪研究，定期发布研究课题及其成果。三是发挥人才高地作用，培养高端专业人才。开展学历学位教育，实施中非学者互访项目，扶持青年学者和培养高端专业人才。四是发挥传播窗口作用，讲好中非友好故事。办好中国非洲研究院微信公众号，办好中英文中国非洲研究院网站，创办多语种《中国非洲学刊》。

为贯彻落实习近平主席的贺信精神，更好汇聚中非学术智库资源，团结非洲学者，引领中国非洲研究队伍提高学术水平和创新能力，推动相关非洲学科融合发展，推出精品力作，同时重视加强学术道德建设，中国非洲研究院面向全国非洲研究学界，坚持立足中国，放眼世界，特设"中国非洲研究院文库"。"中国非洲研究院文库"坚持精品导向，由相关部门领导与专家学者组成的编辑委员会遴选非洲研究及中非关系研究的相关成果，并统一组织出版。文库下设五大系列丛书："学术著作"系列重在推动学科建设和学科发展，反映非洲发展问题、发展道路及中非合作等某一学科领域的系统性专题研究或国别研究成果；"学术译丛"系列主要把非洲学者以及其他方学者有关非洲问题研究的学术著作翻译成中文出版，特别注重全面反映非洲本土学者的学术水平、学术观点和对自身发展问题的见识；"智库报告"系列以中非关系为研究主线，中非各领域合作、国别双边关系及中国与其他国际角色在非洲的互动关系为支撑，客观、准确、翔实地反映中非合作的现状，为新时代中非关系顺利发展提供对策建议；"研究论丛"系列基于国际格局新变化、中国特色社会主义进入新时代，集结中国专家学者研究非洲政治、经济、安全、社会发展等方面的重大问题和非洲国际关系的创新性学术论文，具有基础性、系统性和标志性研究成果的特点；"年鉴"系列是连续出版的资料性文献，分中英文两种版本，设有"重要文献""热点聚焦""专题特稿""研究综述""新书选介""学刊简介""学术机构""学术动态""数据统计""年度大事"等栏目，系统汇集每年度非洲研究的新观点、新动态、新成果。

期待中国的非洲研究和非洲的中国研究在中国非洲研究院成立新的历史起点上，凝聚国内研究力量，联合非洲各国专家学者，开拓进取，勇于创新，不断推进我国的非洲研究和非洲的中国研究以及中非关系研究，从而更好地服务于中非共建"一带一路"，助力新时代中非友好合作全面深入发展，推动构建更加紧密的中非命运共同体。

中国非洲研究院

译 者 序

通布图：西非文化的炼丹炉

马里中部尼日尔河畔大漠落日的余晖下，通布图城的津加里贝尔清真寺（Djinguereber）历经岁月的风霜，依旧昂然矗立在撒哈拉沙漠的南缘。一群年轻的学生端坐在沙地之中，围着老师虚心问道。日落之后，他们或伴着昏暗的路灯阅读摊开的书稿，或聚集于老师家中，在木板上奋笔疾书今日的功课，或嘈杂地背诵着木板上的新知识。街道上，疾驰而过的摩托车发出隆隆的引擎声，偶尔夹杂着四轮汽车轧过沙地的闷沉声响；穿着巴塞罗那足球队球衣的孩子三五成群地踢着沙地足球；头顶上稀稀拉拉的几条穿墙过壁的黑色电线和逐渐亮起的点点灯光彰显着这座城市逐渐起步的现代化进程。在这个传统与现代元素奇妙交织的场景中，通布图古城像一位饱经沧桑的老人，欲言又止。

让我们把时间拨回到2019年。这一年的4月，法国巴黎圣母院发生火灾，整座建筑损毁严重，巴黎圣母院的这一遭遇也迅速登上了世界各国媒体的头条。这一事件在中国亦引起了不小的关注，人们对这一著名文化遗产遭受的损失普遍表达了沉痛与惋惜。

与此形成鲜明对比的是，2012年，另一处世界文化遗产遭受类似损毁危险的时候，它并没有获得同样高的关注度。马里国内宗教极端组织破坏通布图城文化遗产的消息，仅仅在关注文化遗产保护的狭窄

◈ 译者序

圈子引起了较大关注，同时在关注安全问题的研究者那里作为危害后果被屡屡提及。这一处世界文化遗产便是位于马里的通布图城遗址。

同样被列入世界文化遗产名录的两处文化遗产的命运在世界舆论场和中国舆论中遭遇了截然不同的关注度。从这个意义上来说，通布图这位沧桑"老者"的欲言又止既是一种被动的无奈，同时也是一种主动的无力。长期以来，非洲在西方主导的国际传播体系中被描绘成落后、贫穷、饥饿、疾病、暴力与冲突不断的大陆。非洲本土文化、思想、学术与制度的价值并未得到西方媒体公允的解读与传播。在对非洲文化有限的传播与报道之中，也充满了猎奇与戏谑的姿态——正如前段时间加纳黑人抬棺舞一夜之间火爆欧美传播平台时我们所看到的那样。作为西非重要的文化中心，通布图和非洲其他世界文化遗产一样，没有能在失衡的国际传播环境中得到应有的关注。正如沙米尔·耶派（Shamil Jeppie）悲观指出的："如果您不辞辛劳来到通布图，那您要么是一位对非洲大陆人文地理多样性颇具热情的冒险家，要么是一位对非洲大陆游牧民族研究感兴趣的人类学家，要么就是对非洲-阿拉伯书写史感兴趣的历史研究者。"

通布图是被列入世界文化遗产名录的西非文化名城，一度是非洲重要的文化与学术中心。通布图的存在对非洲和整个世界有着怎样的意义？通布图对于我们理解非洲文明有何意义？本书的各位作者从不同角度娓娓而谈，字里行间流露着澎湃的激情。尽管今天的通布图城已经不复往日的繁华，甚至习惯了都市生活的人会觉得它破败不堪、暮气沉沉，但从这些作者如数家珍似的阐述之中，我们体味到了一种"敝帚自珍"的骄傲，体会到一种甘受寂寞、埋头故纸堆、在残章断简中发掘先辈智慧的乐道精神。从这个意义上来说，本书的作者们不仅仅是在汗牛充栋的文献材料中发掘通布图的学术与文化历史，他们本身的努力就是通布图学术与文化精神的一部分，也是非洲文化与学术传统的一个缩影。向中国读者译介本书既是译者们自身的一次探友访贤的倾听之旅，也包含着译者们向中国读者引荐西非文化珍宝的心愿。

译者序

在英语世界中，通布图（Timbuktu）一词常常用来指代遥远、难以到达的地方，大约相当于中文的"天涯海角"，例如短语"from here to Timbuktu"便可以理解为汉语里的"遐迩"一词。马里这个西非内陆国家目前在中国新闻报道中为数不多的出场也总是伴随着恐怖袭击、叛乱这些负面信息，通布图这座逐渐掩埋在沙漠黄沙之下的垂暮老城更是鲜有提及。我们在批判西方传播学界的"傲慢与偏见"时，同样需要警惕国内传播领域内涉非传播中不自知的"傲慢与偏见"。这种现象在非官方传播中较为明显，在国内舆论场中的不时引起的争议常常会在国际舆论场中授人以柄，造成恶劣的影响。这也再次提醒了我们深化中非之间人文交流的重要性和紧迫性。从这个角度来说，组织译介本书既是抱着为中非人文交流添砖加瓦的美好愿望，同时也是致敬在穷街陋巷环境中依旧坚持传承非洲文化与学术、安贫乐道的通布图学者和研究者！

一　通布图城市的历史和重要地位

通布图是西非马里共和国中部的一座城市，地理上处在撒哈拉沙漠的南部边缘，尼日尔河北岸。这座如今只有五万多人的小城，在历史上有着重要的地位。作为北非阿拉伯人、柏柏尔人文明和撒哈拉以南非洲文明的交汇点，在其鼎盛时期，通布图商业往来频繁，民族成分复杂，曾是非洲重要的文化中心。

通布图这座城市英语名称为"Timbuktu"（廷巴克图），法语名称为"Tombouctou"（通布克图），图阿雷格语即塔马沙克语名称为"Tin Buqt"（廷布克特），通布图地区本土通用语科伊拉齐尼语（Koyra Chiini）名称为"Tumbutu"（通布图）。从地名研究角度来看，通布图这座城市名称的来源和本义目前众说纷纭。主要有四种观点：第一种观点认为通布图名称源自桑海语。西班牙旅行家列奥·阿非利加努斯（Leo Africanus）认为通布图一词是桑海语中"Tin"和"Butu"两词的组合，意为 Butu 之墙，至于"Butu"是何意，他并未给

3

译者序

予解释。德国探险家海因里希·巴尔特（Heinrich Barth）则认为桑海语中 Tumbutu 意为洞穴、凹陷处，通布图可能是因为建立在沙丘的凹陷处而得名；第二种观点认为通布图名称源自柏柏尔语。马里历史学家瑟科内·西索科（Sekene Cissoko）认为柏柏尔语支的图阿雷格人是这座城市的始命名者，Timbouctou 一词是由表示阴性的"Tim"（……之地）和"bouctou"（沙丘）两个柏柏尔语词汇组合而成，意为"沙丘遍布之地"；第三种观点认为通布图地名源于一位女性奴隶。17 世纪西非编年史学家阿卜杜·萨迪（Abd al-Sadi）在其《非洲历史》一书中提出图阿雷格人在通布图这个十字路口将财物和补给交给一位名为 Timbuktu 女性奴隶看管，久而久之这座城市便得名通布图；法国东方学家热内·巴塞（Rene Basset）提出了第四种观点，认为通布图地名源自毛里塔尼亚与塞内加尔北部的扎纳加语（Zenaga），"Tim"是扎纳加语小品词阴性所有格形式，"b-k-t"这种字母组合在扎纳加语意为"遥远的、隐匿的"意思，因此，通布图可能原意为"隐秘的凹陷之处"。对通布图城市名称的来源和意义的研究依赖于对城市始建者的历史研究，目前考古学研究并未提供足够的证据，因此对这座城市的地名学意义上的争论依然悬而未决。

可以确定的是，公元 12 世纪，通布图地区逐渐聚集了居民，成为一个聚居地。它处于通商路线上，地理位置便利，因此日渐繁华。黄金、象牙、食盐、椰枣、海产品等在这里交换，奴隶贸易也十分活跃。14 世纪，通布图成为马里帝国的领土。接下来的 200 多年里，它先后被图阿雷格部落、桑海帝国和摩洛哥人统治，后来又经历了不同部落的统治。1893 年，通布图为法国殖民者占据，直到 1960 年成为独立的马里共和国的一部分。由于历史的变迁以及贸易通路的变化，今天通布图成为一个衰败的小城，但在历史上地位举足轻重。

在通布图这片土地上，商业曾经非常发达，文明的交汇极其活跃。在其黄金时期，大量伊斯兰学者居住在此，学术机构非常繁荣，形成了著名的通布图大学。通布图大学由三个伊斯兰学校（madrasah）组成：桑科雷清真寺（Sankoré）、津加里贝尔清真寺

（Djinguereber）和西迪·叶海亚清真寺（Sidi Yahya）。大学的研究和教学内容不仅涉及宗教，还包括医学、解剖学、植物学、动物学、制图学、天文学、数学、物理、化学、哲学、语言学、历史学、地理学、艺术等多种学科，可谓包罗万象，全面代表了当时学术研究所能达到的广度和高度。通布图大学的建立使此地成为阿拉伯世界许多学者的向往之处。四通八达的贸易网络将学者们的著作书稿又带往各地，学者本身也以此处为中心频繁流动，四处讲学。书籍传抄、周游讲学使得诞生于此地的知识得以遐迩传播，通布图因此成为非洲重要的学术和文化中心。

书籍贸易是通布图繁荣的商业贸易的重要组成部分。在当时以通布图为中心的地区，学识与书籍是富裕、权力的象征，学者受到民众的尊重，知识分子被认为是福佑眷顾之人。于是，阅读与拥有书籍成为学者与商人的必然追求，由此推动了该地区人们文化水平的普遍提高。当时的通布图在各个方面都呈现出欣欣向荣的景象，整个城市富庶、文明、充满浓郁的学术气息。通布图的这段辉煌时光留下了丰厚的历史和文化遗产。

二　通布图手稿的意义和现状

通布图手稿指的是在通布图地区保存的书籍手稿，涉及古兰经、哲学、医药、文学、法学、天文学、几何学、植物学等领域。这些手稿主要由阿拉伯语写成，此外还包括富拉语、桑海语、索宁克语、班巴拉语等。通布图手稿的时间跨度很长，最早的可以追溯至13世纪早期，最晚的则创作于20世纪初期。这一时间段也就是马里帝国的伊斯兰化时期一直到法国殖民统治时期，见证了传统教育和学术模式逐渐被打破的过程。这些手稿主要创作于通布图地区，也有一些是通过发达的书籍贸易流通至此。这些手稿主要收藏在机构图书馆和私人藏书者手中。据估计，这批手稿多达70万册。

大多数通布图手稿都收藏在私人手中，并不在外流通。然而，也

译者序

有许多私人藏书者出于分享知识、教育的目的开放其手中的手稿收藏供人借阅。通布图地区学术探讨和大学教育的气氛浓厚,这种知识分享的风气曾经影响巨大。通布图人们对书籍的珍视为这座城市带来了"学问之城"的美誉,这里的每个人都可能是一位博学的藏书家和学者。除手稿收藏外,通布图的书籍交易非常活跃,是书商们趋之若鹜的交易市场。

通布图手稿中有长篇论述,也有短篇文章以及法庭判决书、信件等,形式各异,文体丰富。由于这些手稿是手抄文本,一些著名学者的手迹得以流传下来。此外,一些专业的抄写员因其书法秀丽而备受赞誉,其抄写的版本被视为具有很高价值的珍品。因为时间跨度大、涉及多种文字,形态丰富的通布图手稿不仅是当地学术文化成果的详实纪录,也成为绵延几个世纪的社会百科全书式的文献材料。通布图手稿中不仅包括优秀的学术著作、文学作品,同时记载了13世纪－20世纪大量的社会状况、风土人情。

由于书写技术和材料的差异,通布图手稿和古代中国成册的手稿形态存在很大区别。通布图手稿通常是未经装订的纸页,散装在皮革制成的书皮之内,外面再用带子扎起。这样的样式使得通布图手稿不像中国古籍那样完整,手稿中存在不少书页顺序混乱、不同书籍手稿的书页掺杂、手稿内容毁损缺失等现象。但是与中国类似的是,手稿的拥有者非常珍视流传下来的宝贵手稿。许多收藏者不愿意出借自己的藏书,因为每一份手稿都是独一无二的,损毁遗失的后果不堪设想。

在通布图城经历战火的岁月里,人们把书籍藏在地窖里、埋在地下或是放进坟墓中。尽管相隔万里,中非先哲们却默契地采用了相似的汲冢鲁壁式书籍传承和保护方式,这不啻为中非日常生活智慧与理念共通点的生动注脚。虽然如此,在历次战乱中手稿仍然遭受了很多损失。令人格外感到痛心疾首的是,这个地区近年来还没有摆脱战火侵袭。最近的一次对手稿成规模的毁损发生在2013年1月。加上书籍本来就容易遭受虫蛀、水淹以及人事变迁带来的毁损,通布图手稿的数量一直在减少。但是本地的有识之士一直号召对手稿进行抢救和保护，政府和国际社会对此也越来越关注。1970年，联合国教科文组织对通布图手稿开始实施保护。2002年非洲联盟成立时，非盟首任轮值国主席、南非总统姆贝基在成立大会上宣布，非洲要重视通布图手稿的保护和研究工作。此后，针对通布图手稿陆续开展了一些保存项目，对书稿的整理、保护和数字化等工作也逐渐展开。保存下来的手稿作为珍贵的文化遗产，成为了解、学习和研究通布图地区古代和现代文化、历史、社会的重要资料。

三 《通布图的意义》的研究特色

《通布图的意义》是国外相关学者对通布图手稿相关问题研究成果的结集。全书分为：总体研究，通布图地区文化特色，通布图手稿中的文学和历史，通布图历史上的著名学者，手稿、图书馆相关的研究等。总体研究部分两篇文章分别介绍了通布图地区和通布图手稿的近年现状，以及通布图手稿对于认识和研究非洲学术和思想的重要意义。第一部分四篇关于通布图及周边地区的研究论文介绍了有关通布图地理历史的考古发现、该地区使用纸张的历史、书法的传统特点以及高等教育历史状况。这些研究不直接涉及通布图手稿本身，但为读者了解通布图手稿的历史、文化和地区教育环境提供了细致而专业的基础信息。第二部分的六篇文章讨论通布图手稿的历史文献价值，分析通布图对人们了解该地区的历史具有重要意义。这一部分文章涉及的内容从作为一种历史文体的编年史到"阿贾米"文字在不同书面语言中的使用，从西非图书贸易到杰出的穆斯林女学者，以及通布图手稿中的法律文献。这些文章让我们得以从诸多角度管窥通布图手稿里隐藏的广阔世界。第三部分的文章介绍了几位重要学者，他们的教学和著述曾经深刻地影响了通布图手稿中的学术版图。第四部分六篇文章由学者和图书馆管理者等撰写，介绍了一些重要的图书馆、藏书项目和在线手稿数据库，这些文献整理、汇集信息对于通布图研究者

◈ 译者序

来说至为宝贵。最后一部分两篇文章则将目光从通布图手稿引向更广阔的非洲世界，分析通布图手稿对整个非洲所具有的重要影响。

这些文章在问题意识、研究深度广度和资料新颖性方面各有千秋，对汉语世界的研究者和一般读者来说，都有重要的参考和学习价值。文章触及的几个问题尤其值得注意：

一是手稿反映出内容丰富、特色鲜明的学术体系。这是非洲成文学术知识的重要组成部分。这一学术体系包括《古兰经》相关的学问，圣训、伊斯兰法、认主学、语言学、语法、修辞学、逻辑学、哲学、旅行、医药学、生理学、工程学、占卜、诗歌、文件、贸易、神秘方术、学者生平等等。这一学问体系是非洲的，在知识的定义、知识的架构和表达形式方面带有鲜明的非洲特征，不能以其他文化的标准衡量之。显然，伊斯兰教和阿拉伯文化对这一学术体统有着深刻而独特的影响，许多学术问题是由宗教生发出来的，或受到宗教观念不同方式的形塑。但是宗教与世俗的互动构成了丰富的生活世界，许多手稿以不同的方式反映了这一点：回到历史语境，当时的人们关心的问题是本土化的。比如在法庭判决书"法特瓦"中，从对犯罪的定义和惩罚中，可见当时当地的性别关系、婚姻观念、阶层关系等。

二是手稿体现了通布图地区的多元地域特色。历史上的通布图处于贸易中心和文化交流枢纽，是知识、观念和思想碰撞的大舞台。手稿虽然都用阿拉伯字母书写，但一部分是阿拉伯语内容，另一部分则是各种非洲语言——豪萨语、富拉语、桑海语、班巴拉语等的阿拉伯语表达。本论文集中有几篇文章提到这种用阿拉伯字转写的非洲语言，即"阿贾米"。显然，阿拉伯文文献和各种不同的阿贾米文献之间，会渗透不同的文化，各自富有地方和民族特色。阿拉伯文文献代表的是更有知识的人们所关注的内容，而阿贾米的使用则使更广泛的阶层有机会用文字表达和交流。不同语言的阿贾米文学中同样区分不同的文体，用来关注不同的内容，表达不同的思想倾向。而由于阿贾米能够触及广泛的民众，它被用作教导和传授的工具，其作者群体和创作背景更加富有研究价值。

三是手稿不同文体的历史形态、目的和意义。通布图手稿是一个广泛而松散的文献集合，跨越7个多世纪的时间，包含多种语言的内容，并且由具有不同作用和形式的多种文体组成。本书中的一些文章讨论不同文体的具体历史沿革，以及不同的作用、目的和意义。比如保罗·F·德·莫拉斯·法瑞斯谈到17世纪关于萨赫勒区域各个地区历史的"编年史"（tarikh）写作，它们不但依据既有的口述史，也有很大的历史重建的成分，这种文体创新并非偶然无目的，而是基于一种现实的政治考量。又如贝弗利·B·马克谈到宗教诗歌和文章中不同的文体适于表达不同的内容，不同语言的使用也隐含着不同的读者对象。这些研究提示我们去准确辨析各类不同文体，并将其放置在具体的历史语境中去理解，对于研究和解读具体手稿的意义大有助益。

四是通布图教育的独特形态，以及对女性教育的重视。世界上最古老的大学卡鲁因大学位于摩洛哥非斯，它同时也是一座清真寺，至今已经有1100多年的历史。位于通布图的通布图大学，是由桑科尔清真寺、津加里贝尔清真寺和西迪·叶海亚清真寺共同组成。这里是通布图地区的学术中心，它们教授伊斯兰科学的重要科目——神学、古兰经、法学、形态学、逻辑学、句法学、修辞学、历史学、地理学等。这座大学明显受到通布图这座城市的影响，大学与当时其他重要的伊斯兰学术中心保持着联络和交流，在教学人员与使用书籍上互通有无。大学的学者出于交流知识的目的开放自己的私人图书馆，这在当时的通布图并非罕见。如法学家穆罕默德·巴加约霍·旺加里就曾以慷慨帮助学生和其他人著称。

通布图及周围地区的女性教育也值得关注。这里的穆斯林女性普遍以各种形式接受教育。比如，贝弗利·B·马克的文章谈到十九世纪摩洛哥和尼日利亚穆斯林女性教育更倾向不同于西式教育的传统形式。比如学习小组"扎维亚"，家庭学习，传统伊斯兰学校等，这些灵活的形式为女性掌握知识提供了更多途径。此种教育自然而然地造就了娜娜·阿斯玛这样熟悉古典作品并掌握多种文体的女性学者。

第五，家族和社区在知识传播中有着显著影响力。本书第三部分

◇❀ 译者序

讨论的几位重要学者，都有明显的家族学术背景。比如多次提及的昆提家族产生了多位学者，他们的学问与神秘主义宗教活动、与宗教传承的传统方式、家族教育和气氛的影响都有直接关系。此外，上文所提到的娜娜·阿斯玛的家人中就有父亲谢胡、叔叔阿卜杜拉希、兄弟贝洛等，他们都著有不同作品，并且他们的作品从内容、知识背景、形式等各个方面都与娜娜·阿斯玛的作品形成了对话。地方宗教社区与更广大的伊斯兰世界也是她知识和灵感的来源。这只是一个例子；以娜娜·阿斯玛为代表的女性学者的教育与学术生涯无疑与家族和社区的学术环境紧密相关。

这些只是本书提示的研究线索中的几个例子。从对通布图手稿的文本研究出发，结合历史和现实中的相关问题，我们可以管窥该地区乃至非洲文化的一些重要特质。而从其他问题为切入点研究这些手稿，我们能够获得更多丰富而被尘封的历史细节。

四 翻译此书对中国人的意义

（一）通布图手稿为中非命运共同体的构建提供了丰富的文化与思想素材

文明因多样而交流，因交流而互鉴，因互鉴而发展。构建中非命运共同体的目标是携手打造责任共担、合作共赢、幸福共享、文化共兴、安全共筑、和谐共生的中非命运共同体。中非命运共同体的构建需要从哲学、思想、文化、政治、法律等层面发掘中国与非洲大陆理念与价值中的契合之处。通布图作为古代西非地区重要的文化、学术、教育和商贸中心，保存有大量的文学、宗教、哲学、法律等方面的文献手稿。对通布图地区所保存的文献材料进行译介和研究将有利于阐释和发掘中非文明价值之间的相同、相通、相异之处，增进中非文明之间的平等对话、交流互鉴，增进中非人民之间的相互理解与支持。

在本书的译介过程中，译者很幸运地对这种文明交流所带来的喜悦有了管窥蠡测的体验。通布图手稿中展现出来的非洲人对长者和贤者的态度让人想起中华文明中尊老敬贤的传统；手稿中展现出的古代非洲学者尊师重教、博闻广识、刻苦研习学问的态度让人想起中国古代程门立雪、负笈从师的故事；手稿中劝诫君主接受良策善言、公正履行职责的教诲让人想起中国文化中从谏如流、见贤思齐的传统……诸如此类中非智慧"所见略同"之处在此书中俯拾即是。

中非命运共同体的构建需要在责任、合作、幸福、文化、安全与和谐这些核心观念和价值上发掘能够实现中非深度相互理解、美美与共的契合点。通布图手稿文献作为古代西非地区文化的传承载体，为我们研究中非之间的这种价值契合提供了丰富的历史素材。

（二）通布图的文字纪录是世界文明多样性与丰富性的有力物证与载体

在世界范围内，对中国的研究曾经笼罩在欧洲中心论的阴影之下。古老的中华文明具有独特的文化传统和文化逻辑，中国人以自己的智慧与世界相处，留下了丰富的人类文化遗产。中华文明与其他文明有共通之处也有自身的独特之处，因此对中国的研究不能简单套用西方方法、使用西方标准，而应该回复到历史语境，从中国立场和实际情况出发，客观、真实、全面地研究中国。近年来，这一客观研究视角获得了普遍认同。

非洲研究面临了类似问题。通布图手稿记载了非洲历史上重要的一部分文化轨迹，是世界文明多样性的代表。长久以来，欧洲中心主义者对于文化意义上的非洲是轻视的。以欧洲文明史为标尺来度量非洲，他们强调文字文本记录，视缺乏古代文字记录的非洲为文化的荒漠。这种看法在最近几十年越来越遭到反对。另外许多学者认为，非洲的文化传统，无论是文学、历史还是学术，都是口传的而非文字的，有意抹煞非洲的文字传统，认为非洲文化的精髓在于口传文化，文字则不属于非洲自身。确实，口述传统对于非洲来说极其重要，但通布图手稿的存在则指出这一说法的狭隘性。通布图手稿中大量的学术著作证实，在前殖民时代，非洲早就拥有自己的文字学术传统，且涵盖了科学、医药学、法学、文学、历史等各个领域。借助阿拉伯语的书写方式，非洲产生了不同的书写系统，用于记录自己的文化、历史和知识。这些记录并非西方文字化记录的非洲版本，而拥有自己独特的样态、功能和意义。因此，西方研究方法无法简单套用在通布图手稿的研究上，通布图手稿呼唤着适用于自己的研究方法和理论。在非洲研究领域，对口述传统的研究已经有了一定成果，但对文字传统的研究还不够丰富，这是一个亟待深入研究的领域。非洲研究同样呼唤着客观立场和非洲视角。

（三）通布图文稿是促进中非文化共兴、增强中非文化自信的宝藏与桥梁

习近平总书记指出："我们要坚持道路自信、理论自信、制度自信，最根本的还有一个文化自信"。倡导文化与文明的多样性是消解单一文明与文化主导世界历史和国际体系的有效途径。从这个意义上来说，作为构建中非命运共同体重要内容之一的中非文化共兴，对丰富人类发展道路探索、推动国际体系朝着更加公正合理的方向变革具有重要意义。

毫无疑问，西方中心主义的影响如今已经渗透到社会科学的各个领域，并且逐渐影响包括中国和非洲在内的世界各国普通民众的观念与价值。巴黎圣母院和通布图城的遭遇在中国获得的云泥之别的关注仅仅是冰山一角。近现代西方文明取得的经济优势地位可谓实现了"一人得道，鸡犬升天"的效果。西方的价值理念、思想文化，制度体系乃至微末的饮食文化均被渴望繁荣美好生活的人们奉为圭臬。

正如四面楚歌的故事所展示的那样，"用兵之道，攻心为上，攻城为下"。"文化自卑"以及随之出现的文明多样性的被压制是非西方文明国家实现独立自主发展的最大障碍。近现代西方通过经济繁荣反哺文化影响力，文化影响力护航制度推广，打压异质文化的本土自信，最终有效维持了非西方文明依附西方文明的国际体系。

非西方文明国家本土文化自信的重建面临着内外部挑战：内部民众的"强者崇拜"情结与外部西方国家的同化压力。非西方国家探索符合本国国情的发展道路的努力一开始便面临着极为苛刻的舆论环境。文化领域的"马太效应"表现得颇为明显：西方发达文明的文化获得了愈来愈多的关注和发展资源，非西方文明的文化愈来愈多被忽视和轻视。对非西方文化发展的资源投入本就极为稀少，受众的散失更是让这种处境恶性循环。

在西方文明国家受众持有较大文明优越感的全球文化环境中，非西方文明国家之间的"美人之美"的相互支持显得尤为重要。中华文明与非洲文明是非西方文明中的典型代表，文化"自卑情结"是中非文明面临的共同挑战。中非可以在增强各自文化自信的同时，加强文明交流互鉴，在彼此学习和欣赏中提升民众的文化认同与文化自信。中非完全能够保持开放包容的态度，在互鉴中增强文化自信，从而在与西方文明的交流中真正实现平等对话。

从这个意义上来说，《通布图的意义》一书的译介是中非两位文化层面的"贫贱之交"间的一封鱼信雁书。作为西非地区古代学术文化中心，通布图地区手稿文献对于中国学者和普通民众纵向深入理解非洲，尤其是西非地区宗教、哲学、文化、教育、文学等层面的理念与价值具有重要意义。尽管本书收录的更多是第二手研究文献，仍不失为增进中非相互了解、实现中非文化共兴的片瓦块砖。

（四）通布图手稿是中国增进对非洲了解、加强中非学术合作的课题与纽带

中非交往源远流长，中非友谊根深蒂固。今天，中非之间的友谊又因真实亲诚理念和正确义利观而得到巩固和升华。中非友谊的加深与相互了解的加强总是相辅相成的，更深入地了解非洲和非洲人民是中国人民的心愿，也是我们学术界义不容辞的责任与担当。

非洲是一片广袤的大陆，各国在分享共同的历史经历与文化特征外，也具有鲜明的文化多元性。增进对非洲次区域文化和历史的认

译者序

知，既需要从宏观上进行考察，也需要从微观上切入，而通布图手稿正是这样一个珍贵的窗口和富矿。它不是史书，而是第一手材料，出自不同历史时期、不同文化背景、不同身份的人，有着不同的作用，因此记录了当地复杂文化的原始景观。进入通布图这个非洲重要的历史文化中心的历史现场，见证其文化发展中的片段，管窥当时的社会文化潮流，这是了解通布图及其周围地区的历史与文化逻辑的珍贵路径。从这条路径可以了解非洲文字化的学术传统本身，阅读其绵长的历史，触摸其丰富的细节，这同时也是深刻理解和真诚共鸣产生的一个过程。

通布图手稿是中国非洲研究值得重视的课题。对历史、文化层面研究的推进，对加强相互理解、增进友谊、深入交流的重要作用不言而喻。人民之间的友谊来自于相互理解和信任。这种理解不仅来自于友善交往、互帮互助，也来自于对彼此从古代走到今天的文化路径的兴趣。

非洲是人类文明的起源，是世界文明重要的一部分。和中华文明一样，它古老，优雅，深沉，丰富而特别。不关注非洲，就无从谈论人类文明从哪里来，更无法想象人类文明到哪里去。但对于非洲的文化传统，研究还不够，还有非常多的文化宝藏等待研究者去挖掘。

在各国各民族彼此交流越来越重要的今天，了解非洲，增进合作，对各国来说都具有重大意义。世界人民是一个休戚与共的命运共同体，孤立是过去时，理解合作是未来时。不过，当代非洲的发展问题已经成为世界各国普遍关注的问题，尽管关注的立场有所不同。与非洲具有深厚传统友谊的中国秉持真实亲诚理念和正确义利观，致力于推动构建更加紧密和更具活力的中非命运共同体，是从真诚的情感和愿望出发。这种深厚而诚挚的友谊关系，更需要双方在历史和文化方面彼此深入了解和理解对方。要实现更好的交流，共创未来，中非之间的深入了解成为必须和必然。作为非洲人民的历史文化宝藏，通布图手稿是一个重要的研究切入点，也是了解非洲所不可绕开的课题。

在某些人的眼中，当今的全球化被简单化为西方化。西方主导的全球化在其优势经济地位的保驾护航下，傲慢地宣称"历史终结了"。他们宣称，自由资本主义及其民主形式和文化价值成为人类社会形态和文化价值的最高和最优形态。任何不符合西方模式的制度体系、文化价值都会在其主导的国际舆论场中被定性为"落后的、不可接受的"。在这样简单化的全球化理论下，世界历史和社会形态正朝着一个单线性、同质化的模式发展，文明的多样性遭受严重威胁。实际上，文明的多样化发展恰恰是全球化的矫正器，它应当起到维护国家主权，避免本土文化被肆意侵蚀的作用。放弃对文明多样性的坚持就无法因地制宜探索适合本国国情的独立自主发展道路。邯郸学步、亦步亦趋地照搬西方文明的发展模式无法避免水土不服的问题，最终会在西方主导的敌意舆论环境中遭受肆意霸凌，本土文化与价值则成为了导致这种失败的替罪羊。这种打击本土文化自信、攻心夺志的做法加重了非西方文明国家本就艰难和不利的处境。

中华文明与非洲文明是非西方文明的代表。中国和非洲能否成为世界文明多样性的成功范例对整个非西方世界在国际社会中的地位都具有重要影响。在西方文明全面主导国际政治、经济、文化各个领域的现实下，包括中国和非洲在内的所有非西方文明需要建立统一战线，交流互鉴，相互理解支持，共同反对西方文明侵略性的文化策略。只有这样，全球化才不至于在西方化的歧途上积重难返。这是包括非洲文明和中华文明在内的非西方文明的共同历史使命。中非文明间的交流互鉴，中非命运共同体的构建，从这个意义上来说，是倡导文明和谐共存的人类命运共同体理念的必然要求。

五 通布图研究与本书翻译的几点说明

作为中国学者，研究通布图手稿自然会遇到不少困难。通布图地区连年战乱，目前仍然不安全。自 2011 年以后，西非和萨赫勒地区不断受到各种恐怖组织的攻击，包括西非统一和圣战运动、伊斯兰马

译者序

格里布基地组织、伊斯兰后卫组织、穆拉比通组织、博科圣地组织等，跨国有组织犯罪等也非常严重。并且由于通布图城早已繁华不再，现在是一个贫困而交通闭塞的地区。笔者2019年7月访问马里时，曾千方百计想亲自去探访通布图城，触摸通布图手稿，然而未能如愿。当然，绝大部分通布图手稿已散落民间，保存在很多私人手中，即使亲赴当地，也不容易获得，如远程研究，则更为困难。这样，在几个数字化工程中保存下来的手稿就成为弥足珍贵的原始研究资料。而这些数字化的手稿和没有数字化的手稿一样，也由多种语言写成，许多手稿距现在时间久远，语言也存在变迁问题，这对研究者的语言能力提出了极高要求。并且由于原稿状态大多不好、抄写质量高低不一，很多情况下辨认字迹成为问题。此外，通布图手稿的文体不一，许多文献在不知道时代背景和上下文的前提下，不容易深刻理解其含义。对于研究者，尤其是国际研究者来说，这些是普遍存在的难点，也是一种挑战。如何利用可获得的通布图手稿相关资料进行研究值得思考。如能在这方面有所收获，对于提升非洲研究具有一定意义。

《通布图的意义》一书中的研究成果非常值得参考。一些研究在细读文本的基础上对历史进行重建，另一些则借助实地考察所得和相关资料对通布图地区的历史、文化、社会概况进行了描述，对通布图手稿的物质形态、语言文字特征，以及其中反映出的历史事实、文化现象和社会趋势进行了考察。以通布图手稿为中心，向外辐射周边问题研究，不论是否有许多手稿在手，都是非常有意义的。

本书中的多篇文章提示我们通布图手稿保藏所面临的巨大困难。通布图地区贫穷而安定，手稿的保存面临着经费、设施和相关人才的缺失，而且在当前的不安全态势下，也无法成为该地区重视解决的问题。即使是那些安全藏于私人手中的手稿，也由于专业设备的缺乏而正在老化。对于曾经是非洲重要文化中心的通布图来说，这种情况极其遗憾。当然，挑战也意味着机遇。从某种角度来说，这也启示了中国学者和机构参与通布图文化研究的一些可行路径。人文交流行动是

译者序

中非合作八大行动之一，文博领域的合作与交流是重要内容。中国在古文献修复、保护与收藏等文博领域内积累了丰富经验，从资金、设备、人才培训等方面为包括通布图文稿收藏机构在内的非洲文化机构提供帮助和支持，拓展合作交流，对中非人文交流的深入发展大有裨益。

在翻译此书的过程中，我们主要以原书英文版为基础，参照了一些阿拉伯语和法语资料。专业名词和人名在初次出现时，附上了原文作为参考。关于"通布图"这个地名的翻译，我们曾费了一番心思。国内英汉词典译为"通布图"，但近年来，国内出版一些关于通布图的书，大都翻译为"廷巴克图"，我们开始时也延用了这个最新译名，但是，到底哪个译名更准确呢？在访问马里期间，我们就此专门请教了当地学者，他们用当地语言发音让我们听，并强调指出，通布图是当地语，"廷巴克图"则是英语发音。

文化人类学和民族学研究中对于文化现象存在主位（emic）和客位（etic）两种不同的理解视角。主位研究要求研究者尽可能地熟悉被研究者的知识体系、分类系统，明了他们的概念、话语及意义，从当地人的视角去理解所研究文化。客位研究要求研究者以文化外来观察者的角度理解所研究文化。主位研究方法能够详尽的描述文化的各个环节，克服由于观察者的文化差异造成的理解偏差，在现代文化人类学和民族学研究中得到日益广泛的重视。例如，研究马里北部的图阿雷格人问题时，长期以来西方学术界一直流行"Tuareg"（图阿雷格人）这一外部的客位指称，但目前学术界已经有意识地采取主位视角，逐渐使用这一族群对自己的称呼"Tamasheq"（塔马沙克人）指称这一族群。与此相类似，Timbuktu 一词是英语世界对通布图这座西非城市的称呼，对应的中文翻译为"廷巴克图"。通布图的法语写法为"Tombouctou"，中文应当译成"通布克图"。在通布图及其周边一些地区使用的本土语是桑海语族中的西桑海语即科伊拉齐尼语（Koyra Chiini）。在该语言中，通布图这座城市名为"Tumbutu"，中

17

译者序

文音译为"通布图"。由此可以看出,在关于通布图的诸多中文译名之中,唯有"通布图"是以通布图人的主位视角、依据本土语言发音最为准确的中文译名,我们因此将该书名译为《通布图的意义》。

这本书的翻译是我们四位译者通力合作、共同努力的结果。翻译分工如下:李新烽翻译前言部分和第一至第六章,负责对全书的二次译校与统稿工作;杨琼翻译第七至第十四章,负责全书的初次译校工作;陈阿龙翻译第十五、十六章和第二十三、二十四章;陈密容翻译第十七至第二十二章。我们几位译者的专业和外语水平有限,虽专心致志翻译,又几经反复校对,翻译与理解不当之处仍在所难免,敬请广大读者不吝指正为荷。

杏坛寂寂遗音在,卷帙纷纷播四方。通布图是传道授业解惑之所,现在仍然有学者在坚持;通布图学者们的著作从西非马里向四面八方传播,今天来到遥远的中国。我们真诚地希望读者能够从《通布图的意义》认识一个真实的非洲!

译者
2021 年孟春
于中国非洲研究院

目　　录

前言 …………………………………………………………（1）
致谢 …………………………………………………………（6）
西"黑人的土地"历史上的关键时期 ………………………（9）

绪　　论

第一章　再/发现通布图 ………………………沙米尔·耶派（3）
第二章　走进西非学术史
　　——通布图的意义 …………苏莱曼尼·贝希尔·迪亚涅（26）

第一部分　通布图地区概论

第三章　通布图之前的时代
　　——远古时代的城市 ……………罗德里克·J. 麦金托什（41）
第四章　苏丹非洲地区的纸张
　　………………………………………乔纳森·M. 布罗姆（62）
第五章　西非地区的阿拉伯书法 …………希拉·S. 布莱尔（82）
第六章　通布图与瓦拉塔
　　——世系家族与高等教育 ………蒂莫西·克利夫兰（109）

1

目录

第二部分 作为史料的非洲阿拉伯语文学

第七章 萨赫勒的知识创新和重塑：
17世纪的通布图编年史
……………………………… 保罗·F. 德莫拉斯·法瑞斯（135）

第八章 非洲的阿贾米：阿拉伯文字在
记录非洲语言中的使用 ………… 穆拉耶·哈桑（153）

第九章 阿贾米文学与关于索科托哈里发国的
研究 ……………………………… 哈米德·博博伊（171）

第十章 索克托哈里发国的书籍 ………… 默里·拉斯特（187）

第十一章 十九世纪和二十世纪的穆斯林女性
学者：从摩洛哥到尼日利亚…… 贝弗利·B. 马克（231）

第十二章 通布图（Tombouctou）手稿项目：
社会史方法
……………………………… 阿斯拉姆·法鲁克－阿里
穆罕默德·沙伊德·马特（253）

第三部分 通布图的学者

第十三章 谢赫·西迪·穆赫塔尔·
昆蒂的一生
……………………………… 叶海亚·乌尔德·巴拉（269）

第十四章 谢赫·西迪·穆赫塔尔·
昆蒂的作品
……………………………… 马哈曼·马哈穆杜（297）

第十五章 通布图的文人：谢赫·西迪·
穆罕默德·昆蒂
……………………………… 阿卜杜勒·维都德·乌尔德·切赫（319）

2

第十六章　谢赫·阿布·喀伊尔：杰出的
　　　　　学者和安拉的虔诚友人
　　　　　·················· 穆罕默德·迪亚加耶特（344）

第四部分　通布图的图书馆

第十七章　马里手稿的状态和维护
　　　　　·················· 阿卜杜勒·卡德尔·海达拉（367）
第十八章　通布图的私人图书馆
　　　　　·················· 伊斯梅尔·迪亚迪埃·海达拉
　　　　　　　　　　　　　　豪阿·道若（375）
第十九章　谢赫·巴加约霍·旺加里和
　　　　　通布图的旺加里图书馆
　　　　　·················· 穆赫塔尔·本·叶海亚·旺加里（383）
第二十章　艾哈迈德·巴巴高等教育与
　　　　　伊斯兰教研究院
　　　　　·················· 穆罕默德·乌尔德·游巴（398）
第二十一章　"非洲的阿拉伯语文学"项目 … 约翰·汉维克（415）
第二十二章　西非阿拉伯语手稿数据库
　　　　　·················· 查尔斯·C. 斯图尔特（445）

第五部分　超越通布图

第二十三章　非洲东部地区的阿拉伯文学
　　　　　·················· R. 希安·欧法希（459）
第二十四章　伊斯兰非洲历史的文本考证：
　　　　　桑给巴尔国家档案馆中的
　　　　　阿拉伯语材料 ·················· 安妮·K. 邦（482）

附录 ··· （499）

前　　言

　　能够最终将这本论文集展现在南非和非洲大陆的所有读者面前，我们感到欣喜万分。除一篇文章外，本书中收录的文章都是开普敦大学通布图手稿项目于2005年8月举行的一次会议上的发言稿。在那次会议上，这些文章以阿拉伯语、英语或者法语撰写和发表。我们十分高兴能以论文集的方式向英语读者汇集呈现这些文章。会议提供了同声传译，以这三种语言分册出版这些文章是我们原本的想法和理想主义的愿望。不幸的是，为这样一个项目筹措资金的难度可想而知。此外，这样一册论文集的组织编辑工作也是相当大的挑战。一方面，两位主编相隔甚远；另一方面，文章的作者分布在三个洲，而且很少端坐在书案之前或者授课于课堂之内。在这种情况下，同时出版这本文集的三种语言版本显得有些不切实际。令人欣喜的是，目前此书的英文版已经面世，我们期待组织力量将它翻译成另外两种语言。本书收录了一些颇有价值的原创文章，我们相信这本书会在南非、非洲乃至更大范围内获得关注。我们期望在不久的将来，本书常规读者群之外的人们——法语或阿拉伯语读者，或者是其他地区语言的读者——能有机会读到这些文章。

　　本书中大多数章节探讨了以阿拉伯语或者以阿拉伯字母拼写的非洲语言（称为阿贾米文）表达的非洲学术传统。迄今为止只有很小一群学者研究这一传统。这些学者大部分是研究和关注非洲西部地区的阿拉伯学者、历史学家或者人类学家。对于这一非洲阿拉伯知识传统的现代学术研究仅仅零星见诸非洲、欧洲和美国的一些机构。受到

1

前　言

殖民传统影响的学术研究特别注重翻译与殖民政策制定者相关的重要文献，直到20世纪60年代，对于非洲前殖民时代书写的"科学"研究才稳步或者说姗姗来迟地发展起来。

总体而言，欧洲殖民之前的非洲学术传统并不为人们所广泛了解。关于非洲的这部分知识，并没有像这个大陆的考古学或者口述传统那样，被整合到大学开设的与非洲相关的课程中。然而可供研究的材料很多，即便我们不考虑撒哈拉以北的非洲地区，从西非到东非沿海地区，甚至南非的开普敦都能发现可资利用的材料。近些年来，受益于一些国际媒体陆续的报道，这些书写传统引起了人们的关注。然而，正如媒体所追求的那样，瞬息热烈的闪光灯之后，对于这些书写传统的注意力很快就让位于下一个"独家新闻"。

"神秘的通布图"书写遗产不时享受着这样短暂的关注，直到下一个"大事件"发生。如此一来，这个沙漠小镇获得了它短暂的成名机会。然而，我们认为通布图会在对古代书籍和图书馆感兴趣的学者那里获得更为持久的声誉。至少对非洲过去几个世纪的成文历史感兴趣的学者应当知道通布图手稿。目前对非洲历史中这一为人所忽视的部分进行研究的专家还比较少。通过不间断的跨学科学术调查，吸引更多的学者参与这一手稿的研究势在必行。我们希望此书能够得到对这一非洲历史中的迷人话题感兴趣的读者们的斧正。

本书收录了超过20篇相关研究文章，文章具有专业性，同时介绍了众多分布在撒哈拉和萨赫勒地区（撒哈拉边缘从大西洋延伸到红海的地区，中世纪以后也被称为"黑人的土地"）的学术机构。我们同时也收录了两篇探讨其他地区的文章。这两篇文章显然无法体现相关研究的全景，我们旨在为读者管窥本书中心关注区域之外的研究提供一些材料。这些研究将能够满足有一定知识储备的读者，或者对非洲知识传播与书写感兴趣的学者的需求。虽然这些文章不能够称为全面或者毫无争议，但是它们整体上能够为相关领域的研究提供一些扎实可靠的简明介绍。同时，这些文章也能为理解通布图文稿和之后的学术阅读与书写的情况及其意义提供多样化的视角。

前言

书中并非仅仅收录了相关研究区域之外的高校学者的文章。在我们所讨论的地区，一些学者就职于相关的图书馆，或者是这类图书馆的管理者或私人拥有者。我们也收录了此类学者的一些文章。一些学者的行文风格仍然带有萨赫勒地区一些教材和课堂上常见的表达特色。本书并未收录讨论相关文献美学特色的文章，只是在文献的书法特色方面略有涉及。但书中附录的一些图片材料也为未来从西非艺术和设计角度研究相关文献留下了空间。因此，在选择文本及其背景环境图片材料时，我们有意识地采取了较为开放的态度在本书所关注的区域内进行了挑选。

本书脉络

绪论部分包含编者所写的两篇文章，这两篇文章对本书收录的文章的背景和来龙去脉进行了介绍。第一篇文章阐述了南非倡议保护通布图手稿的背景；第二篇文章审视了这一地区学术史的意义以及为何通布图是一个更为广泛的非洲学术传统的象征。

第一部分从历史角度介绍了通布图地区，同时也介绍了对于理解这一地区至关重要的地理框架。这些简介比通布图手稿所能提供的信息更为丰富和广泛。罗德里克·J. 麦金托什在他的文章中系统阐释了通布图地区及其邻近阿扎瓦德地区更为久远的考古学上的过去。纸张和书法是探讨通布图的书面遗产的基础。艺术史学家乔纳森·M. 布罗姆和希拉·S. 布莱尔分别关注了这一地区的纸张及纸张输入的历史以及这一地区阿拉伯书法形式与更为古老的西亚和北非书法的关系。这一部分最后一篇文章是由蒂莫西·克利夫兰所撰写，探讨了通布图的高等教育传统及其在区域中的布局。他强调研究"传统"形式的学校教育和学生—老师个人关系的重要性，并同时指出了经常为人所遗忘的瓦拉塔小城。他也对一些家族的世系以及他们覆盖这一地区广阔区域的学术网络提出了真知灼见。

第二部分探讨了非洲各种形式的阿拉伯写作，这些写作成为书写

前　言

非洲历史的起源。保罗·F. 德·莫拉斯·法瑞斯在他的文章中比较了这一地区不同题材的历史陈述，并且提出批判性重新审视编年史这种题材，因为编年史奠定了大多数关于马里和桑海国家历史书写的基础。他将众所周知的编年史材料与少有研究的碑文证据进行对比，向学者们表明，这些编年史的作者并非只是记载空洞的关于过去的"事实"。接下来的两篇文章探讨了阿拉伯字母在非洲语言书写中的应用。穆拉耶·哈桑审视了使用阿拉伯字母转录非洲语言这个宽泛话题下的一些问题，并且探讨了西非地区伊斯兰文化和前伊斯兰文化之间的关系。哈米德·博博伊考察了19世纪尼日利亚北部的索科托哈里发国的阿贾米文学。默里·拉斯特的文章探讨了索科托的书籍经济。他以一种引人入胜的方式展示了与19世纪西非书面材料的流通有关的一系列问题。关注了同一时期的同一地区，贝弗利·B. 马克则将重点聚焦在女性学者使用的阿拉伯语经典，同时她将自己的视域扩展到索科托国之外，考察中包括了摩洛哥的女性学者。这一部分的最后一篇文章是由阿斯拉姆·法鲁克－阿里和穆罕默德·沙伊德·马特合写完成。他们提出法律文本（尤其是法律回复或者法令）可以作为历史探究的来源，并且向我们展示了目前研究通布图社会史中所涉及的几个案例。

　　第三部分文章基本都是在探讨18世纪末到19世纪中期颇具影响力的昆蒂家族。这显示了这一家族在通布图及这一地区学术生活中的权威和贡献。其中三篇文章涉及谢赫·西迪·穆赫塔尔·昆蒂（1729—1811）（Shaykh Sidi al－Mukhtar al－Kunti）和谢赫·西迪·穆罕默德·昆蒂（卒于1826年）（Shaykh Sidi Muhammad al－Kunti）的生平和作品。叶海亚·乌尔德·巴拉（Yahya Ould el－Bara）和阿卜杜勒·维都德·乌尔德·切赫（Abdel Wedoud Ould Cheikh）的两篇文章分别介绍了年长和年幼的昆蒂。马哈曼·马哈穆杜（Mahamane Mahamadou）是研究通布图的顶尖学者，并且是当地居民。他曾接受过传统的伊斯兰科学教育。此部分收录的他的文章原本是使用阿拉伯语写就的，并且遵循着传统的阿拉伯语修辞和风格。这一部分收录的穆罕默德·迪亚加耶特（Muhammad Diagayete）的文章也具有类似的风格。他的文章关注 20 世纪学者谢赫·阿布·喀伊尔。

马里拥有很多私人手稿收藏，本文集的第四部分便特别关注了通布图的图书馆和私人手稿收藏。收录于这一部分中的文章，其作者或者拥有某个图书馆，或者在某些图书馆中工作或担任馆长，因此他们关于这些手稿的第一手知识给我们提供了关于通布图书面遗产的极为宝贵的信息。来自玛玛·海达拉纪念图书馆（Mamma Haidara Memorial Library）的阿卜杜勒·卡德尔·海达拉（Abdel Kader Haidara）向我们概述了通布图手稿收藏的历史，特别是通布图手稿保存协会下的私人图书馆的情况。在随后的一篇文章中，伊斯迈尔·迪亚迪埃·海达拉（Ismaël Diadié Haidara）和豪阿·道若（Haoua Taore）概述了通布图不同的图书馆，特别是方多·卡迪（Fondo Ka'ti）私人图书馆。接下来的一篇文章关注了通布图最伟大的学者之一谢赫·穆罕默德·巴哈约霍·旺加里（Shaykh Muhammad Baghayogho al‐Wangari）以及他所创建的旺加里手稿图书馆（Wangari Library for Manuscripts）。这篇文章是他的后裔穆赫塔尔·旺加里所写。之后的一篇是由乌尔德·游巴所写的关于艾哈迈德·巴巴研究所的文章。这篇文章概述了这座档案馆的历史和其中收藏的手稿以及档案馆面临的挑战。约翰·汉维克（John Hunwick）是研究通布图历史的先驱者之一，他在自己的文章中对这一地区的阿拉伯文学做出了简洁而又全面的概述。查尔斯·斯图尔特（Charles Stewart）则介绍了伊利诺伊大学香槟分校所采取的一个项目。这个项目建立了一个西非手稿数据库，有望成为萨赫勒阿拉伯书写体手稿识别的一个通用的网上资源。

本书的最后一部分旨在超越通布图乃至西非地区，探讨非洲东部的书写遗产。对于通布图及其周边地区而言，这也是一个很好的比较研究的机会。R. 希安·欧法希（Sean O'Fahey）在他的文章中概述了东部非洲地区的阿拉伯文学，包括苏丹、非洲之角国家，最后是以阿拉伯字母书写的斯瓦希里文学。在最后一篇文章中，挪威学者安妮·K. 邦将注意力放在了坦桑尼亚桑给巴尔国家档案馆中收藏的手稿文献。

致　　谢

　　在本文集的出版过程中我们获得了很多个人和机构的支持，在此我们谨致谢忱。南非艺术与文化部部长帕洛·乔丹（Pallo Jordan）博士在定期关切此书的出版事项之外，还为此书的付梓提供了出版资助。总统事务部长埃索普·帕哈德（Essop Pahad）博士同样是这一工作的热心支持者。作为姆贝基总统的代表，他一直支持着通布图艾哈迈德·巴巴档案馆新址的建设。马里驻南非大使斯纳里·库利巴利（Sinaly Coulibaly）先生和南非驻马里大使潘德拉尼·托马斯·麦索玛（Pandelani Thomas Mathoma）博士也通过他们的办公室或者亲自在与会者旅行安排和两国间研究者定期访问事务中提供了帮助。福特基金会约翰内斯堡办事处的约翰·巴特勒－亚当（John Butler–Adam）及其前任艾哈迈德·巴瓦（Ahmed Bawa）皆是这一项目和其他更大项目的热心支持人士。

　　约翰·丹尼尔（John Daniel）在其任职南非人文科学研究理事会出版社编辑委员会主席期间，热心地答应考虑我们的提议并力劝我们要全力以赴。出版社的编辑小组将这一大堆的文章整理成了这样一部较为条理清晰的文集，这体现了他们一以贯之的职业精神以及自始至终的热心。玛丽·劳尔夫斯（Mary Ralphs）是一位极为有耐心的编辑，但她同时也默默地提出要求，并且满世界地"追"我们以及这些作者，只是为了弄清楚翻译和音译中遇到的最微小但也最棘手的问题。这只是我们给她造成的诸多麻烦中很小的部分。加里·罗森博格（Garry Rosenberg）是更宏大计划的策划者，他帮助我们想出了一系

致　谢

列新的话题，本书仅仅只是一个开端。乌坦多·巴杜扎（Utando Baduza）为一些日常文书工作时常联系我们，凯伦·布伦斯（Karen Bruns）则为构思和营销这本书夜以继日地辛苦工作。装帧设计师珍妮·扬（Jenny Young）以及排版编辑李·史密斯（Lee Smith）和玛丽·斯塔基（Mary Starkey）都向我们展示了他们的职业精神和负责任态度。

通布图的研究者被动员起来协助这项工作，他们挤在开普敦大学历史研究部的一个办公室里踊跃提供帮助的场面的确非常振奋人心。包括翻译图片资料的解释说明这样的琐事，出版工作的方方面面都受惠于他们的参与，没有他们，本册文集的面世将不会这么迅速。苏珊娜·莫林斯-里特拉斯（Susana Molins - Lliteras）是一位精力充沛的助手，同时也是一位具有奉献精神和感染力的协调人，她在编辑、出版社和作者之间进行了很好的协调。默罕默德·沙伊德·马特（Mohamed Shaid Mathee）、易卜拉欣·莫斯（Ebrahiem Moos）、努尔汗·辛格（Nurghan Singh）和纳伊法·卡亨（Naefa Kahn）都慷慨地奉献了他们的时间。南南交流发展史项目（South - South Exchange Programme in the History of Development）和非洲研究发展理事会（Council on the Development of Research in Africa）中现任和前任的同事与我们有着长久的联系，他们自始至终支持着这一项目。南非—马里通布图手稿计划的广泛参与者都在项目的推进中发挥了自己的作用，他们是格雷厄姆·多米尼（Graham Dominy）博士、纳泽姆·马哈特伊（Nazeem Mahatey）、亚历克西奥·莫特斯（Alexio Motsi）、玛丽·玛尼卡（Mary Manicka）以及瑞爱森·奈多（Riason Naidoo）。

本书的所有作者在这项工作推进的过程中一直都友善而耐心地与我们合作，尽管他们本可以轻松地退出这个项目。他们的宽容让我们看到了信心，让我们意识到非洲内外的学者都致力于这本有关非洲的图书能够最终出版并在这块大陆上流传。这一点很重要，原因之一是向非洲引入书籍花费颇高，所以至少这一册文集不需要耗费我们的欧元或者美元。

致 谢

这项工作是建立在通布图人的历史遗产之上的。文集中收录了一些拥有通布图图书馆的学者所写的文章，这仅是我们受惠于这份历史遗产的一个很小表现。没有他们的合作和协调，这项工作是不可能完成的。能够在这座古城的多个地点开展工作，我们心怀感激。他们中的很多人在我们成功拜访相关研究者的过程中起到了关键作用。在这里我们特别要感谢阿卜杜勒·卡德尔·海达拉（Abdel Kader Haidara）和穆罕默德·迪克（Muhammad Dicko）博士。感谢他们允许我们拍摄和出版他们收藏的手稿的图片。

我们对于书籍的沉迷让我们的家人再一次备受折磨，他们也耐心地帮我们接听来自编辑、排版编辑、装帧设计和其他人的电话。一如既往地，沙米尔在这里要感谢吉吉（Gigi）、马津（Mazin）和海赛姆（Haytham）。苏莱曼尼在这里也要感谢玛利亚美（Mariame）、斯伊赫（Sijh）、莫哈马杜（Mouhamadou）、阿卜杜拉（Abdallah）和莫伊姆娜（Moimouna）。感谢他们的耐心和支持。

沙米尔·耶派，开普敦
苏莱曼尼·贝希尔·迪亚涅，芝加哥

西"黑人的土地"历史上的关键时期

西"黑人的土地"包括今天的塞内加尔、马里、毛里塔尼亚、尼日尔、布基纳法索和尼日尼亚北部一部分。

公元前 300 年	杰内·杰诺（Jenne-jeno）是一个日渐壮大的定居点。
约公元 600 年	这个世纪见证了加纳王国的早期发展，这一时期加纳王国又称为瓦加杜王国。
约公元 600 年	桑海王国在尼日尔河畔的孔卡亚（Koukaya）和加奥（Gao）建立了市场。
约公元 950 年	大约在这个时期阿拉伯地理学家伊本·哈乌卡勒描述了加纳及其当时的首都昆比（Koumbi）。
约公元 990 年	重要的贸易中心奥达哥斯特（Awdaghust）纳入了扩张中的加纳王国。
约公元 1000 年	加纳王国被认为达到了顶峰。
约公元 1079 年	曾经辉煌的加纳王国开始崩溃，并最终于 1087 年分裂成了三个国家。
约公元 1100 年	图阿雷格·伊玛沙干（Tuareg Imashagan）也就是凯勒·塔马希克（Kel Tamasheq）筑建了通布图城
公元 1230—1240 年	松迪亚塔·凯塔（Sunjata Keita）成为马里国王，并于 1240 年征服并最终摧毁了加纳王国的残余。马里王国建立。

◇◈ 西"黑人的土地"历史上的关键时期

续表

公元 1307 年	曼萨·穆萨（Mansa Musa）成为马里新的统治者并成功扩大了王国的疆域。
公元 1324 年	坎坎·穆萨（Kankan Musa）通过其著名的麦加朝圣之旅使更为广阔的伊斯兰世界注意到了他的国家。他带着大量的黄金来到了开罗，并在埃及大肆挥霍。
公元 1325 年	在他返归途中，坎坎·穆萨在通布图稍作停留。为这座定居点所折服，他指派安达卢西亚建筑师阿布·伊沙克·萨系里（Abu Ishaq al–Sahili）设计了桑科尔的第一座清真寺——金格雷-柏尔清真寺（Jingere–Ber Masjid）以及他的一座行宫。这一时期，马里王国也达到了其辉煌与繁荣的顶峰。
公元 1400 年	马里开始衰落。
公元 1465 年	松尼·阿里·柏尔（Sonni 'Ali Ber）继任成为桑海王国的统治者并带领他的国家走向繁荣。
公元 1493—1528 年	在阿斯基亚·穆罕默德（Askiya Muhammad）的治理下，随着桑海王国继续扩张，通布图成为了伊斯兰研习和学术追求的中心。
公元 1591 年	摩洛哥军队征服并摧毁了桑海王国——混乱与衰败随之而来。
公元 1660 年	摩洛哥入侵者的后裔阿尔玛（Arma）不再效忠摩洛哥，开始在通布图自立。
公元 1712—1755 年	比顿·库利巴利（Biton Coulibaly）统治班巴拉（Bambara）塞古（Ségou）王国。
公元 1766 年	比顿死后，经过 10 余年的动荡，恩格洛·迪亚拉（N'Golo Diarra）继任了前者的位置。
约公元 1800 年	迪亚拉征服通布图。
公元 1810—1844 年	切库·哈马都（Chekou Hamadou）成为麦锡那（Masina）的领袖，建立了一个宗教国家。
公元 1857 年	哈吉·奥马尔·塔勒（Al–Hajj 'Umar Tall）入侵并征服了卡尔塔（Kaarta）王国，这一王国是由马萨斯希·班巴拉（Massassi Bambara）在 15 世纪时建立的。哈吉·奥马尔征服了班巴拉人的塞古王国以及麦锡那王国的都城哈姆拉达希（Hamdullahi）。
19 世纪 70—80 年代	这一时期塞内加尔成为法国在非洲的最关键领地。

西"黑人的土地"历史上的关键时期

续表

公元 1890 年 4 月 6 日	法国陆军上校路易斯·阿尔基纳德（Louis Archinard）袭占了塞古王国。同年稍晚时候，卡尔塔的图库洛尔人军队（Tukulor）也被击败了。
公元 1897 年	通布图被法国占领。黑非洲基础研究所建立。该研究所设立在达喀尔，对今天的塞内加尔、马里、毛里塔尼亚、布基纳法索、科特迪瓦、几内亚、贝宁共和国和多哥的研究作出了很大贡献。
公元 1957 年 5 月	巴马科的瓦哈比派遭受攻击。他们的财产大多被摧毁。
公元 1960 年	独立之年，塞内加尔、马里、上沃尔特、毛里塔尼亚、尼日尔和乍得都从法国手中赢得了独立。
公元 1961 年 1 月	莫迪博·凯塔（Modiba Keita）成为新近独立的马里共和国的总统。
公元 1967 年 8 月	凯塔引进了"文化大革命"，试图清洗党内的异议者。
公元 1968 年 11 月 19 日	一场武装政变结束了凯塔的执政，以中尉穆萨·特拉奥雷（Lieutenant Musa Traoré）为首的马里全国解放军事委员会建立。
公元 1979 年 6 月 19 日	选举日，唯一候选人穆萨·特拉奥雷随后当选总统。
公元 1984—1985 年	北部马里地区遭受严重的旱灾，据估计，图阿雷格人失去了七成的牲畜。
公元 1985 年 6 月 9 日	特拉奥雷再次当选。
公元 1985 年 12 月	马里和布基纳法索因阿加彻地带（Agacher Strip）爆发战争。1986 年国际法院做出裁决，将该地带在两国之间平分。
公元 1990—1991 年	这些年间图阿雷格人和军队之间冲突不断，同时支持民主的示威频频发生。
公元 1991 年 3 月	由中校阿马杜·图马尼·杜尔（Amadou Toumani Touré）领导的政变解除了特拉奥雷的职权。
公元 1991 年 8 月	瑞士人确认特拉奥雷及其同伙侵吞了 20 亿美元。
公元 1992 年 3 月	政府与图阿雷格叛军之间签署和平协议，尽管小规模冲突仍时有发生。
公元 1992 年 2 月 24 日	选举程序正式开始，1992 年 5 月 22 日，阿尔法·奥马尔·科纳雷（Alpha Oumar Konaré）正式当选总统。

◇◆ 西"黑人的土地"历史上的关键时期

续表

公元 1994 年 5 月	因为担心图阿雷格人的袭击,马里北部的桑海人组成了民兵自卫队。
公元 1995 年	政府与图阿雷格人签署和平协议,数以千计的图阿雷格难民返回家园。
公元 1997 年	总统科纳雷在第二次多党制全国大选中再度当选总统。
公元 1998—2002 年	科纳雷总统因其复苏马里步履蹒跚的经济的努力而受到国际社会的赞誉。他遵循了国际货币基金组织的指导,吸引了更多的外国投资,并使马里成为非洲第二大棉花生产国。
公元 2001 年 11 月	姆贝基总统官方访问马里并首次前往通布图。
公元 2002 年 6 月	阿马杜·图马尼·杜尔(Amadou Toumani Touré)当选马里总统。科纳雷在宪法规定的两个五年的总统任期结束之后退休。
公元 2005 年	一场严重的蝗灾和旱灾使10%的人口面临饥饿威胁。
公元 2006 年 6 月	政府于这一年早些时候与图阿雷格叛军签订了和平协议。总统承诺帮助图阿雷格人有效改善民生和应对贫困问题。
公元 2007 年 4 月	杜尔再次当选总统,赢得了 68.3% 的选票,他的对手易卜拉欣·布巴卡尔·凯塔(Ibrahim Boubacar Keita)获得了 18.6% 的选票。

绪 论

第一章　再/发现通布图

沙米尔·耶派（Shamil Jeppie）

2001年11月，在庞大的南非代表团陪同下，姆贝基总统对马里共和国进行了正式访问。进行访问的政治家、政府官员和商界代表通常会下榻在东道国首都某家舒适体面的酒店，在开着空调的会议室里与同等级别的东道国官员进行会谈，然后结束访问。马里共和国首都巴马科是南非代表团此行的目的地。这是一座沿着尼日尔河发展起来的非洲城市。只要旅游预算充裕，游客同样能在这座城市住上配套有空调和游泳池的高档酒店。这座城市是十九世纪末法国殖民深入到西非内陆的产物。在此之前，这座城市无足轻重。

我们无法从这座首都找到现代马里在继承数百年前国家形式的传统踪迹。至少在表面上，我们无法在炽热阳光下的喧嚣巴马科寻找到马里古老教育传统的踪迹。巴马科坑坑洼洼、尘土漫天的街道上挤满了锈迹斑斑、破旧老迈的车辆和灵活穿梭的电动车，偶尔能见到几辆四轮的汽车。街边临时的集市上交易的商品从进口的鲜亮的织物，各式各样的本地纺织品到各种鱼类产品。简易的房屋杂乱地向各个方向蔓延。如果这是这座隐藏和遗忘了古老传统的城市给人留下的物质感受，那么政府的教育与文化预算的不足也导致普通游客无法认可马里作为深厚的本土学术传统继承人的身份。不幸的是，南非代表团本可以追寻到城镇生活、国家建设和传统学术蛛丝马迹的地方也关门了。马里国家博物馆当时正在翻新，令人称赞的本地收藏都被打包运走了，而新的场馆也处在完工的最后阶段。新的场馆将会是一个苏丹风格的建筑，兼具现代主义的简

绪 论

约之风和本土的形式与色彩。新馆坐落在通往总统官邸的大道上。作为首都的最高建筑，同时也因其所承载的权力意义，总统官邸自然成为城市风景中的亮点。从字面意义上说，人们确实需要仰望这座建筑。这个象征着权力的建筑也许是早期国家形式的唯一遗存物。

只有在巴马科待了很长时间并且与当地人交上朋友之后，你才有机会接触依旧践行和推崇古老的阅读、书写和记忆传统的学生和伊斯兰隐士（marabout）①。这些隐士可能同时掌握了古奥的数字占卜学和几何学知识，并用所掌握的知识从事一些医学活动。他们可能也是苏菲派（Sufi）体系中的领导成员。人们依然可以从这座城市的贸易市场中找到此类知识传授所用的工具——使用了几个世纪的经典文本的手写本印刷版，抄写授课内容所用的干净木板，以及大量的念珠。这些念珠有些是用本地木材精心制作的，有些则可能是来自中国的塑料制品。这些念珠并非为这些学生特别定制的，但是伊斯兰隐士和虔诚的学生总是会拥有一些，并且会在日常的法定仪式中使用。

传统的知识在其传承过程中并非一成不变。各方对于如何解读这一遗产持有不同的意见，他们在传承过程中不断地妥协与博弈。法国人来到此地，并在整个 20 世纪将他们的语言和世俗教育强加给当地人民。一些当地的精英欣然接受了这些，另一些人虽然接受了这些，但仍然保留了自己所受到的更为传统的阿拉伯—伊斯兰学派的影响。法国人也创立了一些他们自己的伊斯兰高等学校。这些学校试图将阿拉伯语和法语教学法结合起来，牢牢处于法国的监管与控制之下。从 1960 年非洲独立年几年前，从中东地区归来的年轻学者人数稳步增加，他们对于本土教育应该是什么样的这个问题有自己的新理念。②关于学问和最适合马里人生活方式的论争并非那么显而易见。人们必须远离首都，来到北边的古代学问中心——杰内（Jenne）和塞古（Ségou），以及通布图和加奥（Gao）——才能够清晰目睹那些"前

---

① 伊斯兰隐士（marabout）是指宗教老师或者精神导师，该词源自阿拉伯语 murabit。
② 见 Brenner（2001：esp. Chapters 1 & 2）和 Bouwman（2005：Chapters 2 & 3）。

第一章 再/发现通布图

现代"的学问传统和督促人们成为有学识之人的教导的残余和遗迹。在那里学生围绕着老师坐在沙地之中,或是在夜晚的路灯之下阅读,或是日落之后聚集在老师家中,在木板上写着功课,或者一群男女学生嘈杂地背诵着刻在木板上的功课作业。这一切都让人颇为诧异。作为一整套的教育活动的通布图依旧活跃着,它根植于前殖民、殖民和后殖民的思想和规划之中。

一位总统带着随行代表团人员来到远离受访国首都 750 公里远的地方是一件很不寻常的举动。事实上,"到通布图去"这个短语在很多语言中都具有到一个无法抵达的或是遥远的地方的意思,这种修辞方式现在仍然很流行。因此将它放在行程规划中看上去就像是姆贝基总统任期中一个迟到的愚人节玩笑。就都市意义上的马里而言,或者说与巴马科相比,通布图就像是尘埃落定的一潭死水。当你在巴马科对人说你打算去通布图,人们茫然的表情和反应就是很好的印证。他们也许能够带你到那里去,但是动作并不十分麻利,你也会觉得自己的热情遭受了冷遇。巴马科很少有人会告诉你通布图有很多有趣的遗迹和稀罕的手工艺品。去通布图的旅途冗长而乏味。去往通布图每周有两个定期航班,并且是由外国机组提供服务的小型飞机执飞此航线。此外,只能乘坐老当益壮的越野车在崎岖的内陆地形中颠簸两天方能到达通布图。通布图与其他主要城镇之间没有正常可用的道路。当然,人们也可以采取水路的方式,根据不同的出发季节和地点,通常只需要 2—5 天就可以到达通布图。所以,如果您不辞辛劳来到通布图,那您要么是一位对非洲大陆人文地理多样性颇具热情的冒险家,要么是一位对非洲大陆游牧民族研究感兴趣的人类学家或是对非洲-阿拉伯书写感兴趣的历史研究者。要么您就是南非的总统先生。

南非总统在时任马里总统的阿尔法·奥马尔·科纳雷(Alpha Oumar Konaré)的陪同下访问通布图。科纳雷现在是总部位于亚的斯亚贝巴的非洲联盟的资深政治家。科纳雷是马里自 1992 年以来第一位民主选举产生的总统,其当选结束了穆萨·特拉奥雷(Mousa Traoré)自 1968 年掌权之后实施的长期统治。科纳雷是一位科班出身的历史

5

绪　论

学家和考古学家，曾任文化部长。他的夫人阿达姆·巴·科纳雷（Madame Adamé Ba Konaré）也是一位历史学家。接待姆贝基的马里总统夫妇均拥有历史学博士学位，与历史相关的话题也就顺理成章地出现在姆贝基的行程中。马里总统夫妇邀请南非代表团访问具有重要历史意义的通布图古城也就成为意料之中的事。作为20世纪70年代曾经在巴马科高等教育机构任职的历史学家，他们一直很关心马里的前殖民时代的历史，关心当今的马里所占据的这片土地上曾经存在过的国家和社会。对他们而言，通布图是一座历史博物馆，是一座所有关心非洲历史的人们都应当熟知的活的档案馆。通布图也许地处偏僻，但在1591年马拉喀什（Marrakesh）的统治者入侵桑海（Songhay）帝国之前，它曾是一座学问中心城市。在此之后，它曾经再度复兴过，[①] 以一座贸易和学术城市而闻名，吸引了遥远和广袤地区的人们来到这里交换货物与交流思想。掌握了电脑技术和法语的年轻人正打算离开这里前往巴马科以寻求更好的就业机会。尽管如此，这里仍然活跃着一些书写者以及他们的观众，或者是来访此地的商人，有时候是从遥远的地中海某个角落里赶来的外交家或者游客。这种现象在巴马科建立之前很早就存在了。作为国家首都，巴马科现在虽然是地区最具吸引力的地方，但在这片广袤区域从前漫长的历史上，通布图才真正是这里的魅力所在。

　　通布图远离普通大路，外来者想去那里只能一路从马里中心城市长途跋涉到边缘地区。然而马里总统却更为关心国家的整体利益。在整个国家行政布局中排名第七位的通布图地区尤其需要中央政府的关注。这一地区在20世纪70年代的旱灾期间和之后一段时间面临着日益增加的艰难处境。这也是萨赫勒（Sahel）一词后来成为干旱和荒凉之地和人道主义灾难同义词的由来。这些艰难处境也改变了当地的群落。1990年爆发的骚乱持续到了1996年，直到科纳雷政府时期的一纸协议最终为这一地区带来了和平。生活在与阿

[①] 参见 Hunwick（1999：introduction）。

尔及利亚和毛里塔尼亚接壤的广大区域的人普遍认为这一地区是被有意识地忽略了。20世纪90年代的骚乱采取了一种地域性的民族/语言学意义上的塔玛舍克（Tamasheq）和摩尔（Moor）民族主义的形式。[①] 通布图虽然处在冲突地区的边缘，但也实实在在受到了影响。这座原本昏沉欲睡的城市成为抗议游行和政治动乱的场所。随着和平协议的签署，小镇的北边也修筑起了一座和平纪念碑。尽管通布图的居民已经习惯了游客的来来往往，但是南非国事访问毕竟非同寻常，以至于整个小镇都关注着南非领导人的来访。当然，这也是姆贝基和他率领的庞大南非代表团首次到访通布图。

南非自古以来深受大陆北邻的影响。种族隔离的教育和政治将南非人与非洲大陆的其他民族隔离开了。伦敦、阿姆斯特丹、巴黎、汉堡、特拉维夫和纽约被南非人视为更为重要的政治与文化联系所在。南非北边广大的非洲区域被视为是可以忽视和搁置的地方。在他们看来，这一地区并没有产生过什么具有美学价值的事物，或明或暗地认为，这里未曾产生过任何伟大的艺术或者文学作品。1994年新南非诞生后，后种族隔离时代则将一部分精力投注于重新引导媒体和知识分子的关注重心。引导教育和文化机构重新认识非洲大陆（乃至整个南方国家），将其看作一个具有团结协作可能性的大陆，而非一带而过的苦难之地。

并非许多国家领导人会去通布图，即使是非洲领导人，即使他们去马里访问。这一点可以理解。当然，兄弟领袖穆阿迈尔·卡扎菲（Muammar Gaddafi）曾在这里住过帐篷。穆加贝到访之后，曾有传言说德国和法国总统都在计划访问这一地区。事实上，通布图也确实接待过一些政治人物。

至少自北非伟大旅行家伊本·白图泰（Ibn Battuta）1353年到访之后，这座小镇就迎接过不少知名访客。[②] 白图泰离开自己的祖

[①] 关于这一点参见 Lecocq（2002）。
[②] 关于这些到访者的节选记录见 Mackintosh-Smith（2002：Chapter 18）。

◈ 绪　论

国，穿越撒哈拉，在非洲大陆游历多年，其足迹甚至远及中国。通布图成为像白图泰这样的旅行家的目的地。这些旅行家不停地旅行和探索，找寻全新的人类经历和挑战让他们感觉活力四射。为了体验新事物，他们愿意走到世界的尽头去向那里的人们学习。他们享受旅行的过程和一路走来的经历。这座小镇同时也给很多其他知名旅行者留下了深刻印象，包括安达卢西亚移民、作家和外交家哈桑·瓦赞（al-Hasan al-Wazzan），又名利奥·阿非利加努斯（Leo Africanus）。他于1526年接受菲斯（Fez）苏丹的外交任务到访了通布图。① 尽管到16世纪时，在葡萄牙语和英语国家的想象之中，通布图已经成为深藏在非洲腹地的拥有大量财富的一座城市，欧洲的探险家直到19世纪才到达这座他们想象中的神秘城市。他们竞相成为第一个到达通布图的欧洲人，其中就包括海因里希·巴尔特（Heinrich Barth）。他于1853年到达这座小镇，并且留下了对这座小镇和沿途人们生活的重要观察和记录。②

因此可以说，穆加贝总统在千禧年之初到访通布图只是这座小镇以其近乎神话般的魅力吸引旅行者的漫长历史中的一部分。对于许多人而言，想象中的满城黄金是这座城市的吸引力所在。一些人是被城中的书籍和博学之士所吸引，一些人带着崇高的目的来到这里：他们希望向他们在城中遇见的人们请教、与他们交流；另一些人则是为征服者做些前哨工作。他们中的一些人来自大都市，带着分享与探索的渴望来到此地，一些人则是为殖民活动做前期调查，将相关信息反馈给北方邻国工业化城市中的资助人。

这座位于沙漠边缘的泥砖古城市可以告诉我们很多东西。不同人群曾在这座古城生活了几个世纪，定居点在不断扩大，这本身就是值得深入这些居民中间去探寻的一个问题。同时，通布图在过去的几个世纪也成为西北非知名的学问中心，并且在开罗和麦加的学术圈中颇

---

① Africanus（1738）；另参见 Davis（2006：Chapter 1）。
② Barth（1857）.

第一章 再/发现通布图

马里的首都，繁荣发展的现代城市巴马科。几乎看不出这个国家辉煌的古代文化遗产的痕迹。

有声名。白图泰之后的各类旅行者都观察到了通布图作为区域阅读和书写中心的象征地位。巴尔特在这里定居了一段时间，期间与当地的学者交往颇多。即使是在区域布局中，通布图都算是偏远的，但其在贸易和学术中的地位保证了它与该地区其他地方的交流。他们互相交换食盐、奴隶、黄金和其他商品。书籍也是区域流通的产品之一，专业的诵读者和撰写者、纸张和抄写者，以及原版与复制版的书籍都在通布图和周边城市之间传递着。

在2001年访问通布图期间，艾哈迈德·巴巴研究所（Ahmed Baba Institute）珍藏的古代手稿被介绍给了南非总统。杂乱的建筑分布在通往镇中心道路的周围，看上去它们似乎试图被建成为一座院落。那个学术世界最为重要的踪迹可以在这些建筑中找到，而通布图曾是那个世界的一部分。人们很容易忽视它们。它们甚至无法吸引那些走进这些建筑的人们。没有什么东西能让人们停驻脚步，或者徘徊于那些纸张和墨迹，精巧的束书皮革以及其他古老遗存物之前。展览区只有摆放在两张小桌子上的几只装满文

◆❖ 绪　　论

通布图的泥砖建筑。它们建在几百年前的地基上。

稿的玻璃柜。那些文稿相互堆叠在一起，最上方是一张打印的纸张，上面写有介绍这些文稿的文字说明，包括文稿名称、作者、时期等等。这个展览似乎是仓促间摆好的，但展出的东西非常不错。它们只是这座研究所珍藏的物质财富中的九牛一毛。而且都是鲜活的知识传统的重要文件。但是展示它们的方式有些漫不经心。难怪很多到访通布图的游客和大多数旅游手册都没有意识到这个研究所的重要性。

艾哈迈德·巴巴研究所是1970年在联合国教科文组织的建议下建立的，旨在收集和保存这一地区的文字遗产。研究所建立之际，人们正处于兴奋时期，因为他们意识到有可能使用非洲最新发现的资料来书写新的非洲历史。当时人们致力于收集书面和口头的资料，新一代的非洲历史学家也因此有机会接触到这些资料。[①] 正如其他非洲知

---

① 参见 Unesco（2003）。

第一章 再/发现通布图

识分子和他那一代反抗运动的领军人物一样，姆贝基总统一直对非洲和世界史有着强烈兴趣，因此也自然知晓通布图的遗产。但是这些代表着通布图漫长、复杂而又迷人学术传统的手稿对南非总统而言也是一种启示。通布图手稿以及更广泛意义上的非洲文字遗产相对而言仍然知名度不高，只有一小部分对非洲收藏和图书馆事务感兴趣的学者和专业人士知晓这些东西。本书收录了一些关心这份遗产的知名学者的文章。就非洲大陆本身而言，除了生产和流通这些手稿的那些族群，大部分人都对这些前欧洲阅读和书写传统知之甚少。

南非总统姆贝基 2001 年的马里之行尚未引起媒体过多关注，他到访通布图更是罕有报道，我们很难找到姆贝基此行的相关图片资料。他走进拥挤仄陋的展览室，或者凝视玻璃柜，或者聆听对于手稿内容和作者介绍的翻译，即使是这些场景资料我们都无从获得。南非代表团首次到访通布图的珍贵影像报道太少了，这是否也反映了马里这个偏僻而贫穷的国家，或者通布图这个神秘的子虚乌有之地在媒体世界有多少重要性呢？但是自那以后，通布图在新闻报道中的存在感有所改变，这主要是因为媒体已经无法视而不见南非与马里两国发布的联合声明，以及通布图的新档案馆筹款计划开始实施。

姆贝基总统向马里方面表示，南非将帮助马里政府保藏通布图艾哈迈德·巴巴研究所数以千计的手稿资料。手稿资料的数量将近 20000 份，但是贮藏保存设施和管理资料人员不足。展览室看上去还算井井有条，但是贮藏室混乱破旧，相关设备陈旧落后。

通布图远离马里首都，中央政府有迫在眉睫的事务需要应对。这些文本大多数是另一个学术时代的产物，在政府的财政支出列表上排在后面。人们需要在干净用水和卫生状况与保藏和展示落满尘埃的古老书籍之间做出选择，科纳雷也只能如此告知南非总统。但是，中央政府一直尽量拨出一部分资源来维持通布图档案馆的基本运行，包括必要的电力、档案馆安保系统以及基本管理团队。马里政府也一直在为欧美捐赠机构提供便利，以保证通布图不至于湮没。各种家庭藏品

❖ 绪 论

也逐渐出现在公众视野之中，这些家庭中的代表也为保存他们家族的遗产做出了个人努力。（见本书收录的私人图书馆所有者代表的相关章节）

通布图坐落于尼日尔河向北流入沙漠南缘之处，因此是一个"骆驼遇到独木船"的地方。至少早至17世纪开始，通布图就是西非和北非之间一个重要的港口了。

然而，通布图手稿的保藏显然需要更多的资源和技能培训。就当代的保藏标准而言，保藏日渐退化的古老纸张的需求与目前所能付诸保护这些珍品的努力之间存在着巨大而且日益扩大的差距。

南非总统从非洲大陆的南端到访尼日尔河畔的这座萨赫勒小镇，并且承诺提供帮助，这是姆贝基践行"非洲复兴"的一种方式。1996年时任南非副总统的他发表了著名的《我是一位非洲人》的演讲。1998年他召集众多非洲知识分子召开了一次以非洲复兴为主题的会议。他意识到了非洲大陆面临的挑战，认为应对这些挑战需要在开拓复杂的"非洲认同"的同时，坚决地以一个非洲人的身份为这块大陆的利益而奋斗。[①] 尽管面临着许多重大的挑战，非洲并不是一个失败的大陆，需要牢牢抓住从内部变革这块大陆的可能性。这种观点是对所谓的"非洲悲观主义"的直接反驳。非洲悲观主义者认为非洲正处在一条前所未有的

---

① 副总统1996年5月8日在宪法大会上就实行1996年新宪法发表的演讲，《宪法大会辩论集》，第三卷（1996年3月29日至10月11日）。《我是一位非洲人》这篇演讲似乎受到了非洲人国民大会创始人皮克斯雷·卡·西蒙的影响。《非洲的重生》是一篇发表在皇家非洲学会期刊（1905—1906）上的演讲辞，参见Mbeki（1998）。

经济与政治衰落的道路上。姆贝基的观点是，非洲大陆的振兴当然是必须的，要想改变非洲的现状，需要非洲人在地区乃至整个大陆层面进行协调和交流。在增强非洲力量上，学术和文化交流与政治和经济协作一样重要。正是在这一旨在复兴非洲大陆的高瞻远瞩的承诺下，南非启动了一项关于保存马里手稿遗产的计划。这一计划在南非总统回国之后立即开始实施。南非艺术与文化部派出的一支代表团对艾哈迈德·巴巴研究所的档案、保藏和研究情况进行了评估。该研究所也被称为 CEDRAB（艾哈迈德·巴巴文献与研究中心），2001 年改名为 IHERI-AB（艾哈迈德·巴巴伊斯兰高等调查研究所）。

由南非艺术与文化部派出的专家"技术团队"——官方文字这样说——在南非总统马里之行结束后的两个礼拜，也就是 2001 年 12 月初出发来到马里。他们此行的目的是就通布图需要做哪些实际工作、南非能提供什么帮助向总统和艺术与文化部提供建议。他们在巴马科接触了相关负责人，调查了艾哈迈德·巴巴文献与研究中心的建设情况。[①] 与姆贝基总统的承诺相比，这支团队需要敲定在通布图开启项目的相关细节问题。南非当时在巴马科并没有官方代表，大使馆在 2004 年才开设，因此这个调查小组没有受到任何官方欢迎仪式，没有自己的车辆，下榻的酒店也十分简陋。当时从南非到马里需要经停巴黎，因此这些小组成员经过长途旅行才到达巴马科，疲惫不堪。他们本应在塞努福（Senufo）机场等到一位迎接他们的马里官员，结果却乘载出租车自己去了通布图，不但需要与出租车司机讨价还价，还得自己找旅馆。马里官员们没有料想到南非在姆贝基总统结束访问之后很快就派来了工作组。

第二天工作组专家们逐个拜访了马里的相关部门，最后他们意识到与他们对接工作的是教育部而非文化部。马里政府官员用怀疑的目光打量着这群声称为落实姆贝基总统提供援助承诺而来的南非人。从

[①] 这支团队是由滕巴·沃卡舍（Themba Wakashe）先生领导，组成人员包括格雷厄姆·多米尼（Graharn Doming）博士，道威·德里福特（Douwe Drijfhout）先生，亚历克西奥·莫茨（Alexio Motsi）先生以及作者本人。

◈ 绪　论

　　他们抵达巴马科到奔波两天来到通布图，两名行动缓慢的警察就陪同着，一直到他们在当地人庆祝斋月结束的那天早晨离开为止。这支队伍的整个行程可谓一场"冒险之旅"，而不是他们南非同事两个礼拜之前所能享受到的那种省事的外交之旅。这是一种更为艰辛地再认识通布图的方式，他们更像是以低预算背包旅行的学生，而不是习惯了空调会议室和租赁飞机的政府官员。

　　工作组的建议仍然充满了激情，尽管他们提出建议的行文风格有点官僚主义。此后又有多次旅行和冗长的会议来确定项目的细节，同时他们也向政府提交了数次报告，督促采取更为迫切的措施。工作最终在马里开展了起来。艾哈迈德·巴巴文献与研究中心提名年轻人去南非国家档案馆接受培训，作为整个项目引擎的保藏工作室逐渐恢复了运转。有时候培训也在研究所举行，南非的培训人员每年都会来通布图对相关人员进行为期两周的培训。保藏工作在一部分通布图年轻人心目中成为令人兴奋的职业。

　　在南非组建的一支"建筑小组"和马里的专家一起完成了通布图新的档案中心的设计工作。后来，从现存手稿中选取一部分进行数字化复制也得到许可。南非总统府部长埃索普·帕哈德（Essop Pahad）一直在督促这个涉及各方的项目，保证它处于正确轨道运转。更为重要的是，这样财政宽裕的南非政府才愿意在这一项目上慷慨解囊。在通布图，人们对于南非人的态度已经从欢迎一位重要国家总统的光临逐渐发展到欢迎各种背景的南非人到访。他们首先欢迎与项目相关的南非人，然后是对通布图有所了解者，包括那些后勤人员——该项目让通布图的知名度日益提升，后勤人员为到访者提供服务。小镇中那些等待着游客的小商贩凭借着语言天赋很快就从新游客那里学会了南非官方语言、豪萨语或是其他南非表达方式。这样一来，他们兜售自己商品就容易多了。

　　艾哈迈德·巴巴（1556—1627）是这片土地的骄傲之子。当那些参与项目者越是深入了解这座以他的名义建立的档案馆中收藏的丰富资料，就越是频繁地提及他的名字。同样，人们在推进这项旨在保存

第一章 再/发现通布图

非洲遗产的事业时，或者目睹这些非洲遗产被列入联合国教科文组织世界记忆工程人类最重要的文献遗产名录时，也总会想起他的名字。[1] 巴巴是一位多产的作家。他一生写过超过 50 部作品，其中的 23 部流传至今。他的 *Nayl al-ibtihaj bi-tatriz al-dibaj* 一书是记载那个时代顶尖学者的传记辞典。[2] 书中记载了大约 800 位学者，其中就包括他的老师穆罕默德·旺亚里·巴哈约霍（Muhammad al-Wangari Baghayoho）。巴巴给通布图留下了浓重的学术印记，时至今日其遗产依旧被人们铭记，不断地被人们提起。在通布图和其他地方可以找到很多他的作品复本。[3]

正如巴巴的名字作为当地首屈一指的知识分子被时常提及一样，"手稿"一词也承载着某种神奇的东西，就好像是其本身就包含着某种非凡的特质。[4] 有时候我们也常见媒体上有一些夸张之辞或者描述不当之语，例如把这些收藏称之为"古卷"或者包含着"非洲昔日秘密"。就好像这些推定存在的秘密会解决我们当前的问题，或者非洲的过去只有这一种存在形式。在谈到档案中那些仍然少有人研究的天文学和星相学文本时，或者是涉及数理占卜相关的物品时，这种论调尤为明显。在一个寻求消费主义和物质主义替代物的"新时代"，讽刺的是，很容易将他人生活方式——思想、价值或者实践物质化，不管是安第斯人，通布图人，卡鲁人还是西藏人。从这些人群的生活方式中找到的东西都可以打造为商品而兜售。幸运的是，这类"新时代"利用通布图遗产的方式目前并不多见。但是某种意义上而言那些夸张的话语和关于通布图"秘密"的说法不啻于一种头脑发热式的

---

[1] 见 www. unesco. org/webworld/mdm/register.
[2] Baba（2000）.
[3] 见马哈茂德·邹博（Mahmoud Zouber）所著艾哈迈德·巴巴的传记（Biography of Ahmad Baba）（1977）。
[4] "Manuscript"一词源于后经典时代的拉丁语"manuscriptus"，意为"手写的"。"manu"是手的意思，"scriptus"是写的意思。"Manuscript"一词从 16 世纪早期以来就在欧洲语言中使用。关于该词的一个定义是"手写的一本书、一份文件，等等，尤其是指印刷术在某个国家广泛使用之前手写的书、文件等；或者是指古代文献的手抄本"。（Oxford English Dictionary Online，Oxford University Press，2005）

绪 论

兴奋。这是一种试图发现和揭露非洲的书写传统，并将其与非洲口述传统进行比较的兴奋，常被认为是非洲历史记忆的一种表达方式。这也反映了一个国家从无人问津到发现超越了自身国界所能代表的那种丰富与多样的文化。

这些手稿被称为"古老"是因为其中的不少是几百年前制作的，但并不是公元900年或者是1200年之前的物品。事实上，游客们看到的最早物品是13世纪的一部《古兰经》。这些"古老"资料大多处于非常脆弱的状态，拿起它们进行收藏处理或者数字化都成问题。数字化或者进行研究的资料仅限于那些年代比较近的资料——18世纪、19世纪或者是20世纪殖民时期。

"手稿"一词现在具有了某种神奇的性质，就好像它本身就是一个非凡的东西。有时候我们也常见媒体上有一些夸张之辞或者描述不当之语，例如把这些收藏称之为"古卷"或者包含着"非洲昔日秘密"。就好像这些推定存在的"秘密"会解决我们当前的问题，或者非洲的过去只有这一种存在形式。但是这些夸大说法和关于通布图的"秘密"的观点，在某种意义上只是来源于发现的兴奋。长久以来人们认为只有口传传统是非洲历史记忆的载体，当可以平起平坐的非洲文字传统被发现时，人们为此兴奋激动。

确定这些手稿的年代和作者的项目被称为通布图手稿计划，是开普敦大学研究项目的最主要挑战，这主要是因为很多作品未注明日期或者署名。目前所研究的手稿很多都没有作者、出处和创作时间相关信息。这很有可能与作者所处的环境本身的秘密性有关。包括路易斯·布伦纳（Louis Brenner）在内的一些历史学家都注意到了苏菲派或神秘主义对前殖民时代的教育方式的深刻影响，这种教育方式并不重视个性、个人的世俗成就和认可。学者的工作就是传递各种学科现有的知识和深奥的学问。知识并非源自单个作家而是源于超越个体的

神圣存在，或者是安拉。① 考虑到各种苏菲派在这一地区的广泛影响，这种观点看上去很有道理，但仍然需要进一步研究。手稿中关于法律的部分包含了论争和个人观点，也包含着学者群体内部的批评和抨击声音。因此学者间心照不宣的共识状态并不常见。是否在某些书写领域中存在着隐藏作者身份的更大努力，而在另一些领域中作者需要表明自己的身份，或者是否存在着逐渐从匿名到署名这样一个发展过程，这些问题都需要进一步探究，但这一地区似乎并不存在自主的创作主体（现代早期的欧洲已经存在这一观念，并且不只是一个学术的属性）。所有学术产品都是"匿名写作文化"产物的观念在当地并不流行。② 在复制和收藏手稿的事情上也遇到这个问题，因为"作者——抄写者——收藏者"情结形成了通布图的"抄写文化"。

艾哈迈德·巴巴研究所的官员和阿卜杜勒·卡德尔·海达拉（Abdel Kader Haidara）慷慨地提供协助以便利人们研究档案馆中收藏的大批资料。海达拉管理着他家族的手稿收藏，也是类似私人图书馆联盟的协调人。目前只有两套目录方便人们研究使用，作为一个研究的入手资料，这些有用的目录存在一些局限和问题。③ 目录对艾哈迈德·巴巴研究所和海达拉档案馆的资料并未完全编目，同时存在着前面我们已经提到的那些问题——没有准确记录手稿的作者和年代。如果没有文件介绍档案馆收藏的资料的相关信息，只靠自己在成堆的手稿中翻找会是一件令人气馁的事情，因此存件目录很有帮助。不过目录上列出的将近16000个条目，依旧令人生畏和感到窒息。④ 而藏在其他私人图书馆里的数以万计的物品目前甚至没有相关的编目计划。深信保藏计划应该与研究计划同时进行，我们不得不立即确定研究计划的相关选题。再一次与马里学者以及研究领域内的其他知名学者，

---

① 见 Brenner（2001）.
② "匿名写作文化"这一说法源自罗伯特·奥尔特（Robert Alter）2007年7月1日在《伦敦书评》（London Review of Books）上发表的《委员会说》（Committee speak）一文。
③ Ahmed Baba Institute（1995—98）；Mamma Haidara Library（2000）.
④ 我必须提提非常宝贵的 Hunwick 和 O'Fahey 图书录（2003），该目录涉及内容很广泛。

◆❖ 绪　　论

包括约翰·汉维克（John Hunwick）进行协作是唯一的方法。艾哈迈德·巴巴研究所前所长马哈茂德·邹博博士以及其他在通布图的同事从一开始就乐于对我们的工作提供帮助和支持。他们之中一些人的文章也收录在本文集中。

尽管南非和马里的这一合作项目主要关注通布图手稿，实际上除保存非洲历史城镇这一珍贵的手稿资料外，两国的合作还有其他目的。对于南非和马里政府来说，这一项目对非洲整个大陆、全球乃至未来都具有重要意义。这两个相隔千里的非洲国家在同一个文化项目上协同合作，双方政府官员和国民在操作和后勤保障方面结成了深厚的同志情谊。这种协作并不是在国际机构、国际协会或者欧洲力量的斡旋下形成的，而是出于共同的使命感。这种协作并不是谁强加的，而是自然而然出现的。协作中也伴随着一些寻常的甚至很滑稽的误解。参与者的脾性各异，并且需要跨越距离、官僚体制乃至语言的障碍，出现这些误解也就难以避免。更为重要的是，研究的领域还是这样一个被人们强烈低估的文学遗产，事实上这一遗产是一个更为广阔的非洲大陆的创造力遗产，尤其是非洲书写传统的象征。当然，这一点与通布图在全球流行文化中被付诸的形象正好相反，在流行文化中通布图是一个最为遥远的和难以触及的地方。通过包括这一项目在内的诸多项目所带来的国际关注，至少在南非的语境之中，通布图可以成为收藏大量书写材料场所的象征。通布图是一个保存有纸张和书籍的地方，断然不是什么"乌有之地"。

* * *

通布图一直是旅行文学的主题，它的"神秘"吸引着读者。[①] 通布图成为遥远和神秘之地的同义词并非偶然。这向我们表明非洲思想在古代是如何被来自地中海另一边和红海地区的作家呈现在这块大陆的话语体系中。无知和偏见在18世纪启蒙运动时期被转化成了经验事实和哲学原则，但欧洲公司和军队开始向非洲渗透时，思想成为有

---

① 新近的文章包括 Salak（2004）和 Freemantle（2005）。

力的支持工具，从而造就了现代的那些对于非洲的偏见。流行的对于这块大陆的表述反映了无知和傲慢，并且一些有名的欧洲思想家继续发展了此类表述，至今影响着世界上一些著名思想家在道德哲学和美学问题上提出了精妙的话语，但是在非洲这一话题上，他们重弹了那些缺乏学术性和令人厌恶的老调。至今仍然颇具影响力的哲学家伊曼努尔·康德（Immanuel Kant，1724 – 1804）就曾经写道"在白色人种中人性达到了至善至美……尼格罗人种是低级的，而美洲的一些民族则是最低级的。"① 与此相类似，黑格尔（1770—1831）曾恶劣地认为非洲是一块没有历史的大陆。他写道："非洲并非世界历史的一部分；它没有值得提及的运动和发展。"②

对于非洲大陆的这类观点有着长久和持续的影响，也塑造了关于征服和统治的话语。欧洲的殖民计划中内在地和不可分割地包含着对非洲历史和主体性的否定，包括对非洲文化、社会价值和实践的否定。正如弗朗兹·法农（Frantz Fanon）所写：

> ……殖民主义并非简单地将自己的规则强加在被征服国家的现在和未来。殖民主义并不满足于仅仅控制被殖民地的人民和对当地人进行愚民教育。通过一种变态的逻辑，殖民主义的目光转向了被压迫民族的过去，扭曲、丑化乃至摧毁他们的历史。③

因此，20世纪殖民统治者认为非洲的历史始于白人的到来，不论这些白人从何处踏足这块大陆。在白人踏足非洲之前和之时非洲大陆发生的一切都成为了被嘲弄、否定和诋毁的对象。仅仅只有非洲的伟大建筑和艺术作品避免了这种遭遇。这些建筑与艺术作品虽然被认可和保存了下来，但是它们被认为是由非洲大陆之外的民族所创造的。本土的聪明才智被认为是不可能的，即便是通布图的非洲书写遗

---

① Kant（1802：15）.
② Hegel（1872：95 – 103）.
③ Fanon（1963：210）.

◈ 绪 论

产也普遍被认为是非洲大陆之外的"阿拉伯人"创造的。

通布图在欧洲对非洲大陆的想象中扮演着源远流长的角色。在传统的殖民逻辑下，与西非和通布图相关的不过是严峻的地形、几个尚武的民族、流行的奴隶制以及生产活动的低效，等等。因此非洲土著想要进入文明社会只有首先臣服于帝国主义的统治，这样一来他们才有机会被当作人类而平等对待。

在整个殖民主义时期，这种内含着种族主义的观念弥漫于欧洲和殖民地教授的历史课程中。这样一来，西非法国殖民地学校的学生被灌输了这样的观念"我们的祖先是高卢人"。

然而，殖民时期的影响并不容易被否认，例如，罔顾殖民教育的影响既是不可能的，也是不合需要的。没有任何一个经历了殖民主义的非洲国家能够忽视或是洗雪干净它的影响和烙印。这一点既适用于带有法国烙印的马里，也适用于为荷兰人和英国人所征服的南非。阿达姆·巴·科纳雷对马里的观察和评论很贴切，她写到："马里的，事实上整个非洲的历史编写，都不能撇开殖民统治去理解。殖民统治塑造了它们，与殖民统治的关系也定义了它们。"[①]

南非的历史教育也未能避免殖民主义和种族隔离的影响，这种情况一直持续到20世纪90年代种族隔离制度的终结。2002年，时任南非教育部长卡德尔·阿斯马尔（Kader Asmal）着手对南非学校所教授的课程进行大范围检查，历史和考古学专家组发现授课中对于非洲在世界上的地位这个问题采用了"极欧洲中心主义"的观点。课程中通常将非洲视为是迟钝的，并且是在殖民统治带来的欧洲影响背景下探讨世界中的非洲地位。[②]

诸如南非在历史课程上所做的努力具有十分重大的意义。南非在通布图的整个计划，包括建立相关机构、保存和研究工作，都是南非重新定位自己为非洲大陆不可分割的一部分的努力。因此，通布图项

---

① Konaré（2000：15－22）.

② DoE（2003：44－45）.

第一章 再/发现通布图

目表明了非洲大陆存在着历史悠久的学术和学问场所。通布图是一座有着长达千年历史的重要学问中心,其学术成就在 16 世纪达到了高峰。这一学术之城的很多作品保留至今。其中一些是原版著作,另一些则是过去几百年间制作完成的复本。这些地方也通过学术活动和商贸路线与世界范围内的其他学问中心保持着联系。因此,利奥·阿非利加努斯(Leo Africanus)在 16 世纪的时候写道:"通布图有很多国王花大价钱请来的法官、学者和祭司。来自巴巴里(Barbary)的手抄书籍在这里销售。这些书籍比其他商品利润更高。"[1]

撒哈拉地区还有其他学问之城,尽管在近期通布图成为非洲文化活动的一个符号。很多学者长期待在通布图,或者他们的作品在当地流传。除此之外,通布图所受到的关注也使得包括杰内(Jenne)和塞古(Ségou)在内的一些马里城镇的人们热情高涨。他们意识到保藏这些手稿并非只有把它们交给外国收藏者一条路。于是国内启动了一系列新项目,旨在收集和保存马里不同地区的纸质文献。在过去的五年里,研究者在通布图见到了很多新的家庭收藏资料。

非洲的其他地方,例如埃塞俄比亚也曾有过繁荣的阅读、文字和知识生产中心。[2] 整个非洲大陆的北方地区,从撒哈拉,沿着从塞内加尔到埃塞俄比亚的整个苏丹非洲地区,再到远至莫桑比克北部的东非海岸,都可以见到数量惊人的体现非洲人阅读与书写活动的丰富资料,这些最早可以追溯到上一个千年最初几个世纪的资料,清晰地表明非洲多种多样的语言在高水平的学术工作中的成熟运用,体现了非洲人用复杂形式表达自己的能力,以及非洲过去几个世纪的学术水平。自从书写出现在非洲大陆之后,知识和学术的天赋就成为非洲历史不可分割的一部分。

然而在非洲历史的编纂方面,尝试编写非洲的学术史总是会遇到这样的诘难,即非洲只有口述史传统。这种历史的谎言应当被抛弃!

---

[1] Africanus (1738).

[2] Tamrat (1972).

◈ 绪　论

除为关心征服、奴隶制及其他问题的历史学家提供资料外，通布图图书馆的资料还从各个方面表明这一地区有学识的精英们对于知识的追求。新编写的历史毫无疑问将改正迄今为止最为非洲研究所忽视的那部分，包括欧洲殖民统治之前这片大陆上的文字遗产。研究这些手稿的学者是世界范围内这一领域中的专家，他们必须直面非洲历史中令人不快的这一部分。这些手稿是重要的历史信息储藏室，能够反映这一地区乃至更广区域生活的方方面面。

通布图及其周边地区保存的大量手稿和文献打破了非洲是一个遥远神秘而又缺乏历史和读写传统地区的说法。此外，通布图是一座仍然有待分析和详细整理的信息矿藏，而信息是历史书写的基本材料。有些历史学家认为非洲大陆对人类毫无影响，没有任何历史，甚至断言学术史将会是非洲历史学家无法有所建树的领域。面对着像通布图这样的信息宝藏，那些将整个非洲大陆贬得一文不值的历史学家的观点将无法再获得支持。

作为一个有远见的历史学家和接近政治权力中心的女性，阿达姆·巴·科纳雷批评了非洲民族主义历史写作中历史叙述权力的滥用。她和许多熟悉非洲历史和遗产的学者都表达了类似的远见卓识。他们提醒人们防止任何新形式的民族主义的正统信条，或者是建立在通布图手稿知识体系之上的"本土主义"学术计划，或者是其他主张在非洲或者移民社群中重建非洲过去的倡议。她提醒我们，马里的后殖民历史书写以其狭隘、未经批判和反思的民族主义历史取代了殖民地时期的民族主义历史。她认为"历史学家中了他人设好的陷阱"。马里的问题是将自己紧紧地与20世纪60年代以来非洲大陆其他地区的历史纠缠在了一起：

> 从上至下的没有细微差别的官方历史在非洲大陆变成了一种牢笼，谁也不能公开修正这一历史，甚至私底下也不可以。涉及到英雄人物时，批评会被视为一种冒犯，甚至被视为对过去战争英雄的一种亵渎。这种问题在马里更为复杂，因为英雄们的后人

第一章 再/发现通布图

至今仍然生活在这片土地上,所以书写马里的客观历史是一件困难的事情。这些英雄后代精心守护着他们家族的遗产,对于祖先的荣誉颇为敏感。①

在推动南非参与通布图遗产保护这一项目的过程中,马里前第一夫人发挥了很大作用。参与通布图手稿传统研究工作的马里和南非人都应当聆听她的这些话。实际上,参与遗产研究和历史书写相关工作的马里人和南非人都应当留意阿达姆·巴·科纳雷女士的这些话。上述引文中的一个关键词就是"细微差别"。因为在试图研究这块大陆过去和现在任何方面都需要关注"细微差别"。尽管这一项目无疑是在高层推动下设立的——两位总统当面对这一倡议达成共识——这并不意味着关于通布图的历史叙述也需要从上至下的指示。我们希望本书收录的文章只是这一项目众多出版成果中的第一部分,同时希望这些文章并非是官方历史的一部分,而是向读者呈现一些"细微差别"。这些"细微差别"正是阿达姆·巴·科纳雷女士认为的,非洲的历史书写所缺少和所缺憾的地方。

参考文献

Africanus L (1526) *The history and description of Africa and the notable things therein contained.* English edition translated by J. Pory (1600, reprinted 1896) London: Hakluyt Society.

Ahmed Baba Institute (1995 – 98) *Fihris makhtutat markaz Ahmad Baba li' l-tawthiq wa' l buhuth al-tarikhiyya bi Tinbuktu / Handlist of manuscripts in the Centre de Documentation et de Rechercher Historiques Ahmed Baba* (5 Vols). London: Al-Furqan Islamic Heritage Foundation.

Baba, Ahmad (2000) *Nayl al-ibtihaj bi tatariz addibaj.* Annotated by Dr Abdelhamid al Harrama. Tripoli: Dar Al Katib.

---

① Konaré (2000: 18).

◇◈ 绪　　论

Barth H (1857) *Travels in north and central Africa*. London: publisher.

Bouwman D (2005) *Throwing stones at the moon: the role of Arabic in contemporary Mali*. Leiden: Research School CNWS.

Brenner L (2001) *Controlling knowledge: religion, power and schooling in a West African Muslim society*. Bloomington: Indiana University Press.

Davis NZ (2006) *Trickster travels: a sixteenth-century Muslim between worlds*. New York: Hill & Wang.

DoE (Department of Education, South Africa) (2003) *Report of the History and Archaeology Panel*. Reproduced in the *South African History Project progress report 2001 – 2003*. Pretoria: Department of Education.

Fanon F (1963) *The wretched of the earth*. Translated by C Farrington. New York: Grove Weidenfeld.

Freemantle T (2005) *The road to Timbuktu: down the Niger on the trail of Mungo Park*. London: Constable & Robinson.

Hegel GWF (1872) *Lectures on the philosophy of history*. Translated by J Sibree. London: Bell & Daldy.

Hunwick JO (1999) *Timbuktu and the Songhay empire: al-Sadi's Tarikh al-Sudan down to 1613 and other contemporary documents*. Leiden: Brill.

Hunwick JO & O'Fahey RS (Eds) (2003) *Arabic literature of Africa. The writings of western Sudanic Africa* (Vol. 4). Leiden: Brill.

Kant I (1802) *Physische Geographie* (Vol. II). Königsberg.

Konaré A (2000) Perspectives on history and culture: the case of Mali. In RJ Bingen, D Robinson & JM Staatz (Eds) *Democracy and development in Mali*. East Lansing: Michigan State University Press.

Lecocq B (2002) That desert is our country: Tuareg rebellions and competing nationalism in contemporary Mali (1946 – 1996). PhD thesis, University of Amsterdam.

Mackintosh-Smith T (Ed.) (2002) *The travels of Ibn Battutah*. London: Picador.

Mamma Haidara Manuscript Library (2000) *Catalogue of manuscripts in the Mamma Haidara library* (3 Vols). Compiled by Abdel Kader Haidara and edited by Ayman Fuad Sayyid. London: Al-Furqan Islamic Heritage Foundation.

Mbeki T (1998) *The African renaissance*. Johannesburg: Konrad-Adenauer Stiftung.

Salak K (2004) *The cruellest journey: 600 miles by canoe to the legendary city of Timbuktu*. London: Bantam.

Tamrat, T (1972) *Church and State in Ethiopia, 1270–1527*. New York: Oxford University Press.

Unesco (2003) International scientific committee for drafting a general history of Africa, various editors, *General History of Africa* (8 Vols), abridged edition. Cape Town: New Africa Books.

Zouber M (1977) *Ahmad Baba de Tombouctou (1556–1627). Sa vie et son oeuvre*. Paris: Maisonneuve et Larose.

第二章　走进西非学术史
——通布图的意义

苏莱曼尼·贝希尔·迪亚涅
(Souleymane Bachir Diagne)

> 要讲述非洲大陆的哲学史，不可能忽略伊斯兰教在非洲的重要性。

塞内加尔知名历史学家谢赫·安塔·迪奥普（Cheikh Anta Diop）曾经写到，早在欧洲人殖民非洲和质疑非洲"思维"的原始性之前的几个世纪前，非洲本土的学者已经在诸如通布图这样的地方探讨过亚里士多德的逻辑学。迪奥普的原话是，"早在列维-布留尔（Levy-Bruhl）写下《原始思维》（也叫做《土著如何思考》）一书的四百年前，黑色人种的非洲穆斯林就在探讨亚里士多德的'形式逻辑'问题和投身辩证法研究了"。[①] 我会在本章的后面对迪奥普的这一论断提出一些质疑，但请允许我先花点时间谈一谈他的这一论断大体的意思。迪奥普的意思是如果完全忽视伊斯兰知识在非洲大陆渗透的重要意义，那么就不可能对非洲大陆的哲学史作出适当的概括。由于这种忽视（我用这个词既指"缺乏知识"，也指"摒弃"），除了在哲学和逻辑学领域，非洲的学术史总体上仍然是一个有待研究的开阔领域。并且这种研究需要考虑很多

---

① Diop（1960：133）.

非洲地区的伊斯兰化进程,因为这一进程在 11 世纪左右的时候成为撒哈拉以南非洲发展的一个重要部分。先入为主的观念认为非洲文化本质上是口述文化或者说非洲性的核心是口述性,这些研究将会终结这个观念。通布图和其他伊斯兰学术发达的地方教会了我们历史感。这种历史感让我们反对这种将非洲等同于口述性的观点,因为这种概括是不准确的。当然,口述性在所有的文化中都很重要,尤其是非洲文化中。用文字表达的伊斯兰教理性意味着很多地区的人们都接受了阿拉伯语或者说阿拉伯书写体系,这一点我们不能忽视。皈依伊斯兰教给这些人带来了很多影响,其中之一便是重新"书写"了他们自己,同时创造了一种需要我们去研究的新的书面的学术传统。当一些在古兰经学院接受阿拉伯语书写训练的人开始用沃洛夫语、富拉语、豪萨语或者班巴拉语撰写编年记录、神话和赞美诗时,这些语言就不再只是一种口头语言了。当写下通布图或者保存在其他地方的手稿的那些学者开始用阿拉伯语或者土著语言创作劝谕诗和关于教法学、神学、苏菲主义或者其他方面的文章时,非洲学术史的新时代也就开始了。

在整个西非,清真寺的古兰经学校都教给青少年穆斯林哲学和书法。在木板上用墨水或炭写的字很容易洗掉,这样木板还可以继续用来练习写字。

◈ 绪　论

通布图手稿是非洲这一书写传统最好的证据和象征，本章将考察关于通布图的三个问题。第一个问题我称之为作为自我重新书写的方式的伊斯兰化的重要意义；我的第二个关注是哲学学科，我将探讨对于以通布图为代表的书写传统的无知是如何导致关于非洲哲学的不当说法。这一说法在种族哲学家和欧洲哲学家引起了争论。在第三部分我研究了体现通布图学术氛围的一部作品——《高贵者的天赋：论学者的若干德性》。在结尾处，我使用了通布图最为知名的学者艾哈迈德·巴巴（1556－1627/963－1037）先生作品中的一句简短训诫做了总结。

皈依：作为重新书写方式的伊斯兰化

> 通过重新书写他们的起源，曼丁哥人将自己视为是战败后皈依伊斯兰教的海拜尔王族的后裔。这种叙事的作用很明显。首先，它将曼丁哥人接受伊斯兰教及其宇宙观转化成了一部史诗。这部史诗发生在穆斯林宗教兴起的早期，并且是阿拉伯半岛伊斯兰早期英雄传说的一部分。其次，它将君主政体（mansaya）合法化了，因为这种政体是古老海拜尔王族传统的延续（将特定现象合法化是神话的常见功能）。这种自我重新书写历史的现象并非是曼丁哥人独有的。在富塔贾隆高原（Futa Jallon）或者富塔托罗高地（Futa Toro）的富拉人在书写自己的编年史时也采取了这种模式。

皈依不仅意味着转向新的宗教，接受其教义、信条和仪式。正如这个词的拉丁词源所暗示的——皈依意味着完全改变观念。这意味着接受一种新的宇宙观念之后对自我进行的重新评价。皈依的一个可见的特点便是身份话语上的极端转变。用伊斯兰化的方式重新书写某些史诗，例如曼丁哥（Mande）史诗就属于这种情况。塞义杜·卡马拉（Seydou Camara）曾经在通布图做过一场关于伊斯兰教与西非的讲

第二章 走进西非学术史

座。讲座名为"伊斯兰教与曼丁哥人的历史传统"。[①] 他在讲座中指出来自科拉(Kela)中心地区的贾巴特人(Jabate)有一部手写的叙述故事,讲述了曼丁哥人的新的伊斯兰宇宙观,其中包含着以下几个阶段:

> 宇宙的诞生和人类的起源
> 征服海拜尔
> 曼丁哥君主政治的开始
> 桑介塔的传奇故事
> 主要曼丁哥部族的英雄们的箴言和谱系
> 曼丁哥三十家族表
> 科伊塔·坎达斯在尼日尔河谷的定居和独霸[②]

这一连串的故事片段夹杂着起源神话和历史事实包括征服海拜尔和曼丁哥君主政治的实行。这种现象用法国东方学家和哲学家亨利·科宾(Henry Corbin)的一个术语来表示即是一种投射在历史层面上的"神性—历史"的投射。我的意思是曼丁哥人通过与神圣叙事(hiero-narrative)对接的方式重新书写了他们的历史。通过这种神圣叙事,他们的历史获得了全新的内涵。通过这一案例我们可以看到曼丁哥人的身份是如何与奠定了伊斯兰信仰基础的海拜尔事件联系在一起的。也正是通过海拜尔的胜利这一事件曼丁哥人的历史才获得了其现实性和意义。海拜尔之战是早期穆斯林取得的重大军事胜利之一。在此次战役之中,杰出的英雄阿里·本·阿比·塔利卜(Ali ibn Abi Talib)攻占了传说中无法攻占的海拜尔要塞。这样一来,通过重新书写他们的起源,曼丁哥人将自己视为是战败后皈依伊斯兰教的海拜尔王族的后裔。这种叙事的作用很明显。首先,它将曼丁哥人接受伊斯

[①] 见于 Publications de la Fondation Temimi (1997)。另参见 Diagne (2000)。
[②] Publications de la Fondation Temimi (1997: 117)。

绪　论

兰教及其宇宙观转化成了一部史诗。这部史诗发生在穆斯林宗教兴起的早期，并且是阿拉伯半岛伊斯兰早期英雄传说的一部分。其次，它将君主政体（mansaya）合法化了，因为这种政体是古老的海拜尔王族传统的延续（将特定现象合法化是神话的常见功能）。这种自我重新书写历史的现象并非是曼丁哥人独有的。在富塔贾隆高原（Futa Jallon）或者富塔托罗高地（Futa Toro）的富拉人在书写自己的编年史时也采取了这种模式。他们通过将自己的起源与伊斯兰教在阿拉伯半岛的兴起联系在一起，书写了一种新的伊斯兰化的起源。塞义杜·卡马拉和其他一些学者都将这样一种自我重新书写解读为皈依之人对自己异教徒出身感到羞耻。因此，当他们中有学识的人决定伪造与东方的关联时，这些人群也虚构了新的祖先谱系。[1] 我不认为这解释了所有的问题。更为重要的是，我们需要审视这种完全崭新的宇宙观的全球意义。在这种宇宙观之下，世界的起源是不一样的，并且需要不一样的叙事来说明某个族群如何融入了这个完全不同的时空，也就是伊斯兰世界。这种自我重新书写的过程是对西非的社会想象的深度重构和再评价。我们所研究的这些手稿的重要性在于它们见证了这一过程。对这一地区的学术史进行深入而全面的研究需要关注这些手稿的重要意义。

这种新的宇宙观需要特别注意的一点在于它标志着这片被称为"黑人的土地"（Bilad al-Sudan）的学术史转折点的一种新的时间哲学。这种时间哲学可以在以通布图手稿为代表的苏丹编年记录中为人所觉察到。这些手稿包括阿卜杜拉赫曼·萨迪（Abd al-Rahman al-Sa'di）所著的《非洲纪事》（Tarikh al-Sudan）和穆罕默德·卡迪（Muhammad Kati）所著的《西非编年史》（Tarikh al-fattash）。这些除了作为记载马里和桑海的历史文献而具有极大的价值之外，同时记述了西非社会的相关情况，展示了一种生成哲学，一种将时间视为是创造性运动的观念。这些叙述将动态的演化、集体运动、社会学考察、

---

[1] Publications de la Fondation Temimi (1997: 116).

历史哲学以及传记和谱系学交织在一起。例如，在《西非编年史》一书中，我们可以看到这样的叙述："安拉让桑海帝国陷入混乱，让它的国民遭受他们之前一直哂笑的那种惩罚，是因为他们忽视安拉的律法，是因为官吏的枉法以及精英们的傲慢。"① 另有一段叙述如下：

> 伊沙克（Ishaq）时期，加奥（Gao）城在道德上已经败坏到了极点。最恶劣的犯罪和最为安拉所谴责的行为都在光天化日之下进行，最丑恶的罪行也在上演着。情况已经恶劣到这样的一种程度，被指派参与通奸案件审理的官员会随身携带专门制作的鼓，各方会来到他面前相互提出控告。这座城市中还有很多其他令人羞耻的事在发生着。我们属于安拉，也终回到他的身边。②

萨迪引用了《古兰经》中"的确，我们只属于安拉，我们也归于安拉"这句话来结束了他的悼词。这句话总结了弥漫在他的编年著作中的潜藏的关于时间和历史的哲学——人类事件的进程总是包含着因安拉无处不在的正义而降下的神圣惩罚，忽视安拉的律法将不可避免地导致衰落和混乱。

非洲哲学的问题

在探讨我的第二个问题时，我首先提出这样一个问题：非洲哲学是怎样成为一门具有学术性的学科的。首先是德国哲学家黑格尔，他断言历史性和哲学是欧洲最鲜明和独特的特征，并且只为欧洲所独有。这样，他就抹去了非洲的历史并且否认黑色的大陆具备产生如思想这般精深知识的可能性。非洲从理性、文明、真正的一神论宗教和哲学思考这些领域中被放逐。黑格尔认为非洲仅可以勉强被称为是人

---

① Kâti（1913：272）.
② Kâti（1913：272）.

❖ 绪 论

类牙牙学语的阶段，"笼罩在夜晚的黑幕之下"。不必说，这里指的是精神的夜晚。当然，这一说法并不适用于整个非洲大陆，而只适用于他所称的"严格意义上的非洲"，即是撒哈拉以南非洲。埃及及其文明被黑格尔从非洲大陆移走并认为其与亚洲文明相关。而北非地区或者说马格里布也被从非洲大陆分离出去了，并被认为其与欧洲关系紧密。北非确实属于欧洲，尽管是在派生的意义上的——通过殖民主义这一看上去很有前途的事件。（黑格尔从1830年法国控制阿尔及尔这一事件中看到了殖民主义的光明前途，并对这一事件颇为赞许。）对撒哈拉以南非洲而言，唯一的好处是：一方面，欧洲的奴役尽管本质上是一件邪恶之事，但却是一种将失去根基的非洲人安顿在新的文明环境中的方式，在这样的环境中，非洲人能够超越这片黑色大陆孕育的可能性而发展；另一方面，黑格尔认为另一种可能的文明化影响来源于伊斯兰教。

　　黑格尔之后，民族学范式成为了舞台的主角。考虑到这种思维被认为是与理性和哲学精神相异的存在，对非洲人思维（他们的思维活动不能被拔高为"思想"）的研究延续了黑格尔主义的某些观点。土著人的思维被描述为和"我们的"逻辑、"我们的"理性以及"我们"遵循一以贯之的可靠的原则体系而思考和生活的能力毫无关联。在这些持有此类观点的学者中，路先·列维－布留尔（Lucien Lévy-Bruhl）表现得很突出。第二次世界大战前后的第三阶段仍然处于民族学范式的影响之下。列维－布留尔的这一思想路径遭到了一些非洲民族主义者的挑战。这些人认为非洲的习惯法、风俗、伦理等应当被视作是一套连贯的哲学原则，而这套哲学原则表达了一种原始的本体论。只有这样才能完全理解非洲的这些习惯法、风俗、伦理，等等。非洲哲学这一观念不再是一个自相矛盾的说法了。普拉西德·唐普尔神父（Father Placide Tempels）的知名作品《班图哲学》备受赞誉。此书命名的方式为后来的很多作品所仿效。例如《沃洛夫人的道德哲学》《阿肯哲学》《约鲁巴哲学》等。但这种民族学的范式为人所质疑时，又进入了另一个阶段。种族哲学（Ethno-philosophy）正如它被贬抑称之的那样，被批评和驳斥为研究非洲哲学活动的一种错误方式。那些驳斥种族哲学的人认为，哲学应当是由自居为哲学家的人书写的（而非口传的）、个人化的（而非集体的）、具有理性和批判性的思考。这些驳斥种族哲学的人反过来却被指责不加批判地接受了欧洲中心主义对哲学的定义并且回避了什么是哲学这一问题。欧化的哲学家（Euro-philosophers）与种族哲学家（ethno-philosophers）之间关于非洲哲学的争论完全无视了通布图手稿所展示的非洲哲学的书面传统。

哲学家奎迈·安东尼·阿皮亚（Kwame Anthony Appiah）在谈及非洲哲学时有个颇为中肯的说法："穆斯林有着长久的哲学书写的历史，其中很多是在非洲写就的。因此非洲的哲学研究可以称之为是传统的（也因此是神圣的），同时也是内生性的（也因此是民族主义的）。"[①] 这个简单的事实在关于种族哲学和非洲的口述性的辩论的说辞中被忽视了。回溯这个简单的事实对于非洲的哲学思考的历史的建构至关重要。阿皮亚的这些话与本章开篇之处所引和我即将解释的那句谢克·安塔·迪奥普的评论遥相呼应。迪奥普的意思是，尽管通布图和其他学术中心可以媲美同一时期广泛的伊斯兰世界的最好的学问之地，哲学作为一个明确的学科，作为伊斯兰科学中的称之为"falsafa"（即哲学）的传统却几乎从学校课程中消失了。穆斯林学者盗用了希腊哲学这一概念后形成了"falsafa"（即哲学）传统。这些学者包括 9 世纪的阿尔法拉比（al-Farabi）、10 世纪的伊本·西拿（Ibn Sina）、11 世纪的安萨里（al-Ghazali）以及 12 世纪的伊本·路世德（Ibn Rushd，拉丁语名阿威罗伊），在这里我只提到了那些最有名的学者。这些哲学家对哲学史的贡献主要是从他们自己的角度，亦即是《古兰经》文化的角度与柏拉图、亚里士多德和普罗提诺这样的哲学家进行了卓有成效的对话。他们所创造的这种传统在阿威罗伊于 1198 年去世之后就可以说是衰落了。因此，我们不应当期望能在通

---

① Appiah（1992：144）.

❖ 绪 论

布图手稿中发现一些开拓性的论述诸如亚里士多德主义关键问题的文章。马里或者桑海帝国黄金时期的伊斯兰世界都无法找到此类作品（至少在逊尼派穆斯林世界中）。话虽如此，我们不应该忘记哲学是一种超越学科界限的包罗万象的思维方式。手稿及其他证据表明哲学（falsafa）并未包含在课程之中，但神学（kalam）、教法学（fiqh）和苏菲主义（Sufism）却包含在课程教育之中，而哲学思维存在于所有这些科学之中。逻辑学（mantiq）是关于正当推理的科学和与宗教相关科学（ulum al-din）中的基本学科，被遍布各地的亚里士多德的追随者奉为获得所有知识的"工具"。因此，逻辑学自然也存在于所有这些科学之中。

让我们看看19世纪哲学家阿布德·卡迪尔·本·穆斯塔法·图鲁都（Abd al-Qadir b. al-Mustafa al-Turudu）的作品。约翰·汉维克（John Hunwick）对通布图学术遗产的耐心研究才使我们能有幸了解这位哲学家。他是知名学者穆罕默德·贝洛（Muhammad Bello）的侄子和学生。图鲁都卒于1864年。根据汉维克的汇编资料，[①] 图鲁都的作品是具有纯粹的哲学（falsafa）传统的，尤其是他的《然巴尼主义的开拓》（Futuhat al-rabbaniyya）一书。在这部创作于1828—1829年间的作品中，他对"唯物主义者、自然主义者和物理学家对生活的感知"进行了批判性的评估。他在这部作品中同时探讨了"与世界的瞬时性相关的话题、精神存在与否的问题以及天球的特性"。[②]

结论：通布图的启示

我列举通布图给予我们的一些重要启示来结束此章。首先是非洲的科学和学术的历史早在殖民主义和欧洲语言传入之前就开始了。通布图的手稿并非只是使用阿拉伯语写就完成，其中有一部分是使用阿

---

① Hunwick & O'Fahey（1995：222）
② Hunwick & O'Fahey（1995：222）.

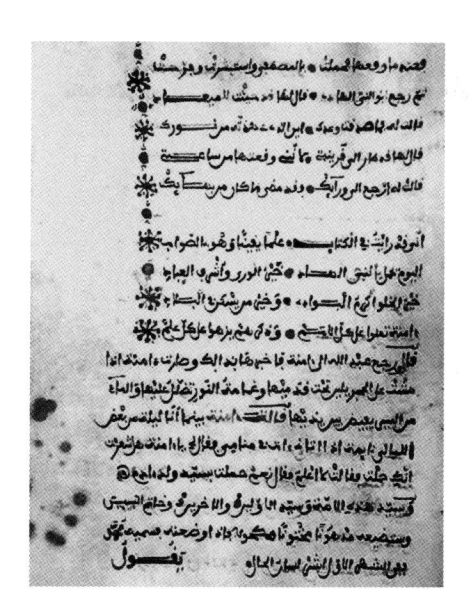

一部讨论纪念穆罕默德先知生日的手稿，*Milad al-Nabi*。

拉伯字母的本土语言写就。当非洲的哲学家们讨论将非洲的语言翻译或者转化成哲学语言之类的问题时，他们首先应当记住这是哲学史上不同时期很多语言在接触希腊哲学时都经历过的过程。例如在用拉丁语讨论西塞罗时，在用阿拉伯语讨论亚里士多德和柏拉图的作品的景教（Nestorian）翻译作品时，或者是用法语讨论笛卡尔时，这种翻译和转化都曾经发生过。他们应当很熟悉非洲的阿贾米书写传统，也就是使用阿拉伯字母书写非阿拉伯语言。

艾哈迈德·巴巴是通布图最为知名的知识精英的代表人物之一。他的作品给了我们另一些启示。他的重要性在本书的很多章节中都有所提及。我想要重申这位非洲伟大哲学家在种族主义问题上所持有的立场。有人暗示黑人所遭受的奴役是上天降于诺亚（Noah）之子含（Ham）的后裔身上的诅咒的自然结果。巴巴对此明确回应道："一个种族和另一个之间并没有什么差别。"他在《黑色的奇迹》(*Mi'raj*

◈ 绪　　论

al-su'ud)① 一书中毫不含糊地驳斥了任何认为奴隶制是理所当然的想法。因为这种想法将可能导致黑人被轻蔑地称为"奴隶"('abid)，这种情况即使是今天也并没有消失。

我同样认为巴巴的《高贵者的天赋》(Tuhfat al-fudala)② 一书总体概述了通布图以及西非书写传统的意义。此书的一个核心主题正如巴巴引用圣训(hadith)的一句预言所概括的那样："一位学者躺在床上沉思他的知识远比一位虔诚的人七十年的礼拜更有价值"。③ 艾哈迈德·巴巴深信知识的价值。更准确地说，他认为只有我们把知识当做一种生活方式，只有在掌握科学之外我们仍然关注何为善的生活，只有在有很高造诣的法官(faqih)也同时是一位得道的圣人('arif)的情形下，知识才是可信的和完整的。

我之所以提及《高贵者的天赋》这本书是因为它为今天的我们提供了两点启示。关于知识重要性的第一个启示是：手稿当然应当被保存和编目，但是将它们变成博物馆物件并非最终的目标。对非洲科学和知识的思考要求将保存在通布图和其它地方的手稿出版以飨今天的学者。第二点启示正如巴巴在《高贵者的天赋》一书中引用的一句预言所表达的那样："学者的墨水远比殉道者的鲜血珍贵。"④ 尽管在当今时代，无知以炸弹的巨响为其发声，暗杀者以殉道者自居。非洲历史上最伟大的哲学家之一的艾哈迈德·巴巴告诫我们：教育的耐心具有其它形式的抗争所无可比拟的价值。

参考文献

Appiah KA (1992) In my father's house：Africa in the philosophy of culture. London：Methuen.

Diagne SB (2000) Savoirs islamiques et sciences sociales en Afrique

---

① Hunwick & Q'Fahey (2000：35).
② Sami & Zniber (1992).
③ Sami & Zniber (1992：29).
④ Sami & Zniber (1992：16).

de l'Ouest. In Mélanges d'archéologie, d'histoire et de littérature offertsau Doyen Oumar Kane. Dakar: Presses Universitaires de Dakar.

Diop CA (1960) L'Afrique noire précoloniale. Paris: Présence Africaine.

Hunwick J & Harrak F (annotated and trans.) (2000) Mi'raj al-su'ud. Ahmad Baba's replies on slavery. Rabat: Institute of African Studies.

Hunwick JO & O'Fahey RS (Eds) (1995) Arabic literature of Africa. The writings of Central Sudanic Africa (Vol. 2). Leiden: Brill.

Ka'ti M (1913) Tarikh al-fattash. Edition of Arabic text and translation by O Houdas & M Delafosse. Paris: Leroux.

Publications de la Fondation Temimi (1997) La culture Arabo-Islamique en Afrique au sud du Sahara: cas de l'Afrique de l'Ouest, actes du colloque international tenu a Tombouctou. Zaghouan, Tunisia: Publications de la Fondation Temimi.

Sami S & Zniber M (est. and trans.) (1992) Tuhfat al-fudala bi ba'di fada'il-al-'ulama. Des mérites des 'ulama. Rabat: Institute of African Studies.

第一部分
通布图地区概论

第三章　通布图之前的时代
——远古时代的城市

罗德里克·J. 麦金托什

（Roderick J. McIntosh）

通布图的建城史普遍被认为可以追溯到第二个千禧年的早期，现在看来这样的结论过于保守了。对中尼日尔河流域的其他"姐妹城市"的考古研究表明，早在公元前的那个千年这一地区就已经存在一个土著的城市文明。因此，我们没有理由觉得应该将尼日尔河湾从这一爆炸性的普遍进程中排除。在今天通布图地区开展的发掘活动少之又少而且成果不大。在腹地所进行的调查向我们展示了与今日差别极大的生态环境以及意想不到的定居史。通布图这座跨撒哈拉贸易路线的终点城市似乎是一个更早的、非同一般的"远古世界"残余和变形的遗存。

"一个非常不同的远古世界"……剑桥大学的一年级学生阿尔佛雷德·丁尼生（Alfred Tennyson）一定会惊诧于自己的这个预言。他在参加1829年校长杯英语诗歌大赛时曾写下一首著名的诗歌:[1]

> 我提高嗓门，大声呼喊："狂野的非洲，
> 　你那边的太阳是否照耀，山岭是否围城而绕？
> 　就像照亮远古世界夜晚的星辰？

---

[1] Tennyson（1829）.

第一部分　通布图地区概论

或者，你那关于通布图的传说，
就像所有古代的传说那般脆弱？"

丁尼生是乐观主义和扩张主义的英格兰偶像和诗意的表达者。我们可以想象年长之后的丁尼生在知晓通布图地区考古发掘成果时的反应（尽管他肯定会对加诸于自己身上的这种独特的国家角色颇为恼怒）。那些闪耀在远古时代尼日尔河湾边上的城市，我们今天已经对其数量、规模、重要性和成熟度有所了解，只是丁尼生先生会否接受这些认知？他的观念能够经受如此剧烈的转变吗？他的浪漫田园诗中的"银色街道"，以及脆弱的梦中之城里"颤动的圆顶屋"和"缀满珍贵橄榄石的方尖碑"已经被坐落在中尼日尔河流域的城市文明所取代。这里的城市文明和美索不达米亚或者尼罗河流域一样，密集而广阔，很显然这并非是这些所谓城市文明摇篮之地的产物。

大约8500年前，阿扎瓦德地区还是一片9万平方公里的多沼泽多湖泊盆地区域，通布图当时可能一直处在水中。就是在今天，雨季的尼日尔河有些地方也会超过1公里宽。

第三章　通布图之前的时代

长久以来，我们一直依赖于 6 个案例来理解作为国家形成和城市发展的社会文化复合体所表现出来的特征。这 6 个案例包括美索不达米亚和埃及（约公元前 3500—前 3000 年），印度河流域和中国北部（公元前 2500 左右），中美洲和安第斯（公元元年前后）。最近几十年的研究表明，这个名单中应当加上撒哈拉以南的西非地区，尤其是中尼日尔河流域地区。这一区域不但经历了具有复杂文化特点的本土发展，而且它的发展方式对城市文明发展的一般性观点提出了挑战。[①] 西非的萨赫勒地区为应对气候变化和贫瘠土地废弃的比较研究提供了新机遇。[②] 这是尤其值得注意的，但并非唯一的贡献。正如前面提及的 6 个案例需要考虑加上中尼日尔流域文明一样，这 6 个文化传统都经历了衰落和/或区域废弃（并非同一回事）阶段。而对西非的区域废弃研究将有助于理解这 6 个文明传统的问题。

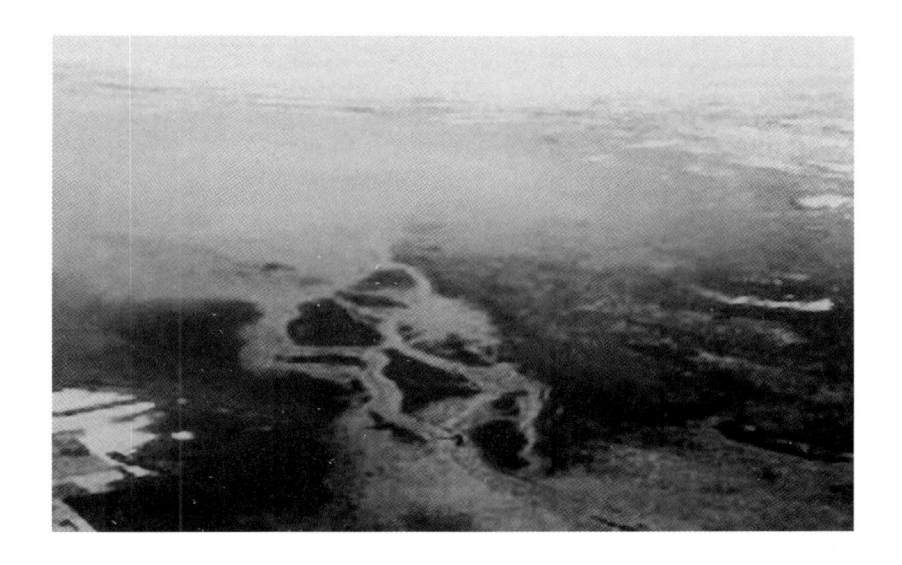

尼日尔河的鸟瞰图。在有文字记载之前，尼日尔河湾就开始为附近的城市中心和长途贸易活动提供水源。

---

① McIntosh（2005a）.
② McIntosh & Tainter（2005）.

第一部分　通布图地区概论

我们为什么强调区域弃置（regional abandonment）这一问题？本章的一个基本前提假设就是过去几个世纪通布图是引人注目的区域弃置过程的遗留物。隐藏在如今沙丘遍布的腹地之下的是一个非同寻常、充满活力的河流与湖泊生态系统。这个生态系统曾属于一个并不久远的古老世界。尼日尔河湾处的这个古代世界可能像尼日尔河冲积平原的湖区（Lakes Region）一样城市密布，也肯定像那里一样人口密布。事实上，它的城市化程度也与中尼日尔河的其它盆地类似。这些盆地从南至北分别是以杰内（Jenne）为中心的上三角洲，玛锡拿人（Masina）引以为傲的古迪亚（Dia），代博湖（Lake Debo）北边的瓦加杜沙丘（Erg of Ouagadou），与毛里塔尼亚接壤的梅玛沙漠（Méma），湖区（Lake Region）和尼日尔河湾地区以及通布图北边的阿扎瓦德（Azawad）沙丘地带。[①] 我在这里简单介绍了今天的通布图地区风力塑造的地形，并且认为也许在近至11—13世纪的时候，这一地区曾经的生物物理环境与现在差异很大。事实上，这一地区沙漠遍布的环境可能只是17世纪以后才出现的情况。随着高维度地区"小冰川时代"的终结，这一地区的多雨时期也结束了。早期湖泊与河流环境一直向北延伸到今天的撒哈拉地区。与此相类似，对中尼日尔河盆地定居模式的考古研究几乎完全支持这一地区存在更为密集的城镇、村庄和临时定居点的观点。然后我总结了在通布图腹地区域开展的考古调查活动，以及在通布图开展的短暂发掘的成果。在文章结尾处，我提出了一些问题，例如，关于这个远古世界的记忆是否隐隐约约影响了通布图手稿中所描绘的世界图景（以及关于人类事务和人地关系的因果律）？

通布图是位于尼日尔河干涸又湿润的几个三角洲边缘的一座小镇。它同时处于撒哈拉的阿扎瓦德沙丘和萨赫勒地带每年洪水泛滥的湖区和尼日尔河湾之间的区域。对于一位自然科学家而言，阿扎瓦德沙化平原（与其相连的陶代尼古湖退却到更为北边的地区）表明了

---

① McIntosh（1998）.

这一地区风力作用战胜了雨水和洪水（对地形的塑造）。尽管看上去很是荒芜，阿扎瓦德平原却是由河流、沼泽、湖泊和风成沉积物交织而形成的。其他 6 个中尼日尔河盆地也是如此。层级改造是对这种由雨水、河流和干燥轮流作用导致的累积效应的最好阐释。这种交互作用造就了中尼日尔河流域地区复杂的微观环境。然而，中尼日尔河流域洪水覆盖的地区面积曾经一度达到了 170000 平方公里，随着梅玛盆地和阿扎瓦德盆地的干旱，如今中尼日尔河"活"的流域（年度会被洪水淹没的地方）只剩下大概 55000 平方公里了。

在陶代尼古湖地区，沙丘沿着被侵蚀的湖泊沉积物的高柱顺风而下。在南边，大致在阿扎瓦德地区，古代的浅湖（沙漠盆地），常年的溪流和曾经一度很慷慨的雨水留下了一层淡水贝壳，混杂着大量鲈鱼、鲶鱼和鳄鱼的骨骼。但是在过去的五千年时间里，风一直在这一地区扮演着主导角色。中尼日尔河的每个盆地都是一个微观环境的密集聚合，都可能随着不稳定的气候急剧改变。应对这种不稳定的环境，中尼日尔河地区的人们发展出了一套同时具有专业性和系统性的职业，[①] 建立了一种互惠关系。这种互惠关系能让人们在应对剧烈而突然的气候波动时拥有不错的快速恢复能力。受益于在陶代尼和阿扎瓦德开展的一些创新性的多学科研究项目，我们获得了关于这一地区气候、环境和适应模式的详细描述。[②] 我们也得以更加精炼地评估当地和区域的环境对距今 8500 年至 3000 年的全新纪（Holocene）湿润期（多雨期）当地人口的影响。这一时期湿润期与急剧的干燥期交替出现。[③] 最近一个完整的多雨期大约在距今 4000 至 3000 年前结束，我们所熟悉的撒哈拉沙漠自那之后逐渐占据了主导地位。尽管期间有些阶段（几十年乃至几百年，例如公元 700—1100 年）年均降水量是

---

① McIntosh（1993）.

② Petit-Maire（1986；1991）；Petit-Maire & Riser（1983）；Petit-Maire et al.（1983）；Fabre & Petit-Maire（1988）；Raimabult（1990）。这一计划的放射性碳测定令人信服地表明这一地区在距今 7000 年到约 3500 年间就有人类居住。但是很少有样本能够令人信服地确定单个地点的定居时间，要么就是放射性碳测定是在贝壳这样的材料上进行的，误差会比较大。

③ Commlin et al.（1993）；McIntosh（1994）；McIntosh（2005b）.

◈ 第一部分　通布图地区概论

1930—1960 年水平的 120% 甚至更多（1930—1960 年的年平均气温、降水量和其他气候变量是科学家评估气候异常的基准值）。

阿扎瓦德的环境史是同时包含明显的当地生态与微观物种转变的一个过程。一直到 8500 年前，阿扎瓦德还是一个面积达到九万平方公里的（多）沼泽与湖泊的盆地。在今天的通布图附近很可能存在着常年洪水泛滥的现象。在阿扎瓦德最中心的地方存在着一些大型的常年湖（其中有些面积超过了 500 平方公里）。这些湖泊有的是由雨水汇集而成，有的则吸纳沿着起伏地势汇集而来的地下水。尼日尔河漫出的河水哺育了阿扎瓦德地区大多数季节性的湖泊和小溪，尤其是巨大的沙丘间网格状走廊水系。这些走廊水系分布在主导这个盆地的更新世后期的巨大沙丘之间。情况最佳的时候，这些湖泊成为数量庞大的鲈鱼、罗非鱼和鲶鱼的栖居之地，也同时是水龟、鳄鱼、河马和长达四米的一种水蚺蛇的栖居之所。

湖泊和沼泽的温度、盐度以及含氧水平被记录在藻类、软体动物、双壳纲或甲壳纲生物（介形虫）遗留物中。这些遗留物被一层石英砂所覆盖。[1] 这些微小的有机文档表明较长周期的清新和富含氧气的水份供应会周期性地被强烈的蒸发所打断。其中漫滩沼泽和受年度洪泛影响的广阔地势低洼区域尤其会受到这种干旱情况的影响。每年泛滥的洪水只在例外的年份才会延伸到哈西·艾卜耶德地区（Hassi el-Abiod）。这些湿地和沙丘间水塘成为了大量鱼类的温床，这些鱼群在充足的沼泽植被环境中发展壮大。河马、鳄鱼和至少两种依水而活的羚羊（薮羚和非洲水羚）以及非洲水牛漫步在沼泽湿地之中。浅滩可能是野生可食用的草类最好的生长环境。这些草类有些是被驯化的高粱、小米、福尼奥米（fonio）和非洲水稻（Oryza glaberrima）的远亲。每年如期而至的洪水通过古河道网络影响了整个阿扎瓦德地区，这个古河道网络纵贯南北 180 千米，东西达到 130 千米。尼日尔河洪水通过庞大的名为瓦第·阿马尔（Wadi el-Ahmar）的古河道进

---

[1]　McIntosh（2003）.

入阿扎瓦德地区。这条河道的南端宽达1200米（位于尼日尔河湾处，通布图的东边）①。大多数河道的作用是分流瓦第·阿马尔河道的尼日尔河洪水，这条水道折而向北的70—100千米长的部分能够被卫星影像和航空摄像头捕捉到。同样能被捕捉到的那庞大而又漫长的沙丘间洼地（洼地的边缘是更新世纵向沙垄，这些重新焕发生机的沙垄主宰着今天这一地区的地貌）。洪水和当地的降水一年又一年地为这些洼地补充水流。

这些古河道两岸丰富的考古发掘潜力基本上没有得到开发。具有启迪意义的例外是针对最接近瓦第·阿马尔河道中心区域（南边）的13千米水道进行的全面调查。该调查以河道出尼日尔河冲积平原之处为起点，这一起点位于通布图东边的三公里处。② 调查为我们研究公元后的第一个千年阿扎瓦德荒地和尼日尔河湾——阿扎瓦德交汇处的城市文明发展提供了基础数据，这一点我们后面会加以讨论。遍地沙丘、由跨撒哈拉贸易支撑的通布图和它的荒野腹地给我们一种荒凉印象。狂舞的风沙不断改变地面的形状，湖泊、湿地、河道以及干草原地形则给我们留下了截然不同的变余构造地貌。对通布图地区古代世界的地貌、水文和环境的探讨，给我们留下的就是这样的印象。这就是这一地区的远古世界。正如远古世界丰富的植物、鱼类和哺乳动物资源支撑了晚石器时代和早期铁器时代这一地区较高的人口数量，针对通布图——瓦第·阿马尔地区的调查同样表明，或许直到700—800年前，通布图的腹地依然是璀璨的。

在探讨通布图地区调查（以及在该城内部发掘）的结果之前，我们首先看看中尼日尔河流域其他地区的研究呈现的定居地模式。这些定居模式与当地丰富、多水的马赛克式块状分布生态环境紧密相关。中尼日尔河流域其他盆地拥有和阿扎瓦德、湖区以及尼日尔河湾（纵向沙丘、漫滩、盐湖和河堤等）相同的地貌特征，只是会在比例上有

---

① Rogon（1993）；Riser & Petit-Maire（1986）；McIntosh & McIntosh（1986）.
② McIntosh & McIntosh（1986）.

◈ 第一部分 通布图地区概论

所区别,并且每个盆地都有其标志性的地质组合。在其他"死的"盆地,例如梅玛,更新世的沙丘作为当地最典型的地质结构,深藏在错综复杂的湖泊和湿地沉积物下面。[1] 覆盖在这些水生动植物沉积层上面的则是城市的考古遗存(这些城市至少可以追溯到公元前第一个千年的晚期[2])和村庄的遗存(这些村庄最早可以追溯到公元前2000年左右)[3]。这些城市是典型的台型土墩建筑,高度达到10米或者更高,建筑面积达到或者超过50公顷。这种土墩是数百年来泥砖建筑物以及不断增加的居民垃圾风化——或者说日常生活垃圾堆积而成。很显然,撒哈拉—萨赫勒环境影响下的梅玛如今已经无力支撑这些城市的繁荣,或是各自腹地内由相互联系的村庄组成的密集网络的发展。

杰内的大清真寺。杰内—杰努,或老杰内地区,可能是附近最古老的人类定居点。现在我们所见的杰内大清真寺是在西非最早的清真寺原址上建造的。

---

[1] DeVries et al.(2005)
[2] Togola(1993)。
[3] MacDonald(1994)

第三章　通布图之前的时代

　　大规模多学科的研究在梅玛地区刚刚开展起来。但是现在似乎可以确定地说，这些城市文明的终结过程相当迅速。当类似迅速的区域弃置过程发生在世界其他地方时，这通常意味着气候或者水文环境发生了急剧变化，或者是人口规模或人口的大规模聚居超出了可以忍受的范围，或者是人们开发自然的习惯是不可持续的以至于最终导致了奔溃——或者是以上几个因素的共同作用。在梅玛地区，城市文明的终结发生在 13 世纪或者 14 世纪。但是这种大规模的城镇弃置的行为同时提醒着我们：在长达或超过一千年的时间中，可持续的、富有恢复力的城市曾是这片变化莫测的萨赫勒地带中尼日尔河盆地上寻常的景观。在 13 世纪到 14 世纪这段时间里，梅玛的洪泛平原生态并不比南边的阿扎瓦德和尼日尔河湾区更为湿润或资源丰富，反而在镶嵌地块数量方面与其相当〔不再受制于此地众所周知起伏不定的降水量（年际的、十年际的和百年际的降水量变化）和西非季风系统北部多变的河流情况的影响〕。我们得出的关于通布图腹地遥远世界的第一个结论是：此地存在一个更早的、为湿地所塑造的生态环境。在这种生态环境下，高密度的人口得以借助生态恢复力自身的适应机制生息繁衍达千年之久，甚至更长时间。[①] 然而这一切终将不能一直持续下去。

　　较为温和的区域弃置情况同样终结了城市文明在中尼日尔河两个"生机盎然"盆地的发展，这也引起了考古学者的注意。这两个盆地分别是麦锡那（迪亚及其腹地）和上三角洲的杰内和杰内—杰努（Jenne-jeno）地区。我们在这些城区土堆遗迹中开展了近 30 年的发掘活动，并且在这些城市腹地进行了全面细致的调查。我们逐渐了解了中尼日尔河地区城市文明发展的编年史和模式。首先需要说明是这种城市文明发展看上去似乎是一个本土的过程。20 世纪 70 年代末杰内—杰努地区的发掘开始时，我和其他人一样感到惊奇和高兴，因为考古中并未发现能证明该地区与外界接触、受到外部殖民或是来自撒

---

①　McIntosh（2005c）.

◈ 第一部分 通布图地区概论

哈拉外部的"刺激导向"影响的证据。到公元前三世纪时，城市已经出现在杰内地区，[1] 而迪亚地区出现城市的时间可能还要早几个世纪。[2]

这批最早的城市出现在前面所提到的湿地影响下的环境中，这也是后石器时代以来中尼日尔河流域典型的环境。[3] 中尼日尔河每个盆地都存在相当区域规模的城市文明，这些城市文明的一个标志性特征是多重的、无霸权的城市中心。换句话说，分布在从通布图到杰内地区的年代长达 1600 年的陶瓷作坊同质性程度表明，面积达到（或者超过）55000 平方千米的中尼日尔河地区是一个内部地位同等的差异性结构。这个结构中的各个人口中心产生互动，但不存在一个具有压迫性质的区域性定居点等级制度，而其他土生土长的城市文明舞台都存在这种等级制度，而且在这种制度之下，专制政治占据着主导地位（比如后乌鲁克时期的美索不达米亚文明，或者商代末期的中华文明）。从这里我们可以得出关于通布图腹地远古世界的第二点结论：古代的中尼日尔河文明，从地域意义上来说，指的是由多重的、无霸权的城市中心组成的一片区域。

最后，让我们思考一下作为多样化人口的定居点城市的一般性定义。城市为腹地提供各种服务，[4] 因此在这些土城堆积物中一米一米地艰难发掘对于研究这些城市的腹地也肯定大有裨益。为了验证这些定居点是否具有城市的那些特征，我们只能一连几个月跋涉在各种地形的腹地中，定位各种规模、各种类型的遗迹，系统记录在这些定居点地表发现的可确定年代的陶器。同时我们也需要注意那些对于研究当地居民的职业和亲属关系有帮助的特色物件和人工制品。最后，我们还深入发掘了这些城市中具有明显层级特征的堆积物。这次调查首先从杰内—杰努开始，然后是迪亚，最后是梅玛地区的城市。调查的

---

[1] McIntosh (1995).
[2] Bedaux et al. (2001).
[3] McIntosh & McIntosh (2003); McIntosh (2005a).
[4] Trigger & Pendergast (1972).

第三章 通布图之前的时代

结果让我们颇为震惊：这一地区存在着城市文明群。杰内—杰努周围存在着超过 70 个分布紧凑的卫星城遗址。通过几轮的地表数据记录以及对其中十座遗址的发掘，我们现在可以确信，这个定居群（半径 4000 米）构成了杰内—杰努这座城市。

这一结论是否得到了几个周期的腹地调查结果的支持?[①] 尽管在杰内—杰努我们找到了各种集体活动区存在的证据，但是在其他 29 个遗址，我们只能找到一两个，最多三个集体活动区的证据。这些活动区可能是与生活相关的（渔业），或者是与手工业相关的（冶金、织造）或者是混杂的（仪式性的、象征性的或者与丧葬相关）。很明显各类专业者被聚集在一起，但是他们不愿意被纳入一个统一的城市之中。让我们分析一下这种聚集的逻辑：这种集聚而成的城市是解决困扰遥远时代中尼日尔河流域群落的生态问题（包括物质和社会）的颇为有力的方式（至少在超过 1000 年的时间内是这样的）。首先，这一地区的环境颇具生产力，但是雨水和洪水状况高度不稳定。其次，为了应对不可预测的气候，手工业者和生活资料生产者越来越专业化，但均被纳入到一个整体性的经济之中。再次，这是一个横向组织起来的高度复杂的社会。这是一个由多个次级部分组成的异质性的社会，这些次级部分处于相互重叠而又竞争的关系之中，并且都抵制着中央集权的同化作用。（在杰内—杰努和中尼日尔河其他地区开展的超过 30 年的发掘活动中，我们还没找到证据证明这些城市存在国王或者是明确的精英阶层）这个由多个聚集区松散组成的城市正是这种抵制的一种途径。这一观点让人想起了关于中尼日尔河流域的一些颇为深刻和"深时"的观点。这些观点认为这一地区的权力网上分布着一些大致相当、高度信奉神秘主义的权力中心。我在 2005 年发表的《古代中尼日尔地区：城市文明与自我组织的景观》一文中对此有过全面的阐释。在这里我们可以得出关于通布图腹地遥远世界的第三个结论：令人敬佩的中尼日尔河城市文明模式产生了由专门化的

[①] McIntosh & McIntosh（2003）；McIntosh（2005a：Ch.4）.

◈ 第一部分　通布图地区概论

地区和城市群组成的无中心的聚集体。这与其他冲击平原上产生的远古文明，如美索不达米亚文明，有着很大差异。那些远古文明大多深沟高垒，以城堡为中心发展起城市群，而城市群的腹地普遍人口稀少。

1984 年在通布图开展调查时，我们并不认为处于洪水冲击影响下的中尼日尔河城市文明也会存在以下这些情况：第一，存在着一个受湿地影响的生态，在这种生态中，生态恢复力的"深时"适应模式能够支撑高密度人口的持续发展。第二，从地域意义来说，古代中尼日尔河城市文明指的是由多重的、无霸权的城市中心组成的一片区域（超过今天的 55000 平方千米的区域）。第三，这一地区的城市是由专门化的地区组成的无中心的聚集体——城市集群。那么针对通布图腹地定居模式的考古研究如何印证这些期待，或者推翻这些期待？今天的通布图是面向沙漠的一座残骸，沉没在撒哈拉沙漠的萨赫勒海滨。如今这座城市的环境已经与"生机盎然的"中尼日尔河流域的湿地环境相去甚远。这座跨撒哈拉贸易的终点站城市，根据那些伟大的纪事（tarikhs）的记载，甚至需要依靠南边的姊妹城市如杰内为其提供后勤补给。

总之，在通布图开展的发掘活动的结果仍有待探讨。1998 年，来自剑桥大学的学生蒂姆·英索尔（Tim Insoll）发掘了通布图城周边的三处聚居点（位于阿扎莱地区的西部，在桑科尔清真寺附近的马洛卡因城堡）。[①] 前两个地区的发掘在进展到 5 米深度时就停止了，因为加速器质谱（高精度辐射测量）测定表明年代仍然是 18 世纪。在最后一处考古地点，自然土壤上面的考古堆积层中仍然发现了烟斗（换言之，年代测定的结果仍然是晚于 16 世纪晚期）。因索尔得出的结论只是：通布图仍然是"神秘的"，试图把通布图的历史所有部分拼在一起的努力只向前推进到了 16 世纪中叶（伊斯兰历的 10 世纪中

---

① Insoll（1998；2000）.

叶）。① 也许我们今天所知的通布图只是一个世俗的人造品，是跨撒哈拉商贸的创造物，出现在中尼日尔河遥远世界之后，然而考古调查却显示了不同的结果。

1984年，特雷巴·特哥拉（Téréba Togola）、苏桑·基兹·麦金托什（Susan Keech McIntosh）和我完成了对通布图腹地和尼日尔河下游90公里处的曼加贝拉（Mangabéra）腹地的初步调查。② 由于对潜在的早期遗址的环境逻辑不甚了解，这一次的调查完全是依据地形而进行的。整个的研判过程，我们选择了走没有规则的横断路线，考察了各种类型的阿扎瓦德地区和尼日尔河河湾区的地形——沙丘、新近出现的尼日尔河洪泛平原和经受冲刷的河流堆积物以及内陆古河道。我们花了很多时间考察瓦第·阿马尔河道的河堤。我们发现了很多新数据，可以说这项工作改变了我们对通布图内陆人文景观的理解。我们考察了这一地区一半左右的地方，然而我们的工作更多的是一种评论性质的，而从概率论意义上来说，我们的工作并不能算是严格意义上的系统性研究。

相关的数据也令人沮丧。我们最初的（历史驱动的）期望是现今的通布图是中尼日尔河洪泛平原城市文明的一座局外城市，而且是位于不毛之地的一座晚期（公元后第二个千年）局外城市。我们期望通布图是跨撒哈拉商贸的一座人工形成的城市，坦白地说，是一座寄生在其他更为古老和本土的南方城市躯体上的一座城市。相反，我们发现了一个更为稠密的遗址网络，这些一直都面向（狭窄的）洪泛平原和横穿沙丘的古河道。在通布图附近260平方公里的考察区里，我们发现了43处遗址。令人奇怪的是，地面上没有发现后石器时代的遗址，公元300—500年之前的铁器时代遗址也似乎瞬间即逝了。值得注意的是，到公元500年的时候，这里存在着一个由村庄和具有完全城市特点的圆形土墩组成的稠密网络，而且这个稠密网络的模式

---

① Insoll（2000：484）.
② McIntosh & McIntosh（1986）.

◆ 第一部分　通布图地区概论

让人想起前面提到的典型的中尼日尔河城市群。到 1500 年的时候，这些遗址中的大部分都在一次区域性的弃置过程中被废弃了（适当的发掘才能够告诉我们是多少个世纪之前）。这种废弃的彻底性（和突然性）与梅玛地区的情况差不多。

阿拉伯世界提到了一些尼日尔河湾失落的聚居地——阿克汉（Awqham）、萨凡古（Safanku）、蒂雷卡（Tirekka）和布克拉特（Bughrat）。我们发现的这些沉默的城市是否也是这些失落的聚居地中的一个或几个？① 这个城市聚居地网络明显更为潮湿，那它是否是一个更为久远、不依赖任何一个诸如通布图这样的历史定居地的人类景观？还是说名不副实的通布图只是一个退化物，仅仅代表着一个悲伤的谣言，一个更早、更为稠密的定居地模式的残存？除是古河道外，瓦第·阿马尔更是一个庞大如城镇的遗址（50 公顷），周围明显存在着一圈卫星城镇。这些城镇大多数可能在公元 900—1200 年被遗弃了。瓦第·阿马尔会是一个更早的通布图吗？

如果从水文学、地形学和土地使用相结合的角度来看我们的考察结果，这些大约公元前 500 年到公元 1500 年的遗址的数量和位置都清晰地表明尼日尔河的洪峰和/或当地降水都处于相当高的水平。以至于瓦第·阿马尔（和其他阿扎瓦德地区的古河道）就算不是常年，也至少是季节性地洪水汹涌。腹地区域存在着大量的铁器生产，这个令人震惊的证据表明尼日尔河洪水并非是这一地区活跃的水文状况的唯一影响因素。事实上，联通尼日尔河与通布图（以及巴金德池塘区）的卡巴拉多涝洼地（marigot of Kabara）可能很好地蓄积了每年的水分——这也进一步暗示了今天通布图所在的地区至少在公元后的第一个千年已经有人居住了。然而，当撒哈拉沙漠占据了上风，发生了区域弃置的情况之后，本区域内大量的人口要么彻底地衰减了，并被整合进通布图主区，要么迁入到其他"活跃的"中尼日尔河盆地的腹地。

---

① Levtzion（1973）.

第三章 通布图之前的时代

在曼加贝拉我们有了惊人的发现。我们沿着河流往下游继续行进，在下游 90 千米处随机考察了两块较小的试样地带（总面积 50 平方千米）。在这里更新世沙丘将河流挤压得很狭窄。我们原本并未期待在这片荒芜之地有所发现，但是偶然发现了一些似乎成集聚状态的大型台型土墩。是否通布图下游的每一段河流和每一处沙丘附近都存在着大量定居的情况？我们走马观花式的考察并不能得出这样的结论。尼日尔河湾地带的城市文明史是否与南边更为广阔的洪泛平原盆地类似？我们蜻蜓点水般的考察也不能得出如此结论，但似乎总体上确实如此。我们只能说尼日尔河湾支持了城市中心和远距离的商贸活动的发展，而且这种支持远在传统的历史重建的年代之前。[1]

最后，我用一系列环环相扣的问题结束本文。这些问题是关于远古世界与由一群学者、商人和信仰者组成的通布图之间的关系。这些问题衍生自考古学和历史地理学最近的发展，也被称为历史生态学。[2] 环境对人类有着长期循环又反复的影响，而人类对土地也有着同样长期循环又反复的影响。历史生态学承认这个观点，并且在此基础上提出了两点。一是，历史生态学意识到人类是依据他们对地形景观的看法而活动的，而这种看法是各种信仰和类科学的思考共同造就的，这些信仰和思考包含在群体对现实的社会建构之中。二是正如我们今天所见的地貌是过去人类多样的地表活动仅复作用的一样（也就是说，是人类过去决策的结果，这些决策各式各样并且具有累积效果。例如，在何处居住，何处种庄稼，哪些场所具有关键地位，等等），人们关于地貌景观的态度也是人们在与地形地貌相处的过程中形成的多样化经验。我在其他场合也提到过这个论断：中尼日尔河地形结构中发展出来的这种不规则的权力中心分布体现了非常古老的对地形的认知。在曼丁哥人文化中，专业知识拥有者存在着向知识朝圣的传统，这种传统也与人们对土地的这种独特态度直接相关。[3] 现在，考古学

---

[1] McIntosh & McIntosh（1986）.
[2] McIntosh et al.（2000）；Ashmore & Knapp（1999）.
[3] McIntosh（2000）.

◆◆ 第一部分 通布图地区概论

家正在别人垃圾里苦苦搜寻，想要揭示这些人的想法，但是他们只得到了非常贫乏的线索。也许通布图手稿的保管者能够考虑一下我即将提出的三个问题，这三个问题是我在思考中尼日尔河城市文明与后远古世界的通布图的联系时遇到的。

> 西非苏菲主义者在这里建立了非常有价值的朝圣场所。我们对于这一地区先前地貌和定居逻辑的知识是否有一天能够帮助我们理解西非苏菲主义独特的道德逻辑？考古学家、历史地理学家和历史学家等能不能一起研究当地遗迹中蕴含的信息？这些信息对于我们理解伊斯兰文明的同化作用以及通布图地区道德科学的演化具有重要意义。

* 到伊斯兰文明渗透进通布图之时，是否关于远古世界的记忆已经被彻底抹去了，以至于在通布图手稿中所体现出的世界观中我们看不到这个远古世界的残存？

* 或者说，我们对于这一地区先前地貌和定居逻辑的知识是否有一天能够帮助我们理解西非苏菲主义独特的道德逻辑？因为西非苏菲主义者在这里建立了非常有价值的朝圣场所。[1]

* 因此，考古学家、历史地理学家和历史学家（以及漫游的碑铭研究者如保罗·莫赖斯·法里亚斯）能不能一起研究阿扎瓦德和尼日尔河湾地区地貌中蕴含的信息？这些信息对于我们理解伊斯兰文明的同化作用以及通布图地区道德科学的演化具有重要意义。

对于考古学家和历史学家都一样，追问这样的问题是诸如"地面

---

[1] 在诸多身份与神圣品德的创造者中，其中就包括保罗·德·莫赖斯·法里亚斯（Paulo de Moraes Farias）（2003）分析的尼日尔河湾地区从通布图到加奥和本提亚的这些地方。另外还有埃德蒙·博鲁斯等人最近（Bernus, 1999）研究的东尼日尔地区阿扎瓦赫古河道平原的近42万平方公里的地域。他们在这一地区主要考察了这些考古地貌在南柏柏尔人历史和身份发展中扮演的角色。他们特别考察了特杜克这个由多个部分组成的苏菲派朝圣遗址。这个遗址本身很可能就是更大的神圣景观中的极具吸引力的因素。

景观"(一个地区内相互作用的所有物理、生物和文化现象)和"历史生态学"(考察作为个体和群体的人类如何依据他们的文化认知而行动,这种文化认知是关于生物世界和这个生物世界内因果关系的一些观念)这些概念的最终功用所在。这些概念旨在为深入研究诸如通布图这样关键地区的"深时"历史提供一个统筹兼顾的方法论和解释结构。

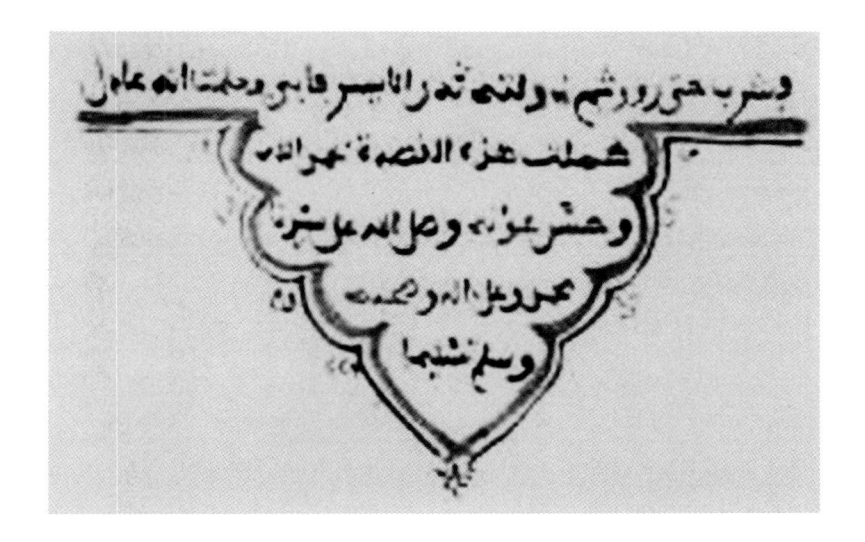

参考文献

Ashmore W & Knapp AB (1999) *Archaeological landscape: Contemporary perspectives*. Oxford: Blackwell.

Bedaux RMA, MacDonald K, Person A, Polet J, Sanogo K, Schmidt A & Sidibé S (2001) The Dia archaeological project: Rescuing cultural heritage in the inland Niger Delta (Mali). *Antiquity* 75: 837–876.

Bernus E, Cressier P, Durand A, Paris F & Saliège J-F (1999) *Vallée de l'Azawagh (Sahara du Niger)*. Editions Nigériennes No. 57. Paris: Editions Sépia.

Commelin D, Raimbault M & Saliège J-F (1993) Nouvelles données sur la chronologie du Néolithique au Sahara malien: *Comptes Rendus de la*

Académie des Sciences Série 2 （317）：543 – 550.

De Vries E, Makaske A, McIntosh RJ & Tainter J （Eds） （2005） *Geomorphology and human palaeoecology of the Méma, Mali.* Wageningen：Alterra.

Fabre J & Petit-Maire N （1988） Holocene climatic evolution at 22 – 23o N from two palaeolakes in the Taoudenni area （northern Mali）. *Palaeogeography, Palaeoclimatology, Palaeoecology* 65：133 – 148.

Insoll T （1998） Archaeological research in Timbuktu, Mali. *Antiquity* 72：413 – 417.

Insoll T （2000） The origins of Timbuktu. *Antiquity* 74：483 – 484.

Levtzion N （1973） *Ancient Ghana and Mali.* London：Methuen.

MacDonald K （1994） Socio-economic diversity and the origin of cultural complexity along the Middle Niger （2000 BC to AD 300）. PhD thesis, Cambridge University.

McIntosh RJ （1993） The Pulse Theory：genesis and accommodation of specialization in the Middle Niger. *Journal of African History* 34 （2）：181 – 220.

McIntosh RJ （1998） *The peoples of the Middle Niger：The island of gold.* Oxford：Blackwell.

McIntosh RJ （2000） The Mande weather machine. In RJ McIntosh, JA Tainter & SK McIntosh （Eds） *The way the wind blows：Climate, history, and human action.* Historical Ecology Series. New York：Columbia University Press.

McIntosh RJ （2003） Climate change and population：history. In P Demeny & G McNicoll （Eds） *The encyclopedia of population* （Vol. 1）. New York：Macmillan Reference.

McIntosh RJ （2005a） *Ancient Middle Niger. Urbanism and the self-organizing landscape.* Case Studies in Early Society Series. Cambridge：Cambridge University Press.

McIntosh RJ （2005b） Chansing Denekejugu over the Mande landscape: making sense of prehistoric and historic climate change. In R McIntosh & J Tainter (Eds) *Climates of the Mande.* Special section of *Mande Studies* 6: 11 - 28.

McIntosh RJ (2005c) Two thousand years of niche specialization and ecological resilience in the Middle Niger. In RJ McIntosh & JA Tainter (Eds) *Climates of the Mande.* Special section of *Mande Studies* 6: 59 - 75.

McIntosh RJ & McIntosh SK (2003) Early urban configurations on the Middle Niger: clustered cities and landscapes of power. In ML Smith (Ed.) *The social construction of ancient cities.* Washington DC: Smithsonian Institution Press.

McIntosh RJ & Tainter JA (Eds) (2005) Climates of the Mande. Special section of *Mande Studies* 6: 1 - 85.

McIntosh RJ, Tainter JA & McIntosh SK (Eds) (2000) Climate, history and human action (Introduction). *The way the wind blows: Climate, history, and human action.* Historical Ecology Series. New York: Columbia University Press.

McIntosh SK & McIntosh R (1986) Archaeological reconnaissance in the region of Timbuktu, Mali. *National Geographic Research* 2 (3): 302 - 319.

McIntosh SK (1994) Changing perceptions of West Africa's past: Archaeological research since 1988. *Journal of Archaeological Research* 2 (2): 167 - 173.

McIntosh SK (Ed.) (1995) *Excavations at Jenne-jeno, Hambarketolo and Kaniana: The 1981 season.* University of California Monographs in Anthropology. Berkeley: University of California Press.

Moraes Farias PF (2003) *Arabic medieval inscriptions from the Republic of Mali: Epigraphy, chronicles and Songhay-Tuareg history.* Oxford: Oxford University Press.

Petit-Maire N (1986) Homo climaticus: vers une paléoanthropologie écologique. *Bulletin de la Société Royale Belge d'Anthropologie et de Préhistoire* 97: 59 – 75.

Petit-Maire N (Ed.) (1991) *Paléoenvironnements du Sahara, lacs holocène à Taodenni.* Paris: CNRS editions.

Petit-Maire N, Celles JC, Commelin D, Delibrias G & Raimbault M (1983) The Sahara in northern Mali: Man and his environment between 10,000 and 3500 years BP. *The African Archaeological Review* 1: 105 – 125.

Petit-Maire N & Riser J (Eds) (1983) *Sahara ou Sahel? Quaternaire récent du bassin de Taoudenni (Mali).* Marseille: CNRS editions.

Raimbault M (1990) Pour une approche du néolithique du Sahara malien. *Travaux du laboratoire d'Anthropologie et de préhistoire des pays de la Méditerranée Occidentale*: 67 – 81.

Risier J & Petit-Maire N (1986) Paléohydrologie du bassin d'Araouane à l'Holocène. *Revue de Géologie Dynamique et de Géographie Physique* 27 (3/4): 205 – 212.

Rognon P (1993) L'Evolution des Vallées du Niger depuis 20.000 ans. *Vallées du Niger*, 49 – 51. Paris: Réunion des Musées Nationaux.

Tennyson A (1829) Timbuctoo. *Prolusiones academicae.* Cambridge Prize Poems. Cambridge: Cambridge University Press.

Togola T (1993) Archaeological investigations of Iron Age sites in the Méma, Mali. PhD thesis, Rice University, Houston, Texas.

Trigger B & Pendergast JF (1972) *Cartier's Hochelaga and the Dawson site.* Montreal: McGill-Queen's University Press.

第三章　通布图之前的时代

第四章　苏丹非洲地区的纸张*

乔纳森·M. 布罗姆
(Jonathan M. Bloom)

纸张是由中国人在基督诞生前的几个世纪内发明的。中国使用纸张作为书写材料始于公元后第一个千年的初期。在这之后的一千年时间内，伊斯兰文明将西亚和北非统一在单一的文化氛围下，受益于伊斯兰文明这一中介，纸张和造纸术从中亚的沙漠地区传入了大西洋沿岸的摩洛哥和西班牙。意大利的纸张和造纸术也是从阿拉伯世界传入，纸张和造纸术从西班牙和意大利传到了西欧的其他地方，并且在15世纪中叶随着古腾堡发明活字印刷进一步发展。这种柔韧、牢固并且相对便宜的书写材料使得大规模的印刷书籍比费力地抄录在羊皮纸上的手稿更为常见，也更易获得。[1]

在公元后第二个千年的初期，纸张已经为人所熟知。从埃及到摩洛哥的整个北非伊兰斯地区都在使用纸张。这样也使得纸张向北扩散到了基督教影响下的欧洲。然而，纸张跨越撒哈拉沙漠向南扩散到所谓"黑人的土地"的过程与其向北扩散的过程差异颇大。公元1000年以后，基督徒控制了伊比利亚半岛的大部分地区，这一地区的造纸师改进并超越了他们南方伊兰斯地区同行的技艺，并将自己的纸张和造纸技艺输出到了西欧和南欧的其他地方。与此相反，虽然纸张和纸

---

* 译者注："苏丹非洲"（Sudanic Africa）一般指撒哈拉以南、尼日尔湾以北的非洲地带，大致相当于"黑人的土地"地区，历史上曾有加纳、马里、桑海等强大帝国。
[1] Bloom (2001).

第四章 苏丹非洲地区的纸张

质手稿肯定穿越了撒哈拉沙漠被输入到西非的伊兰斯中心,造纸术却直到殖民时代才被引进到这一地区。这种长期的延滞意味着在"黑人的土地"地区,纸张几个世纪以来都是一种昂贵的进口奢侈品,而不是像在其他伊斯兰地区那样成为学术和文化变革的引擎。

在中国,纸张似乎首先被当作是一种用于包装的纺织材料,直到公元第一个千年的初期,它才被用来取代中国人先前用于书写和绘画的竹简和丝帛。纸张和造纸术被来自其起源地——中国东南地区——的佛教徒、传教士和商人带到了整个东亚地区。他们发现纸张在收集和传播佛教经文方面作用很大。佛教徒将纸张和造纸术向东传播到了韩国和日本,向南传播到了越南,向西传播到了中亚,因为去往佛教发源地印度的路线被喜马拉雅山脉所阻断。很奇怪的是,尽管很多佛教徒到达了印度,没有证据表明他们在这一时期已经将造纸术带到了印度。也许是因为印度人已经使用棕榈树叶制作令人满意的书写材料了。他们把修整过的棕榈树叶用细绳串联起来制作书籍。

纸是将植物纤维浸泡捶洗成浆水,然后使用纸模捞取,最后风干而形成的。几乎所有的植物中都存在不同数量和不同质量的纤维。同时,各种使用植物制作的材料,包括纺织品、旧抹布、绳索或者网里面都含有纤维。尽管汉字"纸"表明中国人最初使用植物和废弃的纺织纤维制作纸张,但他们很快就开始使用柔韧的(植物)纤维,尤其是一些植物和灌木的内层树皮制作纸张。这些植物包括竹子、构树、藤条和苎麻等。这些植物大量生长于温暖而湿润的中国东南地区。他们将这些纤维收集起来,浸泡然后捣成悬浮的浆液,然后使用模具捞取、晾干。当造纸术传到气候有差异的其他地区,适当的技术调整不可避免。例如,在中亚极端干旱的气候中,竹子和藤条都无法生长,当地的造纸师将破布和旧绳子加到从亚麻和其他麻类植物中获得的韧皮纤维中。我们对于早期纸张的知识很多都源于中亚沙漠地区的考古发现,这里的极端干旱气候保存了其他条件下无法保存下来的碎片。其中最有名的就是密封在中国甘肃省敦煌的一个洞穴中的纸质经卷。这些超过30000册的经卷是公元12世纪早期密封于此的,其

◈ 第一部分 通布图地区概论

所用纸张中的一部分肯定是从其他地区输入的，另一些则是当地生产的。

随着公元 7 世纪早期伊斯兰教在阿拉伯半岛的出现，以及 632 年先知默罕默德逝世后伊斯兰教在西亚地区的传播，伊斯兰军队开始涉足中亚的西部地区，并且于公元 8 世纪开始在那里常态化存在。751 年，他们在怛罗斯之役打败了中国人，理论上打开了伊斯兰向中亚东部地区渗透的大门，然而他们决定停止向东扩展。相反，来自呼罗珊（伊朗西北部）和中亚的人才和思想在伊斯兰文明促进伊拉克发展的过程中扮演了至关重要的角色。穆斯林官僚集团以前使用的古代地中海地区流行的两种方便的书写材料——莎草纸和羊皮纸。这时候，他们从中亚地区获悉了纸张和造纸术。莎草纸虽然便宜，但是只有生长莎草的埃及地区才能生产这种纸张，而使用动物皮革制作的羊皮纸虽然几乎在任何地方都可以生产，但是制作羊皮纸需要屠宰动物，因此很昂贵。纸张融合了这两者的优势：相对而言便宜，而且几乎在所有地方都能生产。在很短时间内，造纸术就被从中亚引入到伊朗和伊拉克。到公元 800 年的时候，新阿拔斯王朝（Abbasid）的首都巴格达和旧倭马亚王朝（Umayyad）的首都大马士革已经能生产棉浆纸。一个世纪以后，今天的埃及开罗地区开始生产纸张，导致有着 4000 年历史的莎草纸制造业逐渐衰落。到公元 1000 年造纸术已经从北非传入西班牙。

第一个提到"纸浆纸"的西班牙人是穆斯林诗人和百科全书编撰者伊本·阿卜杜拉本（Ibn 'Abd al-Rabbih）（860—940）。在他的百科全书《独特的珍珠》中，他讨论了最适宜在羊皮纸、莎草纸和纸浆纸上书写的不同类型的苇管笔。考虑到著述这本书的年代较早，他很可能不是在西班牙，而是在去麦加朝圣的途中接触到纸浆纸的。[①]到 10 世纪中叶，生活在这一时期的辞典编纂家伊本·阿尔·安达卢

---

① 《独特的珍珠》'Iqd al-farid（开罗，1904/1322），2：183，转引自彼得森（Pedersen，1984：62）。关于伊本·阿卜杜·拉本的此次朝圣，见 Shafi（1922）。

斯（Ibn Hani al-Andalusi）很可能已经能接触到相当数量的纸浆纸了，因为他曾让学生用纸从他的私人图书馆抄录书籍。据说倭马亚哈里发和藏书家哈卡姆二世（al-Hakam II）（公元961—76年在位）曾经收藏的书籍数量达到了难以置信的400000册，但是目前已知传世的只有一册（公元970年抄录）。① 造纸业在伊比利亚半岛很快成为主要产业，产品不仅输出到穆斯林世界，而且输出到新近征服的瓦伦西亚行省和亚拉贡行省。这一地区需要大量的法律文件，因此对书写材料有着异乎寻常的巨大需求。尽管伊比利亚的造纸师很快将他们的产品输出到法国、意大利以及欧洲的其他地区，资料显示，甚至一直到14世纪（摩洛哥）菲斯城仍然将一些精美的纸浆纸装船运到马略卡岛（Majorca）和亚拉贡。② 13世纪的时候，意大利人开始在热那亚附近造纸，他们是从加泰罗尼亚人（Catalans）那里学到的技术。然而，意大利的主要造纸中心要么位于意大利中部的法布里亚诺，这里的造纸业可以追溯到13世纪中叶；要么位于意大利北部的特雷维索、佛罗伦萨、博洛尼亚、帕尔马、米兰和威尼斯，这些地方的造纸业可以追溯到14世纪中叶。

与阿拉伯和西班牙纸浆纸相比，意大利纸张的一个显著特点是引入了水印技术。这是一种在造纸过程中印在纸张上的一个很小的设计——大多时候是人像。这种设计充当着商标的功能。带有水印的陈旧文件让学者们能够编目和纪年这些文件的演化顺序，同时水印也能够帮助确定未标明日期的文件年代。与此相反，伊斯兰地区生产的纸张从来都不带有水印，从而使得确定这些文件的年代比较困难。西班牙生产的早期纸张上有着标志性的"Z"形纹路，这种纹路的意义不甚明了，也许是模仿羊皮纸上的印记。

伊斯兰地区的中部和东部地区最早接受纸浆纸，纸浆纸的引进给行政和学术生活的方方面面带来了变革性影响。因为从官僚到各门学

---

① Lé-Provençal（1930）.
② Bernus（1985：174-176）.

◈ 第一部分　通布图地区概论

科——从宗教科学到天文学、纯文学、烹饪技艺和大众文学——的学者和作者都开始使用它。然而，在最初的几个世纪里，穆斯林似乎在将《古兰经》抄写在纸张上这件事上犹豫不决。他们更倾向于使用传统的羊皮纸，或者是对开页横向装订模式，然后组装在一起，或者串联成书。到 10 世纪中叶，来自伊朗的抄录员开始在纸浆纸上抄录《古兰经》，从而带来了两种变化：第一是垂直格式或者直式格式的《古兰经》手稿逐渐成为标准；第二是从古老的抄写员手迹中，书法家创造性地运用新的流畅手写体抄录《古兰经》。

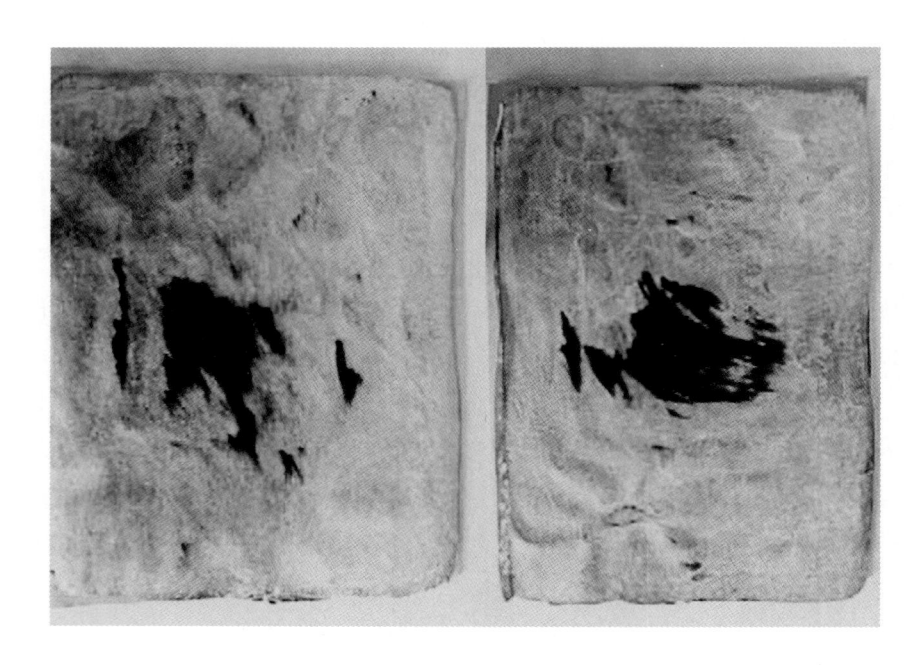

这张图里显示的是羊皮纸，由动物皮制成。到处都可以制造这种纸，但它很贵，因为涉及到屠宰动物。通布图手稿中很少有写在羊皮纸上的。但是很多手稿被装在皮套中，或带有皮面。

虽然如此，当其他地方都开始使用纸浆纸时，伊斯兰世界西部地区的作者仍然继续使用羊皮纸。他们继续使用古老的书写体及其变体，而不是使用在其他地方已经成为时尚的新书写体，主要原因似乎

第四章 苏丹非洲地区的纸张

是这一地区远离西亚地区的伊斯兰文化中心而处于相对隔绝的状态。政治和文化形势也加剧了这种状况——新的倭马亚王朝哈里发对安达卢斯地区的统治一直持续到了 11 世纪。而在北非地区，什叶派法蒂玛王朝（Shi'ite Fatimids）10 世纪早期的到来意味着这一地区将更加孤立于其他地区的发展。到 11 世纪的时候，随着重新与东方建立起牢固的关系，落后的书写模式最终被抛弃了。此外，伊夫奇亚行省（相当于今天的突尼斯）和西里西亚行省是重要的牧羊业、皮革和羊皮纸制造业中心。同时兽皮出口也是当地的重要产业。现今保存的很多书写在羊皮纸上的《古兰经》都来源于公元 9 或 10 世纪的凯鲁万地区（Qayrawan），尽管这些手稿上均未注明年代。《保姆〈古兰经〉》是突尼斯最为著名的手稿之一，它是由文具商阿里·伊本·艾哈迈德·瓦拉克（'Ali ibn Ahmad al-Warraq）于 1020 年为齐里王朝（Zirid）统治者穆兹·伊本·巴蒂斯（al-Mu'izz ibn Badis）的保姆所抄写和装帧的。这一时期其他地区的书法家会在纸浆纸上抄录所有书籍，包括《古兰经》。现存最古老的抄录在纸浆纸上的马格里布地区的《古兰经》手稿可以追溯到 1139—1140 年，[1] 然而一直到 14 世纪甚至 15 世纪，书记员还在继续使用羊皮纸。即使在纸浆纸随处可见的时代，马格里布地区的抄写员也继续使用羊皮纸抄录其他手稿。例如，一个叫穆罕默德·伊本·哈卡姆·伊本·赛义德（Muhammad ibn Hakam ibn Sa'id）的人将阿布·哈蒂姆·斯基斯坦尼（Abu Hatim al-Sijistani）所著的《棕榈之书》用独特的北非（马格里布）书写法转录到了一本 27 块羊皮纸页组成的书稿上。他是在公元 1004 年 3 月 26 日完成这项工作的，而在同一时间的世界其他地方，书籍肯定会是抄录在纸浆纸上的。[2] 除此之外，尽管埃及的写信人早在一个世纪之前就已经过渡到使用纸浆纸，但在开罗贮存室文件（与中世纪犹

---

[1] 1990 年 10 月 9 日在伦敦佳士得拍卖行拍卖，拍卖价格目录号 46。见 Khemir（1992：117）。

[2] 这份手稿目前位于巴勒莫西西里地区图书馆，手稿编号Ⅲ.D.10，相关论述 Curatola（1993：180 - 181）。

第一部分　通布图地区概论

太团体有关）中发现的来自突尼斯的私人信件和账目一直到 11 世纪中叶仍然是写在羊皮纸上。开罗贮存室的文件也表明：突尼斯人是从埃及这里获得的纸浆纸。① 虽然如此，据说北非早在 9 世纪就已经接触到了纸浆纸——也许至少人们希望如此。②

可以肯定，北非在 11 世纪已经存在造纸业。中世纪时期对阿拉伯造纸术的记载目前仅见于一本关于书籍制作的专著。这本专著是齐里王朝王子塔米姆·伊本·穆兹·伊本·巴蒂斯（Tamim ibn al-Mu'izz ibn Badis）（1031—1108）所写，这位王子统治了今天的阿尔及利亚东部和突尼斯地区。③ 很奇怪的是，他没有提及制作羊皮纸的过程，尽管他给出了制作能在羊皮纸上书写的彩色墨水的配方。根据伊本·巴蒂斯所说，造纸的过程是：

> 将最好的白色亚麻重复浸泡在水和生石灰中，用手揉搓后放在太阳底下晾晒，直到纤维从茎秆上脱落。再将纤维放在清水中洗掉石灰，用杵白捣碎直至细末状，将这些浆状的细末放到水中，然后用模具捞取成纸张。模具是利用稻草制成的筐状物和固定物，以及可拆卸的墙板。在这个模具下面有个空心的肋拱，亚麻纤维需要使劲手动捶打直到它们充分融合，再用手均匀地将这些纤维洒在模具里，以保证纸张厚薄均匀。水沥干以后，就可以在模具里获得比较好的结果，然后将其放在一块平坦的木板之上，接着将它挂在墙上，用手捋顺，干了之后它会自行分离和脱落。④

总体而言，伊本·巴蒂斯的文本是很落后的，因为他没有提到造

---

① Goitein（1967-94：1：112）.
② 阿卜杜·瓦哈比（'Abd al-Wahhab）（1956）认为，凯鲁万地区早在 884 年就可以见到写在纸张上的手稿了，而造纸业在 10 世纪时候就已经出现在凯鲁万、突尼斯和马赫迪亚了。凯鲁万生产的注有日期的纸张最早出现在 1154 年。
③ Levy（1962：39-40）.
④ Levy（1962：43-44）.

纸师常用破布纤维。而且在他的描述中，造纸时用的是一个漂浮的模具，而伊斯兰世界的大多数造纸师很早就用一个由浸泡和排水两部分组成的模具取代了以前的那种模具了。因此，相对于中世纪很多伊斯兰世界的操作手册，伊本·巴蒂斯的书长于理论而短于实践。

尽管缺乏注有日期的手稿，但14世纪作家伊本·阿比扎（Ibn Abi Zar'）的报告证实了北非人在伊本·巴蒂斯的有生之年已经开始生产纸浆纸这一判断。阿比扎写道，到12世纪末，菲斯城有472座造纸坊。[①] 不管这一数据准确度如何，菲斯的造纸业也受益于穿越这座城市工业中心的湍急溪流。这条溪流至今仍然为染工和制革工人提供了大量的淡水，并且很可能为当时的捶打纸浆的作坊提供了动力。资料显示，到14世纪的时候，菲斯城依旧在向马略卡岛和亚拉贡运输精美的纸张。[②]

然而，到14世纪中叶，北非的阿拉伯档案馆开始使用意大利的纸张。欧洲的基督教徒从穆斯林那里学会了造纸技艺，他们能够更好更廉价地造纸，因为他们能够控制丰富的流动水流来为他们的造纸坊提供动力。除了他们的技术优势以外，欧洲商人将他们的产品以低廉价格"倾销"到北非和西非市场，从而摧毁了当地的造纸业，最后垄断了市场。到14世纪中叶，一封由突尼斯苏丹写给亚拉贡-加泰罗尼亚国王彼得四世的信件写在了带有狮鹫水印的信纸上。这封日期为1350年12月8日的信很可能通过贸易从意大利送至突尼斯。[③] 另一份日期为1360年2月23日的信件写在了既包含水印，又包含西班牙独有的锯齿条纹的纸张上。这种纸张很可能是意大利专门为北非和加泰罗尼亚设计的。[④] 与此同时，埃及作家卡尚迪（al-Qalqashandi）（1418年逝世）声称输入埃及的欧洲纸张是质量"最差的"。[⑤] 一直

---

① Le Léannec-Bavavéas（1998：111）.
② Burns（1985：174-176）.
③ Valls i Subirà（1970：11）.
④ Valls i Subirà（1970：12）.
⑤ Ashtor（1977：270）.

◈ 第一部分　通布图地区概论

到 17 世纪，埃及人继续制造着拜莱蒂纸（waraq baladi）。但是开罗的马哈玛（Mahkama）法院到 16 世纪中叶已经在使用欧洲的纸张了，而这一地区发现的最早带水印的纸张是 1524 年热那亚地区制造的。①

穆斯林一开始对于使用欧洲的产品颇感不安，尤其因为其中的一些纸张带有诸如十字或动物水印，这尤其会招致保守人士的反对。常见的水印包括一只手（或手套）和锚，这是热那亚地区典型的水印样式；一只牛头和壶，这是法国典型水印样式；三层铃上面插着一枚十字架；以及王冠、星状物和新月。16 世纪早期出现了以三枚新月为图案的水印，并且在 17 世纪到 19 世纪这段时间广受欢迎。这种纸在意大利被称作"三月纸"，而在阿拉伯世界则被称为"希拉利纸"（waraq hilali，月亮）。② 在阿尔及利亚西部的特莱姆森城（Tlemcen），知名法律专家阿布·阿卜杜拉·伊本·迈尔祖格（Abu'Abdallah ibn Marzuq）（1439 年逝世）曾经在 1409 年 8 月 21 日作出过一个长篇法特瓦（fatwa，法律裁决）。这份标题为"关于允许在基督徒制造的纸张上书写的决定"的法特瓦表明到 15 世纪初期，意大利的纸张已经完全取代了当地的纸张制造。根据这份文件我们可以看到，特莱姆森、菲斯和安达卢西亚都曾经生产纸张，但最后全部停止了。虔诚的穆斯林因此被迫在带有水印的欧洲出产的纸张上写字，但是纸张设计带有十字或者生物形象，这让他们感觉受到了冒犯。伊本·迈尔祖格的法特瓦从宗教仪式的纯洁性角度来看待这个问题，认为将阿拉伯文字写在这种纸上会消除其中的基督崇拜。伊本·迈尔祖格论述到，将安拉的名字（和信息）写在这样的纸上，将使得真理取代谎言。他将这一情形类比为过去几个世纪里穆斯林将基督教教堂转变为清真寺的情形。③ 总之，到 15 世纪的时候，北非的造纸业在与欧洲的竞争中彻底消亡了。

---

① Walz（1988：30）.
② Walz（1988：31）.
③ 法斯法官瓦沙瑞斯记录下了这一裁决，拉加蒂埃尔在其书中提到过这些（Lagardière 1995：42）。非常感谢康奈尔大学的大卫·S. 帕沃斯提醒我注意这一文献。

第四章 苏丹非洲地区的纸张

伊斯兰教和纸传入撒哈拉以南非洲

穆斯林穿越北非将纸和造纸术带到了西班牙。与此同时，他们也将伊斯兰教从马格里布带到了撒哈拉以南非洲。伊斯兰教的传播紧贴着从马格里布出发穿越撒哈拉沙漠的商旅路线。骆驼的驯化使得商人们能够沿着西线从西吉尔马萨（Sijilmasa）穿越沙漠到达奥达戈斯特（Awdaghust）和加纳（Ghana）；中线从的黎波里（Tripoli）、伊夫奇亚（Ifriqiya）和瓦尔格拉（Wargla）到塔德马卡（Tadmakka）和加奥；东线则是经过尼罗河河谷。随着北方力量的兴起和衰落，不同的路线先后崭露头角。这些北方力量包括伊比利亚半岛和摩洛哥的新倭马亚王朝，伊夫奇亚的法蒂玛王朝和哈夫斯王朝（Hafsids），西北非的穆拉比特王朝（Almoravids）和阿尔摩哈德王朝（Almohads）以及埃及的阿尤布王朝（Ayyubids）和马穆鲁克王朝（Mamluks）。

对于在8世纪下半叶谈及西苏丹地区的穆斯林（例如地理学家法扎里）来说，这一地区并不首先意味着一个很多新近皈依者的所在地，而是一个高价值货物——包括黄金、象牙、珍贵木材和奴隶——的来源地。除了少有的几次远征之外，北非的哈里发们从来没有试图占领过这一地区的任何一块土地。分离主义的哈里哲派（Kharijites）可能是这一地区早期穆斯林的最主要代表。穆拉比特王朝虽然认为自己起源于11世纪时期毛里塔尼亚南方地区，即使如此，他们也始终将自己的力量屯驻在了北边。尽管他们认为控制跨撒哈拉沙漠的黄金路线很重要，他们却也很快对这一地区的政治失去了兴趣。他们在西非的伊斯兰化进程中扮演的角色也颇有争议。①

这种缓慢的文化接触和互动部分地是因为缺少一个强有力的集权化力量，这种集权力量本可以凭借伊斯兰教信仰而获得正统地位。在西苏丹，伊斯兰教一开始只是一种单纯的社会地位的标志。伊斯兰教

---

① Gibb et al.（1960），见词条"Sudan, Bilad al -"，9：752。

◈ 第一部分　通布图地区概论

就像马、盐、纺织品和玻璃器皿这类的奢侈品一样是从北边进口而来。伊斯兰教逐渐在城市的非洲商人中站住了脚，同时也在当地部落首领的宫廷中扎下了根，这些部落首领可能也会鼓励他们的臣民皈依伊斯兰教。但是伊斯兰教在经历了很多世纪之后才从城市传播到乡村，从精英阶层传播到农民阶层，从沙漠边缘的城市居民传播到深入腹地的村庄。巴努希拉尔人（Banu Hilal）部落11世纪在毛里塔尼亚的定居让此地实现了较早和较大程度的阿拉伯化和伊斯兰化。与毛里塔尼亚的情况不同，伊斯兰教最初在苏丹西部地区的渗透并未像其在伊斯兰世界其他地区那样导致了阿拉伯语言的迅速传播。阿拉伯语只在一些有学识的人组成的圈子里传播较快。另外源自阿拉伯语的外来语也被用来表示每周七天或者用于商贸和个人名字。[1] 统治者似乎成功地在皈依伊斯兰教的同时保持了他们传统的做法。

在伊斯兰教传入这一地区的最初几个世纪，对于书籍和纸张的需求很有限。和其他地方一样，这里大多数的穆斯林都或多或少对《古兰经》或者默罕默德的传统有所了解。他们更多地是通过口口相传而非通过书籍获取这些东西，这一点与非洲本土的口述传统十分契合。尽管穆斯林会为他们公共的礼拜建立起清真寺，但是清真寺并没有固定的样式和设计，因此他们也可以采纳当地的一些传统做法。这一时期相对简单的伊斯兰化使得当时西南亚和北非伊斯兰领土上的物质文化的很多方面没有被采纳，例如使用壁龛、阿拉伯花纹装饰以及涂釉陶瓷作为建筑装潢，或者是造纸业。

除了被评价为"像彗星一样出现在12世纪末"的易卜拉欣·本·雅各布·达哈卡瓦尼·卡内米（Ibrahim b. Ya'qub al-Dhakwani al-Kanemi）（逝世于1211年到1213年间）以外，到大约1500年之前，没有其他中苏丹地区的作家留下过姓名。开罗伊本·拉什科学院（Madrasa Ibn Rashiq）是13世纪中叶为卡内米的学生而建立的。这表明这些学生在返回他们的故乡时将会具备一定的学识。一份由博尔诺

---

[1] Gibb et al.（1960），见词条"Sudan, Bilad al-"，9：753。

第四章 苏丹非洲地区的纸张

城（Borno）的马依·奥斯曼·伊德里斯（Mai'Uthman b. Idris）写给马穆鲁克苏丹马里克·扎希尔·巴尔库克（al-Malik al-Zahir Barquq）的书信表明在 1391—1392 年，博尔诺城已经存在经验丰富的书记员了。[1] 在撒哈拉以南非洲的西部地区，大量的书籍和学者的到来可以追溯到马里统治者曼萨·穆萨（1312—37）1324 年麦加朝圣之行以后。[2] 据说在其朝圣之旅中，他遇见了安达卢西亚诗人阿布·伊沙克·易卜拉欣·萨伊里（Abu Ishaq Ibrahim al-Sahili）（卒于 1346 年），这位诗人随他一起回到了马里。这位诗人又称图瓦伊津（al-Tuwayjin），意为"小砂锅"。他是格拉纳达香料商人联合会主事人的儿子。[3] 他是 1350 年后从北非或者撒哈拉沙漠绿洲来到通布图定居的几个学者中最为知名的一个。[4] 但是除了他们的名字之外，我们找不到此地存在过深厚的写作文化的证据，因此跨撒哈拉沙漠商队带过来的纸张已经足够满足本地的需求。

有些学者认为萨伊里在马里的伊斯兰式建筑发展中扮演着决定性的角色。但是，更为合乎逻辑的分析则表明他的作用很有限，[5] 格拉纳达的建筑技术在 14 世纪的时候达到了顶峰。要说一个有学识和富裕的诗人对当时复杂难懂的建筑实践的了解超越一个业余爱好者的水平，这实在让人很难信服。[6] 同样地，苏丹的书面文化在 14 世纪和 15 世纪向外传播，几乎不太可能会有来自埃及或者马格里布的穆斯林能够教授当地居民如何造纸。因为埃及和马格里布地区的造纸业在欧洲同行的强势竞争下已经处于急剧衰落过程中了。因此，大多数的苏丹手稿都是写在欧洲——尤其是意大利制造的纸张上的。这些纸张都是从开罗或者的黎波里转运过来的。埃及较早与撒哈拉以南非洲西

---

[1] Hunwick（1995：16 - 17）.
[2] Gibb et al.（1960），见词条"Sudan, Bilad al - "，9：756a。
[3] Morris & Preston Blier（2003：190）.
[4] Hunwick（2003：8）.
[5] Gibb et al.（1960），见词条"Mansa Musa"，6：421 - 422；Ibn Battuta（1994：958）；Aradeon（1989）；Hunwick（1990）.
[6] Aradeon（1989）.

◈ 第一部分 通布图地区概论

部地区建立了贸易关系主要是因为它处在通往圣城的道路上。威尼斯商人圣瑟圭兹曾经写过一些报告,包括《马达加斯加岛和巴西亲历趣闻录》《埃及三记与波斯纪事》。他在 1635 年的一篇报告中提到来自西非的黄金被用来交换来自意大利的精美货物,例如珊瑚、纸张、铅、铜、锡和水银。① 在这一时期,一位开罗的商人为一群往返到汉志（Hijaz）的西非朝圣者储备了纸张,这些纸张很可能来自威尼斯或者热那亚。② 16 世纪输出的纸张可能包括来自法国和意大利的带有手形、壶状或公牛头图案的水印。③

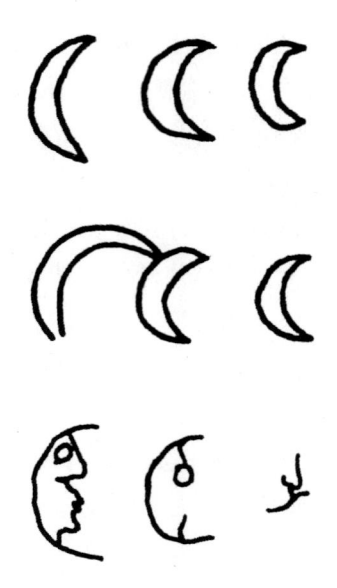

这是一个带有三个新月形状的水印,被称为"tre lune",16 世纪早期意大利手工制作的纸张上带有这种水印,这种纸在 17—19 世纪非常受欢迎。其基本设计有一些变化版本。上图的第一列是基本设计。中间一列是一种变化版本,其中一个新月有些倾斜。最后一列显示脸部的变化。

———————

① Walz（1988：40）．
② Walz（1988：40）．
③ Walz（1988：40）．

的黎波里在17世纪时成为欧非之间货物交换的市场，这也表明连接撒哈拉以南非洲西部和地中海世界的主要贸易路线发生了转移。法国人没有能够在的黎波里建立商业据点，17世纪以后几乎所有关于纸张贸易的报告都涉及来自意大利的进口，尤其是带有三个新月图案的纸张。法国领事勒·莫雅在17世纪末的一份报告中指出，费赞（Fazzan）和博尔诺之间的玻璃珠、手链、布料、纸张和铜丝铜板贸易的货品大多数来自威尼斯。18世纪的账目表证实了威尼斯对纸张贸易的垄断，其中很大一部分是销往了"黑人的土地"。在英国一份1767年关于的黎波里贸易的报告中列出了来自威尼斯的货物"带有三个新月图案的纸张"（800令），"著作用纸"（200令），"外刀纸"（300令）"另一类型同种纸"（150令）。威尼斯人在这一地区的地位根深蒂固，以至于英国人并不热心于为争夺他们的份额而在巴利阿里群岛（the Balearics）的马翁（Mahon）制造"三新月"纸。① 在17世纪的摩洛哥，法国普罗旺斯地区出产的纸张销路很好，也有一些被装船运到南边地区。汉威克注意到了一份1715年的通布图手稿上的"葡萄干"水印，同时上面还有一个心形图案和缩写的首字母"FS"。② 到18世纪和19世纪的时候，在所有欧洲输往中东和北非地区的货物中，纸张成为仅次于布料的第二大贸易货物。纸张贸易的利润与出口任何一种欧洲精美商品的贸易相当。③

德国探险家亨利（海因里希）·巴尔斯（1821—65）在他的《北非与中非旅游与探索》一书中写道，沿海称之为"三新月"的普通纸张被大量地进口用以包装布料。但是这些纸张庞大又笨重，价格很低廉。④ 另一位德国探险家古斯塔夫·纳齐提加（Gustav Nachtigal）在《撒哈拉与苏丹》一书中写道："在库卡（Kuka）地区的市场上，纸张并非是商贸中无关紧要的商品。这儿的纸张很粗糙，三个新月水印表明

---

① Walz（1988：40）.
② Walz（1988：47，n46）.
③ Walz（1988：29）.
④ Walz（1988：47）.

◆ 第一部分 通布图地区概论

了它们产自意大利。"① 流传下来的苏丹手稿证实了他们的观察。这些手稿所用的纸张产自今天意大利东北部的波代诺内（Pordenone）和弗留利（Friuli），其中最重要的就是加尔瓦尼（Galvani）公司和乔凡尼·贝尔蒂（Giovanni Berti）公司的产品。另外还有一位身份不明的造纸商，他生产的纸张都印有三个字母"SSB"。其他的造纸商包括威尼斯的伯纳迪诺·诺达里公司（Bernardino Nodari），依西多禄·莫瑞公司（Isidoro Mori），尼依格罗·柏林蒂斯公司（Niccolo Berlindis），尼依格罗·拉康内利公司（Niccolo Raccanelli）以及路易吉·特伦廷公司（Luigi Trentin）和奥地利的造纸商弗兰兹·瑟恩（Franz Thurn）。② 而英国造纸商如华德路公司（Waterlow & Sons Limited）、约翰·登特公司（John Dent & Co）、TH 桑德斯公司（TH Saunders）和 CMS 书店（拉各斯）的产品可能直到英国占领尼日利亚（1901 年成为保护国，1914 年成为殖民地）之后才出现在这一地区。③

撒哈拉以南非洲东部的情况差不多。WG·布朗尼（Browne）在 1796—1798 年访问达尔富尔后指出，"书写用纸"是［贸易］很重要的一部分。④ 1801 年，吉拉尔（Girard）注意到在输入埃及的 20000 令威尼斯纸中，一部分在当地消耗掉了，另有一部分输出到了阿拉伯半岛，还有一部分输出到了非洲内陆。⑤ 输出到撒哈拉以南非洲东部地区的纸张是由经营长途贸易的商人运至森纳尔（Sinnar）和达尔富尔地区。而撒哈拉以南非洲西部地区的纸张则是由经营长途贸易的商人和朝圣者沿着穿越利比亚绿洲的沙漠商旅路线输入。⑥ 瑞士旅行家和东方学者约翰·路易斯·伯克哈特（John Lewis Burckhardt）（1784—1817）对 19 世纪早期的情况作过详细的描述："［来自热那亚（Genoa）和里沃纳（Leghorn）的］纸张非常沉重，西边的国家对

---

① Walz（1988：47）.
② Walz（1988：41）.
③ Walz（1988：41-42）.
④ Walz（1988：40）.
⑤ Walz（1988：39）.
⑥ Walz（1988：39）.

第四章 苏丹非洲地区的纸张

这些货物的需求很大,达尔富尔的沙漠驼队负责将这些货物输入当地;埃及的货舱里面都可以找到这些货物。"① 19世纪的一些旅行家写的报告里面提到了交易"土耳其纸张"或"土耳其风格的纸张",但似乎指的是在埃及经过柔顺处理,并加上了新月水印的意大利纸张。在1821年土耳其—埃及政权建立以后,一定会有大量的纸张从埃及运往喀土穆(Khartoum)以供官僚机构使用。纸张供应也可能从吉达运抵喀土穆。②

贝尼亚米诺·阿尔比布的水印,其文字是阿拉伯语 ya nasib(哦,命运!)。在几十部19世纪晚期到20世纪早期西苏丹地区的手稿上有这种水印,中间的图像可能是奔驰的战马以及长袍飘飘、手拿手枪的骑士。生产这种纸的工厂还没有找到,但是著名的阿尔比布家族在北非和意大利的里窝那都有分支。

19世纪中叶,法国驻埃及的总督德拉波特估计东苏丹地区的纸张贸易量达到每年750—2400令(一令等于500张)"弗里乌纸"(即加尔瓦尼公司产品),不到埃及进口纸张的5%。到19世纪70年

---

① Walz(1988:46),引自 Burckhardt(1822:302).
② Walz(1988:39).

77

代，从意大利输往达尔富尔的纸张大幅度增长，纸不再是稀缺品。19世纪末，一种深棕色纸从欧洲输入当地。这种纸名为"阿布石巴克"，可能指的是它的纹理或质地。①

我不打算在本章讨论在伊斯兰世界复兴造纸业的尝试。我只需举一个例子：从1805年到1849年统治埃及的穆罕默德·阿里在1833年建立了一个造纸厂。1834年他命令士兵（1836年命令城镇的酋长）把他们的旧衣服送到这座工厂作为原材料。这种一直零星生产到1870年的纸张质量一般。②然而，到这一时期欧洲和美洲的造纸商都意识到他们可以使用木材制造纸张。这种几乎取之不尽的纤维原材料的供应和其他很多因素都意味着埃及无力与其竞争。

结论

撒哈拉以南非洲的纸张历史与伊斯兰世界的其他地区差别很大。在其他地区，伊斯兰教的扩张和发展是与伊斯兰社会的制度和实践的扩张和发展齐头并进的，特别是书写、阅读以及造纸文化。纸张的迅速供应反过来促进了书写和阅读文化。虽然撒哈拉以南非洲也存在造纸所需的原材料，伊斯兰首次传入和伊斯兰化社会的发展之间存在着几个世纪的间隔，在这段时间内，伊斯兰教的实践基本局限于商人和一些统治者。在非洲的穆斯林人数发展到相当数量之后，书写所需的大量纸张足以支持本地的产业。而这时候，以前教授本地人造纸术的埃及和马格里布的宗教同仁们早已经忘记如何制造纸张，以至于欧洲人完全控制了造纸生产。

跟非洲情况最接近的是印度，伊斯兰教差不多在同一时期出现在印度。时间已经进入公元后几个世纪，印度人应该已经从中国佛教传教士那里学会了造纸术，然而没有任何证据表明他们曾经这样做过。

---

① Walz (1988: 40).
② Walz (1988: 38).

尽管在8世纪一些穆斯林已经在信德地区定居了，这时候伊斯兰世界的东部已经接触到了纸张。北印度地区第一个长期的伊斯兰政权出现在12世纪晚期，印度的第一部手稿则可以追溯到14世纪，而这时候欧洲人正开始制造和输出他们的纸张。然而，印度比非洲距离欧洲更远。一直到16世纪，欧洲的纸张都很少有机会输出到这么远的地方。相反，在中亚和伊朗造纸师的指导下，印度人在15世纪早期开始制造纸张，并在整个17世纪和18世纪的时期内满足了大量的作家和艺术家的用纸需求。实际上，到18世纪的时候纸张已经从道拉塔巴德（Dawlatabad）输往伊朗，尽管到19世纪时，伊朗使用的纸张大多数从俄罗斯输入。

因此，苏丹非洲地区纸张的历史与伊斯兰教在这一地区的历史不可分割。这一历史也与北边的穆斯林世界的造纸商的财富紧密相连。这一地区皈依伊斯兰教的特点以及相对较晚的皈依时间意味着：与伊斯兰世界其他地方不一样，这一地区的纸张相对而言不是很重要；本地制造的纸张没有在非洲伊斯兰社会中起到推动变革的作用，这一点与其他地区伊斯兰社会的情况不同。

参考文献

'Abd al-Wahhab HH (1956) al-Bardi wa al-riqq wa al-kaghad fi Ifriqiyya al-tunisiyya. *Majallat Ma'hid Makhtutat Arabiyya* 2：34-45.

Aradeon SB (1989) al-Sahili：the historians' myth of architectural technology transfer from North Africa. *Journal Des Africainistes* 59 (1/2)：99-131.

Ashtor E (1977) Levantine sugar industry in the Later Middle Ages-an example of technological decline. *Israel Oriental Studies* 7：226-280. Tel Aviv University.

Barth H (1857) *Travels and discoveries in North and Central Africa*. New York：Harper & Brothers.

Bloom JM (2001) *Paper before print：the history and impact of paper in the Islamic world.* New Haven: Yale University Press.

Burckhardt JL (1822) *Travels in Nubia* (2nd edition). London: J Murray.

Burns R (1985) *Society and documentation in Crusader Valencia. Diplomatarium of the Crusader Kingdom of Valencia: The Registered Charters of its Conqueror Jaume I, 1257–1276.* Princeton: Princeton University Press.

Curatola G (1993) *Eredità dell' Islam.* Venice: Silvana Editoriale.

Gibb HAR et al. (Eds) (1960) *The encyclopaedia of Islam* (new edition). Leiden: Brill.

Goitein SD (1967–94) *A Mediterranean society.* Berkeley/Los Angeles: University of California Press.

Hunwick JO (1990) An Andalusian in Mali: A contribution to the biography of Abu Ishaq al-Sahili, c. 1290–1346. *Paideuma* 36: 59–66.

Hunwick JO (1995) *Arabic literature of Africa: The writings of central Sudanic Africa* (Vol. 2). Leiden: Brill.

Hunwick JO (2003) *Arabic literature of Africa: The writings of western Sudanic Africa* (Vol. 4). Leiden: Brill.

Ibn Battuta (1994) *The travels of Ibn Battuta, AD 1325–1354* (Vol. 4). Edited and translated by HAR Gibb & CF Beckingham. London: The Haklyut Society.

Khemir S (1992) The arts of the book. In JD Dodds (Ed.) *Al-Andalus: The art of Islamic Spain.* New York: The Metropolitan Museum of Art/Harry N Abrams.

Lagardière V (1995) *Histoire et société en occident musulmane au moyenage: Analyse du Mi' yar d' al-Wansharisi.* Collection de la Casa de Velázquez. Madrid: Casa de Velázquez.

Le Léannec-Bavavéas M-T (1998) *Les papiers non filigranés médiévaux de la Perse à l' Espagne: Bibliographie 1950–1995.* Paris: CNRS editions.

Lévi-Proven？al E（1934）Un manuscrit de la bibliothèque du calife al-Hakam II. *Hespéris* 18：198 – 200.

Levy M（1962）Medieval Arabic bookmaking and its relation to early chemistry and pharmacology. *Transactions of the American Philosophical Society* 40：3 – 79.

Morris J & Preston Blier S（2003）*Butabu：Adobe architecture of West Africa.* New York：Princeton Architectural Press.

Nachtigal G（1879/1987）*Sahara and Sudan.* Translated from the original German with a new introduction and notes by AGB.

Fisher & HJ Fisher. London/Atlantic Highlands, NJ：C. Hurst/Humanities Press International.

Pedersen J（1984）*The Arabic book.* With an introduction by Robert Hillenbrand, translated by Geoffrey French. Princeton：Princeton University Press.

Seguezzi S（1651）*Relations veritables et curieuses de l'isle de Madagascar et du Bresil... et trois relations d'Egypte et une du Royaume de Perse.* Paris：Augustin Courbé.

Shafî M（1922）A description of the two sanctuaries of Islam by Ibn 'Abd Rabbihi（†940）. In TW Arnold & RA Nicholson（Eds）*A volume of oriental studies presented to Edward G. Browne.* Cambridge：Cambridge University Press.

Valls i Subirà O（1970）*Paper and watermarks in Catalonia.* Monumenta Chartae Papyracea Historiam Illustrantia. Amsterdam：Paper Publications Society（Labarre Foundation）.

Walz T（1988）The paper trade of Egypt and the Sudan in the eighteenth and nineteenth centuries. In MW Daly（Ed.）*Modernization in the Sudan.* New York：Lilian Berber Press.

第五章 西非地区的阿拉伯书法

希拉·S. 布莱尔（Sheila S. Blair）

西非地区的书法史是一个方兴未艾的研究领域。学者们才刚刚开始发掘通布图当地极为丰富的图书馆资源，其中一些人在最近几个世纪里到访过那里。这些图书馆中贮藏着大量之前不为人知的手稿。很多研究发现都是近期完成的，以至于我们只能在互联网上获得只言片语。[1]

正如华盛顿的美国国会图书馆 2015 年展出的玛玛·海达拉纪念图书馆手稿显示出的，这些文件涵盖了广泛的科目。[2] 有些文件包含着科学文本，如 1733 年的一份天文学文本。这种文本中包含着可以帮助人们理解所载内容的图表。还有一份 1809 年的桑海帝国编年史，则属于历史类文献。大多数文本是以散文形式写就的，也有少量诗歌，例如一份关于经商之道的文献就是用韵文写成的，以方便记忆。还有一些手稿是关于宗教事务的，包括一份 1858 年的苏菲派专著。

然而这一地区手稿中不管从材料的质量还是抄录的细心程度而言，最为精美的是《古兰经》的手抄本。目前已知至少有 20 多本，

---

[1] 参见，例如，卡迪图书馆的一篇文章，http://www.saharanstudies.org/projects/kati/，或者奥斯陆大学关于通布图图书馆的文章，http://www.sum.uio.no/timbuktu/index.html。

[2] 浏览"通布图图书馆古代手稿"这一展览，见 http://www.loc.gov/exhibits/mali/。

其中少数几本还配有彩色插图。（见图5.1）①

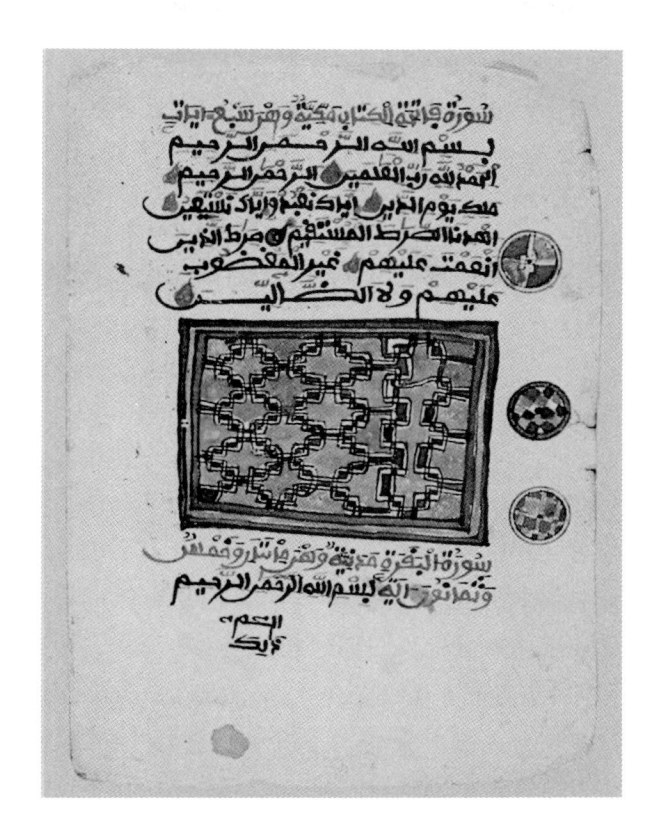

图5.1 西非的《古兰经》手稿的第一页。

---

① 例如，伦敦努尔收藏中就包含两部来自西非的《古兰经》手稿。参见 Bayani et al. (1999：numbers 6, 7)。蒂姆·斯坦利的论文《西苏丹的〈古兰经〉手迹：马格里布和伊夫奇亚体》的注释1提供了一个关于其他手稿的清单。出版品质最好的一部手稿是插图5.1展示的收藏在利兹市副本，参见 Brockett（1987）。纳蒂亚·阿伯特（Nadia Abbott）（1949）20世纪40年代考察过的一部手稿是最早出版的手稿之一。都柏林的切斯特·贝蒂图书馆收藏了五部《古兰经》手稿，它是伊斯兰世界之外最大的《古兰经》手稿贮藏地之一，参见 Arberry（1967：numbers 131 and 239—242），但只有一份双页插图（手稿1594）和一张书籍封面（手稿1599）的图片出版过。巴黎国家图书馆收藏了10部手稿，但是没有出版过插图照片，参见 Déroche（1985：手稿编号 334 – 343）。其他手稿的彩色复制品包括加桑·沙克尔藏品中的手稿（Safwat, 2000：numbers 73）和圣彼得堡俄罗斯科学院的一部［编号 C – 1689；Petrosyan（1995：numbers 67）］。

83

◈ 第一部分　通布图地区概论

和其他文献一样，这些《古兰经》显示出各种书写风格，但总体而言制作都很精美，并运用色彩优化文本和插画。每一份手稿都是用克制、娴熟和始终如一的手写体抄录，这种手写体接近"理想的"手写体。而且这种手写体是不同能力和水平的人都可以写出来的。①

西非阿拉伯手写体的特点

> 在这一地区生产的手稿中，从质量、材料和细心制作的程度而言，最好的都是《古兰经》手稿。

考察这些出版的手稿，尤其是《古兰经》手稿，我们首先要做的是概述在西非地区使用的"理想的"阿拉伯手写体的突出特点。这种在马格里布或者伊斯兰世界西部地区使用的手写体也常被称为"苏丹体"，这一说法是由奥克塔夫·侯达斯（Octave Houdas）1886年在一篇开创性文章中首先提出来的。这篇文章是关于马格里布手写体，也即是在马格里布或者伊斯兰世界西部区域使用的手写体。② 他区分了马格里布书写体带有共同特征的四种子类型，有些是跟字母系统相关，马格里布地区说阿拉伯语的人（更准确的说，是作家）使用了不同的（更为古老的）数字字母系统。在这个系统中，字母"sin"

---

① 就手迹（script）这个词，我遵从迈克尔·古利克在一篇关于手迹的文章导言中给出的定义，这篇文章收录在特内（Turner, 1996: 303）主编的《艺术辞典》第28册中。迈克尔将手迹定义为"书写系统或风格。手迹是可以辨认的，它们的特点可以被罗列出来，它们是字母表上的字母或者符号的一种具有连续性的图像表达。"一种手迹因此就是一种假定的模式；是哪一只手或是某个特定的人写的都可以被区分开来。古利克以斜体字为例，米开朗琪罗和伊丽莎白一世女王都写斜体字，但是他们的手迹非常不同。关于诺姆·乔姆斯基提出的语言学概念"能力"（competence）与"表现"（performance）在早期莎草纸上的阿拉伯书写中的运用，参见Khan（1993: 19）。

② Houdas（1886）。对于他作品的评价，参见Déroche（1994）。

第五章　西非地区的阿拉伯书法

和"sad"的位置与其在（更新的）东方系统中的位置正好相反。另外还有一些正字法上的区别。例如，在马格里布，"fa"和"qaf"打圆点的方式与东方系统有所不同。马格里布地区会在"fa"下面点一个圆点，在"qaf"上面点一个原点，而出现在末尾的"fa""qaf""nun""ya"和"ta marbuta"这几个字母通常不加圆点或者不带尖角装饰。

除此之外，书法家手写体的笔锋也存在差别。马格里布手写体的笔画更为柔和，边缘更为弯曲，而不是像"六笔"圆体书法中的那种紧绷的锐锋笔画。"六笔"圆体书法自中世纪以后就在阿拉伯世界的东边地区流行开来，这种"走笔"的差异很可能是笔本身的差别造成的。尽管伊斯兰世界的书法家传统上都使用苇管笔，马格里布的书法家却将苇管切成扁平的苇条，苇条的一端修剪成钝角或者圆弧形从而形成圆滑的轮廓。他们通过笔管中墨水的量和走笔的速度来实现控制笔迹浓淡的目的。① 相比之下，阿拉伯世界东边地区的书法家在伊本·穆克拉（Ibn Muqlah，886—940）时代和带有斜切面的圆体字传入之后，就一直在使用整根苇管切割和修剪而成的苇管笔了。②

材料和技法上的差别似乎导致了外观上的差别。马格里布字体在一个平稳的基准线上，在横向的笔画上补充了变音符。相反，在阿拉伯世界东边的地区，一个单词通常会处于同一个斜面上，包括表示短元音的微小笔画。马格里布的书法家通常一次只写一个或两个字母，因此在单词中间经常会有微小的缝隙或者笔画重叠的情况。相反，东边地区使用的"六笔"体，尤其是三一体（thuluth，或译三分体、苏鲁斯体），其标志性特征就是从 alif 到 lam 这几个字母的变体带有平滑的笔画和连接。

---

① 感谢穆罕默德·扎卡里亚向我们清晰描述了今天马格里布地区所使用的笔。在当代阿拉伯书法的这一点以及其他很多方面，他都是一位传统风格的大师。

② 关于这种笔的实例，参见 Déroche（2000：114 – 115 以及图 34）；Guesdon & Vernay-Nouri（2001：number 6），这一实例图片也在布莱尔（Blair, 2006）的作品中翻印过。

◈ 第一部分 通布图地区概论

除此之外，马格里布手写体中单个字母也有很多变体，有时一个字母在同一页手稿上会出现四、五种不同的形状。这些变体也与圆体书法的常见变体不同。在马格里布手写体中，alif、lam 和 talza 这三个字母的纵向笔画通常会进行弧化处理，而不是笔直的，并且这些字母上会加上大圆点或者朝向左边的衬线字体。单词结尾处相连的字母"alif"会降到比基准线稍低的位置。字母"sad"和"talza"的主体部分会处理成圆弧状而非圆体字体中常见的尖角状，同时字母主体也更为流畅，而没有东边地区手写体收笔时常见的尖锐笔锋。此外，马格里布的书法家在字母书写结束之时通常会进行夸张的处理，尤其是字母"sin""sad""lam"和"nun"。

马格里布书写体的四个子类型都包含以上特征。但侯达斯认为其中的子类型"苏丹体"的显著特点便是其"厚重度"。苏丹体的字母更粗更黑，而且在粗细之间变化多端，横向和斜向笔画附近的竖笔画会处理得更为纤细，这是通过笔的纵向边缘书写出来的。侯达斯认为苏丹体的厚重笔法与其他三个子类型不同。他将其他三种子类型分别称之为"凯鲁万体""安达卢斯体"和"菲斯体"。凯鲁万体（源自今天突尼斯的凯鲁万市）是一种流畅平稳的书写体，与伊斯兰东边地区的圆体字类似；安达卢斯体（源自安达卢西亚）是一种小号紧凑的而不平稳的书写体；菲斯体（源自摩洛哥北部的菲斯城）是一种较大字号的圆体和优雅的书写体。侯达斯对于这些子类型的书写体的命名在很多方面是不成功的。因为这些书写体虽然有所差异，但是并非各自命名地的独有书写体。有时候在一份手稿中两种风格的书写体会同时出现。例如，1172—1173 年抄录的讨论与传统相关话题的《消息的流星》一书中就出现了两种风格的手写体。[①] 这种混合风格的出现在任何一个生产中心都不是一件奇怪的事，因为这一地区的人

---

① 皇家图书馆（Bibliothèque Royale），拉巴特（Rabat）（1810）；这一文本在多兹1992年一本书中也提及过（Dodds，1992：编号77）。这一文本是以较大的松散的菲斯体转录的，而边缘的注释则使用的是较小的安达卢西亚。

第五章　西非地区的阿拉伯书法

员和手稿流动很寻常。① 学者诸如伊本·路世德（Ibn Rushd）和伊本·赫勒敦（Ibn Khaldun）搬到了安达卢西亚和北非地区，很多时候都并非出于自愿。他们常常将手稿带在自己的身边。这样一来，在瓦伦西亚抄录的《消息的流星》一书 16 年之后就出现在了科尔多瓦大清真寺（Great Mosque of Cordova）的读者面前，现在则被保存在摩洛哥拉巴特。

侯达斯将马格里布书写体第四种子类型命名为"苏丹体"也令人感到困惑。看上去这个"苏丹"是基于"黑人的土地"的说法，而这个说法传统上指的是从大西洋，跨越中非到红海的广阔的撒哈拉—萨赫勒地带。这一地带今天通常被分成东西两个部分。② 本章主要关注在这一广阔地带西部地区使用的阿拉伯书写体。我的其中一个目标是提出一些方法将在这一地区制作的《古兰经》和其他手稿与撒哈拉以南非洲的东部地区制作的手稿区分开来。这种区域的传统不仅仅基于书写体，也基于文本格式、装饰以及在《古兰经》这个例子里，特定的阅读方式。我将从几篇注有日期和本土化了的手稿延伸到更大规模的类似但未注明日期的手稿。我这样做的目的是描绘"理想的"书写体和典型的西非古抄本的特征，以及为研究这种书写体的传播时间和地点建立一个编年学和地理学的框架。最后，我将就书写在西非文化中的重要意义做出一般性的考量。在此过程中，我也会指出验证这些初步假设所需收集的各种信息。

《古兰经》手稿的特征

我们首先考察一下西非地区制作的最为精良的手稿——《古兰经》抄本。例如图 5.2 是伊斯兰历 1250 年 3 月 8 日（1834 年 7 月 15 日）一位名叫萨伊哈拉赫（Sayrallah）的抄写员为博尔诺的玛拉姆·

---

① 关于这一点，参见 Blair（2006：Chapter）。
② 这种例子可以参见 Gibb et al. 等（1960），在这本书中"黑人的土地"一文也分成了关于东部地区和关于西部地区两部分。

◆ 第一部分 通布图地区概论

卡迪·伊本·侯赛因（Malam al-Qadi ibn al-Husayn of Borno）抄录的。① 上述的很多特点及变体都能在少数类似的手稿中找到。其中的大多数都没有注明日期，包括收录在努尔收藏（Nour Collection）（第6卷）和哈桑·沙克尔收藏（Ghassan Shaker Collection）（第73卷）的两部。这些活页的手稿都装在了装饰过的皮夹里，这层皮夹并不是粘附在书页上，而是包裹着书页，皮夹的包盖折叠在外面。（见图5.3）皮夹盖常常是尖角的或尖顶的，可以通过贝壳和包裹着束带的皮带进行固定。这个皮夹装在一个皮革小背包中，这种小背包据说可以保护手稿不受不洁之物的污染，也能保护它不受邪恶之眼的凝视，同时能够提高手稿的便携性。② 这种小背包是用羊皮制成的，带有肩带，并且用编织在一起的皮革条固定着背包盖。③

图5.2 散页装《古兰经》，由塞拉莱为博尔诺的马拉姆·卡迪·侯赛因抄写，完成于伊斯兰历1250年赖比尔·敖外鲁月8日（1834年7月15日）。

---

① 夸瑞奇目录（Quaritch Catalogue）（1995：number 21）。这份手稿之前是收藏在芝加哥纽贝里图书馆（手稿235），他们是从亨利·普罗斯科藏品中获得这份手稿的。亨利的藏书标签上的日期是1890年12月1日。

② 另见Déroche（2000：309 and figures 86, 87）。

③ James（1980：number 115）；Safwat（2000：number 73）。

图 5.3 利兹大学保存的古兰经,使用典型的书本装订,以及小背包。在西非,许多散页装订的手稿装在有型的皮夹子里,不是附着在书上,而是包裹着它,夹子的扉页翻在外面。扉页常为尖形或卵圆形,可由牛皮里壳和皮制带子包住,装订固定。皮夹则装在皮制小背里,据说是为了保存手稿不受污秽,不为邪恶的眼睛看到,同时也用来增强便携性。小背包用山羊皮制成,通常有一条肩带和一个盖子,用编结的皮筋固定。

西非地区典型的《古兰经》手稿(见图 5.1 和 5.2)是抄录在 400—500 张人工剪裁的纸张上,这些纸张的规格大致为 23 厘米 × 17 厘米。虽然纸张上的书写区域有所差异,但平均的书写区域大概是 15 厘米 × 10 厘米。每一页纸通常包含 15 行文字,尽管这一数字即使在同一部手稿中也可能在 14 和 20 之间变化。至少有两份文本被认定是沃什人(Warsh)从纳菲(Nafi)传入的。[①] 这些文本是使用褐黑色

---

① 这种情况也适用于收藏在利兹的手稿(见图 5.1);布洛科特(Brockett, 1987:45)所提手稿;以及圣彼得堡的那份手稿(Petrosyam et al., 1995: number 67)。

墨水写就的，其中元音"sukun"和"shadda"用红色表示。而"hamzat al-qat"则是用黄点表示。绿色只是在书写"hamzat al-wasl"时才会使用，正如纳蒂亚·阿伯特（Nadia Abbott）在《古兰经》的开篇几页上看到的那样。[1] 章节的标题通常是使用红颜色墨水，而符号则使用褐黑色墨水（见图5.1）。

有些字母的形式很有特色。这些字母处于蜷缩的状态，同一行的书写高度几乎是一致的。例如，"fa'/lqaf"几乎与"alif"和"lam"高度一致，都与单词"basmala"开头的"ba"一样高，而"basmala"一词是《古兰经》几乎所有章的开头第一个单词，只有一章例外。单词'Ayn写得很大。"sad"比较平缓，像是没有棱角的菱形，有时候会写得比较大，如在努尔《古兰经》手稿中（第7卷），有时候这个单词也会大到超出基准线，如在利兹版《古兰经》中（见图5.1）。作为中间字母的"ha"一般会写成平躺在基准线上的样式，就好像放在包裹上的一张弓。省略的"alif"通常会写成纤细的红色斜线。

这些西非《古兰经》手稿的一个特点就是有简单几何图形图案装饰，这些图案是用抄录文本所用相同的矿物颜料绘成的——褐色、红色、黄色以及偶尔会用的绿色。对利兹版《古兰经》检测表明黄色颜料很可能是雌黄，一种在马格里布其他地区都在使用的含砷硫化物，而且伊本·巴蒂斯也曾经提到过。[2] 对红色颜料的检验则告诉了我们更多的信息——不同的地区使用不同的物质制作红色颜料：使用朱砂制作红色颜料是东边的特色，而马格里布地区使用胭脂虫制作手稿装饰，此外也用它来给皮肤染色。[3] 这些西非《古兰经》手稿中的个人诗篇通常被三个黄圈组成的金字塔形图案隔开，这三个黄圈的外围轮廓则是红色的。一组由五篇诗歌或者十篇诗歌组成的诗歌组则被各种类型的实心圆标明。类似的边缘装饰将整个文本分成60等份

---

[1] Abbott（1949：64）.
[2] Brockett（1987：note23）.
[3] Déroche（2000：155-156）.

(见图 5.2），每个部分又更进一步分为 8 个小部分，每个小部分分别用写在长方形框中的字母"ba"（四分之一），"nun"（二分之一）和"tha"（八分之一）注明位置。将文本分成七个部分叫做"哈泰姆·阿扎布"，这种分法通常会用一个带圈的单词"al-sab'"（意为"七"）来标记章节。文本在应当拜伏于地的地方也使用了一个带圈的单词"saida"。例如，在阿伯特考察过的一份手稿中，马利基教派接受的 11 个拜伏处中的 10 个使用了这种标记方法。[1]

有一些手稿带有旁注，使用的是和标题一样的红色笔迹。其中有一些旁注补充了本章诗节、单词和字母数量等信息。另一些旁注则提供了代替性的文本以及朗诵技巧指导，在一个口述传统深厚的地区，这种旁注很符合人们的需求。在阿伯特考察的那份手稿中，旁注中有时候一个单词或词组会被要求重复多达 11 次，旁边说明要求在诵读《古兰经》遇见该单词或词组时，应当重复诵读它们。[2] 阿伯特认为这种诵读方式是北非苏菲派的特色。

大多数此类小格式活页的《古兰经》手稿可以溯源到 18 或者 19 世纪。至少有一部注明了日期：1834 年为博尔诺城法官制作的那本（见图 5.2）。[3] 大多数情况下我们能通过手稿材料推断其年代：它们抄录在带有独特的"三新月"水印的纸上，这种纸张是 17 世纪以后安德里亚·加尔瓦尼公司生产的。[4] 有一些手稿甚至是 17 世纪制作的。收藏在法国国家图书馆中的一部混合版的古抄本包含了来自不同手稿的片段（见图 5.4），其中最后一页注明了年代为伊斯兰历 1100 年斋月（公元 1689 年 6 月）。[5] 这一地区制作的最早的《古兰经》手稿是 A. D. H. 比瓦尔（A. D. H. Bivar）在尼日利亚迈杜古里（Maidu-

---

[1] Abbott（1949：64）.
[2] Abbott（1949：64）。
[3] 夸瑞奇目录（Quaritch Catalogue）（1995：number 21）.
[4] Walz（1988）. 另见乔纳森·布洛姆本册文集中的文章。
[5] Déroche（1985：number 334）. 这份手稿比典型的西非手稿（20 厘米×15 厘米）要小，而且抄录在"东方的"纸张上，它很可能是来自"黑人的土地"。

guri）考察的一部（见图5.5）。① 这部手稿的文本字里行间有用加涅姆布语（Kanembu）写成的注释。加涅姆布语是卡努里人方言的一种，今天乍得湖周边博尔诺地区的一些人仍然在说这种语言。手稿的边缘写满了几种评注，其中包括古图比（al Qurtubi）的长篇注释，他在注释末尾说明注释是在伊斯兰历1080年6月1日完成的（公元1669年10月27日星期天）。比瓦尔认为这部双语形式的《古兰经》手稿和他在北尼日利亚见到的其他三部类似的手稿都是在比尔尼加札尔加穆（Birni N' gazargamu）制作的。比尔尼加札尔加穆是博尔诺帝国的前首都，1808年被当地的富拉尼人（Fulanis）摧毁。

在格式上，双语版的手稿与近几个世纪制作的典型的西非版本有所不同。它的文本格式更大（32厘米×23厘米），版面是小版本手稿的两倍。每页有8行文本，行间距很大，文本的书写方式与马格里布体有很多相似之处。字母处于一个平稳的基准线之上，并且有经典马格里布体的尖点和形状，同时有着较短的俯冲式收尾。同时字母有水平风格的变音符，而且字母"fa'"和"qaf"有着与众不同的尖点。典型的字母形状，如"alif"会带有梅花状的脚，平直的"sad"和"kaf"带有斜杠，而"dal"则像是噘起的嘴唇。诗节被金字塔状的三个球形标记出来。和小版本一样，装饰采用了简单的几何图形，颜色也是各种矿物颜料。图形标注在对开页的第二页，用以填充页面底部的空白，这种空白在普通版本的页面上通常会被标示文本的八等份线填充。

---

① Bivar（1960）。和东南亚的情况一样，将这一地区的收藏品进行编目无疑会使一些早期的手稿出现在人们的视野中。1987年，伊利诺伊大学厄巴纳—香槟分校的C. C. 斯图尔特发起了一项名为阿拉伯手稿管理系统（Arabic Manuscript Management System），以期为西非萨赫勒地区的手稿提供在线目录。阿拉伯手稿管理系统数据库2.0版收入了布提利米特、毛里塔尼亚（Mauritania）、尼日尔（Niger）、巴黎、通布图和伊利诺伊埃文斯顿这六个收藏点的19000件手稿。该数据库的3.0版可以在网站 http：//test. atlas. uiuc. edu/amms/ammsinfo. html#acks 上找到详细的介绍。这一新的版本使添加新的材料和通过网络接触这些收藏中材料更为简便。同时这一新的版本也为汇集高质量和大量的阿拉伯手迹提供了机会。至少在殖民时代之前，这些阿拉伯手稿在西非广大区域颇为常见。关于毛里塔尼亚的手稿收藏，参见威尔纳（Werner）（2003）。

手稿末页的说明指出，这种抄录的传统在西非至少从 15 世纪与 16 世纪之交就存在了。带有加涅姆布语注释的《古兰经》手稿末尾的说明给出了抄录本书的书法家的家族世系，这位书法家的家族早在 15 世纪的最后 20 多年已经居住在博尔诺城了。

图 5.4（左）载有不同文本碎片的综合抄本，最后一个对开页标注的日期是伊斯兰历 1100 年斋月（1689 年 6 月）。

图 5.5（右）《古兰经》手稿，有卡涅姆布语的行间注释和古图比（al-Qurtubi）写下的旁注。一些手稿还包含与标题相同的红色字体的边注。一些手稿提供了有关诗句、单词和字母数量的灵活的指导性信息，其他注释则提供了替代性的读法和背诵技巧的指导。

生产地点

逐个确定这些手稿的制作地点是件困难的事情，因为它们很少包含书末的说明，即使有也比较混乱。这些《古兰经》手稿中的一部分大概与博尔诺城或者乍得湖周边地区相关，那些带有加涅姆布语注释的双语版《古兰经》稿可能是在这些地区使用的。一本1834年的《古兰经》手稿（见图5.2）是为博尔诺城的法官制作的，但手稿末尾的说明指出抄写员是在突尼斯苏威伊卡门（Bab Suwayqah）附近，这个地方是突尼斯阿拉伯人居住区北墙的一座城门。手稿说明指出这位抄写员是在一个叫"w-z-q"的村子里面抄写的这部手稿，并且将这个居住地的名字"w-z-q之村"使用另一种写法重写了一遍。蒂姆·斯坦利认为这位抄写员可能搬到了突尼斯，或者是在从他西非的家乡到突尼斯的途中。① 阿伯特考察的那份手稿中的两处签名表明这份手稿是在卡里延（Qariyan）或者卡里亚（Qariya）抄录的。阿伯特发现巴克瑞提到卡里亚是突尼斯附近一座多泉水的山城。手稿边缘的备注提到抄录此手稿的书法家名字是穆罕默德·伊本·穆罕默德·伊本·米卡伊勒·伊本·法蒂玛（Muhammad ibn Muhammad ibn Mika'il ibn Fatima）。其中一次其名字的第个二穆罕默德后面出现了一个令人费解的字母"ta-sin"，另外两次则包含了一个非阿拉伯语词组，描述他是一位绘图的工匠。阿伯特推断这份手稿是抄录自一份更为古老的手稿，而这份更古老手稿的作者就是上述的这位默罕默德，然后这位默罕默德的签名又被来自"黑人的土地"南边的某人抄袭了，通过这个人这份手稿最终传入拉各斯，并于1935年在那里被人买下。

在这些西非手稿中使用的独特手写体很明显源自马格里布，但是学者们对于究竟哪种马格里布子类型书写体是其直接渊源争论不休。比瓦尔认为西非手写体源自伊夫奇亚，也就是包括今天突尼斯和西阿尔及利亚在内的这片区域的阿拉伯语名称。② 他引用了北非伟大的历史学家伊本·赫勒敦大约在1375年的一份陈述作为例证。伊本·赫勒敦记述道：逃离安达卢西亚的穆斯林书法家带来了一种更为雅致和流畅的书写风格，取代了早先在北非尤其是凯鲁万和马赫迪亚城

---

① 夸瑞奇目录（Quaritch Catalogue）（1995：number 115）。另见 Bayani et al.（1999：32）一书收录的斯坦利的论文。
② Bivar（1968）；Brockett（1987）接受了比瓦尔的观点。

第五章 西非地区的阿拉伯书法

(Mahdiyya)使用的书写风格。① 赫勒敦继续写道,古老的手稿只保存在杰里德(Jarid)的几个小镇上。"Jarid"这个词字面意思是"手掌",也指代突尼斯西南地区延伸到撒哈拉沙漠中那块地区。比瓦尔认为旧的书写风格也在萨赫勒地区南边保存了下来,他们是在穆拉维王朝征服上尼日尔河流域的时候带到此地的。比瓦尔主张将这种厚重有棱角的"伊夫奇"手写体与那种更为纤细灵活的手写体区别开来,他和侯达斯都认为,后一种手写体为"安达卢斯"体。

尽管颇有独创性,但考虑到很多从历史到古文书学的因素,比瓦尔的说法最终是不能令人满意的。② 穆拉维王朝虽然将马利基派伊斯兰教以及很多其他特色事物带到了萨赫勒地区,但是他们从来没有控制伊夫奇亚这个被推测为"伊夫奇"手写体发源地的地区,尽管他们可能从伊夫奇亚地区输入过手稿。③ 除此之外,10世纪突尼斯地区发展出迥异的更接近东部地区的风格。④ 有一份1015年抄录的法律文件,抄录地点几乎可以肯定是凯鲁万。这份文件带有很多东部地区手写体的特征,例如字母"sad"带有凸起部分,而位于中间的字母"ha"则像是降到基准线以下的数字"8"的形状。⑤

相反,西非地区《古兰经》手稿中所采用的手写体与在摩洛哥和安达卢西亚使用的西马格里布体存在着许多共同点。⑥ 和马格里布体一样,书写字母"sad"时不带齿状尾巴,而书写位于中间的字母"ha"时也遵循了马格里布体而非东部地区的风格。对于这一点,我们可以将

---

① Ibn Khaldun (1967:2:286)。
② 参见斯坦利在其收录于巴雅尼等编著的书(Bayani et al., 1999:33—34)中所提出的批评意见。
③ 关于穆拉维王朝和这一地区,参见吉本等编著的《伊斯兰百科》中的"Murabittun"和"Maritanniya"这两个词条(Gibb et al., 1960)。
④ 关于马格里布手写体以及突尼斯地区和更西边地区使用的手写体之间的差异,参见Déroche (1999)。
⑤ 这一点可以在Bayani et al. (1999:32)一书中见到。
⑥ 比瓦尔将这一手写体确定为伊夫奇风格是基于伊本·赫勒敦使用过这一名称。然而这一做法不可避免遇到一些问题,一些学者依据伊本·纳蒂姆在《书目》一书中给出参考来识别早期阿拉伯手写体时也遇到相同的问题。没有明确日期的手稿和已经确定的例证,尽管并非完全不可能,但很难将书中所提及的名字与现存的实例一一对应起来。

第一部分　通布图地区概论

图5.6　伊斯兰历975年（1568年）为摩洛哥的谢里凡苏丹马乌雷·阿卜杜拉·伊本·穆罕默德（Mawlay'Abdallah ibn Muhammad）抄写的《古兰经》手稿。

西非地区制作的《古兰经》中的典型几页（插图5.1与5.2）与摩洛哥地区制作的一部《古兰经》进行对比。摩洛哥的这部《古兰经》是于伊斯兰历975年（公元1568年）为谢里夫苏丹马乌雷·阿卜杜拉·伊本·穆罕默德（Mawlay'Abdallah ibn Muhammad）抄录的（见图5.6）。① 两份手抄本中的字母都带有俯坠的结尾和平缓的变音符。字母"alif"带有梅花状的脚，字母"dal"像是噘起的嘴唇，字母"kaf"则带有像斜杠的部分。两个版本中位于单词中间的"ha"均作屈身伏于基准线之上状，同时在单词"basmala"中起始字母"ba"都写得非常大。哈夫西德（Hafsid）统治者阿布·法里斯（Abu'l-

---

① 伦敦，BL 1405；Lings & Safadi（1976：number 50）；Lings（1976：108-110）；Safadi（1978：figures 79, 80）；Blair（2006：Figures 12, 13）。

Faris）于伊斯兰历807年斋月（公元1405年）捐赠给突尼斯卡斯巴（Qasba）清真寺的《古兰经》手稿中却未见这些特征。①

图5.7　布哈里的《圣训实录》手抄本，1419年。

西非《古兰经》手稿的布局设计延续了摩洛哥北部地区和安达卢西亚的风格。那部双语版《古兰经》（见图5.5）中的评注写在正文的四周，这种书信体传统也见之于存量极少的162封写给亚拉贡－加泰罗尼亚国王的书信中。这些书信出自西班牙和北非多位穆斯林统治者之手，② 其中一封日期为伊斯兰历745年8月10日（公元1344年9月17日）的书信是由格拉纳达纳斯瑞德（Nasrid）王朝统治者优素福一世（Yusuf I）写给亚拉贡统治者彼得四世（崇礼者）。这封信首先横向书写，然后环绕转圈书写直至写完整张信纸。这种书写方式和

---

① 巴黎，国家图书馆，手稿编号389–392；Déroche（1985：numbers 305–308）。
② Alarcóny Santón & García de Linares（1940）；Valls i Subirà（1978）.

◈ 第一部分　通布图地区概论

加涅姆布语双语版《古兰经》手稿的回环书写方式是一样的。来自西非的宗教著作，例如，让人们在周六诵读默罕默德名字以及启应祷文的祈祷用书就使用了小方块排版的格式。[1] 这种格式在西马格里布地区很常见，包括1143年在科尔多瓦制作的一本很有名的《古兰经》。[2] 而且这种格式直到19世纪还在继续使用，收藏在柏林博物馆和沙克尔收藏品中诸多的《祝福的证明》（Dala' il al-khayrat）一书的抄本就是明证。[3]

西非《古兰经》手稿的装饰亦带有西马格里布地区装饰风格的特点。例如，由三个圆圈组成的金字塔形装饰就是这一地区悠久传统的一部分，这种风格也出现在制作于1143年的科尔多瓦《古兰经》中。西非《古兰经》和其他手稿中使用的图案花饰也与更北部地区的传统有关。较大的手稿页板上的装饰与摩洛哥柏柏尔人地毯上的纺织纹路很相像。例如，我们可以将利兹版《古兰经》手稿第六章最后一首诗节所在的那一页（见对开页81b图）与来自中阿特拉斯山（Atlas）的一条宰穆尔（Zemmoura）平织毯进行对比。[4] 书籍的矩形页板上的那种对角线、曲折线和带状装饰是马里泥浆染布做成的衣服上的常见样式。这种衣服是用拔染方式染成的泥浆布条缝制在一起制成的。[5]

西马格里布手写体很久以来在这一地区都是模范体。西非地区存留下来最早的阿拉伯书法作品是一组墓碑篆刻作品。[6] 墓碑中至少有四块似乎是在安达卢西亚的阿尔梅里亚（Almería）雕刻完成后装船

---

[1] 巴黎，国家图书馆，手稿，阿拉伯文，编号6869；Guesdon & Vernay-Nouri（2001：number 39）。

[2] 伊斯坦布尔大学图书馆，手稿编号A6755；Dodds（1992：number 75）。

[3] Kröger（1991）；Safwat（2000：number 71）。这一文本是摩洛哥人苏菲·贾祖里所写的祝福默罕默德的祷告词的集子。这一文本在从马格里布到东南亚的地区很流行。见Blair（2006：Chapter 12）。

[4] 在菲斯克（Fiske, et al., 1980）的书中引用了很多这种平织毯的例子；Pickering et al. （1994）。

[5] 参见Turner（1996），条目"马里"下第三项"纺织业"。

[6] Sauvaget（1949）。

运到西非，并成为当地人临摹书法的模板。摩洛哥手稿也输入到了西非地区。例如，卡迪（Kati）藏品中最早的法典就是在摩洛哥制作的，这一点从法典中转录于1419年的《真迹》（Authentic）一书的风格可以看出（见图5.7）。① 与此相类似，索科托城（Sokoto）的马拉姆·纳格瓦马特瑟（Malam Nagwamatse）藏品中包含《通过承认天选者权利而获得治愈》一书的抄本。这本作者为伊亚德·伊本·穆萨（Iyad ibn Musa）的书很可能是16世纪或者17世纪在菲斯城转录的。②

西非阿拉伯书法的发展

这样我们就可以勾勒出西非阿拉伯书法发展史脉络的大致轮廓。十分明显，西非当地的统治者皈依伊斯兰教以后阿拉伯书法就在这一地区得到了阅读和欣赏。摩洛哥的环球旅行家伊本·白图泰曾于1353年到达过这一地区。他提到瓦拉塔（Walata）的当地人定期学习宗教法律和背诵《古兰经》。③ 他还提到，在马里首都为他举行的宴会上，人们把装着《古兰经》的箱子搬了出来，诵读了全文。④ 随着这一地区清真寺的拔地而起，很多《古兰经》手稿被捐赠给清真寺以供公众阅读。

由于一些现实的原因，主要是纸张的匮乏，很有可能在早期的几个世纪中手稿多数是输入进来的，很可能是从摩洛哥。伊本·白图泰注意到马里的国王向菲斯城派遣了一些乌里玛（'ulama），并且与马里尼德（Marinid）王朝的统治者阿布·哈桑互派使节。这些使节可能也带回了一些书籍，因为用书籍作为官方礼物很流行。例如，插画

---

① FK36，Hofheinz（2003）。撒哈拉研究协会的项目网页上有这份手稿的图文说明，见 http://www.saharanstudies.org/projects/。
② Bivar（1968：plate Ⅲ）。
③ Ibn Battuta（1993：4：951）.
④ Ibn Battuta（1993：4：957）.

◆ 第一部分　通布图地区概论

表明萨非（Safavid）王朝的使节经常赠送书籍给他们的对手奥斯曼人。① 学者们也经常从北边将书带到西非地区。方多·卡迪图书馆（Fondo Ka'ti Library）的一份手稿记录表明此书是1467年在从托莱多（Toledo）去往西非的途中，在撒哈拉沙漠绿洲一个叫图瓦特（Tuwat）的地方购买的。② 朝圣者很有可能也带回了一些《古兰经》赠与家人和朋友。③

随着书面传统取代口头传统的日益流行以及可获取的资料日益增多，西非人开始制作他们自己的手稿。这种制作可能早在16世纪就已经开始了，并且在17世纪逐渐增多。这主要是一方面书籍写作增加，主要是新的编年记录材料；另一方面来自波代诺内（Pordenone）和其他威尼托（Veneto）地区的欧洲水印纸也在增加。西非地区的阿拉伯手稿变得很常见，以至于我们有机会讨论这一地区手写体的鲜明特征。这种情形可以与伊斯兰世界的另一个边陲之地印度的情况进行对比。德里的苏丹们在13世纪初将伊斯兰定为国教，然而一种很有特色的书写体比哈尔语直到14世纪末才出现，在15和16世纪才流传开来。④

观察这些手稿我们会发现西非地区生产纸张只是局部地区的情况，这些纸张非常昂贵，输入的纸张常常是从一大块纸上切下来的，有时候一部手稿中会出现不同类型的纸张。例如，利兹版的《古兰经》（见图5.1）就使用了三种不同的纸张。⑤ 阿伯特考察的那份则主

---

① 例如，在洛克曼（Loqman）的《塞利姆可汗之书》1581年的一份复本中包含了一幅两页的插图，表现了萨非王朝的使者沙赫库里（Shahquli）1567年向塞利姆二世赠送礼物，尤其是书籍的场景；伊斯坦布尔，托普卡帕皇宫图书馆（Topkapi Palace Library），手稿编号A3595，第53b-54a页；插图复制图收录在Blair & Bloom（1994：figure 308）。

② 方多·卡迪图书馆的馆藏可以访问网页http：//www.saharanstudies.org/projects/kati/。

③ 例如，名为阿布德·卡德尔（'Abd al-Kader）的人就从他朝圣归来的父亲那里获得了一部小型的标准奥斯曼版《古兰经》，他的父亲是在1827年朝圣的；巴黎，国家图书馆，手稿编号，7252；Guesdon & Vernay-Nouri（2001：number 1）；Déroche（2004：figure 3）。

④ Blair（2006：Chapter 9）。

⑤ Brockett（1987：48）。

要使用了带有阿拉伯语水印"ya nasib"和一位骑手形象的纸张。"ya nasib"对应的罗马字母拼写的名字是贝尼亚米诺·阿尔比布（Beniamino Arbib）。但是这份书稿也包含了两页沉重的带有"三新月"水印的纸张。从纸张的设计看得出来造价不菲。抄录员恨不得在所有的空白处都写上文字，例如加涅姆布语双语版《古兰经》手稿的抄录员就是这么做的。笔也很昂贵。布洛克特（Brockett）对利兹版手稿仔细检查后发现，笔尖写到后面越来越钝，可以看出来抄录员想尽量久地保护笔尖。文本和图案装饰所用的墨水和颜料也是本地出产的。手稿中也没有使用黄金这种马格里布其他地方手稿发烧友标志性的选材。没有使用黄金颇具讽刺意味，毕竟黄金是这一地区的主要输出品。

形式和装饰各具特色也表明西非的手稿制作更多的是一种家庭制作模式，而不是像正规的学院那样遵循一整套程式的制作模式。纸张页面上没有行线，同一本手稿中每页的行数也不固定。边缘的注释也随意添加在各个位置和方向。目前没有迹象表明抄录者和插图师之间有着分工，事实上，阿伯特考察的那部《古兰经》中的注解表明这两者是同一人。相对照而言，抄录和插图在伊朗和非洲东部地区12世纪以后就已经分工明确了，而马格里布地区也在稍后完成了分工，这一点通过签名和颜料的分析结果可以看到。[①] 这些西非手稿的装饰由简单的设计所组成，常常是从纺织物上吸取灵感，直接将其装饰图案使用在手稿上。对比而言，东部地区手稿那种精美的阿拉伯花饰图案需要底图和模板，而这些底图和模板是工作间实践的一部分。[②] 在东部地区，书法的规范是由师傅传授给徒弟的，这种传授是通过有组织的学校训练、书面指南和各种字体的字帖集实现的。书写传统的法

[①] 例如，光谱分析表明一部13世纪或者14世纪马格里布地区抄录的《古兰经》抄本［法国国家图书馆，手稿编号6935；Déroche（1985：number 302）］上有使用蓝色石青石做成的可辨识的标记，但是边缘装饰的蓝色则是使用更为昂贵的青金石制作而成。（Déroche 2000：152-153）

[②] 更多关于底图纸张的使用和不同的设计类型，参见 Bloom（2001）。

第一部分　通布图地区概论

典化使得手迹鉴定变得十分困难，虽然不是绝对不可能。① 相反，在西非地区即使是学习阿拉伯语也常常是通过口头和可视化的方式（而不是书面和动手实践的方式），更为常见的是通过写字板的方式教授。② 因此，我们就不难发现西非手稿远没有一种"堪称典范"的手写体，更多的是各式各样的个人手写体。

尽管西非《古兰经》手稿的手写体风格各异，我们还是能将其与东部地区即今天苏丹共和国的手稿区分开来。抄录于今天苏丹共和国这一地区的手稿包括1881年（手稿编号619）抄录的现藏于利兹的一份以及沙克尔收藏的一份伊斯兰历1296年斋月（公元1879年8月）抄录的手稿（见图5.8），③ 其中最主要的区别是手稿的读法。利兹版手稿中包含巴斯兰·阿布·阿马尔（Basran Abu 'Amr）的朗诵方法，这个版本只在"黑人的土地"东部地区广泛流传。④ 这可以与利比亚和西非地区手稿中常见的瓦肖的读法（Nafi' via Warsh）区别开了。⑤ 因此，鉴别单个手稿中包含的读法在出版一份《古兰经》手稿时非常必要，尤其是近几个世纪出版的手稿。

源自"黑人的土地"地区东部的这两部《古兰经》手稿中的手写体也不一样。这种手写体源自一种叫"纳斯赫体"的常用圆体字。它的一些字母的形状与东部地区相像，尤其是位于中间位置的字母"ha"写得像数字"8"而不是平弓形状。这种手写稿朝着左边倾斜，这种特征在伊斯兰历1162年10月（公元1749年9—10月）抄录的

---

① 例如，14世纪早期的几位木八剌沙就属于这种情况。从书法的风格上，我们无法得知到底有多少不同的个人使用过这一名字。
② 例如，波特与巴拉卡特（Porter and Barakat 2004：number 104）的书中所展示的书写板，或者史密森尼学会（Smithsonian Institution）的国立非洲艺术博物馆（National Museum of African Art）收藏的几个藏品（2001-16-1 and 2001-16-1）。可以通过他们的网站 http://www.nmafa.si.edu/访问。
③ 利兹版手稿是在马赫迪国（Mahdiyya）灭亡后不久在苏丹获得的（见Brockett, 1987）。沙克尔手稿中包含了几处由带有赫勒万（Hilwani）血统的人留下的注释，赫勒万是今天埃及与苏丹边境上的一个小城镇（见Safwat, 2000：number 72）。
④ 相关的鉴别参见Cook（2000：74-75 and figure 12）。
⑤ 相关的不同读物，参见达蒙·麦考利夫（Dammen McAuliffe）（2001），《古兰经》读物；Brockett（1988）。

一份《古兰经》手稿中和桑给巴尔地区（Zanzibar）也曾经出现过。①和沙克尔收藏品中的那部手稿一样（见图5.8），桑给巴尔的这部手稿使用的纸张更大（33厘米×22厘米）。它具有颇具特色的印度比哈尔语手写体手稿的某些特征，例如在手迹字体很大时，页面上方和下方会有横线，以及在手稿的开头、中间和结尾存在插图页。

图5.8 哈吉·艾哈迈德·穆罕默德·伊本·艾哈迈德·穆萨（al-Hajj Ahmad Muhammad ibn Ahmad Musa）抄写的《古兰经》手稿，撒哈拉以南非洲东部，1879年。

总之，西非地区手稿所使用的手写体是北非使用的马格里布体里面很有特色的一个次级书写体形式。西非的抄录员使用了"理想的"《古兰经》手稿手写体的一种变体形式。与其相同的手写体也在其他一些历史和科学文本中出现过。这种手写体字迹很潦草，明

---

① 努尔收藏 古兰经706号；Bayani et al. 等（1999：number 5）。

第一部分 通布图地区概论

显地朝向右边，但字体的形状和在每行基准线上的位置比较一致。尽管不如东部地区熟练手写体那样优美，并且字体边缘也很粗糙，但西非的阿拉伯手写体活力十足，生动呈现了伊斯兰教精力旺盛的传统。这种传统最近几个世纪在这一地区十分兴盛。西非地区的手写体值得更为详尽地研究，尤其考虑到这里存在着很多次级手写体书法风格。

参考书目

Abbott N（1949）Maghribi Koran manuscripts of the seventeenth to the eighteenth centuries. *American Journal of Semitic Languages and Literatures* 55（1）：61–65.

Alarcón y Santón MA & García de Linares R（1940）*Los documentos arabes diplomáticos del archivo de la corona de Aragón.* Madrid：Estanislao Maestre.

Arberry AJ（1967）*The Koran illuminated：A handlist of Korans in the Chester Beatty Library.* Dublin：Hodges, Figgis & Co.

Bayani M, Contadini A & Stanley T（1999）*The decorated word：Qur'ans of the 17th to 19th centuries.* The Nasser D Khalili. collection of Islamic Art. London：The Nour Foundation in association with Azimuth Editions and Oxford University Press.

Bivar ADH（1960）A dated Kuran from Bornu. *Nigeria Magazine* June：199–205.

Bivar ADH（1968）The Arabic calligraphy of West Africa. *African Language Review* 7：3–15.

Blair SS（2006）*Islamic calligraphy.* Edinburgh：Edinburgh University Press.

Blair SS & Bloom JM（1994）*The art and architecture of Islam, 1250–1800.* The Pelican History of Art. London/New Haven：Yale University Press.

Bloom JM (2001) *Paper before print: The history and impact of paper in the Islamic world.* New Haven: Yale University Press.

Brockett A (1987) Aspects of the physical transmission of the Qur'an in 19th-century Sudan: Script, decoration, binding and paper. *Manuscripts of the Middle East* 2: 45 – 67.

Brockett A (1988) The value of the Hafs and Warsh transmissions for the textual history of the Qur'an. In A Rippin (Ed.) *Approaches to the history of the interpretation of the Qur'an.* Oxford: Clarendon Press.

Cook M (2000) *The Koran: A very short introduction.* Oxford: Oxford University Press.

Dammen McAuliffe J (Ed.) (2001) *Encyclopaedia of the Qu'ran.* Leiden: Brill.

Déroche F (1985) *Les manuscrits du coran, du Maghrib à l'Insulinde.* Paris: Bibliothèque Nationale, Département Des Manuscrits, Catalogue Des Manuscrits Arabes.

Déroche F (1994) O. Houdas et les écritures maghrébines. In A-C Binebine (Ed.) *Le manucrit arabe et la codicologie.* Rabat: Faculté des Lettres et des Sciences Humaines.

Déroche F (1999) Tradition et innovation dans la pratique de l'écriture au Maghreb pendant les IVe/Xe siècles. In S Lancel (Ed.) *Afrique du Nord antique et médiévale: Numismatique, langues, écritures et arts du livre, spécificité des art figurés (Actes du VIIe colloque internationale sur l'histoire et l'archéologie de l'Afrique du Nord).* Paris: Editions du CTHS.

Déroche F (2000) *Manuel de codicologie des manuscrits en écriture arabe.* Contributions by A Berthier, M-G Guesdon, B Guineau, F Fichard, A Vernay-Nouri, J Vezin & MI Waley. Paris: Bibliothèque Nationale de France.

Déroche F (2004) *Le livre manuscrit arabe: Préludes à une historie.*

Paris: Bibliothèque Nationale de France.

Dodds JD (Ed.) (1992) *Al-Andalus: The art of Islamic Spain*. New York: Metropolitan Museum of Art.

Fiske PL, Pickering WR & Yohe RS (Eds) (1980) *From the far west: Carpets and textiles of Morocco*. Washington DC: The Textile Museum.

Gibb HAR et al. (Eds) (1960) *The encyclopaedia of Islam* (new edition). Leiden: Brill.

Guesdon M-G & Vernay-Nouri A (Eds) (2001) *L'art du livre arabe: Du manuscrit au livre d'artiste*. Paris: Bibliothèque Nationale de France.

Hofheinz A (2003) Goths in the lands of the blacks: a preliminary study of the Ka'ti Library in Timbuktu. In S Reese (Ed.) *The transmission of learning in Islamic Africa*. Leiden: Brill.

Houdas O (1886) Essai sur l'écriture maghrébine. In*Nouveaux mélanges orientaux*. Paris: Ecole des langues orientales vivantes.

Ibn Battuta (1993) *The travels of Ibn Battuta*. Edited and translated by HAR Gibb, 1958-71. New Delhi: Munshiram Manoharlal.

Ibn Khaldun (1967) *The Muqaddimah: An introduction to history*. Translated by F Rosenthal, 1958. New York: Bollingen Foundation.

James D (1980) *Qur'ans and bindings from the Chester Beatty Library: A facsimile exhibition*. Exhibition catalogue. World of Islam Festival Trust.

Khan G (1993) *Bills, letters and deeds: Arabic papyri of the 7th to 11th centuries*. Edited by J Raby. The Nasser D Khalili collection of Islamic Art. London: The Nour Foundation in association with Azimuth Editions and Oxford University Press.

Kröger J (1991) Ein weit gereistes buch: Zu einer Neuerwerbung. *Museum Für Islamische Kunst: Berlin, Staatliche Museen Preussischer Kulturbesitz, Museums Journal* 5 (1): 56-57.

Lings M (1976) *The Quranic art of calligraphy and illumination*. London: World of Islam Festival Trust.

Lings M & Safadi Y (1976) *The Qur'an*. London: World of Islam Publishing Company for the British Library Petrosyan YA, Akimushkin OF, Khalidov AB & Rezvan EA (1995) *Pages of perfection: Islamic paintings and calligraphy from the Russian Academy of Sciences, St Petersburg*. Exhibition catalogue. Essays by ML Swietochowski & S Carboni. Lugano: ARCH Foundation/Electa.

Pickering B, Pickering WR & Yohe RS (1994) *Moroccan carpets*. London/Chevy Chase: Hali Publications/Near Eastern Art Research Center.

Porter V & Barakat HN (2004) *Mightier than the sword: Arabic script: Beauty and meaning*. Contributions by C Bresc. Kuala Lumpur: The Islamic Arts Museum Malaysia.

Quaritch Catalogue (1995) *The Qur'an and calligraphy: A selection of fine manuscript material*. Bernard Quaritch Catalogue 1213. London: Bernard Quaritch.

Safadi YH (1978) *Islamic calligraphy*. Boulder, CO: Shambala.

Safwat NF (2000) *Golden pages: Qur'ans and other manuscripts from the collection of Ghassan I Shaker*. Oxford: Oxford University Press for Azimuth Editions.

Sauvaget J (1949) Les épitaphes royales de Gao. *Al-Andalus* 14: 123–141.

Turner J (Ed.) (1996) *The dictionary of art*. London: Macmillan Publishers.

Valls i Subirà O (1978) *The history of paper in Spain (X–XIV centuries)*. Madrid: Empresa Nacional de Celulosas SA.

Walz T (1988) The paper trade of Egypt and the Sudan in the eighteenth and nineteenth centuries. In MW Daly (Ed.) *Modernization in the Sudan*. New York: Lilian Berber Press.

Werner L (2003) Mauritania's manuscripts. *Saudi Aramco World* 54 (6): 2–16.

◈ 第一部分 通布图地区概论

桑科尔清真寺，16世纪—18世纪通布图地区高等教育的中心。

第六章 通布图与瓦拉塔
——世系家族与高等教育

蒂莫西·克利夫兰

(Timothy Cleaveland)

　　1961年11月25日克瓦米·恩克鲁玛（Kwame Nkrumah）在加纳大学开学典礼上发表了关于非洲教育历史的演讲，特别提到西非的伊斯兰学术中心——通布图和瓦拉塔。恩克鲁玛赞扬了瓦拉塔和通布图在中世纪非洲教育中的贡献，尤其是通布图的"桑科尔大学"（University of Sankore），"如果桑科尔大学没有被摧毁，如果桑科尔大学1591年在外来入侵者的蹂躏下存活下来，那今天非洲的学术和文化史可能将会是另一番景象"。[1] 恩克鲁玛指的是与桑科尔清真寺相关的学者，以及这些学者在马格里布（摩洛哥）占领通布图期间的困境。1591年桑海帝国遭受入侵后，马格里布就占领了通布图。在演讲中，恩克鲁玛似乎用"非洲人"这个词指代了"撒哈拉以南非洲人"，因为他没有将10世纪在埃及建立的爱资哈尔学院（al-Azhar）当做是非洲教育史的一部分，同时也因为他称摩洛哥远征军为"外国侵略者"，虽然摩洛哥人至少在洲际意义上说是非洲人。几年后，尼日利亚学者J. F. 阿德·阿贾伊（Ade Ajayi）在为萨缪尔·阿贾伊·克罗塞（Samuel Ajayi Crowther）（第一位黑人圣公教主教）的传记撰写的序言中反驳了恩格鲁玛。他写道，1827年克罗塞是"第一位在

---

[1] Nkrumah（1967：7-88）.

◈ 第一部分 通布图地区概论

弗里敦弗拉湾学院（Fourah Bay College）注册的黑人学生，这所学院现在是非洲历史最悠久的高等院校"。①

在本章中，我将论证阿贾伊和恩克鲁玛都不完全正确。弗拉湾学院并非是西非最古老的高等院校。然而，当恩克鲁玛说桑科尔清真寺以及通布图和瓦拉塔等城镇的某些机构是非洲的，而爱资哈尔学院不是，他也是有失偏颇的。西非的这些机构并不契合拉丁语"universitas"的原本内涵，这个词的原本涵义是"社团"。到16世纪的时候，通布图和不少西非城镇中的学者确实达到了非常高的伊斯兰学术水准，此后他们开始撰写自己的学术文献，但是这些学者并非从大学里面获取他们的技艺，至少不是像现代模式那样，也不是像中世纪欧洲模式那样。事实上，他们是从非正式的机构中获取了知识，这种机构从很多方面来看极具西非特色，同时也是多种族多民族的机构。因此，包括恩克鲁玛和亨利·路易斯·盖茨（Henry Louis Gates）在内的很多人表达了他们对这种学术传统的赞赏，归功于通布图的这样一所"桑科尔大学"也就顺理成章了。毕竟，恩克鲁玛是想提醒欧洲和受欧洲影响的听众，并且吸引国际学生来到加纳新式的现代大学。除此之外，英语中也没有合适的字眼能够描述西非穆斯林学术界的这些非正规机构。问题是，"大学"这个词虽然说出了地位和成就，它也使人们很难理解诸如通布图这样的城镇中极具特色和值得称道的穆斯林学术传统。

距离恩克鲁玛的演讲已经过去了40年，像加纳大学这样的机构已经大量发掘了非洲的过去，使人们抛弃了殖民主义版本的非洲历史。是时候改变一下那种讨人喜欢但具有误导性的夸张说法了。这种说法误导了我们对于中世纪后期和现代早期西非穆斯林教育的认知。

多数的欧洲中世纪大学类似于早期的修道院学校，因为它们是天主教会建立和控制的，有时候也被称为"教会学校"。创立于

---

① Ajayi（1967：290）.

第六章 通布图与瓦拉塔

1088 年的博洛尼亚（Bologna）大学是一个例外，因为它基本上是世俗的学校。然而，即使是教会学校的课程也一般是世俗的，专攻法律和医学。这些欧洲早期大学之所以被称为"universitas"，是因为开始的时候是一小群学生和老师组成的团体。当教会和一些国家承认了这些社团之后，他们管控这些社团的同时也赋予了它们一些特权。教会赋予了它们之前被禁止的教课的特权，而国家则在财务和军队服役上给予了这些老师和学生们豁免。[①] 与此相反，中世纪和现代早期的西非高等教育一直都带有鲜明的宗教特征，尽管那些宗教学者和老师从未受制于更高的伊斯兰当局。与天主教教会地位相当的伊斯兰机构并未出现过。像通布图和瓦拉塔这样的小城镇中的学生和老师也从未组织过像欧洲那样的社团。桑海帝国当政者，包括执政者和地方官员确实给过王国内的通布图或其他地方的重要学者礼物和特权，但是这种赠予更多是给个人或家庭的，而不是给一个由学生和老师组成的社团。在历史上，很多像瓦拉塔这样的城镇大多数时候并不属于哪个国家，只是满心戒备地守护着自己的自主权。

我认为，尽管中世纪晚期的西非高等教育并未出现社团的形式，但在这一地区的学术生产和再生产的活动中仍然存在社团的特征。我认为我们应当抵制住将通布图和瓦拉塔的学术机构定性为"黑人的"机构的倾向，因为它们很明显具有多种族多民族的特征。尽管它们学术活力的很大一部分都是来自南部地区的学者贡献的。西非的高等教育机构不是清真寺，而是扩大了的家庭或者家族。伊利亚斯·萨阿德在其杰作《通布图社会史》中描述了这些家族是如何在几个世纪的时间内维护了自己的学术声望，他称之为有教养的家庭。萨阿德对这些家族或家族联盟长久的毅力感到惊异是正常的，因为这些家族在很多方面具有旺盛活力，他们寿命长，存续时间久。通布图历史上最有

[①] 相关的例子参见网页 http：//www.csupomona.edu/~plin/ls201/medieval_curriculum.html 以及 http：//www.answers.com/topic/medieval-university。

名的两个家族——阿吉特（Aqit）家族和巴鲁·卡迪·哈吉（Banu al-Qadi al-Hajj）家族——很明显具有瓦拉塔渊源。这些家族的成员在大约300年的时间内在通布图和瓦拉塔之间移居了许多次。到18世纪的时候，回到瓦拉塔的那些家族成员似乎消失不见了。我认为他们的消失主要是因为他们融入了一个与当地家族结合的政治联盟。除这些家族外，其中最有名的还有巴巴·马思尔·毕鲁家族和阿里·斯拉家族——这两个明显是索宁克人（Soninké）和曼丁哥人家族的名字。这些家族和其他家族一起联合成一个被称为"勒姆哈吉布"（Lemhajib）的集团，经历了集团内几代人的相互联姻之后，他们实际上成为一个扩大了的巨型家族。

瓦拉塔与通布图

几乎可以肯定的是，通布图和瓦拉塔小镇都是从小型的黑人定居点发展起来的。通布图是由桑海人或者索尔科人定居点发展来的，而瓦拉塔则是由曼丁哥人定居点发展起来的。但是，到十三四世纪的时候，这两个城镇都已经变成了多种族多民族的商贸和伊斯兰学术中心。

这两个城镇里的早期学者大多是有撒哈拉以南非洲渊源的，尽管在证明这一点上，关于通布图的证据比瓦拉塔的要强有力得多。这主要是因为，尽管通布图并没有瓦拉塔那么古老，但比瓦拉塔更早地发展出了活跃的文化生产。随着时间的推移，两个城镇里面表示自己具有西非民族身份的学术家庭越来越少，即便是少数这样宣称的家庭，也同时表示他们的父系是阿拉伯人，也就是比当人（白人）。到1800年，瓦拉塔已经没有学术家庭声称自己具有非阿拉伯人身份了。唯一自认为是苏丹人（黑人）的只是那些处于边缘的人群，这些人被"精英"阿拉伯人界定为奴隶或者是具有奴隶血统的人。通布图的情况与此类似，但没有这么赤裸裸。

在过去的千年里，瓦拉塔连续被三个文化集团统治过。相应地，

第六章 通布图与瓦拉塔

其名称也依次为"毕鲁"(Biru)、"伊瓦拉坦"(Iwalatan)和瓦拉塔,每个名字都标志着一个时期内特定的文化对这座城镇的统治。这座城镇早期以其曼丁哥语名称"毕鲁"为人所知,处于加纳帝国的边缘地区;接着先后被马里帝国和桑海帝国纳入版图,这时期它以柏柏尔语(Berber)被命名为"伊瓦拉坦";在16世纪末的桑海帝国晚期,这座城镇易名为"瓦拉塔",是"伊瓦拉坦"的阿拉伯化。"毕鲁"(Biru)一词是曼丁哥语"bire"的复数形式,意思是"树木撑起的屋顶",这里指的是集市。① 与此相类似,马林凯语"wala"意思是"阴凉的地方",而"伊瓦拉坦"(Iwalatan)是这个词的柏柏尔语形式,"瓦拉塔"(Walata)则是这个词的阿拉伯语形式。② 此证据和其他证据一起表明,最初定居在这个后来称之为"瓦拉塔"城镇的是曼丁哥族的农民。③

瓦拉塔建立在一座悬崖的斜坡上,城镇离悬崖下面的谷底60—80英尺。城镇最初在斜坡最高处接近边缘的地方。后来,城区逐渐向斜坡下方发展。④ 新的房屋和房屋组合嫁接在这座城镇之上,保护着这座城的外墙,以便防御。今天这座城在日常生活中也被区分为上城和下城。例如,来自瓦拉塔上城区的一位女性会称她来自下城区的朋友是"tahtaniyya"。⑤ 瓦拉塔上下城区各个地方的名字也反映了这座城

---

① Bathily(1975:16)。另参见 Hunwick(1985:15)和 Meunié(1961:72)。

② 特里明汉姆(Trimingham,1975:58)和巴斯利(Bathily,1975:16)。巴斯利提出假设认为"Biru"这个名字"表明了彼地定居的暂时特色"。即使这点是真实的,也并不必然意味着这些定居点在马苏发(Masufa)部落到来之时仍然带有这种"暂时性的"特色。16世纪末的时候,桑海曼丁哥名字似乎比阿拉伯化的柏柏尔名字更为常用。另参见 al-Sa'di(1964)。他的著作中包含着17处使用"毕鲁"这个名字的地方,而只有7处混合使用了"瓦拉塔"和"伊瓦拉坦"。

③ Trimingham(1975:58)和 Bathily(1931:151-160)。卢卡斯收集了关于摩尔人来到阿德拉尔地区的口述传说。他在1931年采访的摩尔人中的多数都认为他们的祖先在迁移到阿德拉尔和塔干特(Tagant)时遭遇并征服了操着阿扎伊尔语(Azayr)的萨拉克林人(Sarakolé)。比丹人(Bidan)大多认为萨拉克林人是他们称为苏瓦尼克(Suwanik)人的祖先。莫达上校(Colonel Modat)1919年采访的一些比丹人提出一群叫巴福尔(Bafur)的人在原始的曼丁哥人之前或者与其同时定居在阿德拉尔地区(Modat,1919:378)。

④ 对内赫·乌勒德·阿卜杜·拉赫曼的采访。研究注释参见91页。

⑤ 一些手艺与哈拉廷人有关,如篮筐和垫子的制作,而比丹女性更多从事缝纫和制陶业。

113

◈◈ 第一部分 通布图地区概论

的文化史。上城区的很多地名仍然沿用了一种非阿拉伯语，我的当地朋友称之为"阿扎伊尔"语言，例如城里有些地方叫吉迪努（Gidinu）、卡拉沃累（Karavolé）、卡姆让卡米（Kamrankani）、古姆布新亚（Gumbusinya）和德纳伊达（Dnayda）。而下城区更多是阿拉伯语地名，例如拉赫巴·拉赫比布（Lahbib），卢科玛伊德（Luqmayd）、拉赫巴·伊勒比尔·布亚（Rahba Il-bir Buya）、拉赫巴·里布勒（Rahba Libel）和拉赫巴·勒姆里德（Rahba Lemlid）。① 瓦拉塔是一座由狭窄街道和逼仄封闭空间组成的迷宫，从这方面而言，它高度城市化（和通布图类似）。

通布图在 13 世纪或 14 世纪的时候发展很快，并最终取代瓦拉塔成为南部撒哈拉沙漠地区首要的商贸重镇，从瓦拉塔吸引了不少商贩和学者。② 尽管贸易上发生了这样的转变，但瓦拉塔生存了下来，甚至成为从通布图逃难而来的学者家庭的避难所。这些被迫逃难的学者家庭或者是 1465 年反对桑海帝国的扩张，或者是 1591 年反对马格里布远征军的入侵。尽管很多逃离通布图的家族带着柏柏尔语或者曼丁哥语名字，其中也有一些人可能是桑海人，或者至少受桑海文化影响。16 世纪的时候，身处地中海地区的利奥·阿非利加努斯声称瓦拉塔人也说桑海语。③ 这两个时期来到瓦拉塔的难民暂时重振了这座小城，而 1591 年的那批难民很可能帮助瓦拉塔开始了文学生产活动。由柏柏尔语和曼丁哥语糅合而成的阿扎伊尔语到 16 世纪末的时候已经成为一种重要的语言，尽管这一时期仍有人从通布图移居瓦拉塔，同时南边沙漠地区说阿拉伯语的人日渐增加，但是游牧的阿拉伯人和从北边沙漠绿洲里端坐案前的阿拉伯人的迁入逐渐改变了瓦拉塔的曼丁哥/柏柏尔文化。④ 到 17 世纪早期当地占主导地位的哈桑尼集团

---

① 对几位勒姆哈吉布的访谈。相关研究注释参见第 128、131 页。
② Ibn Khaldn（1981：399）。伊本·赫勒敦认为阿拉伯人，这里显然是哈桑人，"骚扰着来往图瓦特和瓦拉塔之间的驼队［原文如此］"。另参见 Levtzion（1994：159）。
③ Africanus（1956：463-464）。
④ 19 世纪中期的时候，尽管并未到访瓦拉塔地区，海因里希·巴斯（Heinrich Barth）认为瓦拉塔地区说阿扎伊尔语。参见 Barth（1965：696）。

第六章 通布图与瓦拉塔

(Hassani)的个人和家族开始在瓦拉塔端坐案前做起研究。到17世纪中期通布图的历史学家开始称这座小城为"瓦拉塔",也就是阿拉伯语的"伊瓦拉坦"。然而,就这三个名字而已,"毕鲁"仍然是最为广泛使用的名字。①

作为台克鲁尔王国(Takrur)的商贸中心,瓦拉塔是相对比较重要的。但是这种重要性在14世纪或15世纪的时候随着通布图的崛起而逐渐黯然失色了。1655年,通布图的萨蒂写到了桑海帝国背景下的瓦拉塔。他描述了毕鲁的衰落和通布图的崛起,并且对两者的文化遗产给出了比较有力的说法。他声称通布图和瓦拉塔几乎都是从西非获取它们文化养分的。这个说法和巴克利(al-Bakri)对奥达戈斯特(Awdaghust)的描述很相近。萨蒂写道:

> [这一地区的]商贸中心曾经是毕鲁。那里来自各个地方的商队、伟大学者以及虔诚的信徒熙熙攘攘。来自各个国家各个种族的富人在这里定居,他们来自埃及,奥耶拉·费赞(Aujela Fezzan),加达尼斯(Ghadanies),图瓦特(Tuwat),德拉(Dra'),塔菲拉勒特(Tafilalt),菲斯(Fez),苏斯(Sus),毕图(Bitu)和其他地方。他们都是三三两两来到这里的,直到在通布图集中起来。除此之外,所有桑巴贾部落都聚集在了一起[搬到通布图的那些人]。通布图的繁荣是毕鲁的灾难。它[通布图]的文明无一例外都来自马格里布,不论是宗教还是商贸。开始的时候,[土著]居民房屋是由树枝和稻草围起来的,后来被泥土建成的小房屋取代了。②

尽管萨蒂认为毕鲁/瓦拉塔最杰出的那群人源自北非,而通布图文明源自马格里布,但是其他的资料,甚至萨蒂自己的作品就已经表

---

① Al-Sa'di(1964)。比较"毕鲁"(Biru)和"瓦拉塔"(Walata)这两个词的目录词条。
② Al-Sa'di(1964:21;tran. 36-37)。

115

◈ 第一部分 通布图地区概论

明这种说法有点夸大其词了。① 在毕鲁移民所有的来源地中，萨蒂只提到一个撒哈拉沙漠南部的地区即毕图。在这段中，他也没有提到毕鲁学者中来自本地和撒哈拉沙漠南方的那些人。对毕鲁和通布图的这种特征描述与他自己对桑海帝国的详细记载相冲突。伊斯兰教确实是从北非传到了毕鲁和通布图，并且就西非伊斯兰教法中占主导地位的马利基教法而言，其早期也大部分是在北非地区发展出来的。但萨蒂和很多其他西非学者一起记录了西非的学术发展，其中就包括很多撒哈拉以南的学者。穆罕默德·卡巴里（Muhammad al-Kabari）就是通布图最早的学者之一。他来自尼日尔河洪泛平原的小城迪亚。此外，这一地区的贸易城镇也养活了几个有着很高学术声望的庞大家族，其中就包括吉达杜家族（Gidadu）、古尔杜家族（Gurdu）和巴哈尤侯家族（Baghayogho）。②

　　萨蒂同时认为居民和商贸从毕鲁转移到通布图正正经经是从伊斯兰历 9 世纪末的大逃亡开始（大约公元 1490 年），到 10 世纪中期（大约公元 1540 年）差不多完成了。③④ 16 世纪早期，利奥·阿非利加努斯的描述印证了萨蒂的说法：

> 当利比亚人主导了［瓦拉塔］这一地区，他们在这里设置了皇家政府机构，结果很多巴巴尼科（Barbaric）商人习惯来到这里。但是在强人松尼·阿里（Sonni'Ali）执政期间，商人们逐渐放弃了古阿拉塔（Gualata）［瓦拉塔］，转而去了通姆布拖（Tombutto）［通布图］和加戈（Gago）［加奥］，因此古阿拉塔

---

① 通布图的现代史学家埃利亚斯·萨阿德（Saad，1983：32-33）认为萨蒂这段话中的"马格里布"（Maghrib）并非指西北非，而指的是通布图西部的地区，也就是毕鲁、昆比（Kumbi）和蒂什特（Tishit）。但萨蒂本人的陈述并没有支持这一解读。毕竟萨蒂关于通布图的陈述紧接着他的主张，即毕鲁/瓦拉塔最知名的居民最开始是来自北非。根据《蒂什特纪事》这本书，蒂什特这座小镇始建于 1153 年。参见蒙特尔（Monteil）（1939：284）。

② Wilks（1982）.

③ Saad（1983：7, 243-246）.

④ Saad（1983：22）.

第六章 通布图与瓦拉塔

的城主就变得很贫穷和无力。这个国家的人说一种叫桑盖（Songai）的语言。这里的人极度贫穷和低贱，但是他们对人很友好，尤其是对外国人。管理这座小城的城主向通姆布拖国王缴纳贡赋，因为国王曾经兵临这片土地（瓦拉塔）。[那时]古阿拉塔城主逃到了沙漠中，因为他的亲属住在那边。通姆布拖国王意识到他无法长久地占据这片土地，因为城主在他沙漠亲戚的帮助下给国王带来了不少麻烦。因此，国王和城主达成协议，约定城主向国王缴纳固定数量的贡赋。于是城主回到了古阿拉塔，而国王也回到了通姆布拖。①

  毫无疑问，15 世纪时通布图的兴起和毕鲁的衰落有很多原因。尽管利奥·阿非利加努斯和萨蒂的说法能够相互印证，但是似乎他们夸大了商贸和居民向通布图的迁徙以及毕鲁的"毁灭"。确实有很多知名家族在这一时期迁徙到了通布图，但毕鲁仍然矗立着。实际上，因为通布图如此依赖贸易，它在不断吸引移民的同时也在发生人口流散，正如有些家族的男性会离开家庭去扩展他们的商业网络。很可能这种经济活力和地区政治不稳定一起导致过去 800 年间多次衰退和增长。通布图的学术家庭是十四五世纪从这一地区的各个地方来到这里的。在 15 世纪搬到通布图的众多毕鲁家庭中就包括一位叫哈吉（al-Hajj）的法官。他是 1430 年和他的兄弟一起从毕鲁来到通布图的。哈吉的后代中出现了几位通布图知名的法官和学者。②

  移民也并不只是从毕鲁迁往通布图。在至少两种情形中，学者也从通布图逃往毕鲁（或者瓦拉塔）。第一个是松尼·阿里掌权通布图后不久的 1468 年，当时阿里与几个集团产生了冲突，其中就包括学者集团。根据萨蒂的记载，两个学术家族的知名学者在这段时期从通布图逃到了毕鲁。他们是穆罕默德·阿吉特家族和安达戈·穆罕默德

---

① 阿非利加努斯（1956：463-464）。
② Africanus（1956：27-28）。

117

第一部分 通布图地区概论

(Andag Muhammad)家族,这两个家族通过联姻有了联系。学者奥马尔·布·穆罕默德和他的三个儿子一起离开了,他三个儿子后来都成为了学者。这一波逃离潮之后的两年,另外一群学术家族也离开了通布图去往毕鲁,但是这些人在到达毕鲁之前就被松尼·阿里的军队追到并杀害了。①

第二次出现在 1591 年马格里布远征军侵略桑海帝国时期,这批在马格里布侵略发生之后来到毕鲁的学者尤为重要。成书于 19 世纪的传记字典和编年史中都记录了他们。大部分从通布图迁到毕鲁的学术家族不认为自己是桑海人,但是毫无疑问他们将自己受到的桑海文化的影响带到了新地方。这些留下姓名的移民家族是柏柏尔人和曼丁哥人,这点可以从他们的姓名上看出来。其中有名的学者包括阿里·斯拉('Ali Sila),他的祖先是在 15 世纪从毕鲁迁移到了通布图。阿里·斯拉成为了知名法官,同时也是当地首领以及"勒姆哈吉布"集团成员奥马尔·瓦尼·马赫伊乌布('Umar al-Wali al-Mahjub, one of the Lemhajib)的亲密伙伴。证据表明,斯拉家族以及和他们有联姻关系的米西尔(Misir)家族都是索宁克人。②

1468 年和 1591 年通布图学者迁入的浪潮以及通布图政治问题引起的瓦拉塔商贸的改善,都有力地推动毕鲁(瓦拉塔)进入全面文化生产时期,并加速了毕鲁向瓦拉塔的转变。已知最早的瓦拉塔地区生产的文件可以追溯到 17 世纪的前二十多年。现存最早的瓦拉塔生产的文件的作者是安达·阿卜杜拉(Anda 'Abd Allah)(卒于 1628 年)。安达·阿卜杜拉是阿卜杜拉·马赫伊乌布('Abd Allah al-Mahjub)的侄子。"勒姆哈吉布"集团便是以马赫伊乌布的名字命名的。此外,关于瓦拉塔历史的两部知名的编年史都是以摩洛哥的入侵

---

① Saad(1964:65-67;trans. 105-108)。
② Saad(1983:130,278)。这对勒姆哈吉布的历史尤为重要,因为他们在 19 世纪控制了瓦拉塔。杰出的马赫伊乌比学者通过巴巴·米西尔·毕鲁的女儿的婚姻将其与马赫伊乌比的创始人联系起来了。这个家族的名字"阿里·斯拉"('Ali Sila)的发音也可以是"斯里"(Sili)。

为叙事起点。事实上，艾罕默德·巴巴（Ahmad Baba）的传记辞典 *Nayl al-ibtihaj* 是 1596 年完成的，上面并未记载任何一位可被认为是来自瓦拉塔的学者。艾罕默德·巴巴在研究这些学者的时候，并未将任何一位学者的渊源（nisba）归为瓦拉塔，尽管他将一位学者确定为"提扎克赫蒂"渊源。也没有一位学者被确定为具有毕鲁渊源，或者是来自毕鲁/瓦拉塔某个家族。①

穆罕默德·廷巴克蒂·达伊萨菲与勒姆哈吉布

关于"勒姆哈吉布"集团的起源最为重要的依据是可能创作于 1800 年左右的一首神秘诗歌。根据达伊萨菲（al-Daysafi）的诗歌，勒姆哈吉布是由至少三个家族或者三个父系组成。而世袭的法官（qadi）和伊玛目（imam）职位就在这三个家族中产生。首先是巴尼（或巴努）·法基·奥斯曼（Bani al-Faqih 'Uthman）家族；第二个只能确定是法官阿里·本·阿卜杜拉（'Ali b. 'Abd Allah）所属的家族；第三个是产生伊玛目的家族，但对于这个家族的信息我们一无所知。但是，诗歌的前言并非达伊萨菲所写，可能是更晚一点添加的。这篇前言补充了诗歌的内容。前言的翻译如下，它认为推选伊玛目的那个家族具有安达戈·穆罕默德·卡比尔的血统。卡比尔是 16 世纪晚期从通布图迁移过来的一位知名难民。同时，前言还在法官阿里·本·阿卜杜拉的家族世系前冠上了穆罕默德。别的版本的前言这里没有进行翻译，但将阿里·本·阿卜杜拉家族写成"阿乌拉德·恩达·阿里"（Awlad Nda 'Ali），这个名字见诸关于勒姆哈吉布渊源的其他记录中。②

---

① Baba（1989：587）。
② 我们可以在巴蒂·乌尔德·巴巴图书馆（Library of Bati Wuld Baba）更为新近的一份达伊萨菲的诗歌抄本中看到这一前言，参见克拉尔（Corral）（2000：225 – 226）一书中这一前言从阿拉伯语翻译而成的西班牙语版本。

第一部分 通布图地区概论

奉至仁至慈的安拉之名，众世界的真主。愿高贵的先知以及他的家庭和伙伴得到安宁。极尽赞扬之辞，穆罕默德·本·穆斯林·达伊萨菲讨论了巴尼·法基·奥斯曼·本·穆罕默德·加伊兹·本·穆罕默德·法特赫·本·叶海亚·卡米勒（Bani [the families of] al-Faqih 'Uthman b. Muhammad al-Ghayth b. Muhammad al-Fath b. Yahya al-Kamil），法官穆罕穆德·本·阿里·本·阿卜杜拉（Muhammad b. 'Ali b. 'Abd Allah）家族以及来自通布图伊玛目世家的安达戈·穆罕默德·卡比尔·马赫伊乌比·伊玛目（Andag Muhammad al-Kabir the Mahjubi imam）。愿安拉通过他们和他们的子孙保佑我们。阿敏。

如果你在乡间漫步，
觊觎有名望的正直之士［人］的住所，
去法基［学者］·奥斯曼，那个重生者和他儿子那里，
他们是费赫尔（Fihr）最杰出和高尚的祖先。①
他们是最优秀的祖先［因为他们的］习惯，
以及最文明世界的悠远和优良的渊源。
穆罕默德·加伊兹是时代栋梁之子，
穆罕默德·法特赫是事务的领袖，
穆罕默德·加伊兹的慷慨犹如艰难时期的甘霖。
他高贵的父亲法特赫·穆罕默德，
战胜过所有时代的艰难。
他是全善的叶海亚·卡米勒之子。
他是哈里发和学者后裔之子。
古莱什族向他的后裔，私下或者公开，
保持着敬意，甘心相声［于先知穆罕默德］。
舒阿伊布·本·伊德里斯·穆萨·本·贾法尔配得上称为是

---

① 古莱什人的祖先是与先知的部落或者部落联盟祖先齐名的一群人。

第六章 通布图与瓦拉塔

纳迪尔最优秀的儿子。

侯赛因,是[先知]穆斯塔法的外孙和[阿里的]侄子。

多么杰出的坠落的[殉道士],崇高的荣耀和境界。

叶海亚,安拉通过他从宗教上复活了他的城镇。

当深陷马兹达教和不信者中,

这里的人民忠诚于安拉和他的宗教,

正如所有处在城墙绕起的小镇的人们一样。

对人们而言,他是一座无懈可击的堡垒和避难所。

对人们而言,他像是星辰、太阳和满月。

不要忘记这座城墙围起的小镇的法官,他是小城法官们的祖先,

阿里·本·阿卜杜拉。多么杰出与受尊敬的兄弟,

他是高贵的,来自一群高贵而又杰出的人群,

是安拉之友的同伴,我们的领主赫迪尔。

他是穆罕默德·哈乌拉之子的后裔,

他因自己的亲切和温和而闻名,

他是先知侄子的后裔,而他的遗嘱执行人阿里,

是两位孙子的祖先,知识和融汇的所有者。

他们的领袖,以德性引导这群人,正如他以纯粹的出身引导他们一般。

伊玛目从这些纯粹的伊玛目中推选,被挑选出来的伊玛目十分[?]他[?]。①

实际上,天选者[先知]是他们祖先最为公正的法官,

阿拉伯人中的第一个。

萨义德,[阿斯]后裔之子,他是这群人中的最优秀者,

---

① 这一行诗的[英文]翻译很值得商榷。

❖ 第一部分　通布图地区概论

愿安拉降于他永恒的平静。①

强者出自他们所有人中，正如他们是力量和胜利的源泉。
他们成为一个部落［恰比拉］，互相通婚，
因此他们都植根于菲赫尔的荣耀中。②
他们无与伦比地伟大，不论是
善良、品格和荣耀。
实际上，他们也是阿德南人［依然］存世的精华，
是拥有善良品质之人的近亲。
他们中出现了登坛授课之人，
他们中出现了政府中谨慎的法官。
他们中出现了公正的法官，
他们中出现了科学、诗文和散文的领袖。
他们教人们领导力和虔诚，和前路艰辛。
他们共同称之为"勒姆哈吉布"，像一个团体，
学者是隐秘的，学识是卓越的。③
充满能量和洁白的人，拥有光彩，胜利，
是所有值得提及的正义之士的继承者。④
即便我打定主意历数他们的品德，
我也无法一一列举。
高贵的安拉问候他们，从他们，予他们，
所有时代他们最好的部分。
给予穆斯塔尔［天选者］一个适当的问候，
来自他的家庭，他高尚的同伴，以及充满感激的人。

---

① 这里指的是埃及的征服者阿姆鲁·本·阿斯（Amr b. al-'As）。
② 菲赫尔（Fihr）被认为是古莱什人，先知穆罕默德部落以及奥卡巴·伊本·纳菲（'Uqba ibn Nafi）的祖先。
③ 这里玩了一个文字游戏（阿里姆·马赫伊乌布是伊勒姆·巴德尔的［隐秘的智者］）（al-'alim al-Mahjub [the hidden knower] of 'ilm al-badr）。
④ 这里使用的"洁白"（white）一词很可能是为了象征纯粹和圣洁。

第六章 通布图与瓦拉塔

这首诗最为重要的就是它将勒姆哈吉布"部落"或联盟的方式概念化，即将其视为由三个宗族或者三组家族融合而成的。在讨论这首诗的概念方面，有一些更为现实的细节需要讨论。巴塔伊里（al-Bartayli）所著的传记辞典和瓦拉塔编年史资料中关于勒姆哈吉布的信息可以为达伊萨菲的这首诗和序言中描述的这三个家族的身份提供一些有力线索。确认法基·奥斯曼和阿里·本·阿卜杜拉的身份对分析达伊萨菲的诗歌很重要，因为这些家族和世系源自他们，而巴尼·法基·奥斯曼和阿乌拉德·恩达·阿里很显然早于勒姆哈吉布集团的形成。对安达戈·穆罕默德·卡比尔身份的确认同样重要，但稍微容易一些。在达伊萨菲的序言中卡比尔被认为是垄断伊玛目这个职位的家族祖先，尽管这一点并未在诗歌中提及。安达戈·穆罕默德·卡比尔（年长者）在10世纪的时候是通布图的法官，其后裔为逃避松尼·阿里的压迫而于1468年来到瓦拉塔避难。很有可能，1591年摩洛哥远征军占领通布图时，他的子孙后代也曾出去避难。诗中描绘的法基·奥斯曼似乎是组成勒姆哈吉布集团的那几个家族的远祖，但是这一点我们无法从诗中或者任何20世纪以前的证据中得到明确答案。法基·奥斯曼是叶海亚·卡米勒的孙子，卡米勒是马赫伊乌比传记 *Fath al-shakur* 中所列最早的祖先。但是，因为家族通常以稍近的祖先命名家族中的孩子，因此，勒姆哈吉布中也有一些人是以这种方式获名"法基·奥斯曼"。[①] 但后来的证据表明达伊萨菲这首诗歌中的"法基·奥斯曼"指的是远古的祖先。这一点我在后面会提出一些证据。最后一点是，就目前的证据而言，阿里·本·阿卜杜拉的身份还无法

[①] 后来出现了一位名叫法基·奥斯曼的马赫伊乌比学者，他卒于1715年到1716年间。他是奥马尔·瓦里·本·谢赫·穆罕默德·阿卜杜拉（'Umar al-Wali b. Shaykh Muhammad 'Abd Allah）的儿子。法基·奥斯曼·本·奥马尔·瓦里是阿乌拉德·法基·奥斯曼（Awlad al-Faqih 'Uthman）家族的著名族人。巴塔伊里（al-Bartayli）在其传记中将奥斯曼介绍为西迪，但同时也称其为"法基"。奥斯曼的传记在传记辞典中是最为长篇的传记之一。巴塔伊里称赞了他的学识和威吓土匪和对瓦拉塔进行强征暴敛之人的能力。奥斯曼的父亲，奥马尔·瓦里也受到同样的称誉。时至今日，前往拜谒他坟陵的勒姆哈吉布人远比去拜谒其他祖先的人要多。参见 al-Bartayli（1981：191-195）。

◈ 第一部分 通布图地区概论

确定，因为这两个名字都比较常见，而且也没有更为原始的资料记载过一个叫"阿乌拉德·恩达·阿里"的宗族或者世系。①

依据来自瓦拉塔的几份关于勒姆哈吉布的证据仅仅能对达伊萨菲这首诗的创作年代做出大致推断。经初步考察，这首诗的创作时间应该不晚于 17 世纪中叶，因为诗中所述的控制法官和伊玛目这两个职位的家族在 1650 年左右或者稍晚一些时候就无法掌控这些职位了，他们的职位被法基·奥斯曼家族的人取代了。② 但这一年代与 Tarikh al-Takrur 和 Fath al-shakur 这两书中所载的证据并不相符。后两本书表明"阿布·阿拉·马赫伊乌布"的后代到 1650 年只有少数几个家庭延续了下来，而马赫伊乌布这一族名直到十七八世纪之交才开始代表一个具有政治重要性的团体身份。而且，诗歌中将控制法官和伊玛目职位的家族边缘化处理了，如果这些家族仍然控制着这些职位，那么作者的这一做法就有点不可思议了。诗歌中甚至没有提及掌握伊玛目职位的那个家族中的任何成员的名字。序言中虽然对此进行了一些纠正，但事实上这首诗的大部分篇章还是讲述拥有法基·奥斯曼血统的家族。所有这些都表明这首诗事实上是在巴尼·法基·奥斯曼家族掌控了法官和伊玛目职位之后创作的。这首诗歌的创作年代很重要，因为这能揭示这首诗歌的功能。如果这首诗实质上是在马赫伊乌比联盟形成之后创作的（如其所宣称的那样），那这首诗很可能是为了合理化或者巩固这一政治进程。但如果这首诗是在联盟形成的过程中创作的话，那它将是社会和政治变革途径的一部分。

---

① 尽管马赫伊乌比世系分支的西迪·艾哈迈德家族中也有一位叫阿里·本·阿卜杜拉的男性，这显然只是一个巧合。没有任何证据表明来自西迪·艾哈迈德分支中的人曾经成为法官。法官职位在阿乌拉德·恩达·阿里家族的掌控之中。后期的证据表明达伊萨菲所述的阿里·本·阿卜杜拉（'Ali b. 'Abd Allah）并不属于叶海亚·卡米勒的世系。

② 巴塔伊里（al-Bartayli）提到西迪·艾哈迈德·瓦里·马赫伊乌比（卒于 1683—1684 年）是法基·奥斯曼家族中第一个获得伊玛目职位的人。这表明达伊萨菲是在 1680 年之前写下这首诗歌的，因为他认为前言中所提的安达戈·穆罕默德（Andag Muhammad）的后裔家族掌控了伊玛目职位。（al-Bartayli 1981：41–42）。

第六章 通布图与瓦拉塔

这些强有力的证据表明达伊萨菲的这首诗创作年代不会早于 1650 年,除此之外,我们也有充分理由怀疑这首诗是在 1700 年之后创作的。来自瓦拉塔和这一地区的所有证据都表明在 1700 年之前勒姆哈吉布并未成为一个重要的团体身份。支持这一论断的最早证据来自 17 世纪这一地区的文献。艾哈迈德·巴巴完成于 1596 年的传记辞典 *Nayl al-ibtihaj* 记载了 830 位人物,但其中没有任何一位学者名字上带有马赫伊乌比族名。通布图的另外三本主要编年史中也没有提到这一族名。这三部编年史著作包括萨迪的《非洲纪事》(约 1655 年)、卡迪的《西非编年史》(约 1665 年)和作者名姓失考的 *Tadhkirat al-nisiyan*(约 1751 年)。19 世纪早期记载阿卜杜拉·马赫伊乌布后裔的文献也表明勒姆哈吉布集团在 1650 年仍然处于早期形成阶段。马赫伊乌布或其子孙的生卒年信息未见于任何文献。*Fath al-shakur* 中包含一篇他最伟大的曾孙的简短传记,其卒于 1689—1690 年。*Tarikh Bilad al-Takrur* 和 *Fath al-shakur* 提供了关于他几位四世孙的职业生涯和离世的相关信息。书中记载他的这几位四世孙卒于 1710 年至 1758 年间,大多数卒于 1725 年左右。如果每一代间隔 25—30 年时间,那么马赫伊乌布可能卒于 1600—1625 年。勒姆哈吉布集团的形成无疑始于马赫伊乌布孙子生活的时代的一个小型集团。这个小集团在一代或两代人之后,大约 1700 年左右开始发展成为一个更大更为多元的联盟。

1641 年瓦拉塔法官西迪·穆罕穆德·布·阿里·斯拉(Sidi Muhammad b. Muhammad b. 'Ali Sila)去世了,他的职位最终被来自法基·奥斯曼和马赫伊乌布家族的后裔艾哈迈德·瓦里(Ahmad al-Wali)取代。西迪·穆罕默德是最后一位来自掌控法官职位的家族集团成员。艾哈迈德·瓦里是第一个来自勒姆哈吉布集团的伊玛目和法官。艾哈迈德·瓦里 1683 年逝世之后,其职位被其堂兄阿布杜拉·本·阿布·巴克尔('Abd Allah b. Abu Bakr)所取代。在这一时期,巴尼·法基·奥斯曼家族的西迪·艾哈迈德这一分支似乎从属于控制着法官和伊玛目职位的马赫伊乌布家族的后裔。阿布·阿拉·本·阿

第一部分 通布图地区概论

布·巴克尔的时候，法官和伊玛目职位分别安排给了两个人，这两人都是马赫伊乌布的后裔。但是当这第三位伊玛目1715年逝世之后，伊玛目职位第一次传给了西迪·艾哈迈德这一支的后裔，并且在随后的150年时间内一直掌握在这一支家族中。法官的职位一直处于马赫伊乌布的后裔控制之下。这样，巴尼·法基·奥斯曼家族的两支基本上平等地分享了权力，但是这种权力分享的协议形成机制之前，西迪·艾哈迈德分支并未被同化到更广泛意义上的马赫伊乌布身份中。[1] 当来自西迪·艾哈迈德支系的第一个伊玛目1732年逝世后，他的职位被父系的堂兄所取代。到这一时期，巴尼·法基·奥斯曼两支支系之间的这种安排逐渐稳固了。[2]

塔利布·布巴卡尔关于马赫伊乌比身份的最后陈述

塔利布·布巴卡尔（Talib Bubakar）于1915年左右完成了 *Minah* 一书，书中包含了他对瓦拉塔及其历史的最后陈述。塔利布·布巴卡尔在此书中用一章的篇幅讨论勒姆哈吉布及其渊源。尽管他并没有对叶海亚·卡米·勒到达毕鲁/瓦拉塔及这座城镇的早期历史给出很多信息。在这一章节中，他提到达伊萨菲的这首诗，但并不赞同诗中的主要信息，即勒姆哈吉布实际上是由三个不同的互相联姻的父系世系组成，而其中最主要的（法基·奥斯曼）世系是先知穆罕默德女儿法蒂玛（Fatima）的后代。塔利布·布巴卡尔也没有直接声称达伊萨菲是错误的。相反，他认为勒姆哈吉布是叶海亚·卡米勒后裔世系，尽管关于他的渊源的理论存在几个版本，但塔利布·布巴卡尔认为除了安拉

---

① 这一论证的证据主要来自《瓦拉塔纪年Ⅰ》和 *Fath al-shakur*，尤其是巴塔伊里所写传记中的第23、55、160和163条。关于阿卜杜拉·马赫伊乌布的曾孙，塔利布·布巴卡尔·本·阿里·本·谢赫·本·马赫伊乌布，参见巴塔伊里（al-Bartayli, 1981：bio. 55）。

② 参见《瓦拉塔纪年Ⅰ》中关于伊玛目艾哈迈德·本·布巴卡尔（卒于1732年）和伊玛目西迪·奥斯曼·本·阿卜杜拉（卒于1744年）的讣告。

第六章 通布图与瓦拉塔

没有人能知道答案。塔利布·布巴卡尔解释到,这主要是因为叶海亚·卡米勒成功地隐藏了他的起源,似乎甚至瞒过了他自己的家族。[1]然而,尽管塔利布·布巴卡尔指出了这一观点而并未为此背书。他有力地支持了这一观点,虽然没有严格意义上表示这一点,尽管他提到了昆塔人关于奥卡巴·伊本·纳菲('Uqba ibn Nafi')的故事。塔利布·布巴卡尔确实给出了嫁给叶海亚·卡米勒儿子穆罕默德的那位女性的一些起源信息。法基·奥斯曼世系起源自那位女性。同样,塔利布·布巴卡尔也提供了关于马赫伊乌布和西迪·艾哈迈德母亲的一些信息。这一世系的扩展事实上始于这两兄弟。塔利布·布巴卡尔写道:

> 马赫伊乌布和西迪·艾哈迈德是同胞兄弟,勒姆哈吉布集团是从他们这里开始扩展的。他们的母亲是真主的友人安达·阿里(Anda 'Ali)的后裔巴巴·米西尔·毕鲁(Baba Misir Biru)的女儿。巴巴·米西尔·毕鲁也是阿里·卡迪('Ali al-Qadi)[法官家族]的祖先。阿里·卡迪是穆罕默德·本·哈尼菲伊亚(Muhammad b. al-Hanifiyya)的后裔。穆罕默德·本·哈尼菲伊亚是我们主人阿里·伊本·阿比·塔利布('Ali ibn Abi Talib)的儿子。愿安拉保佑他。马赫伊乌布和西迪·艾哈迈德是穆罕默德·加伊兹·本·穆罕穆德·法特赫·本·阿卜杜拉·库特布·本·穆罕默德·法基·本·法基·本·法基·奥斯曼·本·穆罕默德·本·叶海亚·卡米勒(Muhammad al-Ghayth b. Muhammad al-Fath b. 'Abd Allah al-Qutb b. Muhammad al-Faqih b. al-Faqih b. al-Faqih 'Uthman b. Muhammad b. Yahya al-Kamil)的儿子。我们的祖先在5世纪的时候和他的儿子穆罕默德一起来到瓦拉塔。后来他的儿子娶了全能真主的友人安达·阿里的女儿。安达·阿里家族是法官之家,后来完全销声

---

[1] 马赫伊乌比(Al-Mahjubi),*Minah*,270—278页,手稿699,艾哈迈德·巴巴研究所,通布图。

◇◆ 第一部分　通布图地区概论

匿迹了。安达·阿里家族是穆罕默德·布·哈尼菲伊亚的后裔，而穆罕默德·布·哈尼菲伊亚则是我们的主人阿里·伊本·阿比·塔利布的儿子。愿安拉保佑他。她［安达·阿里的女儿］生下了法基，而安达·阿里是其母系的祖先。马赫伊乌布和西迪·艾哈迈德的父亲是穆罕默德·加伊兹。他们的母亲也是安达·阿里的后裔巴巴·米西尔·毕鲁的女儿。至于我们伟大的祖先叶海亚·卡米勒，他从未提及他的世系⋯我们的伟大祖先叶海亚·卡米勒是高贵者谢赫·阿布德·卡迪尔·吉拉尼（Shaykh 'Abd al-Qadir al-Jilani）同时代人。我认为他们之间存在一些联系，但是我不清楚具体是什么。①

这段话表明塔利布·布巴卡尔深知勒姆哈吉布集团与瓦拉塔当地一些古老而强大的家族之间存在的母系亲属关系。对他来说，表明勒姆哈吉布集团与巴巴·米西尔·毕鲁家族和安达·阿里家族之间存在的这种母系联系很重要，因为这两个家族都属于瓦拉塔的法官世家阿里·卡迪家族。几处信息来源表明正是从这个家族群中，勒姆哈吉布集团才掌握了法官职位，尽管这几处来源只提供了关于阿里·卡迪很少的信息。有一位名叫穆罕默德·本·穆罕默德·本·阿里·斯拉（Muhammad b. Muhammad b. 'Ali Sila）的瓦拉塔学者显然是出自这个家族群。这位学者的祖先曾居住在毕鲁/瓦拉塔，后来在15世纪迁移到了通布图，并最终在17世纪回到了瓦拉塔。阿里·斯拉的孙子穆罕默德卒于1640年，他是见诸记录的瓦拉塔最早的法官。*Fath al-shakur*一书将阿里·斯拉描述为奥马尔·瓦尼·马赫伊乌比的一位亲密伙伴，而奥马尔·瓦尼·马赫伊乌比则是阿卜杜拉·马赫伊乌布的孙子。阿里·斯拉是阿里·本·阿卜杜拉（或安达·阿里）家族的成员，达伊萨菲和塔利布·布巴卡尔都认为这个家族垄断了法官这个

---

① （Al-Mahjubi），*Minah*，275—276页，手稿699，艾哈迈德·巴巴研究所，通布图。

第六章 通布图与瓦拉塔

职位。① 似乎西迪·艾哈迈德·瓦里（卒于1683—1684年）成为出自巴尼·法基·奥斯曼这一世系的第一位伊玛目和法官。这件事发生在卡迪·穆罕默德·本·穆罕默德·本·阿里·斯拉去世之后，或者是穆罕默德的儿子阿提克（Atiq）去世之后，也就是1667年之后的某个时间。考虑到达伊萨菲和塔利布·布巴卡尔对联姻的强调，很有可能穆罕默德·本·穆罕默德·本·阿里·斯拉是西迪·艾哈迈德·瓦里的外祖父，或者是母系的舅舅。

安达·阿里世系和法基·奥斯曼世系之间的关联尤其具有历史意义，因为安达·阿里似乎是索宁克人。现代历史学家埃利亚斯·萨阿德（Elias Saad）认为巴巴·米西尔·毕鲁和阿里·斯拉都是索宁克人，或者至少出身于索宁克家族。《瓦拉塔历史Ⅰ》这本书支持了他的这一主张。这本书认为瓦拉塔学者西迪·穆罕默德·本·哈吉·斯拉（Sidi Muhammad b. al-Hajj Sila）（卒于1727—1728年）是苏丹人或者黑人。与此相类似，《苏丹史》一书中也主张桑海王朝的阿斯伊亚·穆罕默德（Askiya Muhammad）是索宁克人。② 塔利布·布巴卡尔虽然说安达·阿里是先知表亲的后裔，但这并不意味着他们在文化上是索宁克人。

安达·阿里家族和法基·奥斯曼家族的联合是何时发生的目前还不是很清楚，但很有可能安达·阿里家族在政治和社会同化发生之后的一段时间内仍然保留了其各自的身份。然而，到塔利布·布巴卡尔写作 Minah 的时候，成为马赫伊乌布集团成员的阿里·斯拉、安达·阿里、安达戈·穆罕默德和其他家族在瓦拉塔的后裔已经无法区分开了。因为他们完全被吸收或同化进勒姆哈吉布集团之中了。阿里·斯

---

① 关于穆罕默德·本·穆罕默德·本·阿里·斯拉以及他祖先的传记，参见巴塔伊里（al-Bartayli，1981：bio.114，197）。奥马尔·瓦里·马赫伊乌比也是法基·奥斯曼（卒于1715年）的父亲。法基·奥斯曼的名字源自他的祖先巴尼·法基·奥斯曼（al-Bartayli，1981：41，191）。对于这些关系的简短讨论参见萨阿德（Saad，1983：130及282页的脚注23）。

② 阿里·斯拉（或斯里）是巴巴·米西尔·毕鲁女儿的儿子，也即外孙。他的传记参见巴塔伊里（al-Bartayli，1981：197）。关于穆罕默德·本·哈吉·斯拉的族源参见《瓦拉塔纪年Ⅰ》，560页。参见萨阿德的分析（Saad，1983：110以及278页的脚注93和94）。关于阿斯伊亚·达乌德（Askiya Dawud）的斯拉或者索宁克人渊源，参见汉威克（Hunwick，1999：102，112）。

◈ 第一部分　通布图地区概论

拉世系同化入勒姆哈吉布集团尤其具有重大意义，因为巴巴·米西尔·毕鲁家族和阿里·斯拉家族是索宁克人，或者具有索宁克血统。这些家族的同化和消失为毕鲁/瓦拉塔的原始曼丁哥居民明显的消失现象提供了一种解释。他们是通过联姻被吸收进主导这座城镇的阿拉伯社会集团的。

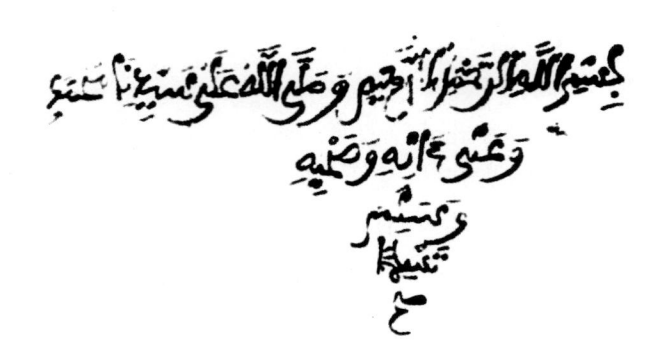

参考文献

Africanus L（Jean-Leon l'Africain）（1956）*Description de l'Afrique*. Translated by A Epaulard. Paris：Adrien Maisonneuve.

Ajayi JF（1967）The narrative of Samuel Ajaya Crowther，In P Curtin（Ed.）*Africa remembered*. Madison：University of Wisconsin Press.

Baba A（1989）*Nayl al-ibtihaj bi tatriz al-dibaj*. Tarabulus，Libya：al-Jamahiriyah al-'Arabiyah al-Libiyah al-Shabiyah alIshtirakiyah al-Uzma.

al-Bartayli TM（1981）*Fath al-Shakur*. Beirut：Dar al-Gharb.

Barth H（1965）*Travels and discoveries in North and Central Africa in the years 1849 – 1855*（Vol. 3）. London：F. Cass.

Bathily A（1975）A discussion of the traditions of Wagadu with some reference to ancient Ghana. *Bull. de l' IFAN* 28 sér. B1：16.

Corral JJ（2000）*Ciudades de las caravanas：itinerarios de arquitectura antigua en Mauritania，1978 – 1981*. Granada：Legado Andalusi.

Hunwick JO（1985）*Shari'a in Songhay：The replies of al-Maghili to the questions of Askia al-Hajj Muhammad.* Edited and translated with an introduction and commentary by JO Hunwick. London/New York: Published for the British Academy by Oxford University Press.

Hunwick J (trans.) (1999) *Tarikh al-Sudan.* In *Timbuktu and the Songhay Empire.* Leiden: EJ Brill.

Ibn Khaldun (1981) *Kitab al-'ibar.* In *Corpus of early Arabic sources for West African history.* Translated by JFP Hopkins; edited and annotated by N Levtzion & JF Hopkins. Cambridge/New York: Cambridge University Press.

Levtzion N (1994) *Islam in West Africa: Religion, society and politics to 1800.* Aldershot: Variorum.

Lucas J (1931) Considerations sur l'ethnique maure et en particulier sur une race ancienne: Les Bafours. *Journal des Africanistes* 1 (2): 152 – 194.

Meunié D (1961) *Cités anciennes de Mauritanie, provinces du Tagannt et du Hodh.* Paris: Librairie C. Klincksieck.

Modat C (1919) *Les populations primitives de l'Adrar Mauritanien.* BCEHS 4: 372 – 391.

Monteil V (1939) Chroniques de Tichit. *Bulletin de l'Institute Fondamental d'Afrique Noire* I: 284.

Nkrumah K (1967) Ghana's cultural history. *Présence Africaine* 13/14: 7 – 8.

Saad E (1983) *A social history of Timbuktu.* Cambridge/New York: Cambridge University Press.

al-Sa'di (1964) *Tarikh al-Sudan* (Texte arabe édité et traduit par O Houdas, avec la collaboration de E Benoist). Paris: AdrienMaisonneuve.

Trimingham S (1975) *A history of Islam in West Africa.* Oxford: Oxford University Press.

Wilks I (1982) Wangara, Akan and Portuguese in the fifteenth and sixteenth centuries. I. The matter of Bitu. *The Journal of African History* 23 (3): 344 – 349.

第二部分
作为史料的非洲阿拉伯语文学

通布图北部一处石碑遗迹中的碑刻。

第七章 萨赫勒的知识创新和重塑：
17世纪的通布图编年史

保罗·F. 德莫拉斯·法瑞斯

（Paulo F de Moraes Farias）

通布图编年史文体的特点

17世纪下半叶/伊斯兰历11世纪，在通布图发生了一件特别的事情：出现了一种新的文学体裁，即"编年史"（tarikh，意为"历史"）。

具有"编年史"特征的通布图作品包括阿布德·萨迪（Abd al-Sa'di）著《苏丹编年史》（*Tarikh al-Sudan*，1653年完成，1656年修订）、[①] 伊本·穆赫塔尔（Ibn al-Mukhtar）著《探索者编年史》（*Tarimh al-fattash*，1664年或之后完成），[②] 及佚名创作的《历史记录》（*Notice historique*，1657—1669年开始写作）。[③]另一部似乎属于同一类型的作品，巴巴·古尔（Baba Goro）的《苏丹一些国王的美女珍珠》（*Durar al-hisan fi akhbar ba'd muluk al-Sudan*）已经失传。它的写作时间可能也是17世纪上半叶，但早于其他著作写成。不过

---

① Al-Sa'di（1964）；也请参考 Hunwick（1999：1–270）对一部分文字的英译；以及德国探险家海因里希·巴尔特（Heinrich Barth）作，由克里西迪安·拉尔夫斯（Christian Ralfs）出版的著作（1855）中的文字片段。
② Ibn al-Mukhtar（1964）.
③ Anon. A（1964）.

第二部分 作为史料的非洲阿拉伯语文学

也有可能是在《苏丹编年史》之后写成的,所以《苏丹编年史》没有提到它(相反,《探索者编年史》中引用了《苏丹一些国王的美女珍珠》中的内容)。①

编年史体裁的作者意在为萨赫勒区域的各个地区写出统一的历史叙述——从最早的几个世纪直到当时。就目前所知的情况而言,这似乎是这个地区首次出现这种总体叙述的尝试。事实上,除了《探索者编年史》中的引言和一些片段以外——人们认为这部著作的其他部分都是19世纪的伪造②——迄今还没有证据表明,此前存在过在规模、思想和意识形态方面可以与现存的编年史相媲美的历史写作。在近年来重新发现的通布图手稿中,没有17世纪以前的此类作品。③

实际上,这些作者自己也强调了这种差异。他们确实吸取了前人的知识,在著作中纳入了口述传统主义者提供的文本,并引用了先前的通布图著作。作者之一(《苏丹编年史》的作者)还提到他们的祖先关于历史主题的口头讨论,这些祖先都是通布图的精英。然而,《苏丹编年史》和《历史记录》的作者——这两部著作的原始序言保存到了今天——说自己的作品是对分散和零碎的传统的新综合、新研究,而不是简单地延续当时存在的关于过去的一致看法。《历史记录》称,即使关于离当时最近的桑海(Songhay)帝国阿斯基亚(Askiya)王朝,已有的历史记录也是不充分的。《苏丹编年史》则呼吁关注既有记载未涉及的关于扎(Zuwa)王朝的起源问题。《探索者编年史》明确表示,当时没有任何关于中世纪加纳的卡亚马加(Kayamagha)王朝的编年史。④

这些作者的言论不应该被视为自夸;这些不是关于原创性的无理

---

① 参见 Moraes Farias(2003:Chapter 2;121,136,143)——以上数字表示这本书第一部分和第二部分中带数字的段落。原文的页码是用罗马数字标出的。

② 关于这些伪作,参见 Levtzion(1971:574,576,592-593)。

③ 关于这些再发现,参见 Haidara(1997,1999);Hofheinz(2004);以及本书中的一些章节。

④ 参见 al-Sa'di(1964:text 1-2,5,trans. 2-3,8);Hunwick trans.(1999:1-2,6);Anon. A(1964:327-329);Ibn al-Mukhtar(1964:text 42,trans. 79-80)。

第七章 萨赫勒的知识创新和重塑：17世纪的通布图编年史

断言。相反，它们反映了对早先的记述的一种智识性的不满——作家们想要解决新的历史和知识问题，但却发现他们的祖先不重视为此收集所需证据。这些作家实际上是在提出关于萨赫勒历史的新观点。

然而，尽管编年史作家们这样说，但我们现代史学家却坚持假定这些作家掌握了许多世代相传的、可以追溯到几个世纪前的可靠历史记录。现代史学家断定这种所谓的遗产累积驱使这些作家写作，没有考虑其他可能刺激他们努力的因素。因此，编年史写作者被歪曲为只是传统的被动传播者，但实际上，他们是知识分子型的创新者、政治意识形态的行动者。在通布图，17世纪的编年史写作是一个没有先例也没有后来者的文学类型。很不幸，编年史文体是短暂的。

在通布图的编年史时期结束后出现了一些作品，比如佚名的《为苏丹统治者所作备忘录》（*Tadhkirat al-nisyan fi akhbar muluk as-Sudan*），[①] 于1751年完成，基本上是一部帕夏（Pasha）统治者的人物辞典；同样佚名、至今仍然未发表的《苏丹统治者皇族记录》（*Diwan al-muluk fi sulatin al-Sudan*），[②] 也是关于帕夏统治的历史，涵盖的时段和《为苏丹统治者所作备忘录》涉及的大部分时期重合；马乌雷·卡西姆·本·马乌雷·苏莱曼（Mawlay al-Qasim b. awlay Sulayman）所著的《回忆死亡和其他重大事件》（*Dhikr al-wafayat wa-ma hadath min al-ʿumur al-ʿizam*），[③] 记述从1747年到1801年在通布图—杰内地区发生的事件。在地理、时间和概念的规模上，后来的这些作品都无法与编年史作品相媲美。就我们所知，在编年史短暂的黄金时代之后的两个世纪里，这一文体并没有延续。

为什么这一文体突然诞生，又突然衰落？原因是其文本核心涉及的知识分子和政治问题。

从这些文本中可以清楚地看出，它们的核心任务是历史性地认识1951年摩洛哥的入侵带来的政治和社会动荡。显然，在入侵之前存

[①] Anon. B（1966）.
[②] 参见 Hunwick（1992b：179）。
[③] 参见 Abitbol（1982）。

第二部分　作为史料的非洲阿拉伯语文学

在的文体都不可能关注这一追求，而这正是编年史文体的具体特点之一。这一特点明确无误地提供了这种文体时间上的起点（terminus a quo）。

但是在更深层次，这些作品的中心是一个新的政治工程：表达追求权力的意志。它们与众不同的特点明显地适于这个工程。这是唯一能够解释原文中"古怪"部分的原因，否则这些地方将是不可理解的。① 政治追求——而非更早的手稿的积累——使得新的类型得以发展；其实从历史写作来看，编年史和此前的作品是根本不同的。

在此前几个世纪，这样一个政治工程不仅不必要，而且事实上也是不可想象的——直到那些编年史作品写成几十年前，这个政治工程都还是不可想象的、荒谬的，只有在摩洛哥入侵之后的条件下才成为可能。而且，只有在阿尔玛人（Arma，因摩洛哥入侵而进入该地区的摩洛哥人、西班牙人和葡萄牙人的后裔）与当地社会高度融合之后，才能实现。②

这是三个精英集团之间的和解计划，旨在使彼此之间实现更为接近和平等的政治一体化。③ 这三种精英是：阿尔玛军队和政治阶层本身（他们明确地需要使自己的权力合法化），阿斯基亚人（当时他们对这个地区的独立主权在摩洛哥的入侵下被剥夺，但仍然在其中扮演重要的政治角色），以及通布图和杰内的城市贵族（编年史作者们属于这个类别，他们遭受了入侵的苦难，但仍然保持着一定的影响力，还具有对阿尔玛政权有用的文字能力）。长期以来，现代历史学家忽视了这个试图构建新社会契约的工程，也忽视了这一工程与编年史的出现之间的紧密相关性。④

不幸的是，在编年史作品出现不久之后，启发它们的大胆的政治

---

① 参见 Moraes Farias（2003：Chapter 2：117 – 120）。
② 参见 Hodgkin（1987）。
③ 参见 Moraes Farias（2003：Chapter 2，passim）。
④ 但是，是汉维克（Hunwick，1992a）朝分析编年史作品写作背后的政治动机迈出了重要的一步。

第七章 萨赫勒的知识创新和重塑：17世纪的通布图编年史

和概念工程变得不可行，因为阿尔玛人和阿斯基亚人中都出现了宗派主义的增长，图阿雷格（Tuareg）部族联盟又不断施加政治压力。编年史与这一工程一起消失，没有得到文学继承。

新的文本类型直接或间接地由具有新的感受力、期望和世俗利益的新读者发起，尽管这些新读者本身也是由面向他们的新类型构成和塑造的。这个过程是相互的。因此，如果读者的期望发生根本性的变化，他们所支持的文本类型的生命力可能会受到致命的破坏。当阿尔玛人、阿斯基亚人和通布图贵族中的编年史读者们不再把这些文字当作一种独特的言论或可行的政治蓝图，而开始把它们当作一种历史记录的文体时，编年史写作就在通布图衰落了。

到底发生了什么？文体的概念给我们提供了解开这个谜的钥匙。这一概念使我们能够将文本传统按照共同属性所定义的作品形式、主题和产生意义的策略进行分类。这个概念是一个重要的批评工具，没有它就没有文学史本身。但是对于通布图的编年史作品，文体的概念还没有得到充分的应用。

在任何一种文学传统中，文体都有一个开始，也可能会结束。一种新文体与它出现的传统之间的关系是断裂，而不是连续性和积累。长期以来，这是我们在研究通布图的编年史文体时没有考虑到的（当我说"我们"时，我自己也包括在内）。

我们，特别是历史学家，强调这个17世纪的文体与此前、此后写作于通布图的其他作品之间的连续性。我们这样做是为了强化自己的观念，即编年史只是复制和更新了几个世纪以来的旧历史记录（以及建立广泛的历史全景和连续的历史叙述这一古老的兴趣），并且代代相传。作为现代历史学家，职业使我们乐于假设这种连续性，因为这样可以通过引用编年史作家对历史的重构来权威地评论萨赫勒的过去。我们坚信这些重构的历史是从更早的时期甚至远古时代的目击者那里继承过来的。

因此，作为现代史学家，我们为了自己的权威，剥夺了编年史作家的史学家地位，把他们降低为"情报提供者"和所谓的"原始"

◈❖ 第二部分 作为史料的非洲阿拉伯语文学

证据提供者。但实际上，他们不只是单纯的情报提供者，而是历史学家，就像我们一样。他们从新的思想和政治立场的角度，希望取得证据、重建过去，但在这些方面都遇到了困难——现代史学家对这种困难非常熟悉。

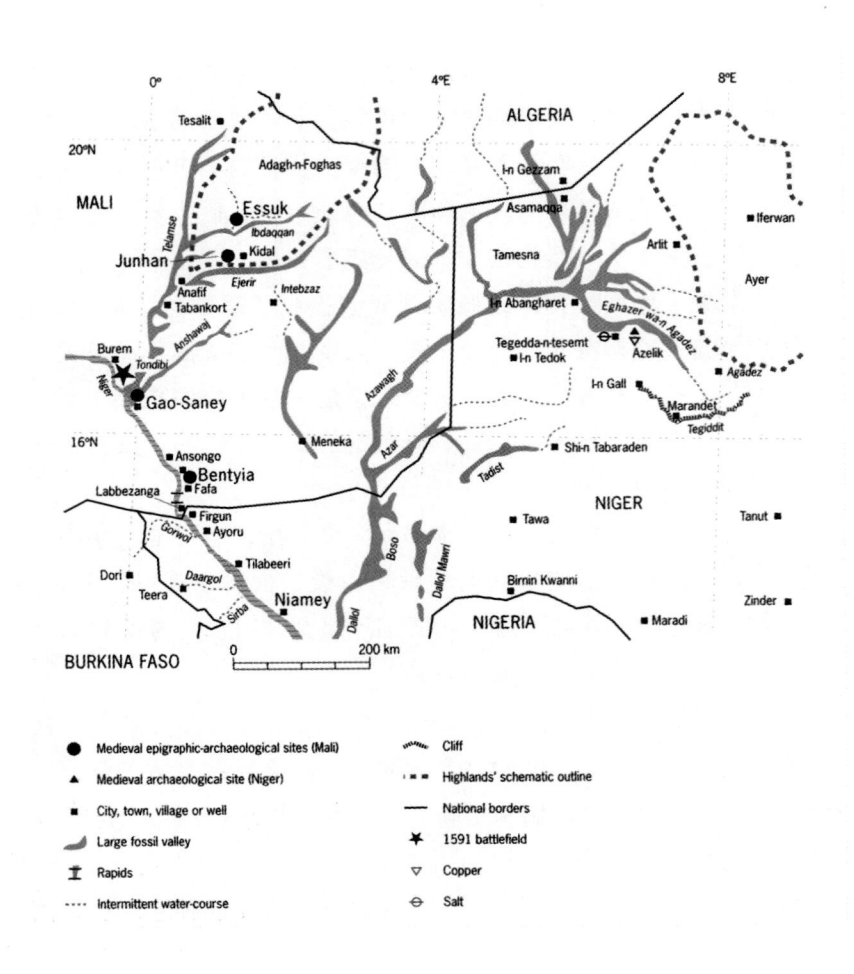

图 7.1 马里和尼日尔的中世纪碑刻遗址。

因此，我们的分析必须从文学和政治的断裂、范式的转变这一概念展开，而不是从连续性的概念展开。我们必须特别注意，比起此前

第七章　萨赫勒的知识创新和重塑：17世纪的通布图编年史

和此后记录历史事件的文体，编年史具有不同特点。

一个特点是编年史作品对关于萨赫勒王朝历史的描述所起到的"丰富效果"（plenitude effect），这一点最明显体现在阿斯基亚王朝的历史上。这样做的目的是增强编年史作家们的赞助者——阿斯基亚人的象征资本，并在作家所设想的政治联盟改革中增加阿斯基亚人赢的几率。在实践中，这意味着建构一个没有漏洞的过去，即使用防止证据缺失的叙事策略。部分地说，这种"丰富效果"是通过借用图阿雷格民间故事和人物角色，将他们改造成历史人物来实现的。通布图编年史家将图阿雷格民间故事人物阿里古兰（Aligurran，也作 Arigullan）塑造成桑海帝国索尼（Sii 或 Sonni）王朝的创始人，他们称之为"阿里库伦"（Ali Kulun）或"阿里戈隆"（Ali Golom）。在《苏丹编年史》中，同样这个图阿雷格人物又构成阿斯基亚王朝建立史的一部分。①

我们现代重建的大部分历史仍然基于编年史作家所说的话。鉴于其叙事故意呈现了通史形式，迄今为止，现代史学家还无法从自己的立场来处理现有与编年史作品相矛盾的证据，或者编年史作者没能获取的证据。然而，这样的证据存在，并且能够支撑一种新的方法，对17世纪通布图历史学家的工作进行批判性研究。②

现在我将展示一些这方面的证据，来自阿拉伯碑刻文字而不是图阿雷格的口头传统，见于马里共和国境内最重要的两个中世纪碑刻遗址，加奥和本提亚（Bentiya）（见图7.1）。包括老的加奥地区的耶拉坎耶（Jira Kanje）公墓（在阿斯基亚清真寺旁）和位于本提亚的两个更大的公墓。这三处碑刻证明，17世纪的通布图编年史所提供的历史叙述中，有一些基本方面并不可靠，而这些证据被大多数现代史学家所采纳。

然而，正如读者将在本章的结论中读到的那样，虽然如此，通布图编年史也不应该从历史文献中排除。相反，需要对这些文本采取一

---

① 参见 Moraes Farias（2003：Chapter 2；165 – 191；2006b）。
② 关于在西非口头传统和阿拉伯语碑文中发现的证据，以及这些证据对通布图编年史研究的启示，参见 Moraes Farias（1974，1990，1993a，1993b，1999，2003，2006a，2006b，2006c）。

种新的研究和历史性鉴赏模式。

对编年史叙事进行新的批评的碑刻证据

第一份碑刻（见图7.2、图7.3、图7.4）已经失存，仅存有法国探险家乔治-雷纳德·德·吉龙古尔（Georges-Reynard de Gironcourt）于1912年在加奥的耶拉坎耶（Jira Kanje）制作的拓片。现在这个拓片保存在法国巴黎法兰西学院的图书馆里。这一碑文即2003年出版的碑文集中的第62号。① 另一份碑文（63号）几乎可以肯定是来自同一个墓地，也包含阿斯基亚这一称呼，但其日期已经看不清了。

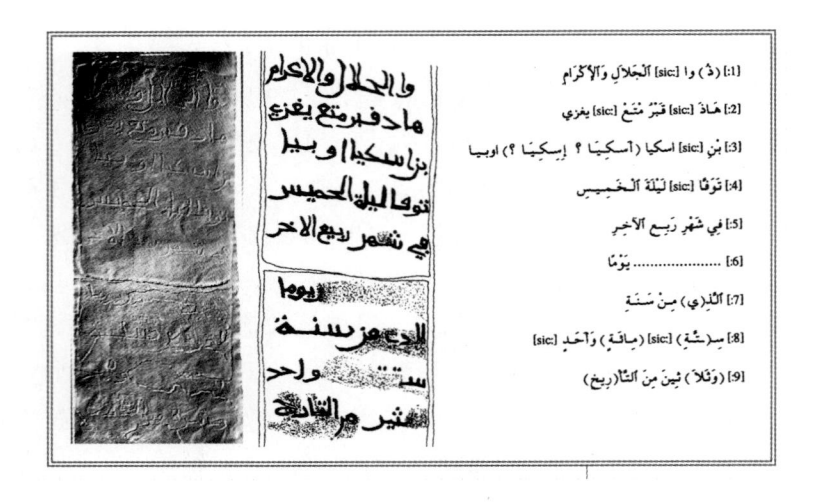

从左至右：图7.2 德·吉龙古尔制作的拓印件306号的照片。照片内容是碑文集中的第62号。该碑内容是关于一位阿斯基亚人的儿子，日期是1234年，位于加奥。

图7.3 莫拉斯·法瑞斯摹写下来的德·吉龙古尔制作的拓印件306号碑文。

图7.4 碑文的文字。

---

① 参见 Moraes Farias（2003：Chapter 2, paragraphs 192 – 219, and Chapter 6, pages 57 – 58）。

第七章 萨赫勒的知识创新和重塑：17 世纪的通布图编年史

62 号碑文现存部分的翻译如下：

[1] 具有尊严与大德［古兰经（Qur'an）55：26－27］
[2] 这是 Y. gh. z. y［可能是 Yaghazi 或 Yaghaziya？］的坟墓
[3] ［他是］阿斯基亚 Aw. b. ya［可能是 Awbiyya，或 Awbaya，'Uwubiya，Awu-Baya 等？］的儿子
[4] 他死于星期四晚上
[5] 在伊斯兰历四月
[6] ……日子，
[7] 在
[8] ［六百］［三十］零一年
[9] ［伊斯兰］时期

这一死亡日期属于伊斯兰历 631 年的第二个春月（即第四个月），也就是 1234 年 1 月 4 日—2 月 1 日。虽然碑文上的时间部分已经掉了一些，但由于一些字母的变音符号仍留在碑上，我们仍然可以读出其内容。

根据《苏丹编年史》，阿斯基亚创立于 1493 年；《探索者编年史》则表明"阿斯基亚"这个称呼是在 1480 年开始使用的。但上述碑文表明，在《苏丹编年史》记载日期的 259 年以前，也是《探索者编年史》记载日期的 246 年前，加奥地区已经在使用"阿斯基亚"这个称呼了。事实上，这个称呼的历史比通布图编年史作者们所知道的要长得多，也更复杂。[1]

第二个碑文（见图 7.5、图 7.6、图 7.7）是出版的碑文集中的 226 号。原碑已经不存，现在能看到的只有吉龙古尔制作的拓印件（799 号），此件保存在法兰西学会。[2]

---

[1] 参见 Moraes Farias（2006b）。
[2] 参见 Moraes Farias（2003：Chapter 3，paragraph 453，and Chapter 9，pages 191－192；1993b：58－60）。

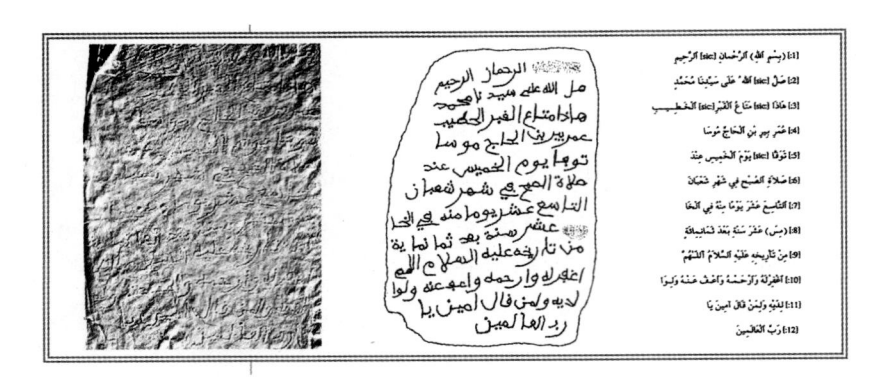

第二部分　作为史料的非洲阿拉伯语文学

从左至右：图 7.5　德·吉龙古尔制作的拓印件 799 号的照片。照片内容是碑文集中的第 226 号。该碑属于一位海推布，日期是 1412 年，位于本提亚。

图 7.6　德·吉龙古尔制作的拓印件 799 号碑文的摹写。

图 7.7　碑文的文字。

碑文翻译如下：

[1]［以］至仁至慈的［真主之名］
[2] 真主保佑我们的君主穆罕默德
[3] 这是这位海推布（khatib）的遗物（字面意思：坟墓的财产）
[4] 奥马尔·比尔，哈吉·穆萨的儿子
[5] 他死于星期四
[6] 在晨礼的时间，［伊斯兰历］舍尔邦月的
[7] 第十九天，
[8] 在他［穆罕默德先知］［离开麦加］之后的第 815 年
[9] 和平笼罩他。噢，安拉！
[10] 原谅他，怜悯他，赦免他和他的父母，
[11] 以及所有说"阿敏，
[12] 噢，所有世界的真主！"的人

死亡的日期是希吉拉之后第 815 年舍尔邦月，即伊斯兰历第 8 个

第七章 萨赫勒的知识创新和重塑：17 世纪的通布图编年史

月的第 19 天，也就是 1412 年 11 月 23 日，根据日历表，这实际上是一个星期二。

《苏丹编年史》描述了库启亚（Kukyia）地区——即本提亚地区——说它是十足的"异教"中心，法老从这里招揽巫师来对付穆斯林先知（Moses）。[1] 然而，在本提亚有大量的穆斯林墓葬，证明在 1272—1489 年那里曾存在着一个可能由商人组成的很大的穆斯林社区。事实上，这可能有助于解释在 15 世纪索尼王朝何以登上了权力的巅峰。[2] 可能库启亚/本提亚地区的海推布不仅在星期五进行布道宣讲（khutba），而且还具有重要的政治功能。据我们目前所知，在加奥，海推布是桑尼·阿里·比尔（Sonni'Ali Beeri）统治下唯一的伊斯兰神职——这位君主是所有的索尼统治者中最强大的，从 1464—1465 年统治到 1492 年。在阿斯基亚王朝的统治下，加奥的海推布也曾担任卡迪（qadi）。[3]

第三个碑文（见图 7.8，7.9，7.10）是碑文集中的 234 号。[4] 它还在本提亚较大的墓地中的原处。只有部分文字可以辨认。

从左至右：图 7.8 234 号碑文。这是一位维齐尔的碑，日期为 [14] 21 年，位于本提亚。

图 7.9 234 号碑文的摹写。

图 7.10 234 号碑文的文字。

---

[1] 参见 al-Sa'di（1964：text 4，trans. 6 - 7）；Hunwick trans.（1999：5 - 6）。
[2] 参见 Moraes Farias（2003：Chapter 3：443 - 451）。
[3] 参见 Moraes Farias（2003：Chapter 3：453）。
[4] 参见 Moraes Farias（2003：Chapter 3，paragraph 452，and Chapter 9，pages 199 - 200）。

145

◆◆ 第二部分　作为史料的非洲阿拉伯语文学

碑文翻译如下：

[1] 以至仁至慈的安拉之名。安拉保佑穆罕默德

[2] ……这里是维齐尔（*wazir*）穆罕默德·阿里亚乌（Muhammad' Ariyaw [或'Ariyu/'Iriyaw]）的墓，尊称为

[3] 卡乌卡乌（Kawkaw），是布·巴克林 [Bu Bakrin 或 Bubakar] 的儿子。卑鄙的人罪恶地杀死了他

[4] ……在星期一的晚上

[5] ……二十九日

[6] ……二十四

[7] ……先知的时代

[8] ……

几乎可以肯定，这一死亡日期是伊斯兰历的 824 年，即公元 1421 年。234 号碑文使一个桑海部族的名字"扎姆"（*zammu*）得以保存，此外，它还证实了当地穆斯林社区的高度组织程度。很有可能，担任维齐尔的人在当地的商人社区和该地区的政治统治者之间充当某种中介。通布图编年史作家们没有写到这些，因此他们对库启亚/本提亚地区历史的描述是极具误导性的。

结论

萨迪的《苏丹编年史》、伊本·穆赫塔尔的《探索者编年史》以及佚名的《历史记录》旨在把西非的萨赫勒写成由帝国王权概念界定的一个巨大的地缘政治实体。我们正是从他们那里继承了三大帝国（加纳、马里和桑海）依次在西非崛起的想法。

在通布图编年史的文本中，这种帝国传统的顶点是桑海的阿斯基亚统治者。正是这个王朝在大灾变的 1591 年遭遇了摩洛哥入侵者，失去了政治独立。因此，这些文本认为，必须重新给予阿斯基亚的帝国地位以尽可能高的合法性。

第七章　萨赫勒的知识创新和重塑：17世纪的通布图编年史

正是在阿斯基亚的王子们屈从于阿尔玛统治的时候，编年史作者们重建并加强了被推翻的阿斯基亚王朝对其哈里发地位的要求。（耐人寻味的是，上一代最著名的通布图作家艾哈迈德·巴巴［Ahmad Baba］把阿斯基亚看作是一个纯粹的苏丹国，而不是哈里发国）①

与此同时，在编年史文体中，"黑人的土地"（bilad al-sudan，也作 ard al-sudan）这个词的含义仍在继续发展。正如汉维克（Hunwick）所示，在《苏丹编年史》中，虽然萨迪有时使用"苏丹"（Sudan）这个词来指代该地区的居民，但他主要从地缘政治意义上用这个词，指尼日尔中部的土地。②"黑人的土地"本来是外部人士他者化这个地区的词，在这里却被苏丹人自己借用以显示伟大。

黑色西非哈里发的形象是为了对抗北非的摩洛哥萨迪王朝对哈里发地位的要求。然而，在尼日尔中部地区的背景下，这一形象的作用是说服阿尔玛政权与入侵前桑海的精英们一起接受新的社会和政治契约，并不意味着挑战阿尔玛的政治领导。

对通布图编年史的思想背景进行研究的两位先驱是 D. T. 尼昂（DT Niane）和奥利佛·德·萨尔当（Olivier de Sardan）。③ 这两位学者认为，编年史认可遭受入侵前阿斯基亚统治时期的社会等级制度，即两个传统统治阶级（桑海皇室和具备一定文化水平的城市商人）结成联盟，奴隶和其他社会阶层从属于这两个主要群体。

但实际上，编年史文体的一个创新是含蓄地描绘了未来的蓝图——这一蓝图与入侵后的政治现实达成了一致——从而寻求与阿尔玛人和解。通布图编年史远非纯粹的怀旧运动。另外，编年史作者们认为奴隶和其他传统低级群体应该保持在社会等级的底端——对他们来说这是理所当然的，因此不是其主要观点。相反，其具体目标是建立一个新的精英联盟。

---

① 参见 Moraes Farias（2003：Chapter 2：141-145）；以及 and al-Harraq & Hunwick（2000：text 83, trans. 44）.

② 参见 Hunwick（1999：2, footnote 3）.

③ 参见 Niane（1964）以及 and Olivier de Sardan（1975）.

◇❖ 第二部分 作为史料的非洲阿拉伯语文学

　　正是这个特殊的政治目标驱使编年史作家为这个地区编制了连续的历史叙述，其中甚至包括了最古老时期。因此，在同一页手稿上，萨迪可以在抱怨没有关于祖瓦（Zuwa）王朝的史料的同时，声称自己提供的是来自"知情者"的信息。①

　　但是，无论关于古代的叙述有多么不可靠，通布图编年史仍然是其相近时代历史的宝贵信息来源。而最重要的是，这三部伟大的编年史对于研究当时的社会关系和政治意识形态问题是非常宝贵的。

　　现在必须清楚，本章的目的不是把通布图编年史的文本作为历史资料来解读，而是将编年史作家理解为一群志同道合的社会精英，共同完成生产历史知识这一任务；他们是充分参与自己时代问题的人，而不是古文物研究者。事实上，他们是高度活跃的历史人物，其写作是对同时代历史的干预。

---

① 参见 al-Sa'di (1964: text 5, trans. 8-9); Hunwick trans. (1999: 6).

第七章 萨赫勒的知识创新和重塑：17 世纪的通布图编年史

参考文献

Abitbol M（Ed. and trans.）(1982) *Tombouctou au milieu du xviiie siècle d'après la chronique de Mawlay al-Qasim*. Paris：GP Maisonneuve et Larose.

Anon. A (1964) Untitled text known as *Notice historique*. Partial French translation by O Houdas & M Delafosse. Published as the *Deuxième appendice* to Ibn al-Mukhtar, *Tarikh al-fattash*, 326 – 341.

Anon. B (1966) *Tedzkiret en-Nisian*. Edited and translated into French by O Houdas. Paris：Librairie d'Amérique et d'Orient Adrien-Maisonneuve.

Haidara ID (1997) *L'Espagne musulmane et l'Afrique subsaharienne*. Bamako：Editions Donniya.

Haidara ID (1999) *Les Juifs à Tombouctou*. Bamako：Editions Donniya.

al-Harraq F & Hunwick JO (Eds and trans) (2000) *Ahmad Baba's replies on slavery*. Rabat：Université Muhammad V, Institute of African Studies.

Hodgkin E (1987) Social and political relations on the Niger Bend in the seventeenth century. PhD thesis, University of Birmingham, Centre of West African Studies.

Hofheinz A (2004) Goths in the lands of the blacks：A preliminary survey of the Ka'ti Library in Timbuktu. In SS Reese (Ed.) *The transmission of learning in Islamic Africa*. Leiden/Boston：Brill.

Hunwick JO (1992a) Studies in the Tarikh al-fattash (Part 2)：An alleged charter of privilege issued by Askiya al-hajj Muhammad to the descendants of Mori Hawgaro. *Sudanic Africa：A Journal of Historical Sources* 3：138 – 148.

Hunwick JO (1992b) CEDRAB：Centre de Documentation et de Recherches Ahmed Baba at Timbuktu. *Sudanic Africa：A Journal of Historical*

Sources 3: 173 – 181.

Hunwick JO (1999) *Timbuktu and the Songhay Empire* (including the English translation, on pp. 1 – 270, of the Introduction, chapters 1 to 27, and chapter 30, of al-Sa'di, *Tarikh al-Sudan*). Leiden: Brill.

Ibn al-Mukhtar (1964) *Tarikh al-fattash*. Edited and translated into French by O Houdas & M Delafosse. Paris: Librairie d'Amérique et d'Orient Adrien-Maisonneuve for Unesco (reprint of the 1913 – 14 edition).

Levtzion N (1971) A seventeenth-century chronicle by Ibn al-Mukhtar: A critical study of *Tarikh al-fattash*. *Bulletin of the School of Oriental and African Studies* 34 (3): 571 – 593.

Moraes Farias PF (1974) Du nouveau sur les stèles de Gao: Les épitaphes du prince Yama Kuri et du roi F. n. da (XIIIème siècle). *Bulletin de l'Institut Fondamental d'Afrique Noire* série B, 36 (3): 511 – 524.

Moraes Farias PF (1990) The oldest extant writing of West Africa: Medieval epigraphs from Essuk, Saney, and Egef-n-Tawaqqast, Mali. *Journal des Africanistes* 60 (2): 65 – 113.

Moraes Farias PF (1993a) *Histoire contre mémoire: Épigraphie, chroniques, tradition orale et lieux d'oubli dans le Sahel malien*. Rabat: Université Muhammad V, Chaire du Patrimoine Maroco-Africain.

Moraes Farias PF (1993b) Text as landscape: Reappropriations of medieval inscriptions in the 17th and late 20th centuries (Essuk, Mali). In O Hulec & M Mendel (Eds) *Threefold wisdom: Islam, the Arab world and Africa. Papers in honour of Ivan Hrbek*. Prague: Academy of Sciences of the Czech Republic, Oriental Institute.

Moraes Farias PF (1999) Tadmakkat and the image of Mecca: Epigraphic records of the work of the imagination in 11th-century West Africa. In T Insoll (Ed.) *Case studies in archaeology and world religion*. Oxford: British Archaeological Reports and Archaeopress.

Moraes Farias PF (2003) *Arabic medieval inscriptions from the Republic of Mali: Epigraphy, chronicles and Songhay-Tuareg history.* Oxford/New York: Oxford University Press for The British Academy.

Moraes Farias PF (2006a) Barth, le fondateur d'une lecture réductrice des Chroniques de Tombouctou. In M Diawara, PF de Moraes Farias & G Spittler (Eds) *Heinrich Barth et l'Afrique.* Cologne: Rüdiger Köppe Verlag.

Moraes Farias PF (2006b) Touareg et Songhay: Histoires croisées, historiographies scindées. In H Claudot-Hawad (Ed.) *Berbères ou Arabes? Le tango des spécialistes.* Paris: Editions Non Lieu.

Moraes Farias PF (2006c) À quoi sert l'épigraphie arabe 'médiévale' de l'Afrique de l'Ouest? In C Descamps & A Camara (Eds) *Senegalia: études sur le patrimoine ouest-africain-Hommage à Guy Thilmans.* Paris, Saint-Maur-des-Fossés: Editions Sepia.

Niane DT (1964) Mythes, légendes et sources orales dans l'Œuvre de Mahmoud Kati. *Recherches Africaines* [*Études guinéennes*, nouvelle série] 1: 36-42.

Olivier de Sardan J-P (1975) Captifs ruraux et esclaves impériaux du Songhay. In C Meillassoux (Ed.) *L'Esclavage en Afrique.* Paris: Fran? ois Maspero.

Ralfs C (1855) Beiträge zur Geschichte und Geographie des Sudan. Eingesandt von Dr. Barth. *Zeitschrift der Deutschen Morgenländischen Gesellschaft* 9: 518-594.

al-Sa'di (1964) *Tarikh al-sudan.* Edition and French translation by O Houdas & E Benoist. Paris: Librairie d'Amérique et d'Orient Adrien-Maisonneuve for Unesco (reprint of the 1898-1900 edition).

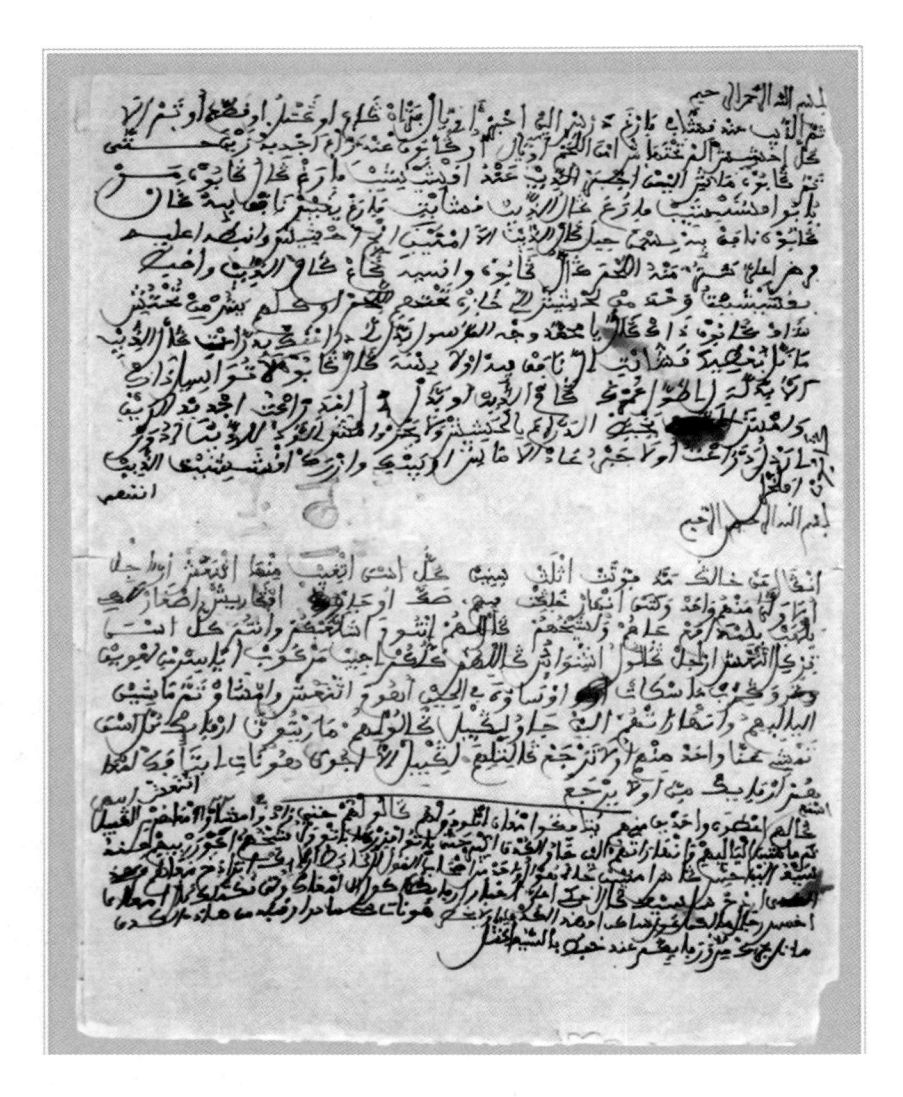

◇❖ 第二部分　作为史料的非洲阿拉伯语文学

艾哈迈德·巴巴研究所藏第 6113 号手稿中的一页。该文本是用阿拉伯文字写的，其词语混合了阿拉伯语和本地的哈桑尼语（Hassani）。

第八章 非洲的阿贾米：阿拉伯文字在记录非洲语言中的使用

穆拉耶·哈桑（Moulaye Hassane）[1]

引　言

在一些伊斯兰非洲语言的记录中，古兰经的文字发挥了非常重要的历史作用，但由于缺乏资源，学界对这一领域的兴趣不大，因此大部分至今仍然没有被研究过。然而，伊斯兰教对一些非洲文明做出了巨大的文化贡献，而语言记录则是这种贡献中的基本方面。

这是由于在撒哈拉以南非洲伊斯兰化之前，知识，行为，历史叙事，以及秘密的、被选择的和法规化的语言——总而言之，代表了集体记忆从一代传到下一代的所有事物——所有这一切都是口头传递的，就像伊斯兰化以前的阿拉伯一样。

当然，在非洲也有很多比较古老的文字系统，其中最著名的就是古埃及文字系统。一大部分现代知识的背后是象形文字，它们现在还向我们传递信息。伊斯兰历15世纪伊始，喀麦隆的巴穆姆（Bamoum）创造了一个基于图像的粗糙的写作系统。利比里亚的瓦伊文（Vai）和埃塞俄比亚的吉兹文（Ge'ez）是两种稍微精细的文

---

[1] 由西蒙·德·斯瓦特（Simon de Swardt）由法语译为英语。

字。① 提非纳文（Tifinagh）与柏柏尔文（Berber）相近，是一个用于记录图阿雷格语（Tuareg）的系统，在某些地区仍然有限度地使用，但正在逐渐被《古兰经》的文字取代。②

在撒哈拉以南非洲地区，口头传播一直占主导地位，而随着伊斯兰教的传入，这里形成了新的局面。伊斯兰教这种新的宗教与写作（kitab）的方式密切相关，因而也与阅读（al-qur'an）密切相关。③ 母语为阿拉伯语的先知穆罕默德了解这类写作——它们应当完全与所承载的神圣信息对照来阅读。

因此，这种对象是全人类的、用阿拉伯文写成的信息应该会逐渐影响赞同它的社会的各个方面，特别是在写作方面。这是非常自然的。④ 以这样的方式，一些撒哈拉以南非洲语言的写作史将与伊斯兰教相互依赖。

历史回顾

伊斯兰教进入撒哈拉以南非洲已经有 14 个世纪，在一些语言中，这一历史成为诸多研究的主题，而且这个主题还远远未被发掘尽。⑤ 考虑到这段历史的广泛性，以及它在有限的研究——比如本文——中的地位，复述一下其要点对本文主题的影响无疑会帮助我们理解和定位本研究。

7—15 世纪

公元 666 年，乌克巴·伊本·纳菲·费赫里（'Uqba ibn Nafi

---

① Ki-Zerbo（1972）。参见附录中的各种非洲文字。
② Hamani（1988：79-113）.
③ 一些古兰经中的段落（Qur'anic verses, 59：21；12：2；39：28）称古兰经是未被任何不完美污染的、高于一切的文本。它是为净化灵魂而设计的。
④ 参见 Daniel（1970）。
⑤ 最出色的项目还是在联合国教科文组织支持下编写的《非洲通史》（*Histoire Générale de l' Afriqu*）。其缩减版本已经翻译成了斯瓦斯里语，豪萨语和富拉语版本正在翻译中。关于古典时期，参见 Cuoq（1975）。

第八章 非洲的阿贾米：阿拉伯文字在记录非洲语言中的使用

'al-Fihri）在费赞（Fezzan）进行了胜利的远征，此后又在卡瓦尔（Kawar）获胜。这是伊斯兰教国家与撒哈拉以南非洲地区的第一次军事接触。① 但同样，不应排除在此之前伊斯兰教已经影响到了该地区的人民的可能性。

因此，伊斯兰教穿过红海（al-Bahr al-Ahmar）后，通过撒哈拉沙漠与非洲接触。它穿过埃及（al-Fustat），昔兰尼加（Cyrenaica, Tarabulus al-Garb），阿非利加（Ifriqiya, al-Ifriqiyya）和马格利布的尽头（Extreme Maghrib, al-Magrib al-Aqsa）。由于撒哈拉沙漠南北连接众多，年代久远，伊斯兰教很自然地利用了既有的商队路线，这些路线将北非的不同商业中心与非洲南部、东部和西部的商业中心连接起来。一般认为，阿拉伯人和柏柏尔人在这个过程的第一阶段发挥了重要的作用。② 但是，与民族多元化相联系的习俗的多样性表明，这一进程的速度和方式随着族群社会的政治、经济和历史的不同而具有差异。

所以，伊斯兰教花了几个世纪的时间才逐渐在社会和宗教领域中传播开来，这个过程有两个方面：

第一，来自古兰经的教导。所有信徒都有每日祈祷五次的义务，这也是伊斯兰教的五个支柱之一。在祈祷中，关于古兰经的知识，即使只是部分知识，也是信徒必备的。

第二，教育。这与伊斯兰教的教义密不可分，两者相辅相成。首先是针对阅读、写作和理解教义信息的教育，以及对普及它的相关科学的教育。第二个目的是为了从个体小时候开始负责，为他们提供道德和物质的手段，从形成个性入手，为他们未来进入信徒团体"乌玛"（umma）做准备，在那里他们将自己负责进一步发展信仰。

---

① Moumouni（1984）.
② Laroui（1970：218-219）.

◇❖ 第二部分 作为史料的非洲阿拉伯语文学

这类洗手盆是西非文化中典型和特有的。

第八章 非洲的阿贾米：阿拉伯文字在记录非洲语言中的使用

最初完成这个基本任务的地方是清真寺（masjid），它是影响社区生活的祈祷和辩论场所。一些清真寺很快成为宗教以外学科的重要学习中心。[1] 这些中心成为灯塔，伊斯兰文化和知识从这里经由撒哈拉以南非洲的学者和学生传播出去。一些商人和重要的统治者开始鼓励学者和学生的努力。

15—18 世纪

从 15 世纪到 18 世纪，这些多方面的努力催化了政治和经济的复兴。这表现在地方知识阶级的形成，这些阶级扩大了北方学者的影响范围。奥达戈斯特（Awdaghust）、昆比·萨利赫（Koumbi Saleh）和瓦拉塔（Walata）这样的大型中心消失之后，尼亚尼（Niani）、杰内（Jenne）、通布图（Timbuktu）、加奥（Gao）、提吉达（Tigidda）和阿加德兹（Agadez）等地又成为文化和宗教领域具有活力和声望的中心。在菲斯（Fez）接受过培训的学者在清真寺教学，这些清真寺已经成为名副其实的大学。伊玛目（imams）、卡迪（qadis）和卡提卜（即秘书，katib）大部分是加纳帝国、西部的马里帝国以及东部的卡涅姆·博尔努（Kanem Bornu）帝国的本地人。伊斯兰教完全成为了非洲的宗教，《古兰经》学校与非洲的社会结构完全融为一体，并适应了他们的需要。[2]

19、20 世纪

这个时期，伊斯兰教在改革派苏菲兄弟会的旗帜下重新焕发活力，诸多兄弟会中最古老的是卡迪尔里耶（Qadiriyya）。这个兄弟会起源于阿尔及利亚，然后传到撒哈拉以南非洲，首先就是通布图。后

---

[1] 撒哈拉以南非洲地区许多人是在著名的清真寺大学中接受教育的，如：菲菲斯的卡鲁因大学，突尼斯市的宰图纳大学，凯鲁万大清真寺，以及开罗的艾滋哈尔大学。参见 El-Fasi & Hrbek（1990：81 – 116）。

[2] Hamani（1981：26 – 31）。注意作者哈马尼（Hamani）列了一份在知识活动中起到重要作用的著名学者的清单。也参见 Ki-Zerbo（1990：vol. 6, chap. Révolutions Islamiques）。

来，当时非常有影响力的图阿雷格人（Tuaregs）和摩尔人中的昆塔人又将伊斯兰教向南传播。其最重要成就是在 19 世纪创造的神权国家，如哈马达拉希地区的迪那（the Dina of Humdallahi）、索科托哈里发国（the Sokoto Caliphate）以及使用伊斯兰教教法的许多国家。

殖民时期

欧洲人抵达时，撒哈拉以南非洲的所有大城市都已经建立了穆斯林文化。伊斯兰科学和阿拉伯文字相当普遍，但在地理分布上不平衡，因为重要的古兰经教育中心主要分布在大的村庄里。

而且，伊斯兰教的突出地位引起了殖民地政府不小的关注，尤其因为后者所渴望的领土几个世纪以来一直受到伊斯兰学者的影响。正在此时，卡迪尔里耶（Qadiriyya）、提贾尼耶（Tijaniyya）、萨努西耶（Sanusiyya）、哈勒瓦提耶（Khalwatiyya）等兄弟会正忙于振兴伊斯兰教。[1] 当然，有一些例外，包括古老宗教或多种宗教混合的泛灵论宗教习俗。但是，在所有相关地区，伊斯兰教都掌握政治和社会管理的系统性机构，将不同的种族群体统一起来，当时这些群体因利益不同而分散。伊斯兰教的主导地位可以从其旗帜下的一些伊斯兰学者的抵抗中看出来。[2]

于是，为了使自己的政策得到认可，实现统治野心，殖民政府认定宗教知识传播中心是顽固敌对分子的训练营，力图破坏其稳定。

为此，殖民地政府采取了三方面的策略：

一是破坏传统古兰经学校的宗教文化基础，将作为学习语言的阿拉伯语边缘化，同时将自己的教育模式与一系列法律和法令相结合；

二是系统地控制任何被认为对殖民政府漠不关心的人，在这种情况下，伊斯兰教修士们尽管有社会地位，还是被认为是骗子和流浪汉；

---

[1] 关于面临殖民统治时宗教领袖扮演的角色，参见 Kimba（1981）。
[2] Salifou（1971：66）.

第八章 非洲的阿贾米：阿拉伯文字在记录非洲语言中的使用

三是把任何"愿意理解"殖民政府的人纳入殖民地项目，并谴责和驱逐最公开的敌对和抵抗分子。[1]

不过，这种控制和压制的做法并没有撼动伊斯兰教精神。当然，随着时间的推移，宗教教育水平大大下降，但这与伊斯兰教自身的运行动力以及伊斯兰人口的生活条件有关，并不意味着殖民政策的成功。因此，在殖民时期，宗教教导因基础扩大而横向增长，但在纵向水平上随着兄弟会的萎缩而下降了。

古兰经对语言学的贡献

几个世纪以来，伊斯兰教一直是成熟的非洲宗教。不言而喻，它的教义已经逐渐浸透了社会结构，从人们古老的宗教概念开始。伊斯兰教巩固了人们全能安拉的观念，这个安拉的存在高于一切；但是教义没有包括他们曾经信奉的其他能够保护或威胁家庭或部落的次要神。因此，伊斯兰教逐渐抹杀了次要神的观念，最终统一于相信"唯一的真主"。笔者认为，通过和平方式消除因语言障碍而产生的差异、促进以伊斯兰模式为基础的超部族社区"乌玛"的建立，伊斯兰教引入了一种新的社会哲学。

社会领域也通过不同的伊斯兰科学进行了重组，特别是法学（fiqh）。所有社会哲学和传统习俗（婚姻、出生、教育和教导）都受到不同程度的影响。有些做法完全是伊斯兰化的，有些则只是部分，但都有这个过程。如果仔细观察，这种影响只有在某些情况下才有可能：在某些演变中的社区里，伊斯兰教观念因为和既有标准相似，才有较大的影响。即使在今天，也存在着抵制《古兰经》教义的中心地区，但是这些地方的很大一部分社会习俗已经逐渐被伊斯兰教规范渗透。

---

[1] Traoré（1983：introduction）.

◆ 第二部分　作为史料的非洲阿拉伯语文学

古兰经的文字，或阿贾米（ajami）

古兰经不仅为社会和宗教哲学做出贡献，也影响了语言领域——众所周知，语言根据使用者的状况而不断发展。斯瓦希里语、富拉语、豪萨语和桑海语的案例足以说明问题。西非许多穆斯林社区的语言都借用古兰经中的术语来表达某些以前未曾遇到的情况和观点、替代很少使用的术语，以及用新词语丰富自己的词汇。有时候，原来的意思保留了下来，但在许多其他情况下词语的意思被扩大或缩小了。从语音上看，有时候直接借用了阿拉伯语的语音，而其他情况下则有适应现象，即允许通过使用后缀和前缀来借用，或者改变某些发音来适合自己语言的特点。有时候直接由阿拉伯语转为非洲语言，有时还通过第三种非洲语言作为中介。

学者们最终诉诸古兰经的文字来记录他们的语言。记录下来的古兰经经文被称为"阿贾米"（ajami）；在阿拉伯语中，它是一个相对的术语，更多地适用于被记录的语言而不是古兰经原文。实际上，在词源学上，"阿贾米"用来描述任何不能理解或"野蛮"（'ujma）的东西；因此它适用于阿拉伯人所无法理解的所有语言。阿拉伯人将"阿贾米"作为"雄辩"（fasaha）的反义词，他们认为雄辩是阿拉伯语的特点。

历史上，这个观点在伊斯兰教产生之前就已存在，早期诗人普遍这么认为。那个时候，"阿贾米"更普遍地用于邻国人的语言，即阿拉伯人不懂的波斯人（al-purs）的语言，以及后来柏柏尔人（al-barbar）的语言。[①] 因此，几乎不需要注意这个词的含义取决于它的使用者和上下文。

在殖民时期之前的苏丹，学者们在进行知识性交流中普遍同时使用阿拉伯语和阿贾米，而在殖民时期，识字的民众在通信中尤其经常这样做。

---

① Gibb et al.（1975：272）.

第八章 非洲的阿贾米：阿拉伯文字在记录非洲语言中的使用

根据目前掌握的资料，我们不能确定地指出从哪个时期起，学者们开始觉得有必要借助古兰经的文字在苏丹发展阿贾米的写作。我们也没有资料可以说明苏丹人是否模仿了其他穆斯林社区（波斯人和柏柏尔人）——他们很可能早于苏丹中部的人民采用这种记录方法。

口头传统提出的假设是，使用古兰经文字是古老的做法，可以追溯到17世纪，但是在18世纪伊斯兰教逐渐被文盲阶层接受的时候才得到广泛使用。大多数信徒不懂阿拉伯语，而阿拉伯语仍然是教育的语言，所以有必要找到一种适合的教学方法。①

为了传播宗教知识和学术，有必要找到一种信徒可以理解的方法。当地学者（尤其是兄弟会的学者）擅长以当地语言写作文章。要解放人们的思想，古兰经的文字是他们唯一的手段。这种文字的使用适应每种语言的独特性，并考虑到语言的方言变异。

此外，我们也知道，阿贾米文学在由谢赫奥斯曼·丹·福迪奥（'Uthman dan Fodio）组织的伊斯兰宗教圣战中被用作有力的武器，也被索科托帝国用于巩固政治（见本书第9章）。

起初，每个学者都有自己的记录方法，因为有些字母，比如'ayn, sad, sin, dad 在某些非洲语言中没有出现，所以并不是所有的字母都保留下来。其他字母，如 g, p, mb, nd, nh, nj, c, yh 存在于非洲语言中，但不存在于古兰经中。因此有必要通过采用类似的字母以及使用独特标志的方法来发明它们。但是这种明显的无政府状态决非作者之间交流的障碍，因为他们可以凭直觉理解对方。

使用古兰经文字的学科

前人留下的阿贾米手稿让我们对研究这些文字涉及的学科有了基本概念。当然，在这样一个广阔而没有得到充分研究的领域里，提出概括性结论必须小心，但可以认为我们的样本是合理的代表。②

---

① Gibb et al.（1975：272）.
② 我们的研究起点是70份阿贾米文件，它们保存在阿卜杜·穆穆尼大学（Abdou Moumouni University）科学与人文研究所（IRSH）的阿拉伯语和阿贾米手稿系。

◈ 第二部分　作为史料的非洲阿拉伯语文学

事实上，阿贾米关涉到学术活动的所有领域。因此，我们在以下领域找到阿贾米写成的论述：

（1） *al-tib al-mahali*（对不同疾病的描述及传统疗法）

（2） *al-saudala*（植物的特性以及使用方法）

（3） '*ilm al-asrar*（关于神秘科学的文本）

（4） 由阿拉伯语译成非洲语言的作品和文本

（5） 许多关于行政治理和外交事务的文本（苏丹或省级统治者之间的通信，以及识字者之间的通信）

但这种文字主要用于宗教事务，包括要求净化信仰的呼声，加强不同城乡社区关系的必要性的评论，以及关于培养能够辨别社会分裂和宗教问题的自觉的穆斯林性格的评论。这些文本是散文（"曼珠玛"，*mandhuma*）或韵文（"卡西达"，*qasida*），它们的来源是古兰经、先知的传记（*sira*）、教育和历史叙事、使者和先知传记的摘录（*qisas al-anbiya*），以及先知留下的传统（即圣训，*hadith*）。

在本文的讨论中，上述学科非常重要，因为这些文本的对象是那些在许多情况下仍然遵循与伊斯兰教相结合的祖先习俗的信徒。上述主题是文本作者的背景和环境的产物，它们具有教学性，是一般大众可以获得的简化教学工具。在这些文本中可以看到一些关键的趋势。

认主独一（Tawhid）

认主独一（*tawhid*），是众多文本中涉及的学科之一——它们的目的是使融合的信徒能够实践古兰经和圣训中提出的要求。这些文本的作者观察到，虽然"唯一的主"这个概念对于那些仍然相信祖先传统的新皈依者来说并不困难，但是对充斥日常生活的次要神明并不是这样。这些神灵因各地传统不同而不同，人们认为他们可以保护民众免受灾难、与祖先交流以控制生态环境，以及防止饥荒和流行病等周期现象。

认主独一强调真主的统一性，许多西非信徒经过努力接受了这个概念。当然，大多数人通常奉行伊斯兰教的原则，同时也继续相信传

第八章　非洲的阿贾米：阿拉伯文字在记录非洲语言中的使用

统的祖先宗教，而这是古兰经和圣训所禁止的。

作者的描述借鉴了古兰经经文中的天堂，作为对忠实信徒的奖励，这些描述依据当地的情况对古兰经中的画面进行了调整。作者也使用同样的方法威胁任性的调和论者，声称他们会受到地狱永恒的诅咒。IRSH/UAM 3503 号（图 8.1）展示了作者们创造性的想法。

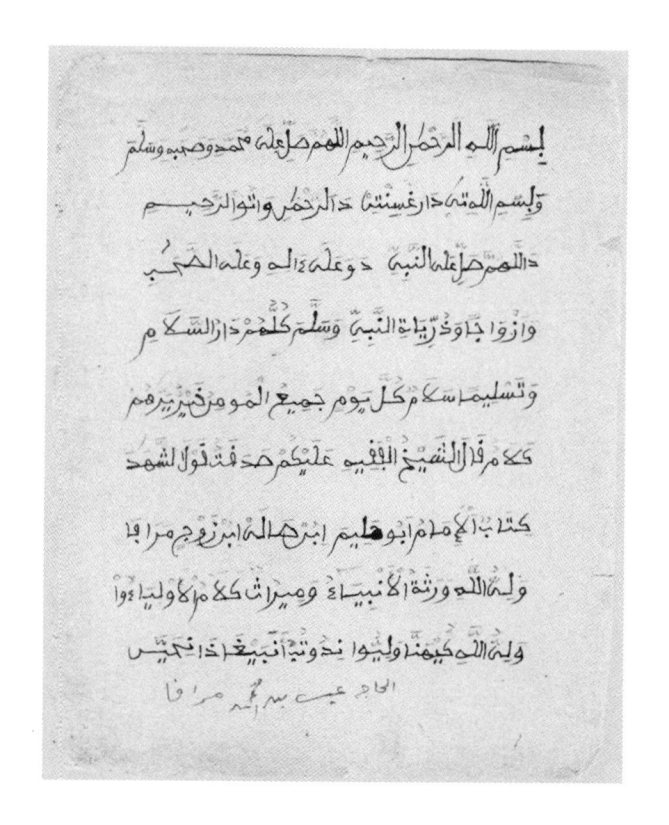

图 8.1　位于尼日尔首都尼亚美的科学与人文研究所（IRSH/UAM）保存的手稿之 3503 号，作者是伊玛目·阿布·哈里姆·本·萨雷·本·扎维吉·马拉法（al-Imam Abu Halim b. Sâlay b. Zawji Marafa），作品的标题是 *Manzuma fi al-wa'az wa-l-irshad*。这个文本是用桑海语－哲尔马语（在尼日尔西部、马里的通布图和加奥地区使用的语言之一）写成的。它包括古兰经和先知传统的摘录、穆斯林法学和模范人物的生平传记。它是苏菲派大师的文学作品，主题范围从宗教原则的讲授到信众的处事守则。

◆ 第二部分 作为史料的非洲阿拉伯语文学

法学（Fiqh）

诸多文本中涉及的另一个学科是法学（*fiqh*），其目的是要解释古兰经和马利基教派教法学家（在苏丹西部和中苏丹影响最广泛的法学派别）的著作，特别是关于日常生活和信徒之间社会关系的章节。此外，作者还借鉴了《历史记录》（*qisas al-anbiya*）、古兰经评论的摘录和基督教圣经中的叙述（*al-israiliyyat*）。这些叙述都和当地文化中与上述原则没有明显矛盾的元素混杂在一起。这个学科的目标是要建立一个模范的行为模式，遵循之将达到两个目的：顺从安拉，这带来现世的稳定生活；以及在天堂中实现的来世救赎。在苏丹，数世纪以来，这个学科的影响逐渐将不同的民族聚合在一起，并在一定程度上统一起来。在统一之前，这些牧民和游牧民族有着不同的利益，往往会造成严重的冲突。这个学科最显著的后果之一是撒哈拉人与萨赫勒人通过异族通婚实现了语言和种族的混合。今天，它继续在不同程度上影响社区风俗；一些风俗已经被遗忘，而另一些正在消失。政治管理公平性的缺乏增加了这一学科的动态变化，有时导致一些古代宗教城市人民公开要求充分实施伊斯兰教教法。

语法

题为《*Ajjrumiyya*》（IRSH/UAM 编号 367；见图 8.2）的豪萨语著作在撒哈拉以南非洲的古兰经学校，尤其是阿拉伯语语法的初级学习者中受到高度重视。作者用几个章节讨论了语法的基本问题。

颂歌

颂歌的内容是关于先知和使者的记忆，在豪萨语中称为"亚本阿纳比"（*Yabon Annabi*），在桑海语-哲尔马语中称为"阿茹阿比西菲"（*Annabi Sifey*），但以先知穆罕默德为中心。通过为被认为神圣纯洁的人作传，这些作品提出了应以特定方式被模仿的榜样。和其他

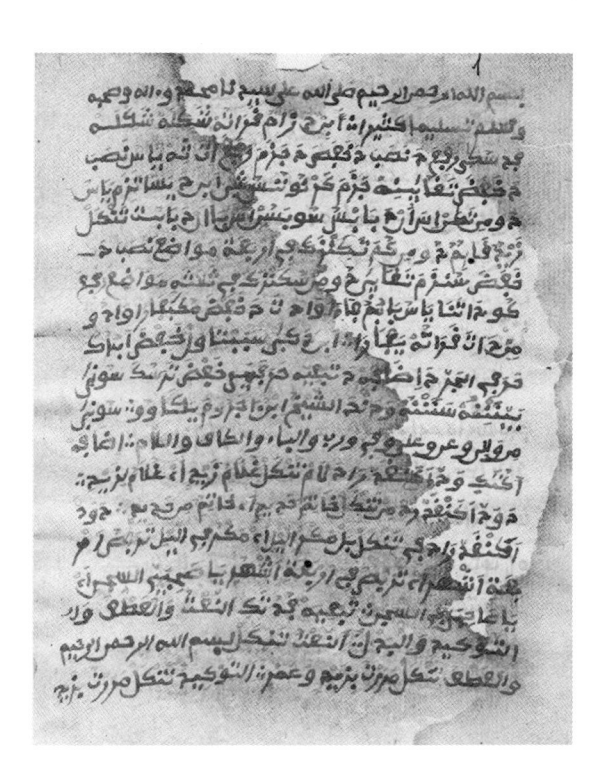

第八章 非洲的阿贾米：阿拉伯文字在记录非洲语言中的使用

图 8.2　IRSH/UAM 档案中第 367 号手稿中的一页。这是阿拉伯语著作 *Ajru-miyya* 的豪萨语版本，该著作是阿拉伯语学习者非常推崇的文本。

来自西非的原创宗教作品一样，这个学科也借鉴了当地特有的文化特点，部分因为这个原因，它对人们的影响力很大。这种诗歌首先是口头创作，后来被翻译成阿贾米。

由谢赫奥斯曼·丹·福迪奥为纪念先知穆罕默德而创作的诗歌就是这个类型的例子。① 他的诗歌由富拉语阿贾米和阿拉伯语组成，包含了不同的地方文化因素（见图 8.3）。

---

① 这些手稿在 IRSH 的收藏之中。

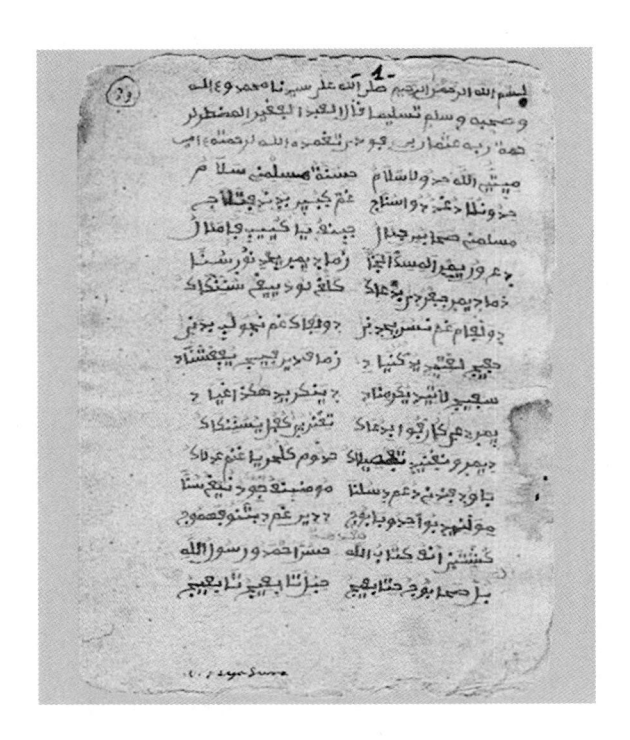

◇◈ 第二部分　作为史料的非洲阿拉伯语文学

图 8.3　IRSH/UAM 档案中第 393 号手稿中的一页。这是谢赫奥斯曼·丹·福迪奥为纪念先知穆罕默德，用富拉语和阿拉伯语写的一系列诗。

后殖民时期的阿贾米

以上我只是简要地思考了殖民地政府和掌握宗教知识的学者之间的关系。虽然古兰经的教导有了新的方向，特别是通过鼓励和推动宗教学校（madrasas），但殖民者（尤其是法国人）治下的政府仍然对穆斯林学者不信任。当然，此时的执政者与学者有着相同的背景，因此在文化上是相似的，但是真正的权力还在宗主国手中。这部分地解释了为什么后殖民国家采取的教育政策与殖民者的政策基本相似。它有三个主要目标：

（1）按照殖民国家的政治理想创造一个世俗的国家，并且无论如何都将（殖民国家的）顾问们留在新国家的官署中；

（2）考虑到尼日尔的大多数人是穆斯林这一事实，但避免建立一

第八章 非洲的阿贾米：阿拉伯文字在记录非洲语言中的使用

个"伊斯兰国家"，因为这将意味着传播"文明"的使命的失败。

（3）以与阿拉伯国家，特别是最富有国家的关系为荣，为国家的经济和社会发展提供必不可少的援助，从而使那些想利用信徒的极度贫困、在伊斯兰教的旗帜下提出政治要求的人无处下手。

在教育领域，在鼓励创建宗教学校的同时，这些国家首先鼓励的是产生地方行政精英的殖民地教育模式。有利于殖民地式教育的趋势强调独立，年轻一代完全被西方学校吸纳。于是父母和子女之间的代沟就扩大了——父母一代在乡下受到伊斯兰教影响的传统文化中长大，而他们的孩子成了精英，在大都市中心长大，这些地方往往通过学校来提倡西方的价值观念。在不到一个半世纪的时间里，由地方政府管理的殖民模式成为未来决策者阶层的灵感来源。

另外，学者依附于主要由伊斯兰教塑造而成的文化，所以熟悉阿贾米的人继续使用它，古兰经学校继续基于古兰经进行教学。在信仰伊斯兰教的西非，这种二元性是教育的特点之一。

但我们不得不注意到，今天大多数非洲语言都是以拉丁字母记录的，在大学里语言学也是用拉丁系语言教的。阿贾米似乎将会被逐渐取代。但是，在联合国教科文组织、伊斯兰教科文组织以及阿拉伯联盟教科文组织的技术和财政支持下，次区域国家（几内亚、马里、塞内加尔、尼日尔和乍得）已经实施了国家级的阿贾米文化扫盲项目。此外，还组织了旨在统一标准化记录系统和调整文学课程的圆桌讨论会。这些实践的初步成果是，产生了一个可运作的标准化阿贾米扫盲方案，这将作为符合人民实际状况的当地社区培训工具。

结论

长期以来穆斯林社区的传统是口头传播的，这一方法后来被用作文化保存工具的古兰经文字取代。几个世纪以来，不同学科的阿贾米文献留下了不可估量的文化遗产。阿贾米的标准化是一种值得欢迎的举措，这毫无疑问会使其使用者更加团结。但是，在目前对语言和文

第二部分 作为史料的非洲阿拉伯语文学

化优势的竞争这一背景下，将阿贾米作为一种有效的社区扫盲工具进行大规模使用会产生一定的政治问题。经济不发达的国家将需要做出政治选择，这就是为什么政治意愿是这一行动的关键因素。

至于有关的人群，他们仍然坚持用阿贾米——这种文字与他们的圣书古兰经分不开。

参考文献

Batran AA (1990) Révolutions Islamiques. In JFA Ajayi (Ed.) *Histoire générale de l'Afrique* (vol. 6). Paris：Unesco.

Cuoq J (1975) *Recueils des sources arabes concernant l'Afrique Occidentale du VIIIe au XVe siècle*. Paris：CNRS.

Daniel R (1970) *Croyances religieuses et vie quotidienne. Islam et Christianisme à Ouagadougou, Recherches Voltaïques*. Paris：CNRS.

El-Fasi M & Hrbek I (1990) Etapes du développement de l'islam et de sa diffusion en Afrique. In M el-Fasi (Ed.) *Histoire générale de l'Afrique* (vol. 3). Paris：Unesco.

Gibb HAR et al. (Eds) (1975) *Encyclopédie de l'Islam* (second edition). Leiden：Brill.

Hamani D (1981) *Contribution à l'histoire de l'islamisation des populations nigériennes avant la colonisation*. Provisional document. Université de Niamey.

Hamani D (1988) *Les personnalités célèbres dans culture et civilisation Islamiques (le NIGER)*. Rabat：ISESCO.

Hamidullah M (trans.) (1989) Le Saint Coran et la traduction en langue française. Medina, Kingdom of Saudi Arabia：La Présidence Générale des Directions de Recherches Scientifiques Islamiques, of Ifta, of the Prédication et de l'organisation Religieuse.

Kimba I (1981) Guerres et sociétés, les populations du (Niger) Occidental au XIXe Siècle et leurs réactions à la colonisation (1896 – 1906).

Etudes Nigériennes 46：48 – 49.

Ki-Zerbo J (1972) *Histoire de l'Afrique.* Paris：Hatier.

Ki-Zerbo J (Gen. ed.) (1990) *Histoire générale de l'Afrique* (nouvelles editions, 8 vols). Paris：Unesco.

Laroui A (1970) *Histoire du Maghreb.* Paris：Maspero.

Moumouni Z (1984) L'Islam au Niger. *L'Islam Aujourd'hui* 2：199 – 206.

Salifou A (1971) Le Damagaram ou Sultanat de Zinder au XIXe Siècle. *Etudes Nigériennes* 27：66.

Traoré A (1983) *Islam et colonisation en Afrique, Shaykh Hamahoullah, homme de foi et résistant.* Paris：Maisonneuve et Larose.

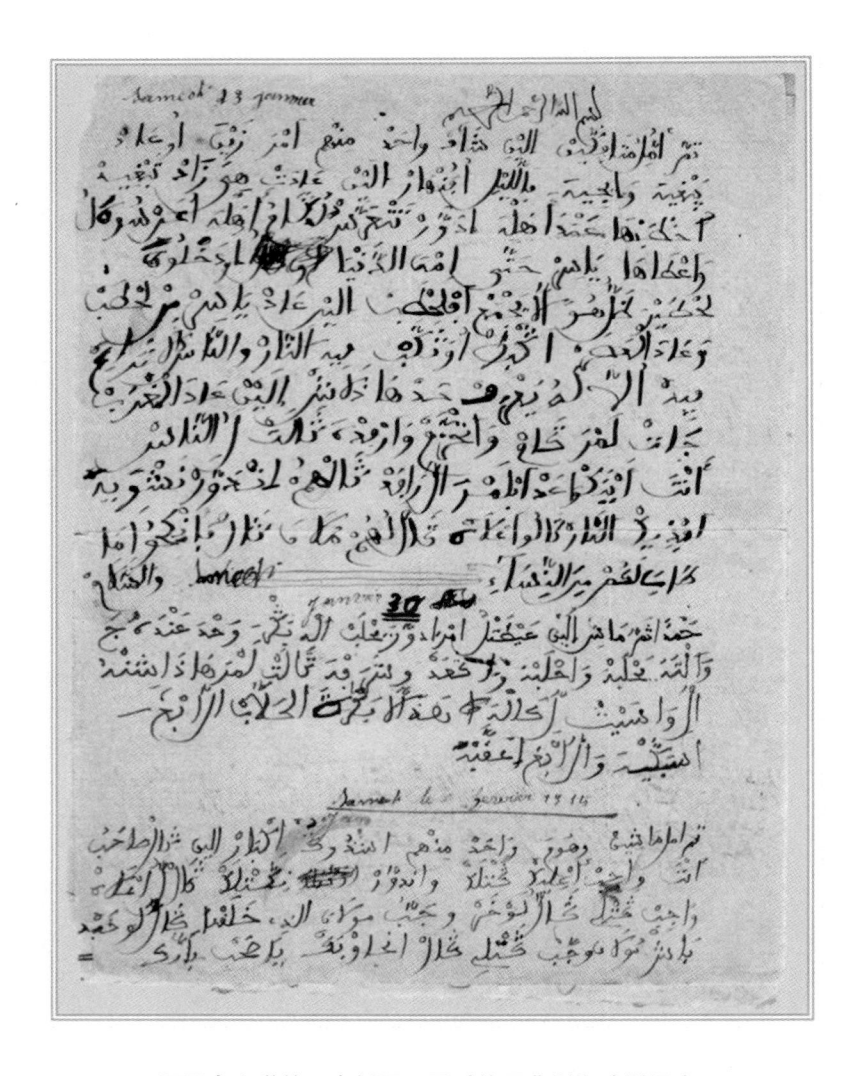

◈ 第二部分　作为史料的非洲阿拉伯语文学

阿贾米文学的一个例子，同时使用非洲和欧洲语言。

第九章 阿贾米文学与关于索科托哈里发国的研究

哈米德·博博伊（Hamid Bobboyi）

索科托哈里发国（1804—1903）[①]是谢赫奥斯曼·丹·福迪奥（'Uthman dan Fodio，1754-1817。也被称为谢胡，the Shehu）在他的弟弟谢赫阿卜杜拉希（Abdullahi，死于1829年）和儿子穆罕默德·贝洛（Muhammad Bello，死于1937年）的协助下建立的，被誉为中苏丹地区文化最丰富的国家之一，留下了大量的文献，对记载和评估哈里发国的历史有着巨大的价值。三位统治者自己就创作了250多件作品，多年来，他们的后代和继承领导者对这种名副其实的知识遗产做出了重大贡献。[②]

虽然索科托哈里发国的许多作品都是以阿拉伯文撰写的，但大量用阿拉伯文字写成的手稿用的是当地语言，主要是富拉语和豪萨语。尽管阿贾米文学可以扩大我们对索科托哈里发历史的认识，但是其潜力只是被学者开发了一部分，而且往往是在语言学方面而非历史学研

[①] 1804—1903年这段时间大致是该哈里发国存在的时期。虽然"圣战"结束于1804年，但直到大约五年以后索克托才建立。早在1774年，改革运动的领袖谢赫奥斯曼·丹·福迪奥完成其传教任期时，动员阶段就开始了。关于哈里发国的通史，参见 Last（1977）。同时，参见 Hiskett（1973）和 Fodio（1963）。

[②] 参见 Hunwick & O'Fahey（1995）。

究方面。① 本章试图探讨阿贾米文学的意义，以期了解它在建立和巩固哈里发国的过程中所起的作用。

圣战前的阿贾米文学

尽管在 18 世纪末和 19 世纪，阿贾米手稿广泛传播，但很难确定地追寻 18 世纪以前中苏丹地区阿贾米文学的发展。约翰·菲利普斯（John Phillips）断言："目前可见日期可靠（但不是绝对）的最早阿贾米作品是《先知摩西的启示》（*Riwayar Annabi Musa*），作者是著名的卡诺学者阿卜杜拉希·苏卡（Abdullahi Suka），此书可以在乔斯博物馆（Jos Museum）收藏的手稿中看到。"② 不过，虽然阿卜杜拉·本·穆罕默德·本·萨利姆（'Abd Allah b. Muhammad b. Salim），也被称为阿卜杜拉希·苏卡，在 17 世纪中叶创作活跃，写了《捐赠者的礼物》（*Atiyyat al-mu'ti*），③ 但没有确切的证据表明他是豪萨语阿贾米手稿《先知摩西的启示》的作者。也有可能穆罕默德·本·马萨尼（Muhammad b. Masanih，死于 1667 年）和穆罕默德·本·萨巴格（Muhammad b. al-Sabbagh，1640—1641 年活跃）写了一些阿贾米手稿，④ 但是没有可靠的证据来证明《巴德尔之战》（*Waqar Yakin Badr*）是他们两人中任何一位的作品。

默文恩·希斯克特（Mervyn Hiskett）对豪萨语阿贾米文学和豪萨语伊斯兰诗歌的发展做了更广泛的研究，他对这个问题采取更为谨慎的态度。⑤ 希斯克特提醒注意豪萨语口头文学的两种主要形式："基拉里"（*kirari*），意为赞美词，与"瓦卡尔雅博"（*wakar yabo*），意

---

① 参见 Hiskett（1975）和 Furniss（1996）。目前为止，利用此资源做出的最有帮助性的成果是 Boyd & Mack（1999）。
② Phillips（1999：19）.
③ 关于阿卜杜拉希·苏卡，参见 Hunwick & O'Fahey（1995：32 – 33）。
④ Phillips（1999：19 – 20）.
⑤ 关于此问题，参见 Hiskett（1975：1 – 11）。

第九章 阿贾米文学与关于索科托哈里发国的研究

为赞美歌。① 虽然这两种形式在国王统治列表和编年史中都存在,② 但它们显然是非伊斯兰教的,虽然流传了下来,但不能融入伊斯兰文学的主流传统。希斯克特据此认为,我们今天所知道的豪萨语"文字诗歌",实际上是一种伊斯兰教的创造,可能是索科托改革者做出的"创新"之一。③

艾哈迈德·巴巴研究所中,一部手稿正在等待修复和保存。

尽管18世纪末之前豪萨语文字诗歌的历史还不能完全确定,但有证据表明,在17世纪下半叶,某种形式的富拉语阿贾米文学已经

---

① Hiskett(1975).
② 希斯科特援引《卡诺编年史》中的"赞美歌"(kirari)作为这种豪萨语文学的代表。也可能,博尔努的卡努里王家编年史传统也是在类似情况下起源的(Hiskett, 1975: 2-3)。参见Palmer(1936)。
③ 希斯科特认为,豪萨语中的伊斯兰语诗歌可能是在圣战前时期被创作出来的,"但是数量不多,而且没有证据证明它们曾经落实到书面上"。(Hiskett, 1975: 18).

173

存在，而且它具有足够的内在一致性，因此吸引了穆罕默德·瓦利·本·苏雷曼·法拉提（Muhammad al-Walib. Sulayman al-Fallati，活跃于1688—1689年）等严肃的伊斯兰学者的注意。① 富拉语的《理解神学之无上方法》（al-Manhaj al-farid fi maʿrifat ʿilm al-tawhid）是萨努西（al-Sanusi）所作《小信条》（Sughra）的一些富拉语评论的阿拉伯文版本，萨努西的这一著作是西非认主独一研究的主要文本之一。② 谢赫奥斯曼·丹·福迪奥和他的同事们对既存文献究竟做了多少阐述，我们不能完全确定，但当时富拉语显然已经有了一个文学基础，他们可以在此基础之上进一步工作。

改革的传统

在谢赫奥斯曼·丹·福迪奥的领导下建立索科托哈里发国家是一个渐进的过程，用了几十年的时间才实现。这个过程的最初阶段和最关键的阶段之一就是动员阶段。1774年，谢赫奥斯曼才20岁，就开始积极地从事教导和讲道事业，后来建立了一个自治的宗教团体（jamaʿa），1804年开始独立于戈比尔（Gobir）当局。③ 我们需要在索科托改革运动的"动员框架"之内确认阿贾米文学的重要性，以及哈里发领导人如何有效地利用它在戈比尔、扎姆法拉（Zamfara）和凯比（Kebbi）的农村和文盲社区中建立实质性的存在。在以下文字中，阿卜杜拉希·丹·福迪奥（死于1829年）对阿贾米文学在这个动员过程中所起的作用给予了坚定的认可：

"然后，我们与谢赫一起开始行动，帮助他执行宗教工作。

---

① 参见 Hunwick & O'Fahey（1995：34-37）。必须指出的是，《理解神学之无上方法》是散文作品，不显示任何"文学诗歌传统"。虽然在本领域，有人援引谢赫塔希尔·本·伊布拉欣·法拉蒂（Shaykh Tahir b. Ibrahim al-Fallati，死于1745—1746年）所作的富拉语诗歌，但这些并不为人熟知。

② 参见 Hunwick & O'Fahey（1995：35）。

③ 参见 Last（1977：3-40）。

第九章 阿贾米文学与关于索科托哈里发国的研究

他为此目的前往东方和西方，通过他的阿贾米语言［豪萨语和富拉语］讲道和韵文颂诗'卡西达'（qasidas）将人们聚集到真主的宗教周围，并摧毁违背伊斯兰法律的习俗。"①

在强调在动员行动中使用阿贾米的策略重要性上，谢赫奥斯曼·丹·福迪奥也有自己的表达，这体现在他用富拉语写的题为《遗忘之衰竭》（*Babuwol kire*）的诗中：②

> 我的意图是写一首关于遗忘［之衰竭］的诗
> 我打算用富拉语写，这样才能启蒙富拉人。
> 当我们用阿拉伯语写［一首诗］的时候，只有识字的人受益。
> 当我们用富拉语写时，不识字的人也获益。

在运动的这个阶段，谢赫奥斯曼·丹·福迪奥和他的助理们的重点似乎是发展一个有意识的穆斯林人格，使其能够辨别豪萨兰（Hausaland）的社会弊病及其宗教问题和矛盾。③ 这种明显的社会宗教性抗议体现在一些阿贾米诗歌，尤其是谢赫奥斯曼·丹·福迪奥作的诗歌中。一首很受欢迎的这类作品是谢赫奥斯曼·丹·福迪奥用富拉语写的"乌吉扎"（*urjuza*）体诗歌，题为《豪萨兰之弊病》（*Boneji Hausa*）。④ 这首诗承认，在豪萨社会中流行着许多恶，而思想领袖沉默的共谋使得以严肃和系统的方式处理这些恶的问题成为困难。然后，这首诗继续强调一些这类弊端：

---

① Fodio（1963：85-86）。
② 参见 Abubakar et al.（2004：18-25）。
③ 穆罕默德·贝洛的作品提供了在运动的这个阶段其父的一些宣传手段和策略。参见 Bello（1951）。
④ 参见 Saidu（1979：203-205）。

175

第二部分　作为史料的非洲阿拉伯语文学

> 有些弊病是脸上的纹身
> 有些弊病是为死者哭泣。
> 有些弊病是［在敬礼期间］的行礼致敬，
> "你们站立时不要敬礼"
> 一些弊病是捕了自由的穆斯林，而不是奴隶。
> 这个行动之后是奴役。
> 这造成伊斯兰教教法不能通行。
> 而且许多人不按照法律分配财产。
> 一个弊病是没有洗礼就做祷告。
> 许多人从不为他们的动物付天课（zakat）。
> 另一个弊病是女性不学习
> 她们的身体从来没有正确覆盖
> 一些人把"班特"围裙（bante）松散地穿着，让它们"萨巴萨巴"地吹动。
> 哦！这些人不在正确的道路上。

奥斯曼·丹·福迪奥的另一首属于这类的诗是《劝告》（Wasuyeji），它劝人们不要与压迫的统治者、创新者和其他不受欢迎的人物社交，鼓励与虔诚者、有学识者和追随逊奈者结交。根据奥斯曼的说法，后者这些人比父亲和母亲地位都要高。① 在富拉语诗《哈索托比》（Hasotobe）中，他进一步阐述了这些不受欢迎的人物中的一个群体：谣言和仇恨的传播者，他们认为谢赫及其弟子们正在努力完成的事业没有一点可取之处。②

在奥斯曼的改革运动的动员阶段及此后，第二类阿贾米文学发挥了重要作用，这就是豪萨语的"瓦阿兹"（wa'azi），即富拉语的

---

① 参见 Saidu（1979：198－199）。
② 参见 Saidu（1979：201－202）。

第九章 阿贾米文学与关于索科托哈里发国的研究

"瓦居"（*waju*）诗歌。奥斯曼的儿子穆罕默德·贝洛认为，瓦阿兹诗歌提醒人们来生的存在，它的乐趣、考验和磨难，以便把对安拉的恐惧灌输到他们的心中。① 从现有收藏的手稿中的观点来看，这类阿贾米文学相当多。然而，主要的问题是，这些诗歌大部分没有注明日期，因此很难认定它们产生于这个时期。

题为"这悲惨的世界"（*Duniyayel*）的富拉语韵文颂诗"卡西达"被认为是谢赫奥斯曼·丹·福迪奥所作，它就属于瓦阿兹文学中的这一类。这一首和其他类似的诗歌试图强调这个世界的短暂性，并使人们认识到只有来世才是真实的。《这悲惨的世界》举出的例子确实是经典的：

> 这个悲惨的世界就像蛇的身体。
> 所以抓住它的任何人都会空手而归。
> 这个悲惨的世界就像一片云彩的影子。
> 云很快就会消失，影子也就消散。
> 这个悲惨的世界就像一个海市蜃楼。
> 那些决心取得它的人将什么也找不到。②

阿卜杜拉希·丹·福迪奥的豪萨语韵文颂诗《奥都的财产》（*Mulkin audu*）③ 描绘了一幅关于现世短暂性和复活之日的更加鲜明的图画：

> 在我们哀伤的那个日子，应该说："那怎么了？今天他已经去世了。"
> 他的一切都去世了
> 他所有的继承人现在喝了汤。
> 当你死亡的日子来临时，

---

① Bello（1951：91-94）.
② Abubakar et al.（2004：3-8）.
③ Hiskett（1975：29-31）中有原文记录。

第二部分 作为史料的非洲阿拉伯语文学

你会忘记儿子和孙子。
你藏起来的财富不能将你救赎,你听到了吗?
在复活日将会有召唤;
我们将召集全人类。
没有人穿裹腰,甚至没有一块腰布;
没有什么可笑的!
判决将被作出,人们被区分开来;
每一个不信的人都会遭受折磨。

谢赫奥斯曼的《地狱颂歌》(*Yimre Jahima*)① 提到那些即将遭受折磨②、想逃过地狱(*Jahima*)之火的人,以此进一步讨论地狱火问题。最后,忏悔(*tuba,tubuye*)问题带来了一个合乎逻辑的结论,即瓦阿兹文学具有周期性。谢赫奥斯曼的《诗歌之母》(*Inna gime*)③ 是一个很好的悔改诗的例子,它说明了这些诗歌的恳求性。

与我们对索克托哈里发国的早期历史认识有关的第三类阿贾米文学,就是教导性诗歌,此类诗歌的目的是传授简单的伊斯兰法学、认主独一和先知穆罕默德传记。穆罕默德·贝洛所作《幸运的回报》(*Infaq al-maysur*)中,谢赫奥斯曼的讲道清楚地表明了以上三种主题的重要性,④ 而很有可能的是,阿贾米被用来有效地将信息传递给不识字的运动追随者。前文已经提到过谢赫奥斯曼的《遗忘之衰竭》(*Babuwol kire or Sujud al-sahwi*)。这可以补充其他一些传播到现在的 *gime furu' a*。⑤ 也有可能一些主要的作品,如谢胡本人所写的《圣行

---

① Saidu(1979:206 - 207).
② 谢赫奥斯曼提到煽动仇恨者、小偷和通奸者、滥用天课者、伤害他人者、贪婪的统治者、腐败的法官、反抗卡迪判决者以及"[言行]与其所学不符的学者"(Saidu 1979:207)。
③ Saidu(1979:197 - 198).
④ Bello(1951:74 - 94).
⑤ 参见 Abubakar et al.(2004:18 - 25)。描述伊斯兰教法学的不同分支的 furu' 体诗歌在现存的手稿收藏中数量很多。但是,由于创作时间无法确认,难以将它们归于我们讨论的时期。

第九章 阿贾米文学与关于索科托哈里发国的研究

的复兴》(*Ihya al-Sunna*),曾以诗歌的形式在豪萨语和富拉语中流传。①

认主独一方面的现存作品之一是豪萨语《知晓至上之真主的存在》(*Musan samuwar jalla*),作者是谢赫奥斯曼的一名门徒马拉姆·乌斯曼·米加(Malam Usman Miga)。② 根据希斯克特的分析,这一作品基于伊布拉欣·拉卡尼(Ibrahim al-Laqani,死于 1668 年)的《伊斯兰神学之宝》(*Jawharat al-tawhid*) 和穆罕默德·本·优素福·萨努西(Muhammad b. Yusuf al-Sanusi,死于 1486 年)的《证明之母》(*Umm al-Barahin*)。③ 阿贾米穆罕默德传记文学的一个例子是《生平之歌》(*Wakar sira*),作者阿卜杜拉希·丹·福迪奥以精密的语言,给出了先知和先知传记的各个方面的系谱。④ "先知之赞美"(*madh al-nabi*)文学与穆罕默德传记文学相关,但更追求宗教和祈祷等目的。这组阿贾米诗歌,有豪萨语和富拉语两种,分布也相当广,但是在这个历史时期之内,无法精确地定位到具体的年代或主要人物。⑤

希吉拉、"圣战"和合并

导致谢赫奥斯曼·丹·福迪奥的希吉拉和组织圣战的事件已经被还原得比较好了。阿卜杜拉希·丹·福迪奥的《手稿之装饰》(*Tazy-*

---

① 在索科特国家历史部(Sokoto State History Bureau)的阿拉伯语收藏中发现了《圣行的复兴》(*Ihya al-Sunna*)的一个富拉语版本,是"乌吉扎"形式。其纸张非常古老,由一个"沉稳的圣战者之手"写下。诗页脆弱,没有日期和创作时间。
② Hiskett(1975:68 – 71)所引诗歌。
③ Hiskett(1975).
④ Hiskett(1975:53 – 58)。阿卜杜拉希·丹·福迪奥的富拉语颂诗《生平之歌》也在阿布巴卡尔等人的书中出现(Abubakar et al., 2004:26 – 67),此书对这首诗的作者身份加以肯定。随之出现的问题是,两首诗中哪一首是原作,哪一首是翻译。这一问题也可能会影响到很多其他诗歌,尤其是 1840—1870 年。在这一时期,这些诗歌中的许多被翻译成豪萨语。
⑤ 必须特别指出,谢赫奥斯曼的《对先知的向往》(*Ma'ama'are*)被其子伊萨翻译成了豪萨语。参见索科特国家历史部档案 mss 4/28/205。谢赫奥斯曼的另外一首诗歌(*Miyetti ya Allah neldo Muhammadu*)被约翰·赖兰德斯(John Rylands)收藏(编号 J9/15)。

in al-waraqat）以及穆罕默德·贝洛的《幸运的回报》中详细叙述了这些重大事件及其后果。就动员民众参与希吉拉而言，阿贾米再一次起到了至关重要的作用。用阿卜杜拉希·丹·福迪奥的话来说：

> 然后，我们的谢赫奥斯曼——愿安拉通过他延续伊斯兰的荣耀——当他看到社区人们的伟大，他们与不信者划清界限、开始圣战的愿望，他就开始鼓动他们使用武器——他开始向安拉祈祷，希望安拉向他展示伊斯兰教在这个苏丹国的主权，并且用非阿拉伯语的颂诗记录了这件事，称为卡迪尔里耶……①（强调为本文作者所加）

也可以认为，阿贾米文学在动员圣战、理解应该如何按照伊斯兰教法进行圣战方面发挥了同等重要的作用。穆罕默德·贝洛的一首题为《圣战之歌》（*Yimre jihadi*）的"乌吉扎"诗歌是这类阿贾米文学的现存作品之一。② 与圣战诗歌密切相关的是战斗报告和庆祝圣战者胜利的报道。阿卜杜拉希·丹·福迪奥的《豪萨诗歌》（*Hausa Poem*）讲述了穆斯林在卡拉姆巴伊那（Kalambaina）的胜利，③ 这是一个很好的例子。在以后的几年里记述这些战斗的人中，谢赫奥斯曼的女儿娜娜·阿斯玛乌（Nana Asma'u）是重要的一位，她写了很多关于这些主题的诗歌。不过要注意，娜娜·阿斯玛乌不仅是哈里发国战役和胜利的记录者。她通过教育活动和广泛的社会网络，大大增强了阿贾米在巩固新兴哈里发国上的作用。娜娜·阿斯玛乌和她的弟弟伊萨（'Isa）将谢赫奥斯曼的许多作品翻译成豪萨语（Hausa），使它们更容易接触到更多的人。④ 她还写了大量的作品，丰富了阿贾米文

---

① 索科特国家历史部档案 4/15/206 存有一首题为《卡迪尔里耶》的富拉语颂诗，其意思和阿卜杜拉希·丹·福迪奥译为阿拉伯语的诗歌非常相似。
② 参见 Abubakar et al.（2004：71-75）。
③ Hiskett（1975：28）.
④ 其他作品包括，娜娜·阿斯玛乌将谢赫奥斯曼·丹·福迪奥的《真的真理》（*Tabbat haqiqa*）翻译成豪萨语，而伊萨翻译了其《对先知的向往》（*Ma'ama're*）。

第九章　阿贾米文学与关于索科托哈里发国的研究

学的版图，扩大了其范围，她的作品处理了通常只能由古典阿拉伯主义者讨论的问题。①

同样重要的是认识到，娜娜·阿斯玛乌不仅见证了索科托哈里发国的统一，而且也见证了几乎所有在其成立过程中发挥关键作用的人的死亡。娜娜·阿斯玛乌留给我们的大量颂歌和挽歌这类阿贾米文学作品，证明了这些经历的创伤性，以及她在确保社会连续性和帮助恢复社会情感平衡方面的决心和韧性。②

政治抗议

本章将要考虑的最后一类阿贾米文学是处理政治抗议的作品。在谢赫奥斯曼·丹·福迪奥的领导下，豪萨兰这片土地所见证的激烈政治变革，必然带来巨大的牺牲和极大的期望。当领导层不能满足这些期望的时候，用来推翻原来秩序的手段也可以被有效地利用来颠覆新的秩序。这使我们把阿贾米文学视为"颠覆性"的文学。

不过针对索克托哈里发国，我们需要审慎考虑这个问题。可以说，阿卜杜拉希·丹·福迪奥所带动的激进传统可能并没有在哈里发国的巩固之后就完全消失。我们会想起，早在1808年，阿卜杜拉希·丹·福迪奥就不再对圣战抱有幻想：

> 当我的同伴们死去，我的目标失败；
> 与我为伍的只剩其余人，那些骗子。
> 他们心口不一，跟着自己的欲望走；
> 跟着对所有需要的东西的贪婪走……
> 他们的目的是统治国家及其人民

---

① 参见 Boyd & Mack（1999：目录，v – viii）。
② 娜娜·阿斯玛乌关于这些主题的诗歌包括：*Sonnore Abd Allah*；*Sonnore Bello*；*Sonnore Mo'Inna*；*Sonnore Bukhai*；*Sonnore Gidado*；*Sonnore Zahra*；*Sonnore Hawwa*；*Sonnore Bingel*；*Sonnore Na'Inna*；*Sonnore Mustafa*；*Alhinin Mutawar Modibbo dan Ali*；*Alhinin Mutuwar Halima*.

◈ 第二部分 作为史料的非洲阿拉伯语文学

以此为乐,并以此获得不信教者青睐的地位
以及他们主权的头衔。
以及让无能的人居于高位;
以及收集小妾和华服;还有在城镇里而不是战场上奔腾的马。①

许多用阿贾米写作的索克托学者同情阿卜杜拉希·丹·福迪奥的立场。随着"冒犯行为"的增长,他们的批评也越来越刺耳。这些声音中的一个是马拉姆·穆罕默德·纳·博尔宁瓜里(Malam Muhammadu Na Birnin Gwari,活跃于1850年):

你们知道,复活日那天暴政将会沉入黑暗;
这是穆罕默德,真主之信使的话。
在东方和西方,正义都将像毯子一样被铺开;
在南方和北方,到处,为穆罕默德的人们……
保镖、内室传信人和小妾们在哪里?
官廷里的女人在哪里?来听点对你们有益的……
还有你们,国王的侍臣们,不要在城里逛了,
不要再用不法的条款收缴人们的财产。
不要再骑着马到处遛,往人家院子里看[以寻找可供收缴的财物]。②

第二个声音是穆罕默德·拉吉·本·阿里·本·阿里·巴克尔(Muhammad Raji b. Ali b. Abi Bakr,死于1865—1866年)。③ 他的著名作品是一首富拉语颂诗,题为《崩溃的标志》(Alamaaji ngirbuki),表达了与马拉姆·穆罕默德·纳·博尔宁瓜里相似的感情:

---

① Fodio(1963:121-122).
② Hiskett(1975:101).
③ Hunwick & O'Fahey(1995:434-436).

第九章　阿贾米文学与关于索科托哈里发国的研究

> 我们看到崩溃的标志；
> 先知的圣训和正义的话语都这样说……
> 暴政，欺骗和不正义如此的猖狂；
> 只关心建立新的高楼
> 废弃清真寺。
> 领袖们成为了一帮不负责任的、危险的恶棍。
> 从中你找不到一个正义的或是指引正确方向的。①

有趣的是，如同阿卜杜拉希·丹·福迪奥一样，莫迪波·拉吉（Modibbo Raji）也对希吉拉，最好是向麦地那，表现出莫大的兴趣，以便在那里追溯先知的脚步：

> 如果有地方逃，我已经逃了。
> 我会在麦地那追寻先知的足迹。
> 事实上，我的身体没有动，不能进行旅行；
> 但是心已经急切地离开了，虽然肢体没有动。②

结语

在这一章中，本人试图在对索克托哈里发国的研究中探索阿贾米文学的重要性。首先，追溯中苏丹地区阿贾米伊斯兰诗歌史的困难，强调可能是索克托哈里发国赋予了这一文学种类其现有的身份和特点。进一步，阿贾米文学在改革运动的动员阶段所起到的作用，尤其是帮助圣战的领袖们向支持他们但不识字的追随者传达信息。如果不

---

① Abubakar et al.（2004：90-103）.
② Abubakar et al.（2004）.可与阿卜杜拉希·丹·福迪奥（1963：122）的诗歌相比较："我的心飞往麦地那，因渴望而数年徘徊在那里，不会返回；但是我的罪恶使我的身体与之远离，迷惑着……"

◇◈◇ 第二部分 作为史料的非洲阿拉伯语文学

考虑有意识而有效地利用了阿贾米这个因素，很难想象索克托圣战会成为如此大规模的运动。

最后，本文考察了希吉拉和圣战时期以及政权巩固时期阿贾米文学的作用。在认识到索克托哈里发国中既存的激进伊斯兰思潮的基础上，进一步强调了19世纪后半期阿贾米作为"颠覆性"文学的重要性。

这一章还提出，作者身份和准确的历史时期的定位之难，是对既有阿贾米文学进行全面研究中存在的一个问题。我认为，应该努力发掘更多的手稿，以提供一个更大和更多种类的资源库，帮助澄清一些悬而未决的问题。研究者们也应该关注口头传统的传人——人们所知道的熟悉口头传统的年长男性、女性以及盲人"协会"，以便获得这些文件的口头版本，以及关于其作者的信息。

虽然一般认为，豪萨语和富拉语是尼日利亚主要的两种阿贾米语言，我们还是应该探索其他的"阿拉伯语言"，包括努佩语、卡努里语和约鲁巴语，看是否存在阿贾米文学。对语言发展的更好了解，即对特定阿贾米拼写学及其在几个世纪中的变化的了解，将会使前述恢复性的努力受益匪浅。

第九章 阿贾米文学与关于索科托哈里发国的研究

参考文献

Abubakar MB, Tahir US, Hamid B & Dewa S (Compilers and trans) (2004) Fulfulde poems (Vol. 1). Yola: Sokoto Bicentenary Committee.

Bello M (1951) Infaq al-Maysur fi tarikh bilad al-Takrur. London: Luzac.

Boyd J & Mack B (1999) The collected works of Nana Asma'u, daughter of Usman dan Fodiyo (1793-1864). Ibadan: Sam Bookman Publishers.

Fodio A (1963) Tazyin al-waraqat. Edited and translated by M Hiskett. Ibadan: Ibadan University Press.

Furniss G (1996) Poetry, prose and popular culture in Hausa. Edinburgh: Edinburgh University Press.

Hiskett M (1973) The sword of truth: The life and times of the Shehu Usman dan Fodio. New York: Oxford University Press.

Hiskett M (1975) A history of Hausa Islamic verse. London: School of Oriental and African Studies.

Hunwick JO & RS O'Fahey (Eds) (1995) Arabic literature of Africa: The writings of Central Sudanic Africa (Vol. 2). Leiden: Brill

Last M (1977) The Sokoto Caliphate. London: Longman.

Palmer R (1936) The Bornu, Sahara and Sudan. London: John Murray.

Phillips JE (1999) Spurious Arabic: Hausa and colonial Nigeria. Madison: African Studies Program, University of Wisconsin-Madison.

Saidu AG (1979) The significance of Shehu's sermons and poems in Ajami. In YB Usman (Ed.) Studies in the history of the Sokoto Caliphate. Zaria: Department of History, Ahmadu Bello University for the Sokoto State History Bureau.

◈ 第二部分 作为史料的非洲阿拉伯语文学

一些装在保护性皮封壳中的手稿,这些封壳增加了手稿的可移动性。

第十章　索克托哈里发国的书籍

默里·拉斯特（Murray Last）

　　方多·卡迪（Fondo Ka'ti）有一大批阿拉伯语旧手稿，现存于安达卢西亚政府大量捐资支持的一个图书馆中，位于通布图。关于它的研究已经非常多了。① 这个收藏的创建人似乎是一个来自格拉纳达的"哥特人"（al-Quti），在1468年左右离开了西班牙。② 该收藏非常丰富，但最近才为世人所知。它不仅是一个个人图书馆，还记录下了西非前殖民时期的书籍制作和销售方式。一些学术群体做出了较好的研究：也许最值得注意的是毛里塔尼亚的游牧诗歌和教法方面的学者，他们是通布图学者在西面的邻居；这两个群体主要向摩洛哥寻求进口纸张和书籍，其次的来源是阿尔及利亚。③

　　本章的重点是手稿。讨论中省略了阿拉伯语印刷书籍的交易，尽管这个问题有趣却被忽视。我不知道最早在西非印制的阿拉伯书是什么。根据查尔斯·斯图尔特（Charles Stewart）的报告，在学术气息浓厚的毛里塔尼亚，谢赫西迪亚（Shaykh Sidiya）的第一本印刷书是在1861年才产生的。④ 但是早在18世纪，西非的学者可能就拥有欧几里得著作的印刷本（可在麦加获得），也许还有其他技术或科学作品。例如一位索科托的建筑师——他曾从休·克拉珀顿（Hugh Clap-

---

① Hofheinz（2004）.
② Hofheinz（2004：156）.
③ Lydon（2004）.
④ Stewart（1970：243）.

◈❖ 第二部分 作为史料的非洲阿拉伯语文学

perton）处索取到了一把冈特标尺——已经拥有了其父在开罗获得的所有建筑文献。① 同样，在1826年第二次访问索科托的时候，克拉珀顿给穆罕默德·贝洛带来了一些合适的阿拉伯语书籍：欧几里得的《几何原本》，伊本·西纳（Ibn Sina）的作品，鞑靼历史，以及一本《古兰经》，新旧约和《诗篇》。② 当"富拉德"学者（Fellata，讲富拉语的学者）"从麦加……土耳其和摩洛哥的帝国……阿尔及尔、突尼斯和的黎波里……把所有他们能够讨到或购买到的阿拉伯书籍带回来"时，毫无疑问，其中包括一些印刷的书卷。③ 很可能北非市场上的印刷装订书籍价格更便宜，而且比手工制作的定制本更容易买到。在16世纪初期，伊斯兰世界已经有了能够处理阿拉伯文的印刷机（一些熟练的印刷工人是来自西班牙的移民），并印刷了从同一时期在欧洲出口用于中东地区的阿拉伯文书籍。然而，出于表面上的宗教原因，直到18世纪才使用穆斯林生产的印刷品。④ 普通的宗教文本可

---

① Denham et al. ［1828, 2: 364 (1st journey)］; Clapperton ［1829: 198 (2nd journey)］.

② 这些书是谨慎选择出来的。1829年，克拉珀顿（Clapperton）向贝洛道别时，贝洛向前者索要了书籍，但我们不知道他想要的什么。《帖木儿统治下的鞑靼历史》（*The History of the Tartars under Tamerlane*）一书可能就是阿布－加齐·巴哈杜尔汗（Abu'l-Ghazi Bahadur）所作的《突厥人世系谱》（*Shajara-i Turk*），五十年前，爱德华·吉本（Edward Gibbon）在其《罗马帝国衰亡史》中大量使用了《突厥人世系谱》法文译本中的内容。阿拉伯语翻译版本是谁印制的尚不清楚，但克拉珀顿早先访问贝洛时，二者就早期中东的历史进行了谈话，因此这本书将是一个合适的礼物。考虑到贝洛在医学上的积极参与以及他对新方法的兴趣——他也希望英国政府往索科托派一位医生——伊本·西纳（Ibn Sina）的《医典》（*al-Qanun*）也是一份不错的礼物。无论如何，穆罕默德·贝洛阅读非常广泛：我的索科托同事桑博·贾乃杜（Sambo Junaidu）教授提醒我，贝洛说过，他曾经统计自己读过的书的数量——达到了20300本。

③ Clapperton (1829: 206).

④ Krek (1971).16世纪的旅行家利奥·阿非利加努斯（Leo Africanus）记录了摩洛哥和通布图的书籍贸易的情况。然而，有些情况则不明确：关于他对罗马的阿拉伯语书籍的兴趣、他参与教皇出口阿拉伯语书籍的计划、或他与跟北非贸易有关的纸张制造商和印刷商可能存在的联系。参见关于娜塔莉·泽蒙·戴维斯（Natalie Zemon Davis）关于利奥·阿非利加努斯的新的研究（2006）。Atiyeh (1995) 提供了关于奥斯曼帝国关于印刷的诏书，而 Mahdi (1995) 评论了意大利人早期为古兰经的排版所作出的努力；有关详细的列表，请参阅 Abi Farès (2001)。在16世纪90年代，伊德里希和欧几里得的作品由梅第奇家族（Medicis）印制出口（帝制时代的土耳其政府为之颁发了进口许可证）。但是，早在印刷发明之前很久，欧几里得的阿拉伯语翻译版本就已经存在了。贝洛第一次从麦加得到的副本可能是一份阿拉伯文手稿，而不是印刷的书。克拉珀顿发现贝洛在阅读新得到的欧几里得的《几何原本》，但没告诉我们别的。为什么穆罕默德·贝洛对欧几里得如此感兴趣，我并不清楚；要说有什么的话，他的叔叔阿卜杜拉希更像是一位数学家——例如，他通过计算确定了新清真寺的方向。

188

第十章 索克托哈里发国的书籍

以设置成可移动的印刷版，但是如《古兰经》（或摩西五经）那样神圣的文本必须手写，尽管手写文本的平版印刷是可以接受的。因此，西非古代图书馆主要由手稿组成。

我在这里想要简要讨论通布图以东的穆斯林学者群体——他们活跃在豪萨兰和博尔诺，也就是现在的尼日利亚——关于其手稿书籍的问题。我将关注前殖民时期，尤其是19世纪，这一时期索克托哈里发国成功地统一了比非洲任何其他独立国家都广大的土地。从这个国家的西边走到东边需要四个月，北边走到南边要两个月。它是作为一个埃米尔联盟，由索克托的"穆民的长官"（amir al- mu'minin）以及官僚人员管理的，这些官员用一种马格里比文字书写的阿拉伯语进行彼此通信。① 他们使用"古典的"阿拉伯语，不是北非或苏丹的口语。日常使用的语言则是富拉语或豪萨语，但是这两种语言都不用于书写散文（它们用于写诗歌）。所以，在可以在哈里发国自由行动的谢赫和学生们中，潜在的书籍"市场"非常巨大。

像信件一样，书籍也会旅行。② 当然，很多书不是以一些扎在一起的书页的形式来旅行的，而是在人的头脑中以记忆的形式。有些时候，书是在旅行的过程中被创作出来的。但是，带着书旅行的学者们似乎很少在旅程中打开书。藏书家艾哈迈德·巴巴（Ahmad Baba）曾被作为人质扣留在马拉喀什，1607年获释回到老家通布图的过程中写了一本书——*al-Lam 'fi 'l-ishara li-hukm tibgh*——书中他对读者

---

① Last（1967b）.

② 那时没有正式的邮政系统，但有专业跑腿者负责传送信件。也没有马车，这意味着只要人能走的小路都可能被当作一条"道路"。在实践中，城市之间有大篷车使用的主要路线，每隔15英里左右就有一些设施，供牺畜（驴、骆驼、牛、骡、马）和搬运工在夜间进食和休息。因此，离主干道比较远的学校（tsangaya）中的富拉尼学者——他们很多是自己选择这样的环境的——就错过了大篷车带来的书籍交易，除非他们额外付出努力与大城市的同事（或竞争对手群体，如旺加拉人）保持联系。在农村深处的孤立学者群体获得了认真学习的声誉，并且代表了与分心因素比较多的城市学校不同的知识生活。桑博·贾乃杜教授（Sambo Junaidu）（2007）指出了在"圣战"之前，谢赫奥斯曼和他的同行学者心中记下了多少本书；他们对一些书的记忆是可视的，这使他们能够在脑海中浏览书籍的页面来检查参考。

189

◈ 第二部分 作为史料的非洲阿拉伯语文学

道歉，希望他们原谅有些引用部分的不准确（他写作的主题是烟草的合法性，当时烟草刚刚从美洲被进口到非洲）。他说，在跨越多阿（Dra'a）旱谷的时候，他的书都还在骆驼背上，因此无法检验根据记忆写下的引用段落的准确性。① 西非的学者们并不经常这样在旅途中工作，通常也没有很多藏书（或者是骆驼）。1804年的旱季晚期，在一次"危险"的"圣战"初期，谢赫奥斯曼从德格尔（Degel）开始逃亡。他将书籍打包好，后来从一位图阿雷格同事，马拉姆·阿加里（Malam Agali）那里借来一匹骆驼，好带着他珍贵的图书馆。② 有趣的是，为此他选择的是一匹骆驼，而不是他的族人——畜牧民族富拉人通常用于载物的牛。像谢赫奥斯曼这样的富拉学者和撒哈拉学术

---

① 关于这个问题，我的资料来源是阿尔维托·曼古埃尔（Alberto Manguel）的《阅读史》（*A History of Reading*, 1996），他引用了E·G·布朗（EG Browne）的四卷本《波斯文学史》（1928—29）（他把这位学者、赞助人的名字拼写错了）。布朗和他引用的来源，伊本·卡利坎（Ibn Khallikan 1842 – 71, 1）都没有提到这个关于按字母排列的骆驼的故事，这些骆驼的主人的名字是萨希布·阿布勒·卡西姆·伊萨马伊勒·伊本·阿比勒·哈桑·阿巴德·塔拉卡尼［Sahib Abu1-Qasim Ismaíl ibn Abi1-Hasan Abbad al-Talakani，他在公元995年死于雷伊（Rayy）］。在其他作品中，伊本·卡里坎（1842 – 71, 2: 250）说艾哈迈德·巴巴曾经带着30头骆驼到处旅行（不是400头），但后来他得到了一本《诗歌集成》（*Kitab al-Aghani*）的副本［作者是阿布勒·法兹吉·阿里·本·侯赛因·伊斯法罕（Abu'l-Faraj 'Ali b. al-Husain al-Isfahani）］，这以后就只需要带着这一本书去旅行了。如果故事不是杜撰的，那么按照字母顺序排列的30头骆驼至少听起来是可行的！400头骆驼指的是，他说如果他接受一位埃米尔给他的职位，他需要将他的整个图书馆带走，那样就需要400头骆驼。每只骆驼驮300本书，这超过了这种动物通常能驮的重量（除非所载的书籍主要是短诗集）！Pedersen（1984: 123）提供的所需骆驼数量为100头，而图书馆的目录本身则占10卷。这个个人图书馆最终被加兹尼（Ghazna）的苏丹马哈茂德（Mahmud）烧毁（Kraemer, 1992）。

② 一头骆驼的承载量表明，谢赫奥斯曼的图书馆在这个时候可能有100—150本书。当然，骆驼可以运载的书籍数量取决于什么称为一本"书"——与《古兰经》（我的一个"现代"手稿副本重4.5磅）相比，一首诗比较轻，而来自尼日利亚北部的一本普通的十九世纪手稿重约2磅，包括作为装订的纸板（8张 = 1盎司；128张 = 1磅）。骆驼可以承载的总重约300磅（牛的两倍以上），分为两个驮篓或者网袋；四个各放有50磅书籍的盒子将允许带上司机或其他设备。巴兹·雷高科（Baz Lecocq）博士告诉我，据报道，伟大的昆塔谢赫贝耶（Kunta Cheikh Baye，死于1927年）在通布图附近用两只骆驼运载了他的450本书。在像伊本·卡利坎所作的这样的文本中，通常是通过运送骆驼的数量来估计一个人的图书馆的大小。或许，如果谢赫奥斯曼（和昆塔）有意地遵循这种古典的学术表现形式，那么谢赫的图书馆就是较小的、一头骆驼的藏书。然而，我的索科托同事易卜拉欣·甘迪（Ibrahim Gandi）表示，可能有不止一匹骆驼被用来携带谢赫的书籍。

第十章 索克托哈里发国的书籍

的柏柏尔世界保有紧密的联系，一方面是作为学生，另一方面也作为只有撒哈拉地区才有的书的抄写者。但是他本人不讲图阿雷格语（他的女儿阿斯玛乌讲），而学者间交流的通用语是古典阿拉伯语——就像20世纪50年代以前，拉丁语在欧洲人中的地位一样。

索科托哈里发东边是博尔诺自治州，这里曾是该地区持续存在400年（1400—1800年）的伊斯兰"帝国"。其工作人员以优美的阿拉伯语与其他国家统治者通信，例如，卡勒卡尚迪（al-Qalqashandi）就收集了一封写给埃及统治者的这样的信。[1] 在博尔诺的霸权下，像卡诺（Kano）、卡齐纳（Katsina）、库尔敏丹兰科（Kurmin Dan Ranko）和严多脱（Yandoto）这样的城市孕育出了具有广泛声誉的学者。许多商人也是学者，所以旅行（例如去开罗）是他们生活的一个普通部分。[2] 朝圣是这种旅程的特殊延伸，特别是当学者（作为口译员？）陪伴埃米尔对麦加进行国事访问时。那么我提出，虽然博尔诺和豪萨兰在伊斯兰世界的边缘，但它们也是伊斯兰世界的一部分，就像苏格兰人、爱尔兰人或斯堪的纳维亚学者是基督教世界的一部分一样（对他们来说，拉丁语当然是学习的语言）。对于穆斯林和基督徒来说，地中海虽然距离遥远，但在其海岸周围拥有许多充满活力和创造力的经济体。尽管我们对欧洲最北部的书籍交易和印刷品的影响有很多了解，但对这个单一而又分裂的世界最南端的知识很缺乏。然而，当代欧洲书籍文化的特点却截然不同，这可能是因为纸张与印刷

---

[1] Al-Hajj（1983）.

[2] 例如，18世纪开罗的一位著名人物是穆罕默德·卡什纳维·丹兰卡维（Muhammad al-Kashnawi al-Danrankawi），他与贾巴尔特（al-Jabarti）的父亲住在一起，并因其神奇的能力被载入历史。现在丹·朗科（Dan Ranko）已不再作为一个城镇存在。它曾是旺加拉商人在卡诺和贡亚（Gonja，位于今加纳境内）之间的种植着可乐树的大篷车路线上的一个运输基地。穆罕默德·贝洛洗劫过该地，时间是在他洗劫另一个更著名的学术城镇严多脱后不久。这两个城镇本来都不倾向于参加圣战。在严多脱被洗劫之后，有人看到破碎的书页被风吹走。丹·朗科的旺加拉商人是严肃的书籍拥有者，他们遵从来自通布图的"西部"传统（通布图是他们的家乡）。伊沃尔·威尔克斯（Ivor Wilks）1968年关于在贡亚工作的旺加拉商人的亲属的研究证实了这一点。

<<< 第二部分　作为史料的非洲阿拉伯语文学

同时出现，并共同改变了欧洲的书籍贸易。① 在西非，早在印刷机发明前约三百年，伊斯兰教的学生已经可以使用纸张了。的确，在穆斯林进入西非之前的大约两三个世纪，纸已经在伊斯兰世界被广泛使用——因此，西非从来不需要为制作书籍、保存其学术成果而制造和使用皮纸。

尽管如此，最近一项对纸张产生以前的"盎格鲁—萨克逊式图书馆"的研究还是非常有趣。该研究展示了，首先远在欧洲北部的大型图书馆可以是这样建造起来的——雄心勃勃的修道院院长到罗马去，带图书回到他们修道院的图书馆；其次，同样这些机构的图书馆是多么容易被毁坏、其书籍是多么容易被丢失——这不仅是因为入侵者，有时仅仅是因为僧侣中学习和学术风气的下降，更不用说有些过分热心的图书管理员还不断剔除"过时"的书。② 相比之下，"偏远南部"苏丹的西非学者们没有修道院和财务状况的问题，他们只能自己建立个人图书馆（他们至少可以把这些留给自己的儿子），但与修道院相比，他们有另一个优势：他们不富裕，也不拥有可能被抢劫的宝藏。然而，他们确实有家人，在传统上家人是没有武装的，所以可能会被非穆斯林袭击者抓走并作为奴隶卖掉。因此，书本学习这一习惯的存续在北方和南方都曾面临真正的危险。

本章所依据的数据最初是在 20 世纪 60 年代中期收集的。1965 年至 1967 年，在 HFC·史密斯（HFC Smith）和约翰·汉维克（John Hunwick）的大力鼓励下，我在位于扎里亚的阿哈马杜·贝洛大学（Ahmadu Bello University）的北方史研究计划工作了三年。③ 我总计在卡杜纳国家档案馆编目了大约 10000 本手稿，包括所有阿拉伯文手稿收藏（超过 3000 份手稿），并在全国的私人图书馆拍摄了珍贵书籍，其中有 100 本富拉语手稿。接下来，1978 年至 1980 年我在卡诺的拜罗大学进一步开展工作。我的一些理解来自于在索科托跟随一位谢赫

---

① Eisenstein（1979）.
② Lapidge（2006）.
③ Last（1966 – 67）.

学习的经历，他自己就是一位伟大的藏书家；也来自（在比尔宁扎里亚）与一些伊斯兰教的学生一起、在他们传统的手稿世界中生活的经历，当时老的"书籍文化"仍然鲜活。从那以后，我在尼日利亚北部继续工作，但没有专门研究阿拉伯文手稿。没有发现新的重要收藏品，但多年来许多研究人员丰富了公共收藏，并巧妙地增进了我们对重要文本的理解。然而，还有很多工作要做，希望本章能够激发学习者研究这个课题。此处的情况并不像方多·卡迪那么有故事性，但我认为，这对我们了解西非热带草原和萨赫勒的知识生活的广阔图景具有极其重要的意义。

在殖民时期以前，西非的书籍市场很大，潜在的购买者是学者。图阿雷格商人经常用骆驼驮着书籍在这个区域售卖，就像那些带着骆驼穿越沙漠卖东西的人一样。

◈ 第二部分 作为史料的非洲阿拉伯语文学

背景

豪萨兰正位于西部的旺加拉贸易体系和以博尔诺为中心的东部体系之间。旺加拉的书籍基地在通布图，并与摩洛哥学术圈相联系；博尔诺则更多地面向的黎波里和开罗。在这两个系统中交错的是富尔贝学者和他们的学生。他们与萨赫勒和撒哈拉的柏柏尔学者以及像严多脱这样一个著名的、学术氛围浓厚的旺加拉贸易城镇有联系。他们还与来自遥远的西边［"塔克鲁里"（Takruri）］、经此来往麦加朝圣的讲富拉语的朝圣者们有联系，这些朝圣者们的行李中无疑带着书籍、新闻和思想。但博尔诺可能是他们最好的书籍来源——杰出的富尔贝学者就聚集在那里，具有进口意大利纸张传统的的黎波里商人也是如此。这也许可以解释为什么奥斯曼·丹·福迪奥（Uthman dan Fodio）在他的著作《关于安拉之仆人的移民义务之论述》（*Bayan wujub al-hijra' ala ' l-ibad '*）①中引用的大多数文本都是1600年后的，并且来源于埃及。但是，17世纪中叶似乎确实出现了一个重大的政治转变，在西非的北非商人明显失去了权力和影响力——在通布图、卡齐纳和卡诺都是如此——他们被更多军事导向的政府所取代。这种转变可能反映了不断扩大的大西洋奴隶贸易的经济学因素，以及地中海国家权力平衡的变化。②

至少在18世纪，豪萨兰学术界被分为两种知识风格：一种是专于讲道的传统（因此使用当地语言），其阿拉伯语技能不是特别好，对一系列阿拉伯语书籍的需求相对受到限制，专业知识集中在几个关键文本上，教学重点是"卡拉姆"（*kalam*，神学，以及"罪人的地

---

① Uthman b. Fudi (1978).
② 16世纪末和17世纪初，地中海地区经历了第一次世界大战，地中海东端国家与西部国家交战；这场冲突还涉及西非大草原的国家，在那里人们用了枪。即使在当时莎士比亚和马洛创作的戏剧演出中也反映了西非冲突的情况；据推测，伦敦观众认可那些影射，这意味着当时来自西非穆斯林地区的新闻广为流传。

位")。其政治是平民主义的，将逃跑的奴隶招募到伊斯兰教来，迅速形成穆斯林社区。第二个传统是书籍导向，需要具备优秀的古典阿拉伯语技能。这个传统的学者教授文本（有些人也传教）并寻找新书。作为优秀的阿拉伯主义者，他们可能会被聘为皇家法院的导师。成为一名优秀的阿拉伯主义者的必要性使他们的圈子（daira）排外，甚至有精英主义特征。更多关注的是法学，这种法律研究要求使用一系列书籍、需要有更高程度的"国际"修养；此外，苏菲主义（Sufism, tasawwuf），特别是卡迪尔里耶派，对于一些人来说是一个重要的新元素。法学对商人和调解贸易争端的"卡迪"们很重要——学者在维护社会和平方面发挥了作用①——但它也使学生越来越意识到当地伊斯兰政府如何违反了伊斯兰法律和实践。从这个意义上说，这第二个传统具有潜在的革命性。对读写能力的重视意味着地方语言诗歌是用阿贾米语写成的（即用阿拉伯文写成的当地语言）；在古兰经等重要文本的书页边缘的笔记也可以用阿贾米书写。当地语言的这种使用方法形成了特定的宗教方言，例如加涅姆布语（Kanembu）与卡努里语（Kanuri）白话并列。② 阿贾米宗教诗歌成为大众教育和虔诚的载体，易于在行走或工作时记忆和歌唱。

这两种截然不同的伊斯兰学派风格一直延续到 20 世纪：学生只能参加其中的一个。其中一个认同豪萨，另一个认同富拉尼，但都使用豪萨语（和阿拉伯语）作为教学语言。传道传统依然强大而多样。现在最值得注意的团体可能是"Yan Izala"，③ 但通常可以在市场或街头听到小型的激进团体在传教；传教士也进入农村深处。④ 虽然这两种学术风格是互补的，但本章的重点是第二种传统，因为它重视书籍。然而，一个潜在的问题是，这种书卷气息（它的生活方式，它的

---

① 参考 See Brett (1983)。
② Bivar (1960).
③ Yan Izala，即"消除创新恢复传统协会"，曾是西非最大的瓦哈比派伊斯兰教改革运动。
④ Kane (2003).

学习）对促成独特的西非政治文化的产生做出了何种贡献？正是这种文化导致"圣战"和19世纪主要伊斯兰国家的建立——索科托、马西纳和塞古。相比之下，传教士是否导致了广泛的皈依和个人的虔诚，而不是主要的政治变革？一个以珍贵又被珍视的书籍为中心的教育系统中有什么特别的东西？——一个学生需要长期跟随一位谢赫进行学徒式的学习，以熟练掌握阿拉伯语，并与其他的学生一起跟随谢赫阅读一系列长篇文章；到其他的谢赫那里去读更多的书籍，并且在这个过程中创建一个广泛的学者和学生朋友网络，所有这些都是在卡迪尔里耶派兄弟会的组织纽带下进行，并遵守该派的联合仪式和纪律。这个漫长的书本学习和讨论系统并不使人舒适，其中是否存在着一种伊斯兰政治激进主义的必要条件？如果这个推断走得太远，那么我认为，我们可以断言图书贸易间接影响了尼日利亚穆斯林对于什么是合适的穆斯林的理解；重要的概念，如"dar al-islam"和"dar al-harb"（"和平的居所"和"战争的居所"，传统上分别被理解为穆斯林和非穆斯林统治下的领土），在尼日利亚获得了重要地位，因为它们在一个独特的知识和法律环境中被证明是非常有意义的——而这种环境至少部分是由人们能获取和广泛阅读什么样的书籍形成的。因此，在这种情况下，图书作为实物的重要性，即一段较长时期内的图书业状况，可能需要我们更仔细地审视。

问题

尽管应该从地区角度考虑图书贸易，但以尼日利亚北部地区为例，可以说明问题涉及的规模。我们可以暂时估计1900年（殖民统治实行之前的3年），有25万册书籍藏在埃米尔宫殿和学者型家庭中的个人图书馆里，其中一些人有非常多的藏书。根据被视为一本"书"的不同标准，这个数字可能接近50万。这些书中绝大多数是学校教科书的副本，通常是不完整的；几乎所有的都是"宗教"书籍。在当地写成的书——经典文本的"原创"或精简版——占总数的很小一部分，并且都源自 19 世纪或以后。此处藏书量的计算更多是一种猜测而不是估计，因为从统计学上说，关键的问题是大量不出名的学者、"马拉姆"（*malamai*，意为老师、先生）和普通读书人平均每人拥有的书籍数量。保罗·马蒂（Paul Marty）估计，1920 年科特迪瓦以上人群的人均藏书为 3 本或 4 本，这个数字似乎是合理的。① 杰克·古迪（Jack Goody）引用的数据显示，20 世纪 60 年代，重要的学术城镇萨拉加（Salaga）的 14 位学者平均每人拥有 35 本书，但这些几乎都是新的印刷文本。② 1962 年，约翰·帕登（John Paden）报道，卡诺学者奥马尔·法尔克（'Umar Falke）留下了约 1600 本手稿（现收藏于美国西北大学图书馆）。显然，不能将这些 20 世纪 60 年代的数字代入到 19 世纪，特别是因为似乎像马达金·卡诺（Madakin Kano）这样富有而重要的 19 世纪晚期官员在死后留下的只有 6 本书；③ 在 19 世纪 20 年代，索克托的瓦兹里·吉达多（Waziri Gidado）只有"很少的藏书"，其中有一本是关于梦的。④ 不过，在 1591 年通布图遭遇入侵时，艾哈迈德·巴巴丢失了大约 1600 本书。⑤ 卡杜纳国家档案馆中同样规模的藏书是以很低的价格从众多马拉姆手中购买到的，并且通常包含严重毁坏的"教科书"。这些收藏品大部分是在 20 世纪 50 年代和 60 年代初期，由巡回出差的国家档案馆员工［如马拉姆·伊尔雅苏·卡西纳（Mallam Ilyasu Katsina）］获取的，当时现代纸张已经有 50 年可以被获取的历史了，复印机则还没有发明。因此，这些藏品更多显示的是"普通的马拉姆"可以随时丢弃的藏书的情况，从专业性上讲，比不上古董部门、乔斯博物馆［ADH·比法尔（ADH Bivar）博士和马拉姆·穆恩塔卡·康玛西（Mallam Muntaka Coomassie）博士更专业地建造起来］，或者是重要的埃米尔国图书

---

① Marty（1922：274-275）.
② Goody（1968：217）.
③ Hiskett（1996：139）.
④ Denham et al.（1828：365）.
⑤ Saad（1983：79）.

第二部分 作为史料的非洲阿拉伯语文学

馆，比如古老的卡诺萨忽茨司法学校（Shahuci Judicial School）图书馆中的萨金·卡诺（Sarkin Kano）的藏书。

所有这些都是男性拥有的书籍；那里有多少女性学者，以及她们拥有多少本书，是一个未知数。确实有著名的女性学者，她们的父亲都是著名人物，她们写了很多诗歌。我们知道，过去和现在都存在着苏菲派的女性组织——19世纪中期由娜娜·阿斯玛乌开创的严塔鲁（Yan Taru）是众所周知的。① 但我们不知道女性学者有多少，她们拥有什么样的书；她们可能没有太多书。我们也知道，在主要的学术型家庭里，孩子们在家中有知识的女性那里被教会读书写字，并且最初接触古兰经的学习。有多少这样的家庭，我们只能去猜想；如果女性拥有过自己可以处置的书籍，那么这些书籍的数量也只能猜想——我的猜测是一本古兰经（或其中的一部分），一两本精选的小祈祷书［比如扎祖力（al-Jazuli）的《获益之路标》（Dalaʾil al-khairat）］，以及或许一些阿拉伯语或阿贾米（富拉语或豪萨语；也许博尔诺的卡努里语）写成的诗歌。从父亲的图书馆继承的书籍通常会被分开留给儿子们，或者在没有儿子的情况下留给男性亲属。但是，一定出现过有学识的女儿成功地获得份额，并以某种方式获得了——或者以某种方式买到了——她们最想要的文本的情况。毫无疑问，女性学者可以借用父亲、叔叔、兄弟或丈夫的书籍，并将其复制（或自己复制），但这是我们迄今尚未了解的学术生活的一个维度，无论是最近的过去还是前殖民时期。今天，书店出售阿拉伯语的文本，例如卡诺的书店就是如此。许多妇女去麦加朝圣，但关于她们带回来的书籍（如果有的话）尚未有研究。伦敦和巴黎等城市的商店也出售一系列印刷书籍；正是从这里，我每年都买一些书，送给我的老师，索克托的维齐尔（Wazirin Sokoto），这些书是他的丰富藏书中所没有的。但是毫不奇怪的是，从来没有一位妻子向我询问过书的事情。

总之，我认为大约在1900年，有一个潜在的书籍使用（和书籍制

---

① Boyd (1989); Boyd & Mack (1997, 2000).

作）客户群体，其中包括 50000 名"受过良好教育"的人，另外还有 35000 名教师和 16.5 万名学生。尽管这些数据（从 1921 年的尼日利亚人口普查中得来）无疑是不可靠的，但似乎可以安全地假设，至少有约 25 万人懂得阿拉伯文或阿贾米文字，同时有更多人参加过古兰经学校。① 此外，还有数千名受过教育的妇女。我们不知道的是书籍需求的大小——例如，这些学生和学者愿意为一本书支付多少钱。19 世纪的纸张相对便宜且可获取，因此一位需要帮助的学生可以复制他自己借用的文本。但他这样做了吗？还是他更愿意将这些文字记下来，或者只是将他认为与他有关的那部分文字记下来？由于他可能在还是孩子的时候就背诵了古兰经，其记忆力已经训练有素。标准的、经常被引用的段落一下子就能想起来，能在辩论或法庭上引用。但完全记下来则需要定期背诵（古兰经需要一个月的时间才能背诵完），而且很少有书被广泛重视以至于被完整地记住；因此，书籍仍然是必要的。

那么，这些庞大的书目是如何被制作和发行出来的？鉴于这个市场的规模，对于什么样的书籍有怎样的要求，以及这个要求是如何被满足的？当时的图书市场是否"有效"，如果没有，为什么不呢？为了讨论我提出的概括性的历史假说，这里我从一开始就扭转正常的学术程序和大纲。

---

① Meek（1925）. 前殖民统治时期的人口是一个更加危险的话题，但应该牢记两点。首先，涉及的人数可能相对较少。例如，在 19 世纪 20 年代，卡诺市的人口估计约为 30000 人，而索科托则约为 120000 人。但当地阿拉伯居民估计，奴隶与自由人的比例为 30：1（Clapperton 1929: 171）；识字、可以读写的"富拉塔人"（Fellata，译者注：即富拉尼人）的比例（这个称呼可能是讽刺说法？）仅占 10%。在这种情况下，卡诺市可能只有 1000 名生来就是自由人的男性、女性和儿童，这意味着大概有 250 名自由的成年男性和相应数量的自由成年女性——其中只有 25—50 名女性确实有读写能力？其次，这个最初的人口数量在 19 世纪中大幅增长，因为自由人通过他们的妻妾生育了大量的孩子；这些孩子当然生来就是自由人。这些来自重要家庭的孩子通常主要由奴隶抚养，他们对伊斯兰学术的兴趣可能很小。因此，学术型父母的学术型孩子，包括男孩和女孩当时是（现在仍然是）精英。但成为"学者"可能是摆脱低下的奴隶地位的一种方式，至少在 20 世纪。我在农村发现了一些男人，他们的家庭曾经是"皇室"奴隶——在奴隶制结束之后，他们通过成为学者而保留了较高的地位。殖民地（"基督教"）的统治时期，穆斯林宗教教育和学术都经历了繁荣发展。

◆◆ 第二部分 作为史料的非洲阿拉伯语文学

一个可能的历史分期：14—19 世纪

西非图书贸易的历史分期大致如下：

15—16 世纪

起初，书籍以高价进口；在此之前，书籍和纸张简直堪称稀缺，没有出售。新进口的产品包括"经典"文本（有些是新的版本？），以及开罗或马格里比（Maghribi）的书店提供的几种新著。进口繁荣的具体时期以及在北非书店出售的书籍库存的具体构成在很大程度上决定了西非图书馆的内容——也可以说是西非学术的形态。关于城里新来的书的消息是一个值得注意的事件——例如，《卡诺编年史》记录了在 15 世纪和 16 世纪的卡诺，特定文本的到货带来的兴奋。[①] 在 16 世纪早期的通布图，市场更为复杂，里奥·阿非里卡纳斯（Leo Africanus）指出，在那里书籍是最有利可图的进口商品。[②] 优质的信纸，可能还有优质的墨水，也是西非皇家法庭早期就开始进口的商

---

① Palmer（1928）. 在雅库布·本·阿卜杜拉希（Yakubu b. 'Abdullahi）统治时期（约 1452—63 年），《卡诺编年史》（Kano Chronicler）记录道，"富拉尼人从梅勒（Melle）来到豪萨兰（Hausaland），带来了关于认主独一 [tauhid] 和词源 [lugha] 的书籍。以前，除了古兰经之外，我们的博士只有法律书籍和传统书籍"。该编年史的 1565—73 年部分记载，统治者阿布·伯克尔·本·穆罕默德·朗姆法（Abu Bakr b. Muhammad Rumfa）是第一位读过卡迪·艾亚德（al-Qadi Iyad，死于 1149 年）所著《治愈之书》（al-Shifa）的埃米尔——这本书是在上一位埃米尔统治期间由突尼斯的谢赫带到卡诺的。阿布·伯克尔还第一个阅读了《小纲要》（Jami' al-saghir），这本书的作者是苏尤提（al-Suyuti，死于 1505 年），当时还是一本相对较新的书。这本书也是在上一位埃米尔统治时期，由谢赫阿卜杜勒·萨拉姆带到卡诺的。阿卜杜勒·萨拉姆同时还带去了一些"经典"的副本：萨侬（Sahnun，死于 855 年）所著的《摩洛哥家庭法》（Mudawwana），以及撒马尔坎迪（al-Samarkandi，死于 983 年）的一部作品——可能是他的主要塔夫西尔（tafsir）作品，《经注学海》（Bahr al-'ulum）。在 15 世纪末，马吉利（al-Maghili）曾带来了许多书籍，但关于具体带来了哪些书没有说明。与此同时，旺加拉学者兼商人扎加伊蒂（al-Zagaiti）开始在卡诺教授哈利勒·伊本·伊沙克（Khalil ibn Ishaq）的《教法概要》（Mukhtasar）[他还教《扎记》（Mudawwana）]，但他当时并不需要这本书实体的副本，因为根据《旺加编年史》（Asl al-wangariyyin）一书的说法，"他已经在心里记了下来"（al-Hajj 1968：10）]。

② Africanus（1956：468 – 469）.

品；据推测，商人也有纸，用于记账、制作法律文件和写信。

16—17 世纪

在此期间，西非书籍价格高昂，因此大批进口纸张和在本地复制书籍，尤其是需求量大的书籍，都有利可图。西非缺乏亚麻和麻布，因此不能生产纸张。棉花显然不适合用于生产纸张，而纸莎草纸已经不用了。第一次提到纸张是博尔诺的标准贸易物品的史料似乎是从的黎波里寄到博尔诺的一封信［已故的JE·拉夫尔斯（JE Lavers）引用过这封信，引自他翻译的吉拉德的著作］。① 与此同时，公元1635年左右，从埃及返回的塔鲁里商人带回的商品中有了纸张。② 人工抄写的使用可能部分解释了萨努西（al-Sanusi）的著作《小训诫》（al-ʿAqida al-sughra）惊人的广泛分布和流行。在通布图，人工抄写显然很便宜——例如，被提供了纸张之后，抄稿员只得到每卷一密斯卡尔（mithqal）的酬劳，而校对员每卷的酬劳为半个密斯卡尔。可能的结果是，到1570年代，书价下降到每本四五个密斯卡尔（或一个奴隶的价值的十五分之一）③（密斯卡尔是一个重量单位，相当于略高于3.5克，用于指金或银）。

我们知道，通布图的书籍很丰富，但博尔诺呢？我认为博尔诺也是如此；如果纸张非常稀缺的话，那里那些相对"微不足道"的、关于麦伊·伊德里斯·阿洛马（Mai Idris Alooma）的军事运动的书会显得奇怪，因为这相当于浪费纸张。不过，在纸张资源丰富的通布图，类似的长而"世俗"的文本这时正在被写出来，其中最著名的是《苏丹编年史》（Tarikh al-Sudan）和《探索者编年史》（Tarikh al-fattash）——因此很容易将这一时期确定为西非的书籍文化的一个新阶段，因为大量的纸张被用于非宗教主题的原创作品。但仍然存在一个问题，为什么没有更多的这样的世俗文本幸存：我们是否应该假设在其他国家没有潜在的

---

① Lavers（1979）；Girard（1685）.
② Walz（1985）.
③ Saad（1983：80）.

第二部分 作为史料的非洲阿拉伯语文学

历史学家（或作为合适歌颂对象的国王）？或者，所有其他这样的"琐碎的"文本已经丢失，了无痕迹？它们不是教科书，是否因此没有被复制和再复制过？相比之下，在博尔诺，有一些简短的法律文件、向他人或地方赠款的凭证（mahrams）等被保存下来；他们至少对其所有者具有货币价值，远非"小事"，因此几乎不算是浪费纸张。

17—18 世纪

17—18 世纪，为保持人工复制生意对市场的控制，事实上的限制环节可能在借用书籍供陌生人复制上。因此，会有非正式的图书所有者网络，这些学术网络有效地构成了"学校"，以其文本（以及在书上写下的点评）和一般教学为特征。与此同时，这些部分的垄断扭曲了图书市场，导致学者编辑属于自己的缩编本，其中带有与学者自己认为和教学特别相关的作者的段落或引文。有没有可能，这种"文摘"既是为学生准备的，又作为作者本人的备忘录呢？简而言之，罕见书籍和近期新书的交易是"私有化的"，这只会增进图书被视为"秘密"的倾向，使学者们将自己视为封闭的"手艺"。这可以解释书籍的不均匀分布 [例如，在马希纳（Masina）附近的两个地区，富有的杰内和贫困的哈姆杜拉西（Hamdullahi）形成对比] 或克尔·索克（Kel el-Souk）学者的声誉问题。但是，我没有找到材料提及对借书的限制——只有对那些格外慷慨出借书籍的人，才有一些记录。因此，为了抄写一本费卢萨巴迪（Firuzabadi）的《环绕之海》（*al-Qamus al-muhit*），奥斯曼·丹·福迪奥前往位于天空山（Air mountains）的阿加德兹北边的塔法戴克（Tafadek），才找到了一本可供抄写的原书；据推测，他还是自己带着纸去的。这是一项潜在的有价值的工作：在 16 世纪的通布图，一本抄写的书曾卖出了 80 个密斯卡尔，比一个奴隶的价值更高。[①] 但是，我们是否应该认为在 1800 年左右，在该地区根本没有另一个更容易获得的本子，还是奥斯曼知道塔法戴克的那个文本

---

① Saad（1983：80）.

对他是"开放的"？不过这确实表明，无论如何，需求并未得到满足。例如，我的索克托同事，桑博·贾乃杜（Sambo Junaidu）教授告诉我，1800 年前后，谢赫奥斯曼在一首用富拉语写的诗中抱怨过这件事。在这方面索科托的故事并不是独一无二的；在大英博物馆，存有一位塞拉利昂学者发出的一封信，内容是试图要回他借给同事的书籍。在 20 世纪，关于不能借书给谁的故事是司空见惯的。学者们也倾向于对其藏书的确切书目保密，这是有道理的。例如在索克托，一本非常罕见的书，即 17 世纪早期艾哈迈德·巴巴写的那本关于使用烟草的书（*al-Lamfil-ishara li-hukm tibgh*），它在图书馆中的位置被公布之后，就马上被"偷走"了。然而，它最终通过我未知的说服网络被"放了回来"。在这种情况下，尽管学者们不愿意透露他们拥有的书籍，但他们可能会为特定的访问者拿出一两本特定的书。一个值得注意的例子是阿尔哈吉·纳西鲁·卡巴拉（Alhaji Nasiru Kabara），经过几个月的谈话，突然有一天下午，他把 17 世纪重要文本《旺加拉编年史》（*Asl al-wangariyyin*）的唯一已知副本拿给了 MA·哈吉（MA al-Hajj）教授。同样，我从未被允许直接进入索科托的苏丹图书馆；其中的书籍总是由阿尔卡林·拉尔迪·雅哈亚（Alkalin Lardi Yahaya）带给我的。因此，即使是大型个人图书馆的规模也很少为人所知，直到主人死亡，因为为了分割遗产而进行盘点是必要的。

18—19 世纪

针对这些限制，进口替代的进程在 18 世纪和 19 世纪进一步发展，学者们开始写自己的原创作品，有时用当地语言。绝大多数早期文本都是阿拉伯文写成的。两个世纪间，三位著名的索科托学者撰写了 300 多篇散文作品，而与他们同时代的博学者阿布德·卡迪尔·本·穆斯塔法（Abd al-Qadir b. al-Mustafa）则在他的总计 48 部作品中写到了一系列不同的世俗主题。[1] 诗歌中的地方作品，其中一些作

---

[1] Hunwick & O'Fahey (1995).

◈◈ 第二部分　作为史料的非洲阿拉伯语文学

品用阿贾米写成，被呈现在了纸上；阿贾米写成的书页边点评也是如此。抄写诗歌，特别是较短的诗歌，显然是司空见惯的；至少那些更为虔诚的诗歌似乎成为了交易对象。在19世纪中期的索科托，首先用阿拉伯文写成的诗歌被翻译成富拉语（后来也翻译成豪萨语）；一个新的受众群体，很可能是女性"严塔鲁"（Yan Taru，受过教育的女性的团体），会在走路时吟唱这些诗歌（我听过男性在骑车或开车时吟唱这些诗歌）。富拉语越来越成为小众精英和牧歌作家的语言。绝大多数家庭的语言是豪萨语，这是新买来的奴隶使用的通用语，他们和自由人的比例可能多于30∶1。在孤立的奴隶经营的农庄中，这个数值可能更大。在阿拉伯文原稿丢失后，翻译有时仍然存在。阿贾米豪萨文的散文非常罕见。我所知道的最早可以追溯到19世纪70年代或80年代，是当地农村宗教团体的产物。正是在早期殖民时期，欧洲人和新"博科"（boko，书）学校的儿童和传教士可以阅读的新作品中，散文兴起了。到20世纪50年代，阿拉伯文散文已经被翻译为豪萨文并印刷出来，而1982年阿布巴卡尔·古米（Abubakar Gummi）将古兰经翻译成豪萨语，成为这一过程的高潮。[1]

其他语言的阿贾米更难以阅读。正如上文已经提到的，加涅姆布语是在书边的注释中发现的，并且在博尔诺有卡努里语的宗教诗歌，但我认为，卡努里语的阿贾米在博尔诺的使用没有富拉语或豪萨语阿贾米在索科托哈里发国的使用那么普遍。重声调的语言，例如努佩语（Nupe）或约鲁巴语（Yoruba），虽然可以在阿贾米中呈现，但通常只有作者才能重新阅读；从这个意义上讲，这种阿贾米文本只能是作者的备忘录，不会被出售。19世纪早期的改革家阿卜杜拉赫曼·察查（Abd al-Rahman Chacha）有一首努佩语阿贾米写成的短诗，现在仍然没人能够读懂它；约鲁巴语阿贾米的信件可追溯到20世纪30年代。据推测，还有其他这样的"秘密"文本有待发现。伊斯兰神话中神灵（jinni）的语言可以写成阿贾米；在一本穆罕默德·贝洛的书

---

[1]　Brenner & Last（1985）.

（*Ishara wa-i1am*）中，有很短的一段神灵语言的散文，但它大概是对语言的转录，这种语言是一种元语言，在神灵上身（*bori*）的降神会上才可以听到——现在也仍然有这种活动。我从来没有发现使用神灵语言"自动书写"的证据——或者在"灵感"到来时使用任何更普通的语言书写的证据。

这种新的文学，以及"圣战"的成功和索科托哈里发国的成立所产生的新观众，似乎共同刺激了19世纪当地图书业的复兴。如前所述，三位主要领导人中的每一位都写了上百篇不同长度的散文作品，但与其他书不同，这些书中的许多广为流传，成为新一代埃米尔和管理新国家的官员的参考书，指导他们处理法律问题以及有关善政的实用技巧。他们的其他文本是专业的学术著作。还有一些关于苏菲神秘主义的文章，为卡迪尔里耶派塔里卡（*tariqa*）的成员而作，在19世纪中期，这一群体正在与新的提贾尼派塔里卡竞争。前者的谢赫们于是以散文和诗歌的形式创作了自己的文学作品。所有这些用于祷告的作品都需要在比先前更广泛的读者群中传播。

19 世纪晚期

最后，在19世纪晚期，本地作家开始写琐碎的书，并致力于写作；比如前面提到的阿贾米散文写成的冗长教义。萨忽茨司法学校的老图书馆（现在已烧毁）中的萨金·卡诺藏品中，曾经保存着一首这样的古典阿拉伯语诗歌，非常色情——甚至是淫秽的？——又很有趣；我记得1961年12月，约翰·汉维克（John Hunwick）大声朗读这首诗时大声笑了出来。我记忆中没有见过类似的其他作品，但在前殖民时期，比起我们现在所知道的情况，学者们可能更经常性地为个人娱乐目的而写下这样诙谐的语言，并在亲密朋友中间传播。无论是琐碎的书籍还是阿贾米散文，我们都不清楚它们在存在多大市场，但由于它们数量相对较少，人们必须认为它们没有"流行起来"。当然，最近的学者，如已故的索克托的维齐尔（Wazirin Sokoto）和已故的关杜维齐尔（Wazirin Gwandu），在倾听政治家无休止的演讲或长时

◈ 第二部分　作为史料的非洲阿拉伯语文学

间驾车参加聚会时喜欢撰写阿拉伯诗歌。这些作品后来被朋友或甚至听到他们作诗和朗诵过程的司机写了下来。然而在当时，这些诗并没有进入图书交易市场。

总而言之，在价格和需求最高的繁荣时期，进口书籍的主要中心似乎是通布图和相关的市场，旺加拉学者商人和富尔贝学者成为主要的分销商，在往返麦加的途中把这些书向东传播。通布图与博尔诺也一起开创了进口大量纸张以取代进口文本的先例。事实上，他们在纸张贸易中的作用可能方便了两地的学者记录和撰写关于当地历史的作品；在其他地方，由于纸张的高价和稀缺性，也许不可能有如此多的纸张用于这种世俗用途。

看起来很有可能，后来博尔诺作为图书贸易中心（卡诺是一个相关市场）的发展更多地建立在复制书籍而非进口书籍的基础之上。但还是有这种可能性：最早的一些非马格里比文本是自埃及、的黎波里或突尼斯传到博尔诺，并从那里进入西非流通的。但是，我们只能得出非常有限的关于出处的推论，因为西非学者的联系范围一方面是像伊巴底斯派教徒（Ibadis）这样不起眼的商人网络，另一方面是为寻找他们需要复制的特定书籍而自己进行的旅行，我们难以获得有关材料。

最后，在19世纪，首先是索克托哈里发，然后是其他"圣战"中心，显然成了区域性的本地文本交易点。这在当时有助于重振普遍的图书交易市场，而在近年，书籍似乎只能在私人之间流通。我们知道，"圣战"成功后，索科托挤满了阿拉伯来的访问者，他们寻求（并赢得）各种好处；也许为了获得较好的接待，这些参观者将书籍当作礼物。然而，进口贸易似乎没有复苏。正因如此，奥斯曼·丹·福迪奥和他的家人（特别是穆罕默德·贝洛，索科托的领袖）可能特意派出使节到北非和埃及去买书回来。我们没有叙述这些购书旅程的游记（*rihlat*），也找不到他们带回的东西的清单。我们所知道的只是，富尔贝学者确实在圣战之前去买过书籍。"圣战"，以及与之相关的所有匆忙逃跑和突袭，很可能打乱了学者的收藏。我们知道，有

第十章　索克托哈里发国的书籍

记录说，在至少三次攻击之后，一些书籍散落在了地上，在风暴中被吹起（大概也受到潮湿的损坏）。"书卷被风吹得四处播散"成为的固定的言辞，用以讲述圣战战士（"错误地"）攻击有文化的穆斯林定居点，比如严多脱或卡勒姆巴伊那（Kalembaina），或更早以前的吉姆巴那（Gimbana）。很久以后，赞姆法拉（Zamfara）的学者们说，穆罕默德·贝洛已经夺走了该地区许多书籍——如果不是所有的（这是一个以它的学识著称的地区），作为战利品。穆斯林学者是否曾因为他们的图书馆被毁而反对"圣战"？战争的胜利是否大大增加了索克托、卡齐纳和卡诺这些地方的私人收藏？如果是这样，历史书一点也没有提。最后，我们知道，1805 年，在灾难性的茨恩茨亚战役（Battle of Tsuntsua）中，约 1800 名熟记了古兰经的学者和学生死去，这是"藏书"的巨大损失，虽然在这个例子中，损失的是头脑中的书籍。[①] 但他们还记得哪些书？从思想上讲，这可能是更关键的损失。但是，即使在商店里有书籍留下，它们也很脆弱。箱子可能会在下雨时阻止屋顶漏水或地板淹水，但更严重的危险来自蚂蚁和白蚁，其破坏性可能会一直不被发现，并且被忽视。传统上，书可以放在粮仓里，这种结构专门用来防止蚂蚁吃掉储存在那里的未脱粒的谷物。作为反饥荒的储备，粮食通常会放上数年。事实上，"粮仓"这个词可能曾在口语里被用作"图书馆"的隐喻。[②] 然而，粮仓可能会燃烧，而城镇常常遭遇袭击者放火；恐慌的居民们把他们房间里的珍贵物品全部清空，在有相关史料的少数案例中，我们看到，抢劫确实是个问题。[③] 事实上，贝洛的第一本欧几里得的书就在 1827 年的房屋火灾中被毁。装订好的书籍相对难以燃烧，但传统上没有任何前殖民地时期的书是装订过的；这些未装订的书以散页的形式保存在两块板子之间，用皮绳捆绑起来。但是，一旦这些纸板上松开，风就会吹开纸张，分散的页面就会很容易燃烧。我们无法计算书籍损失的程度，但

---

① Last（1967a：31）.
② Ba & Daget（1962）.
③ Clapperton（1829：224）.

◈ 第二部分　作为史料的非洲阿拉伯语文学

危险是真实存在的。20 世纪 60 年代，位于卡诺伯宁的萨忽茨司法学校发生了火灾，卡诺埃米尔的个人图书馆被烧掉，这证明了此种危险。类似的，自从穆罕默德·贝洛的图书馆 1988 年从索科托宫被移走以后，现在人们对于这个 19 世纪早期图书馆的现状也有相当的担忧；他们担心白蚁和蚂蚁破坏书籍。

图书生意

这里的假设是，作为一项业务的图书进口很早就消失了，一方面被个人进口单一的文本取代，另一方面被本地的复制行业取代。书籍售卖——如果不是进口书籍的生意——在 19 世纪才复兴。我们只了解到这个时期和早期殖民时期关于当地图书贸易的细节。

除了巡回叫卖书籍和小册子，没有正式店铺的小书商外，还有在市场上有自己摊位的零售商。有两类主要购买者，专业学生或学者和政府官员（后者可能消费更多？），他们都经常移动，使得图书交易异常集中；例如，在索科托哈里发国内，书店主要在卡诺，事实上纸张贸易也是如此。1983 年 6 月，索科托的维齐尔在向我讲述这件事时，激动地提起那些 19 世纪或 20 世纪早期的索科托书商或抄写员的名字。事实上，保存在索科托的维齐尔家中的索科托哈里发的信件，主要可追溯到 19 世纪 80 年代和 90 年代，其中包括几封信件，写明纸张是从卡诺购买或获得的。问题依然存在：当时索科托没有纸商吗？还是维齐尔的房子就是当地学者事实上的纸来源？尽管在 19 世纪 20 年代，索科托是比卡诺大得多的中心，但没有证据表明纸张曾被定期直接输入索科托。与此相对，阿哈吉·马哈穆杜·科基（Alhaji Mahmudu Koki，1894 – 1976）回顾了他早年在卡诺作为学者和抄写员的生活，并详细介绍了早期殖民时期卡诺的纸张和书籍贸易。① 在那里，的黎波里商人将大批纸张存放在自己的房

---

① Skinner (1977).

第十章　索克托哈里发国的书籍

子里，零售商就从那里进货。当然，书写用纸并不是唯一需要的纸张类型。19世纪50年代，著名的德国探险家海因里希·巴特（Heinrich Barth）来到这个地区，他在市场上看到的"普通纸"是包布匹用的，这些布在卡诺周围编织或染色，用于出口。这种包装纸上写有商家的名字，以防布料有缺陷需要退货。包装纸与质量更好的书写纸是同一品牌（*tre lune*，意为"三新月"）。① 质量标准是纸的吸收程度：吸收性过强，油墨扩散，就会使得书写难以辨认。但是如果布料商的名字在包装纸上写得很清楚，那么纸张的吸收性一定不是很好，要么就是纸张上用于写字的地方处理过。几乎所有的书写纸都有水印，因此我们得到了这些纸张品牌的信息。② 虽然书写纸相对比较硬，但可以折叠；它不像后来的纸那样脆。来自维齐尔的法庭信件都是用一种独特的方式折叠起来的，并且用染成靛蓝色的布袋装着。信件与书籍的纸张尺寸相同，但书页从未折叠。书中破损的页面可以通过用棉花小心地缝住裂痕来修补；一些相当古老的书籍已经以这种方式被修复过，但我所知的唯一可以确定修复年代的方法是，用科学方法化验使用的线，看它是否是旧殖民地时期的树木棉花。文本中的错误可以通过（用线）在页面上附加一小块另外的纸来纠正。祈福挂件（*laya*）也是纸张的常用用法之一；将祈祷的话写在它上面，有时加上小树枝或树叶。然后将整个小包折叠起来放在一个小的皮袋里，挂在脖子或腰上，特别用于小孩。通常单根绳子上挂许多祈福挂件。

　　书店中可能不保存多份的同样文本；相反，书本是按需复制的，因此需要时间。同样，毫无疑问，因为时间不太重要，某本特定的书可能是从开罗订购的。然而更常见的情况是，朝圣返回的个人往往只为自己和朋友带单本的书，在这种情况下，这些书可能永远不会到达书店，因此从未达到广泛流通。事实上我们会怀疑，将自己收藏的珍

---

① Kirk-Greene（1962）.
② 参见 Walz（1985）.

第二部分 作为史料的非洲阿拉伯语文学

本图书转交给书店公开出售,可能相当于分发自己的财产,就像今天学者们显然不愿意透露他们的图书总量一样。据说从前在巴格达迪(Baghdadi),有学者会整夜租用一家书店作为临时图书馆,但是这种做法是否曾存在没有确切的证据。① 运营一家书店可能比人们想象的要复杂得多。书店大概提供"经典"作品、当地人喜爱的书和畅销书,但没有罕见书或新书。尽管如此,书店可能偶尔也会进精美的"展示样本",尤其是古兰经。同样,小书显然占据了"大众"市场的主导地位。谢赫奥斯曼·丹·福迪奥的一些藏书似乎是为这一目的而设计的。但大部分的个人图书馆(如果国家档案馆的藏品也算在内的话;它的编目者不是作者,而是书商,后者被视为书的"来源")肯定包括诗歌、书籍摘录的章节,或者仅仅是长篇文本的片段。似乎由此产生的收藏可能与今天学生们自己的复印"图书馆"不同。这就提出了什么是"一本书"的问题。

从读者的角度来看,一本"书"可能仅仅是他所使用和需要拥有的较长作品的一部分——从这个意义上说,就是他头脑中可能已背下来的文献的纸质版本。从作者的角度来看,这只是他在某个标题下写的内容的一部分。从遗产执行者的角度来看,一本书不是一个不可分割的整体——它可以分成几份,分别留给死者的继承者们;执行人会说,一本书不会因分开而失去价值。有些学者不同意,他们坚持认为完整保存的文本才叫书(毕竟没有人会分开一匹马或一件长袍),但我认为,人们既然可以允许将书分成几个部分,这一事实就确实表明,一本书不需要被认为是一个整体。毕竟,古兰经也分章节,而这是最典型的书。同样,谢赫奥斯曼和阿卜杜拉希·丹·福迪奥的许多书籍都包含引语和引文,这些资料为作为学生的读者提供了非常有用的句子,以便在辩论中或做决定的时候进行引用。在一部作品中,你能读到整个图书馆的书的简介——许多书被浓缩在一本书中。很可能作者所用的引文也是从早期的书的简

---

① Toorawa(2005).

第十章 索克托哈里发国的书籍

介中引用来的，因而任何本地图书馆中都没有整个的原作品。简而言之，仅有存在一本书中的引文这一事实不能说明当地存有这本书完整的原作。由于一系列藏书中的不少"书"没头没尾，除了博学者以外，其他人并不总是很清楚某些片段来自哪本书。经典和标准的学校文本是司空见惯的，但在卡杜纳的国家档案馆中仍有一部分书被列为"匿名"（Bani Ulama-i）。这是一个常见的范畴，不熟悉档案馆规范的研究人员可能感到困惑："BU"已经成为档案中最多产的作者。

伪书也是一个问题。伪书主要有两种：一种确实大概在19世纪写成，但（错误地，或者应该说"乐观地"）署名为著名作家；另一种是完全在20世纪炮制的书籍，但署名为19世纪的作者。第一种更常见，也可以讨论。通常情况下，这类文本是关于穆斯林生活中有争议的因素——例如马赫迪耶派（Mahdiyya）或提贾尼耶派（Tijaniyya）——同时有证据表明，署名的作者实际上不会以这种方式写作。这通常发生在作者姓名和开头不存的文本上。一个常见的例子是一首针对入侵的基督徒的诗，署名为最后一位独立的穆民的长官（*amir al-mu'minin*）阿塔西鲁（Attahiru），但有内部证据表明该作品不是他写的。这首诗的内容无疑反映了他的观点，但署名为他是错的，而现代研究人员似乎并不在乎接受这个错误的传统。同样地，一些晚期由外语翻译成豪萨语的诗歌署名为早期用富拉语创作的原创作者，即使我们可能知道译者的名字。另一个重要的错误涉及翻译为豪萨语并印刷和广泛传播的《连祷文》（*wird*，也称 *Lamma balagtu*）：通常，人们认为其作者是谢赫奥斯曼，因为这部作品描述了谢赫奥斯曼对先知的看法，以及对谢赫·阿卜杜勒·卡迪尔吉拉尼的看法。1794年左右，后者给了谢赫奥斯曼"真理之剑"（*sayf al-haqq*）。这本书不同于谢赫写过的任何文本，并没有传统的开头。它可能是一位匿名门徒在西法瓦（Sifawa）听谢赫的讲述（谢赫应该讲的是富拉语或阿拉伯语）时的口头记录翻译而成的。但我们确实已知的谢赫在该地的授课稿，上面署有作者的名字。同样，现代学者，如已故的默文恩·希斯克特（Mervyn Hiskett），似乎毫无顾虑地使用它，认为没有问题。① 这段文字对我们理解"圣战"是如何合法化的，或圣战是如何可能合法化的，至关重要——但是这种重要性是否使我们不能轻易放过一个文本，即使它可能是伪造的？我们也许应该放弃它，接受这个故事的真实性，但不给这个文本正式的"书"的地位。

伪书可能比我们已知的要多，但其中最为人所知的是《宝贵的后裔》（Kanz al-awlad），据说是穆罕默德·桑博·本·艾哈迈德（Muhammad Sambo b. Ahmed）在1818—1819年左右写的关于"圣战"的历史的一部分，但实际上是20世纪50年代初在古绍（Gusau）的一位学者写的。我只看到过这本书的两个副本，一个在卡诺，是私人藏书；卡诺与古绍的关系非常密切，另一个现已由巴耶罗大学图书馆收藏。索克托的维齐尔阿哈吉·贾乃杜（Alhaji Junaidu）知道这本书的存在，并说它是伪书；MA·哈吉教授也知道这本书，并用内部证据驳斥其真实性，但最近约翰·汉维克教授还是将这本书列入索克托的关于"圣战"的作品书目中，就好像它是真书一样。汉维克教授还补充说这本书"在索科托没有被很好地接受，并因此被学者忽视了"；② 但是他自己并没有研究文本。这个文本仍然可以获得自己的生命，并在博士论文中被引用为历史资料。否则，伪造显然很少见。我听说历史学家DJM·穆非特（DJM Muffet）坚决宣称一个早期殖民时期的文本是伪造的，但他没有证据表明这一点（唯一的"证据"是这本书的内容违背他自己的一般论点）。一般来说，在手抄文化（与书目文化相对）中，如果要制作很多副本，人们首先要认为一个伪造的本子是真实的。因此，可能广泛分布是文本真实性的一个证据？

我唯一的关于手抄文化的一手证据来自20世纪60年代早期至中期（在出现"施乐"复印机之前），当时仍然可以从抄写员那里

---

① Hiskett（1973）.
② Hunwick & O'Fahey（1995：231）.

第十章 索克托哈里发国的书籍

"订购"手稿的副本,交付来的手稿将由另一位学者校对。为抄写而支付的费用非常少,但每个人都知道谁的笔迹很好、谁的笔迹不好,以及谁是一位非常谨慎的抄写者。但真正的问题在于确保供抄写的主文本是好的。有些学者因为从不还回他们借去用于复制的手稿而闻名。因此,我开始在书籍主人的房子里拍摄手稿;这种方法确保了复制的准确性,并记录了原稿抄写者的手迹。早期(即大约1830年或此前)的"经典"手迹与后来的(大约1890年的或今天的)手迹有明显的区别:早期,纸张比较稀缺,笔迹相对更小、更整洁。我不确定关于好的字迹的标准是在什么时间发生变化的,更不用说为什么——我的猜测是迟至1875年后。有人推测最后两位前殖民地时期的维齐尔可能在他们在索科托的房子里建立了一个日常法庭,并且在这个法庭中使用标准化的字体,这个推测的确很有吸引力。按这种"标准"字体写成的早期通信现已失存,人们想知道为什么。更早的时候,更多的私人信件被收集到一本书中——但它们是提供建议的信,而不是来自"办公室"的简短官方办公笔记。19世纪30年代,一位在卡齐纳的商人的一个笔记本被保存了下来(在卡杜纳的国家档案馆),但它是独一无二的:它包含了一些关于借款和还款的信息,写得杂乱无章(并且几乎辨认不出来);这个笔记本的主人是当时在该地的旺加拉商人之一。另外一个例子来自很久以后,并且更具本地性。这是最近在卡诺去世的一位官员的财产清单,[①] 并且有从埃米尔的奴隶地区搬运到卡诺的纳萨拉瓦宫的谷物清单。这些是普通的政府办公用纸,其文字用古典阿拉伯文写成。相比之下,仅仅在殖民时期,卡诺的埃米尔的法院才有了司法记录。[②] 因此,似乎只有有限的国家文件经常被诉诸笔端;绝大多数纸张被用于书籍。以前用于进行临时记录和计算的写字板可能是一种木制、可重复使用的书写板(称为 *allo*)。这种书写板主要

[①] Hiskett(1966).

[②] Christelow(1994).

213

◈ 第二部分 作为史料的非洲阿拉伯语文学

被用于教幼儿读和写阿拉伯文字，是一种"练习册"，它们过去到处都有，且很便宜（现在也仍然如此）。虽然它们体积庞大（据说也容易燃烧），但能够持久保存。但我从来没有见过这种写字板被用作"记事本"；作为学生，我们用写字板制作"如布图"（rubutu），即一种用写神圣的词语的墨水做成的补药。这种写字板被神圣化了，而纸张可能没有被这样神圣化。在这种背景下，人们给我讲一位马拉姆（mallam，古兰经学者）的写字板居然被烧了的故事，用以说明一个臭名昭著的街头暴徒的行为是多么令人震惊。尽管书没有被这样神圣化，但也有些书是神圣的，最著名的就是《古兰经》——古兰经不能放在地上，也不能在上面放其他的书。从前，一种（套路化的）谣言就可能掀起一场城市骚乱：当有人在地上发现一张被弄脏的写着阿拉伯文的纸，并且怀疑是某些基督徒故意玷污了它，基督徒社区就会受到严厉惩罚。无论如何，传统的纸张很少被故意毁坏，甚至也不会简单地被扔掉。

在中东，书法成为一种精致的艺术形式，但是在索克托不是这样（据我所知，在19世纪的尼日利亚，没有公开的"签名"，也没有典雅复杂或精美的哈里发封印），但写字好的抄书者很受推崇。在尼日利亚，写字最好的大致是博尔诺人：在博尔诺复制的古兰经售价最贵，年轻的学者被派往那里学习这种技艺（以及古兰经抄写员这行的相关事务）——他们的产品在19世纪20年代出口北非。一直到20世纪，使用两种或三种颜色进行的精细复制还是收入的来源。一位最著名的抄写员谢赫巴拉（Shaykh Bala）技术十分娴熟，但收入非常少（据说他在1959年大约得到了5英镑），然而，委托他抄写的商人则通过照相胶印将他的抄写本进行印刷，再以高昂的价格出售印刷品；这位商人把财富留给了自己。抄写员非常反感，以至于他再也没有抄写过任何文本。现在，他的副本被称为"Mai belt"，是博物馆收藏，但这也代表了老式的虔诚学者所具有的传统技能的全面商业化。当然，在20世纪60年代，抄袭者可能会被"暴力恐吓"，必须低价工作；人们认为抄书不是商业行为，而是虔诚者的职责所在。从这点上来说，抄书的工作类似于欧洲过去的书籍装订者：需要多种技能和专业知识，但换取的报酬非常低廉。我想，书籍装订在西非从来没有发展起来，虽然我们清楚知道，确实存在装订的书籍。书籍也是横着叠放成一摞摞存放的，而不是竖着放在书架上——这可能反映出藏书的尺寸较小，以及藏书通常是个人性质的。拥有大量手稿的公共图书馆是晚期殖民时期的创新。和北非不同，索科托哈里发没有瓦合甫，所以大型房屋（与家族"传承"相关联）充当了慈善活动和知识的中心。

19 世纪的书籍生产

这里的假设是，纸张的进口和大量复制（以前进口的）书籍的历史可以追溯到 16 世纪，虽然到 18 世纪末和 19 世纪为止，复制书的范围一直在缩小，但到 18 世纪末和 19 世纪，随着当地作者创作和本地图书市场的双重复兴，复制和图书生产普遍增加。下文的大部分内容涉及这个后来的时期，当时行业结构和市场状况发生了根本性的变化；因为似乎在 19 世纪，书的生产相对成本低廉。

纸

数量

从的黎波里进口而来的纸，1767 年的年供应量约为 2000 令，相当于 400 万张对开纸或 80 只骆驼的运输量。[①] 在塞内冈比亚，纸张占 1718 年所有商品进口量的 3%，但提供这个数据的研究者科廷（Curtin）没有写明实际数量。[②] 如果一本古兰经使用 230 张对开纸，的黎波里供应的货品能为约 16000 本古兰经提供纸张。但是，的黎波里当然不是唯一的北非来源，塞内冈比亚也不是西南非洲唯一的来源。西非作为一个整体，其进口总量必定多得多。

---

① Lavers（1979）；他援引了弗雷泽（Frazer）领事的报告，参见 FO 76/21。
② Curtin（1975：246）.

◈◈ 第二部分　作为史料的非洲阿拉伯语文学

来源

在19世纪，大部分进口纸都是意大利制造的，专门为黎凡特（Levantine）市场生产。至少从1320年以来，纸上印有新月形水印一直很普遍，但到了18世纪和19世纪，在北非和南方（例如达尔富尔）越来越多见。带有几位姓加尔瓦尼（Galvani）的人的名字[①]的"三新月"纸比较有名。[②] 这种纸特别结实，相对便宜，并且具有三等至第四等货的质量。"新月"纸也是在土耳其制造的，但我还没有找到这种纸进口到北非的数量（如果曾经有的话）。[③] 简而言之，"新月"纸可能被视为一种类型——代表纸的尺寸和重量——而不是品牌名称。

我认为，用于书籍的页面大小是四分之一"曼苏里"（Mansuri，四分之一曼苏里非常接近四开纸大小）。[④] 由于西非的书很少写在其他书的边缘，所以没有像在北非那样，使用对开本尺寸的"曼苏里"。八开纸（八分之一"曼苏里"）被用于口袋本祈祷书。在这些形式中，通常不会添加任何装饰，无论是作为页面的边框还是作为标题页的一部分。很少有包括装饰性的卷首插图或章尾装饰图。

价格

纸

1805年，在尼日尔河上的桑桑丁（Sansanding），一令纸的价格与两万个货贝相当。1861年，在的黎波里，一令纸值12000货贝。

[①] Valentine Galvani, d. 1810; Fratelli Galvani, for example Anton, d. 1824; Andrea Galvani, d. 1855.
[②] Eineder (1960); Fedrigoni (1966); Walz (1985).
[③] Ersoy (1963). 感谢梅纳热（Menage）教授借给我这本书，它不但复制了土耳其原文，还复制了进口水印。
[④] 四分之一曼苏里是213毫米×142毫米。根据卡勒卡尚迪（al-Qalqashandi）1412年的说法，这是"眼熟的"纸张大小。纸张大小的差异以及关于不同时期的伊斯兰纸张大小的数据的有限性，使得我只能对此做出猜测。

第十章 索克托哈里发国的书籍

在经过100%的加价后（这是横跨撒哈拉沙漠交通运输的成本等），在卡诺将达到24000货贝一令。1910年在卡诺，纸的价格为26000货贝一令。① 纸是一张一张卖的，利润率相当可观：60个货贝才能购买一张纸，这是半磅蜂蜜的价格。一页纸是10—15个货贝。② 在19世纪20年代，"利润巨大的书写纸"是博尔诺最需要的商品清单中的第一项③——无疑，纸将用于古兰经的出口贸易。因此，与预期相反，纸张在整个19世纪似乎相对便宜，尽管由于通货膨胀的原因，在19世纪末期它甚至更便宜。不过1819年托马斯·爱德华·鲍迪奇（Tomas Edward Bowdich）报道说，卖出一张纸，就够一个"低级摩尔人"在库马西（Kumasi）生活一个月了。④

书

在处置死者财产的文件中，我们可以找到书的估价。卡诺的马达金（Madakin Kano）的6本书只值8000货贝，但这些书似乎是不完整的书或普通书。⑤ 文件中没有说明在19世纪这些估价是如何做出的，但是这里给出的图书价值不太可能非常接近地反映新书当时的价格。如果这些旧书被转售给书商，甚至是学生，它们肯定会降低新书的市场价格。事实上，书本的价格似乎相对较低——标准文本（或摘录？）的平均值可能是4000个或5000个货贝。但古兰经可能价值2万货贝——在19世纪20年代的博尔诺，精美的古兰经被出口到"巴

---

① Park（1816, 1: 464, 2: 218 – 221）；Koki（1977: 32 – 33）。一令纸是500张，每张切成四页。通常每令纸的张数有一定差异，但我只有卡诺的数据（参见 Walz 1985: 46, notes 40, 43）。

② Koki（1977: 34）.

③ Denham et al.［1828（1st journey）: 189］.

④ Goody（1968: 203）。鲍迪奇（Bowdich）是一位英国旅行家和科学作家，他于1817年代表非洲商业公司（African Company of Merchants）与阿散蒂王国（the Asante Empire，现为加纳的一部分）完成和平谈判。

⑤ Hiskett（1966: 139）。这些书包括布哈里圣训中的两卷，*Dala' il ashfa*（卡迪·艾亚德著？）中的两卷，《治愈之书》的一部分，《教法概要》（哈利勒著）的一部分，以及《法源论纲》［*Risala*，伊本·阿比·扎伊德（Ibn Abi Zayd）著？］。在清单中，它们在较后的位置，与"十美元"并列。

巴里（Barbary）或埃及"，并在那里以"每本40美元或50美元"出售。① 如果帮人写信，抄写员得到的报酬是三倍或四倍于无需专门训练的小工的工资。书籍抄写员的劳动力必须以其他方式获得回报。

劳动
学生
一个学生完成了古兰经的抄写工作，就标志着他毕业了。传统上，这本古兰经会给他的老师，我们推测，老师会将它出售——但并不总是这样：马哈穆杜·科基说，一个学生可能会从他的第一部古兰经的收益中为自己买一件大礼服和头巾。② 如果我们假设任何一年，所有学生的百分之一实际上完成了古兰经的复制，这意味着每年生产约1600部古兰经（根据我前文给出的学生数估计）。博尔诺古兰经的质量非常高，并且出口；可能博尔诺的产量就能满足古兰经的需求。博尔诺通过专攻古兰经的研究吸引了学生（同时也是便宜的抄写员？）。因此，也许人们应该讨论博尔诺的"书法学校"，因为抄写是学生去那里学习的另一个经济技能。不知道哪个专业开始在先——古兰经研究还是书法抄写。

专业抄写员
用于出售的书的价值部分地取决于抄写员的笔迹质量。有人告诉ADH·比法尔博士，像阿卜杜拉希·丹·福迪奥这样的学者，不论情况如何，每个晚上都会在小油灯的光线下进行抄写。但是，不太认真的学者制作的个人用的副本具有较低的转售价值。随着19世纪的发展，标准文本的规模增长了；早期，"圣战"相关著作的手迹较小而整齐，这可能反映了个人风格，而不是专业风格。同样，从索科托大

---

① Denham et al.［1828（1st journey），2：162］。古兰经的成本当然会随着复制、装订等的质量变化而变化。可与萨希里欧格鲁（Sahilliogiu，1977）引用的15世纪土耳其（Brusa）遗产文献中给出的价值范围相比较。很难估计一本书的卖价有多少比例给了抄写员——可能低至40%？5000货贝（或古兰经的纸张成本）大约是当时一个奴隶价值的二十分之一。显然，在16世纪晚期的通布图，书价和19世纪晚期卡诺的书价大致相当。

② Koki（1977）。

法官的许多文书员的手迹可以看出，个人的笔迹比抄写员的笔迹更流畅，不那么正式。但专业文本，更不用说专业抄写员的身份，还有待确定。我们甚至不知道抄写是否只是一个兼职职业。和其他行业一样，学生劳动力的加入可能会拉低所有书的价格，除了那些最精美的作品。①

就像宗教学习一样，书籍交易也可能受到某些文化上的限制。尽管在市场上买卖，但书籍同时也是宗教文本，所以有时可能不那么受到直接市场力量的影响，用"施舍"代替价格和劳动是一种虔诚行为。事实上，似乎写作神圣语言的心理"补贴"了学术工作，实际上"支付"了书本生产中的劳动力费用。

其他成本

除纸张外，其他所用材料均不需要进口；有些是由抄写员自己制作的。书籍的外皮通常不会有任何奢华的东西，不论内页补好得多么用心。简而言之，书籍并非专门用来吸引收藏家。

墨水和笔

所有使用的黑色、红色和黄色墨水都是在当地生产的，虽然某些用于特殊墨水的成分可能是进口的。由碳或植物单宁（例如，荆条）制成的墨水用于木制"板"，而含铁和单宁的墨水用于纸张。碳和植物制成的墨水不会弄脏木制书写板，并且可以安全地当药喝。笔由玉米秆制成，在当地很容易得到，擦除材料也是如此。

---

① 在通布图，向复制的转向反映了伊斯兰教学对当地儿童的吸引力。那么学校"过度生产"了吗？通过将一本书的不同部分同时交给不同的抄写员进行复制（这种做法在中世纪欧洲也存在，称为 pecia 或 quire 系统），或者由一个人读书的内容，一组抄写员同时听写出来（在中世纪欧洲称为 scriptorium 系统），这可以减少复制的时间，也许也能省一些复制劳动力的费用或成本。索克托使用了这两种系统，但显然一位抄写员抄录整本书是更普遍的做法。在博尔诺，一位独立的抄写员用彩色墨水进行了抄写。然后该副本将被校对并更正。在西非的书籍制作中分工有多细？我们并不清楚——甚至不知道在分工中使用了怎样的阿拉伯语或阿贾米语术语。在索科托，像"抄写员"（warraq）这样的术语显然不用；"k. t. b."和"ns. s. kh."都是复制的意思，而"katib"更多是一名抄写员而不是一名秘书。

◈ 第二部分　作为史料的非洲阿拉伯语文学

装订

完成的书通常不是缝制起来的。就像最早的穆斯林文本一样，书页被夹在两块板子组成的封面或箱子里，这种封面或箱子通常用山羊皮制成，加上纸板或薄膜，再用皮绳绑在一起。我没找到资料说明这里的书籍为什么不以后来中东的方式装订，但在西非，似乎从来没有发展出像北非城市那样的精细书籍装订的特定工艺。其中一个后果是，大量的文本不完整，要么丢掉了，要么在继承人之间分配遗产时故意分开了。①

储存

与装订一样，存储的成本也一直很低。书用特别设计的山羊皮皮革包（gafaka）包装，这些皮包被缝制成标准格式，光滑面朝里。它们一次可以容纳多本书。一个特殊的储藏室里藏着许多书包，在这种情况下，书籍的损坏很小；即使潮湿也不会影响含铁单宁的墨水。此外，宗教书籍不像大多数商品那样快地过时，所以旧版本可能没有什么问题，尤其如果市场上书籍的常见来源是死去学者的藏书——他们的继承人得到了旧的文本，就把不需要的拿出来卖掉。

替代材料

显然，本地没有适合的材料可以替代进口的高质量白纸。

---

① "破碎的"书籍、摘录或长篇作品的部分内容常常出现在穆斯林世界的其他地方。谢赫西迪亚（Shaykh Sidiya）在马拉喀什（Marrakesh）购买的书中有三分之一只是书的一部分（Stewart，1970），而一"卷"书可能包含两三本书的部分内容。我怀疑，在私人收藏和书店的"经典"部分中，"破碎的"书的流行率特别高。那么，在这种情况下，完整书籍中的大部分是否会是本地编写的呢？——实际上，也许是专门编写的，以便解决学生只能使用"经典"的零散片段的问题。摘录的共性再次提出了问题：什么是一本"书"？如果这些摘录被使用、借用、重新复制并像书籍一样销售，我们可能应该将它们视为书籍，只是被作为作品的一部分、连续出版物和其他类型的连载文献那样重新发行过。如果是这样，我们是不是应该停止将它们称为"破碎的"或"不完整的"？是不是因为这个原因，书籍装订不受欢迎，因为装订之后就不能把书分成几部分？即使在二十世纪上半叶，个人图书馆中印刷的经典阿拉伯语书籍也会被夹在两块板之间，而不是装订起来。我曾见过一位卡诺的原住民官员——他并非专业学者——将他拥有的、在开罗印刷的一本《教法概要》（Mukhtasar）编号为"90"。

木板

普通纸最广泛使用的"替代品"是木制的"板",用作学校练习本,无疑也是用于试写文章的"草稿纸"。虽然这些板子没有固定的大小,但大多数都采用四分之一曼苏里页面大小。纸板的宽度当然受限于所使用的树有多粗,并且这可能是帮助确定多大页面尺寸成为标准的一个因素。

皮革

据我所知,尽管至少在早期,有足够的皮革和可用的技术可以生产牛皮纸和羊皮纸,但这两者都没有用于书籍或文件。(然而,在摩洛哥北部休达[Ceuta]找到的牛皮纸上写的古兰经是方多·卡迪藏书中最古老的一本,可追溯到公元1198年[1])树皮纸也没有使用,尽管当地有树皮布,如果不是以足够高的质量与纸张竞争。纸张的一个特点是它不会被摩擦脱落(牛皮纸则会),并且可以重复使用;这意味着我们没有因重复使用而丢失书本。牛皮纸在很早的时候就被伊斯兰世界的纸张完全取代了,如果不是这样,那么牛皮纸将会是持久使用的材料。[2]

其他种类的纸

并非所有纸张都是用于书写的;包装纸是比较常见的,特别是对于那些高价值产品,如靛蓝头巾和长袍,合理地产生了包装成本。据推测,这种纸后来被一些马拉姆用来制作护身符,其上写的字不一定需要容易辨认。同样,这些纸偶尔也用于一些早期的殖民地"条约"。

其他材料

在圣战中使用的大型白色棉布旗帜的边缘用小字写有祷告文,但旗上并没有大面积的文字,后来用锦缎制成的旗帜上也没有;这些旗帜上也都没有图案。很多其他地方也没有文字,比如在中东式建筑物

---

[1] Hofheinz (2004: 165).
[2] Bloom (2001); Bosch et al. (1981).

上的琉璃瓦上就没有。一般情况下，没有公开展示的文字，比如在建筑物内部或外墙上。墙壁是用粘土制成的（不用切开的石块，不像在通布图），有时用灰泥粉刷，这种灰泥的材料可能含有动物尿或粪便等杂质。油基涂料不易获得，涂在墙上的只有靛蓝和白土。[①] 因此，在十九世纪，装饰（如果有的话）主要靠纸，使用的是彩色墨而不是油漆。扶乩占卜，如果在市场上进行，就是用木托盘装着沙子，在上面绘制；如不是在市场上进行，就简单地在地面上绘制。不过，最终完成的结果可能会被抄在纸上。我从来没有见过在大张纸上绘制的前殖民地时期的地图或图表，除了专门为欧洲游客制作的那种复制品；再次，对于简单的地理图表，一般就画在讨论者坐的地方的沙子上。[②]

结论

这一章显示，时至今日，我们对索科托书籍文化的详细情况的了解还是相对较少。但通过本文，我提出了这一主题的重要性，并且相信我可能说服了一些读者去深入探讨这整个主题，并去考虑书卷之气的含义。显然，图书在索克托有过繁荣时期——首先是 16 世纪，然后是 19 世纪——出现了不同的文本和不同的利益。但我认为，整体上，图书贸易在西非并不"成立"。例如，在 1900 年的卡诺，似乎很少有供购买或流通的任何"现代"书籍——关于当时关键的伊斯兰文化主题的书籍，比如关于埃及的，当时面对着新的基督教殖民主义，埃及的话题引起了学者们的极大争论。没有瓦合甫（waqf）资助图书馆，去系统地购买书籍，也没有书商为狂热的读书公众进口有争议的文本。毫无疑问，在索科托和卡诺都有广泛读书的学者，但他们的需求似乎没有被书商满足。他们更多地依赖于"古典"藏书，而不是

[①] Denham et al. (1828：2).
[②] Denham et al. (1828：2).

第十章 索克托哈里发国的书籍

现代版本。关于处理野蛮侵略者的先例，他们转而学习在 1258 年，蒙古人对巴格达进行可怕的劫掠时发生的讨论，当时底格里斯河被书籍堵塞，水面被墨水（和血迹）染黑。刚从埃及返回的学者［如哈曼·乔达（Hamman Joda），约拉（Yola）的卡迪］谈到了欧洲人带来的威胁。这些学者一定听说过开罗的知识界新动向，但他们似乎没有带回相关书籍（或者，如果他们带了一些副本，这些副本一直是完全私人的藏书，没有拿出来分享）。一种解释可能是，因为当时人们认真地以为世界已经快毁灭了，在这时伊斯兰教的核心文本更优先，而不是来自国外的现代臆测。

如果没有系统地进口书籍（但是请记住，1820 年代博尔诺出口了大量书籍），那么知识分子一定依赖于个人藏书或个人网络。但本地学者可能认为自己是自给自足的，认为其藏书足以满足他们的需求。他们中对新知识好奇的人前往北非或麦加，不再将西非作为学术的库藏，虽然西非是一个圣战的好地方。毕竟，去开罗寻求进一步的教育是一种长期的传统，那里曾经有一个地方（*riwaq*）专供来自博尔诺的学生使用（索科托似乎从未建立过这样的地方）。当地的书籍短缺是否曾导致一种前殖民地时期的"人才外流"？

任何在过去 40 年中在尼日利亚大学系统工作过的人都会在今天的书籍库存中看到历史。大学图书馆不再系统地购买最新的作品，大学书店大部分关闭，没有关闭的则主要出售教科书，而不是最新的专著甚至高等教科书。这意味着学者如果想要"跟上时代"，就必须拥有自己的藏书，让人把书寄给他们，或自己外出买书。这导致在一般情况下，一篇学术论文的作者必须在没有看到最新研究的情况下写作。这些作者被困在一个知识的时间扭曲中，一直停留在他们上次长期访问一个好的图书馆的一刻。"开放获取"和互联网现在提供了一个机会，将这些学者从时间扭曲中释放出来。当这发生时，500 年前卡诺知识分子读到最新的书时曾经经历过的兴奋可能会重演。但书香不仅仅是精英的痴迷。我认为，在 1820 年代的索科托，穆罕默德·贝洛及其同事就实现过这一点。他们试图将当时更公开伊斯兰化的苏丹"现代化",并使其更接近伊斯兰世界的其他地区。同样的,一个世纪后的20世纪30年代,年轻的穆斯林热衷于通过读书(尽管是英文)接触新的文学和科学,他们那时可以在图书馆、老师或朋友那里借到书。在过去的几十年里,随着书籍市场的萎缩,这扇窗又关上了一半。在这种情况下,不可避免地,书卷之气也萎缩了。

最后,我的观点是,正如早期的历史学家所做的那样,因为只关注"识字",更不用说将"口头"与"书面"进行简单对比,我们的理解被扭曲了。事实上,对纸的贸易的研究甚至本地作者及其作品的清单都掩盖了关于"书"的核心问题,以及关于文本可获取性的简单事实和后果:谁有权读什么,何时读?如果我们要理解特定时期的真实思想史,图书馆的规模、文本的范围、是否有新书,以及学者和学生对阿拉伯语的掌握水平都很重要。当然,书本可能不是思想的唯一来源,今天还有其他媒体。无可否认,与具有优秀记忆力的同事们长期保持对话可以成为很好的替代品。然而,作为历史学家,我们不能找到所有关于这种对话的史料,除非随后在一本书或一封信中提到了它们。因此,我们对像索科托这样远离地中海地区书店的地方的思想史研究只能是非常偏袒的。但这种研究确实构成了适当的书籍史,以及特别值得研究的、伊斯兰边疆的图书贸易。在这种情况下,获得书卷之气需要比在开罗或菲斯——甚至是通布图——要更辛苦——事实上今天仍然如此。我们知道,书的"干涸"可能是毁灭性的;我们必须学会减轻其影响,而不是依赖不完善的图书交易。

致谢

本章是2006年10月首次发表文章的略微修订版(*Studia Africana*,17:39-52)。感谢编辑允许我在此重新发布。我还要感谢索克托和卡诺的同事们阅读原文并提出更正和补充。

参考文献

Abi Farès HS (2001) *Arabic typography: A comprehensive sourcebook.* London: Saqi Books.

Africanus L (1956) *[Jean-Léon L'Africain] Description de l'Afrique.* Translated by A Epaulard. Paris: Adrien Maisonneuve.

Atiyeh GN (Ed.) (1995) *The book in the Islamic world: The written word and communication in the Middle East.* Albany, NY: SUNY Press.

Ba AH & Daget J (1962) *L'Empire peul du Macina.* La Haye: Mouton.

Bivar ADH (1960) A dated Kuran from Borno. *Nigeria Magazine* 65: 199-205.

Bloom JM (2001) *Paper before print: the history and impact of paper in the Islamic world.* New Haven: Yale University Press.

Bosch G, Carswell J & Petherbidge G (1981) *Islamic bindings and bookmaking.* Chicago: Oriental Institute, Chicago University.

Boyd J (1989) *The caliph's sister: Nana Asma'u, 1793-1865: Teacher, poet & Islamic leader.* London: Frank Cass.

Boyd J & Mack B (1997) *Collected works of Nana Asma'u, daughter of Usman dan Fodiyo (1793-1864).* East Lansing: Michigan State University Press.

Boyd J & Mack B (2000) *One woman's jihad: Nana Asma'u, scholar and scribe.* Bloomington: Indiana University Press Brenner L & Last M (1985) The role of language in West African Islam. *Africa* 55 (4): 432-446.

Brett M (1983) Islam and trade in the Bilad al-Sudan, tenth-eleventh century AD. *Journal of African History* 24: 431-440 Browne EG (1928-29) *A Literary History of Persia.* Cambridge: Cambridge University Press.

Christelow A (Ed.) (1994) *Thus ruled Emir Abbas: Selected cases from the records of the emir of Kano's Judicial Council.* East Lansing:

Michigan State University Press.

Clapperton H (1829/1969) *Journal of a second expedition into the interior of Africa from the Bight of Benin to Soccatoo.* London: John Murray.

Curtin P (1975) *Economic change in pre-colonial Africa.* Madison: University of Wisconsin Press.

Davis NZ (2006) *Trickster travels: a sixteenth century Muslim between worlds.* New York: Hill & Wang.

Denham D, Clapperton H & Oudney D (1828) *Narrative of travels & discoveries in northern and central Africa in the years* 1822, 1823 *and* 1824 ['1st Journey'] (3rd edition, esp. Vol. II). London: John Murray.

Eineder G (1960) *The ancient paper mills of the former Austro-Hungarian Empire and their watermarks.* Hilversum: Paper Publications Society.

Eisenstein EL (1979) *The printing press as an agent of change.* Cambridge: Cambridge University Press.

Ersoy O (1963) *XVIII. ve IX. Yuzyillarda Turkiye´Kagit.* Ankara: Ankara Üniversitesi Basimevi.

Fedrigoni A (1966) *L' Industria Veneta della Carta dalla seconda dominazione austriaca all' unita d'Italia.* Torino: ILTE.

Girard (1685) *L' Histoire chronologique du Royaume de Tripoly de Barbarie.* Paris, Bibliothèque Nationale.

Goody JR (1968) Restricted literacy in northern Ghana. In JR Goody (Ed.) *Literacy in traditional societies.* Cambridge: Cambridge University Press.

al-Hajj MA (1968) A seventeenth century chronicle on the origins and missionary activities of the Wangarawa. *Kano Studies* I (4): 7–42.

al-Hajj MA (1983) Some diplomatic correspondence of the Seifuwa Mais of Borno with Egypt, Turkey and Morocco. In B Usman & N Alkali (Eds) *Studies in the history of pre-colonial Borno.* Zaria: Northern Nigerian

Publishing Company.

Hiskett M (1966) Materials relating to the cowry currency of the western Sudan. *SOAS Bulletin*, 29 (1): 132 – 141.

Hiskett M (1973) *The sword of truth: The life and times of the Shehu Usuman dan Fodio.* New York: Oxford University Press.

Hofheinz A (2004) Goths in the land of the blacks: A preliminary survey of the Ka'ti Library in Timbuktu. In SS Reese (Ed.) *The transmission of learning in Islamic Africa.* Leiden: Brill.

Hunwick JO & O'Fahey RS (Eds) (1995) *Arabic literature of Africa: The writings of Central Sudanic Africa* (Vol. 2). Leiden: Brill.

Ibn Khallikan (1842 – 71) *Wafayat al-a'yan.* Translated by M de Slane. Paris: Oriental Translation Fund of Great Britain & Ireland.

Junaidu SW (2007) Research methodology among scholars of the Sokoto Caliphate before the British colonial invasion of 1903. Unpublished paper. Sokoto: Usmanu Danfodiyo University.

Kane O (2003) *Muslim modernity in postcolonial Nigeria: A study of the Society for the Removal of Innovation and Reinstatement of Tradition.* Leiden: Brill.

Kirk-Greene AHM (Ed.) (1962) *Barth's travels in Nigeria.* London: Oxford University Press.

Koki M (1977) *Kano malam/Mahmudu Koki:* Edited by Neil Skinner. Zaria, Nigeria: Ahmadu Bello University Press Kraemer JL (1992) *Humanism in the Renaissance of Islam* (2nd edition). Leiden: Brill.

Krek M (1971) *Typographia Arabica.* Waltham, MA: Brandeis University Library.

Lapidge M (2006) *The Anglo-Saxon Library.* New York: Oxford University Press.

Last M (1966 – 67) Arabic manuscript books in the National Archives Kaduna. *Research Bulletin, Centre of Arabic Documentation* 2 (2): 1 – 10,

3 (1): 1 – 15.

Last M (1967a) 'The Arabic-script literature of the North': i. Arabic prose (pp. 31 – 42); ii. Fulfulde poetry (pp. 43 – 46); iii. Arabic correspondence (pp. 47 – 70). *Second interim report, Northern History Research Scheme.* Zaria: Ahmadu Bello University.

Last M (1967b) *The Sokoto Caliphate.* London: Longmans, Green.

Lavers JE (1979) Trans-Saharan trade before 1800. Unpublished paper. Kano: Bayero University.

Lydon G (2004) Inkwells of the Sahara: Reflections on the production of Islamic knowledge in *Bilad Shinqit*. In SS Reese (Ed.) *The transmission of learning in Islamic Africa.* Leiden: Brill.

Mahdi M (1995) From the manuscript age to the age of printed books. In GN Atiyeh (Ed.) *The book in the Islamic world: The written word and communication in the Middle East.* Albany, NY: SUNY Press.

Manguel A (1996) *A history of reading.* London: HarperCollins.

Marty P (1922) *Etudes sur l'Islam en Côte d'Ivoire.* Paris: Editions Ernest Leroux.

Meek CK (1925) *The northern tribes of Nigeria.* Part II. London: Oxford University Press.

Palmer HR (1928) *Sudanese memoirs.* Lagos: Government Printer.

Park M (1816) *Travels in the interior of Africa* (2 Vols). London: John Murray.

Pedersen J (1984/1946) *The Arabic book.* Translated by G French. Princeton, NJ: Princeton University Press.

Saad EN (1983) *Social history of Timbuktu.* Cambridge: Cambridge University Press.

Sahilliogiu H (1977) Ottoman book legacies. In *Arabic and Islamic garland: Historical, educational and literary papers presented to Abdul-Latif Tibawi by colleagues, friends and students* (197 – 199). London: Islamic

Cultural Centre.

Skinner N (Tr. & Ed.) (1977) *Alhaji Mahmadu Koki*. Zaria: Ahmadu Bello University Press.

Stewart CC (1970) A new source on the book market in Morocco and Islamic scholarship in West Africa. *Hesperis-Tamuda* 11: 209 – 250.

Toorawa SM (2005) *Ibn Abi Tahir Tayfur and Arabic writerly culture: A ninth-century bookman in Baghdad*. London: Routledge.

Uthman b. Fudi (1978) *Bayan wujub al-hijra 'ala 'l-'ibad*. Edited by FH el-Masri. Khartoum: Khartoum University Press.

Walz T (1985) A note on the trans-Saharan paper trade in the 18th and 19th centuries, published as The paper trade of Egypt and the Sudan in the 18th and 19th centuries. In MW Daly (Ed.) *Modernisation in the Sudan: Essays in honor of Richard Hill*. New York: L Barber Press.

Wilks I (1968) Islamic learning in the western Sudan. In JR Goody (Ed.) *Literacy in traditional societies*. Cambridge: Cambridge University Press.

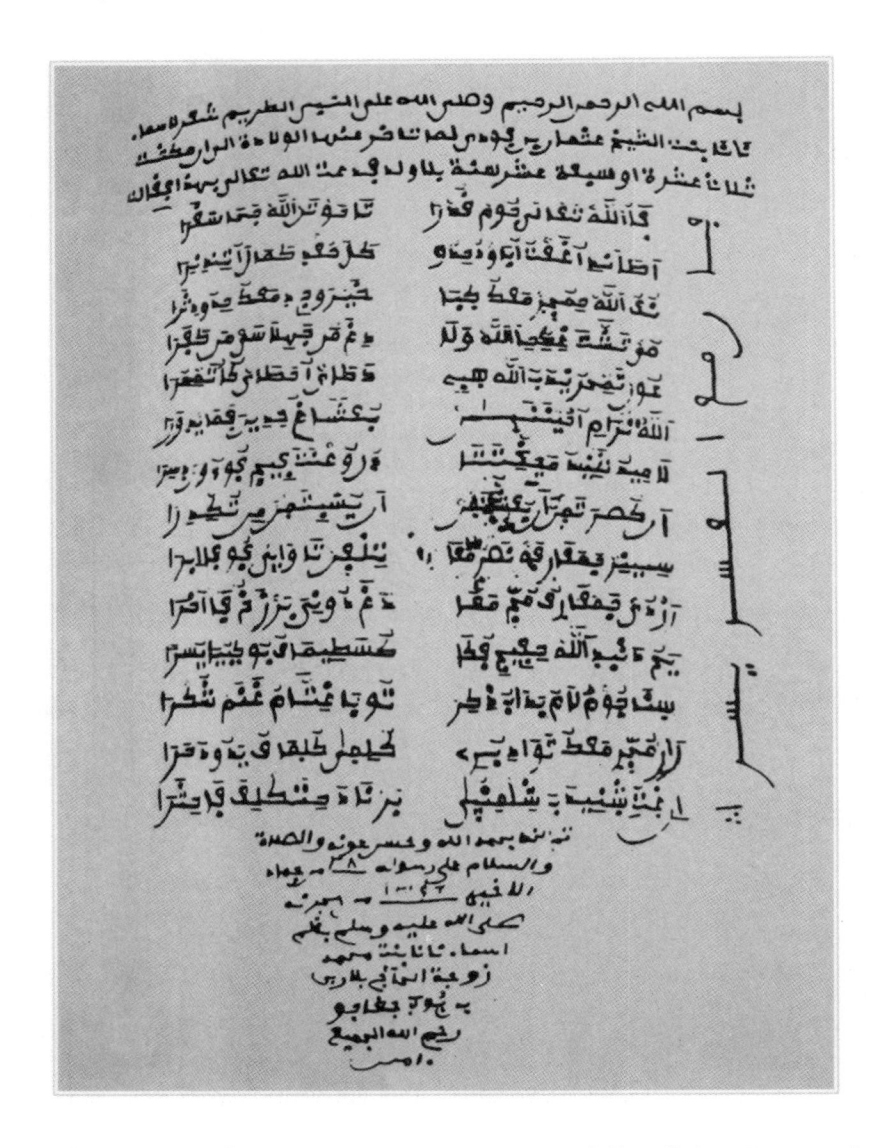

◇❀ 第二部分　作为史料的非洲阿拉伯语文学

《如此真实……》中的一页。这是娜娜·阿斯玛乌的一首诗，写于1822年，她非常亲密的哥哥穆罕默德·贝洛出征打仗之时。

第十一章　十九世纪和二十世纪的穆斯林女性学者：从摩洛哥到尼日利亚

贝弗利·B. 马克（Beverly B. Mack）

本文首先对马格里布（Maghrib）地区的穆斯林妇女传统教育进行比较研究，这一地区在地理上包括摩洛哥和尼日利亚北部，这些地区之间具有长久的历史联系。对这一问题的兴趣来自历史上的毛里塔尼亚地区（包括今天的摩洛哥南部地区）和尼日利亚北部地区的伊斯兰知识分子社区之间的联系。这种联系可在19世纪尼日利亚女学者娜娜·阿斯玛乌（Nana Asma'u）给一位毛里塔尼亚学者的信中看出，通信的二者显然非常熟悉。[①] 在18世纪和19世纪，这些联系是由苏菲派卡迪尔里耶兄弟会（the Sufi Qadiriyya brotherhood）的成员促成的。[②] 苏菲派的信仰者经常在豪萨兰和开罗或者菲斯（Fez）之间来回，带回大城市的圣人经历美妙幻象的故事。奥斯曼·丹·福迪奥［也被称为"谢胡"（the Shehu）］与通布图周围的苏菲社区的领袖谢赫穆赫塔尔·昆蒂（Shaykh al-Mukhtar al-Kunti）交好，后者也

---

① 参见'Welcome to the Mauritanian scholar' in Boyd and Mack（1997：282-283）。对于本文后面对阿斯玛乌作品的引用，如无特殊说明，则来自这一材料的相应页码。

② 阿斯玛乌与这位神秘的毛里塔尼亚学者（Alhaji Ahmed Muhammad al-Shinqiti）之间舒适自在的对话说明他们之间存在一个长期存在的联系网络，彼此非常熟悉，很可能有一辈人以上的交情，也就是说早在十八世纪他们的家族之间就有联系。要证明这种连续性，需要对谢胡的作品进行更深入的研究。

曾经历过幻象。① 当时的菲斯人知道福迪奥家族的事情，能谈论他们的文字作品，而提贾尼耶（Tijaniyya）兄弟会又从尼日利亚把很多故事带到摩洛哥。② 尼日利亚和摩洛哥之间的联系也是由苏菲派提贾尼耶兄弟会带来的，他们是尼日利亚更为晚近的流动力量。尼日利亚北部的许多提贾尼耶信仰者到菲斯去朝圣，提贾尼的墓地就在该城。③

在这些联系的深层，是当时尼日利亚北部作为一个伊斯兰要塞地区的重要性，它占据了非洲大陆人口最多的国家的一半。单从数量上讲，尼日利亚的穆斯林女性对任何关于非洲伊斯兰教的讨论非常重要。在比较的语境下，尼日利亚北部女性学者与摩洛哥女性学者在结构上和意图上非常相似。需要研究的课题是摩洛哥女性用以在传统伊斯兰教育框架中追求高等教育的具体作品。

马格里布地区的伊斯兰教育

最近的研究肯定了以前对该地区妇女活动分子角色的看法，特别是在教育方面。④ 毛里塔尼亚妇女负责教育幼儿，这与尼日利亚北部19世纪穆斯林妇女的情况相呼应。⑤ 现在，尼日利亚北方家庭的情况依然如此，加上家庭之外的日常教育，分为伊斯兰和非伊斯兰教正规教育。⑥ 除了为自家儿童提供基础教育之外，这两个地区的穆斯林妇女长期以来都被视为该地区成人的教师，她们自身也是重要的学者。

---

① Hiskett（1973：63-64）.
② 谢胡奥斯曼·丹·福迪奥，他的弟弟阿卜杜拉希，他的儿子哈里发穆罕默德·贝洛和女儿娜娜·阿斯玛乌尤其著名，虽然他们的有些作品已经失传。
③ 艾哈迈德·提贾尼1737年生于阿尔及利亚南部，1815年死于摩洛哥菲斯。他1780年创立了提贾尼耶派。
④ 参见Mack（2004）。
⑤ 可与Lydon's（2004）和娜娜·阿斯玛乌作品中的观察相比较。参见Boyd（1989）；Mack & Boyd（2000）；and Boyd & Mack（1997）。
⑥ 这是我1979—1981年在尼日利亚的卡诺做田野调查时的经历。玛格特·巴德兰（Margot Badran）写于2005年的一篇文章也记录了相似的现象。见'Liberties of the faithful'，*al-Ahram Weekly*，http：//weekly.ahram.org.eg/2005/743/fe2.htm。

第十一章 十九世纪和二十世纪的穆斯林女性学者：从摩洛哥到尼日利亚

在以下方面，毛里塔尼亚妇女似乎与尼日利亚北部的福迪奥家族妇女保持同步：教育年轻人和老年人，并且生产足够的个人学术作品，这些作品成为逐渐增加的经典的一部分，为后来的学者所使用。[①] 因此，要揭示马格里布穆斯林女性学者使用的一系列作品经典，就要对伊斯兰教育体系中通常研究的传统材料进行概述，并且要注意这些女性写下的、作为助记符帮助自己教学的作品。

《古兰经》是伊斯兰思想和文化的基础。如果没有对《古兰经》的记忆——这是一位穆斯林儿童接受教育的开端——是不可能想象伊斯兰教育的。伊斯兰教育从初等一直持续到高至相当于西方研究生水平的教育，其一系列复杂的课程包括自然和物理科学、历史、地理、社会学、医学和数学等，著名的机构如开罗的爱资哈尔大学（al-Azhar University）和摩洛哥菲斯的卡鲁因清真寺及大学（the Qarawiyyinmadrasa）。[②] 毛里塔尼亚的图书馆馆藏证明，更高级的研究领域包括诸如"古兰经科学，阿拉伯语，神秘主义（苏菲文学），教法学，科学手册（包括医学、占星术和数学），一般文学……历史记录（家谱、传记字典、年表、朝圣回忆录），政治材料……[和]一般通信"。[③] 娜娜·阿斯玛乌的 19 世纪收藏就有这样的广度。

在 19 世纪的卡诺，伊斯兰教育采用了类似的模式。在卡诺，伊斯兰教育体系从 3 岁开始。接下来的九年，学生们学习写和背诵《古兰经》，背诵所有 114 章。接下来，他们开始学习各个领域的概论：法学（*fiqh*），圣训（*hadith*），认主独一（*tawhid*），穆罕默德传记（*sira*）和语法（*nahawu*）。对古兰经进行二次阅读，确保在理解和发音方面达到完善。大约 20 岁后，学生开始更深入的著名书籍研究，在老师的指导下逐一阅读。掌握一部特定的作品可以使他们获得文

---

① Lydon（2004：48，68）.
② 伊本·赫勒敦（Ibn Khaldun）十四世纪所作的《穆迦迪玛》（*Muqaddima*）展示了传统伊斯兰学习的广度。
③ Lydon（2004：62）.

凭，从而使其能够教授这部作品。①

女性学生和学者

尽管女孩与男孩同时开始他们的古兰经教育，但她们在青春期似乎脱离了学习的体系。这种论点在何种程度上是真的，很难确定。在许多情况下，尤其是在城市环境中，实际的情况根本看不见。当你在菲斯的一条街上散步时，最常见的情况是听到一个房间里满是男学生在朗读古兰经；询问为什么没有女孩时，你会被告知，女孩们在家里上课，不公开露面。卡诺的情况是，女孩受到家中有文化的长辈的教育，这导致了一种误解，认为女孩根本没有接受过教育。② 19 世纪的娜娜·阿斯玛乌和她的姐妹们［特别是卡迪嘉（Khadija），她曾将卡里尔（Khalil）著名的《教法概要》（*Mukhtasar*）翻译成富拉语］③也不例外：巴拉拉贝·苏莱（Balarabe Sule）和普利西拉·斯塔拉特（Priscilla Starratt）1991 年对女性学者、神秘主义者和社会工作者的研究表明，在当代尼日利亚北部地区，伊斯兰学习的传统仍是至关重要的。④

同样，在菲斯和梅克内斯（Meknes），妇女开办传统伊斯兰教育的小学，苏菲派女学者可能选择继续接受传统的学习教育，而不是上西式大学。⑤ 此外，对于那些更沉浸在传统生活中的人来说，在当地"扎维亚"（*zawiya*，即伊斯兰教学校）的研究小组中定期（每周一次或两次）聚会，讨论《古兰经》段落或有关当代问题的评论，这种

---

① Sule & Starratt（1991：36）。参见注 6，该注提供了关于学习内容和其附录的更多资源，包括当代卡诺妇女学习的书的详细注释和解释。
② Galadanci（1971），转引自 Sule & Starratt（1991：37）。
③ Sule & Starratt（1991：36）.
④ 注意 Sule & Starratt（1991）的附录，包括了一份这些卡诺女性学者惯常学习的传统书籍的清单。
⑤ 2002 年和 2003 年，我在菲斯和梅克内斯做田野调查，访问了这些学校，采访了一位苏菲派女性，她上完了中学，并且在菲斯的麦地那进行了一段时间的高等苏菲派学习。

第十一章　十九世纪和二十世纪的穆斯林女性学者：从摩洛哥到尼日利亚

情况并不少见。在每个案例中，扎维亚聚会都由一名有资格教导，讲道和回答问题的女性领导。①

即使在正式的学习体系之外，书中的观念在伊斯兰文化中也受到尊重。伊斯兰教的双重基础——追求知识和确认公平的首要原则——引导态度，并使女性参与学术成为未受父权制过分限制的文化中的一种可能性。即使在这样的文化中，妇女坚持古兰经中规定的权利也会促使她们追求自己的智力活动。② 此外，这不是一个新概念。来自 10 世纪安达卢西亚的证据表明，女孩当时正在和男孩一起上学，女性也写作；瓦拉（Wallah），著名的女诗人，在"包括两性的班级中"受过教育。③

传统影响

这项研究的大部分内容涉及对娜娜·阿斯玛乌收藏的作品的关注，其中包括许多种诗歌作品。受《古兰经》和逊奈（Sunna）影响的作品包括帮助记忆古兰经的辅导书，基于逊奈的故事，挽歌和关于先知的医药的诗歌。历史作品受到穆罕默德传记和颂歌（eulogies）的影响。灵感来自于苏菲主义背景的作品反映了隐居（khalwa）和赞念（dhikr）的经验，苏菲女性的叙述，以及颂词（panegyric）。这些作品的大部分反映了协作的创造力，但有几部作品最能体现与社区成员的合作技巧，以及对该地区人们熟悉的诗歌的改造，其中一些与 10 世纪的手稿直接相关，或受到 13 世纪颂词的影响，又或专注于阿

---

① 我的经验是，无论在多小的村庄，这些小组中的妇女都非常专注于她们的学习会面：在摩洛哥西南的提兹尼特（Tiznit），妇女们每周见面一次；在塔马多特堡（Tamagroute），马拉喀什路（the Marrakesh road）的尽头，妇女们一周见面两次，每次讨论好几个小时。

② 参见 Badran（'Liberties of the faithful', *al-Ahram Weekly*, http://weekly.ahram.org.eg/2005/743/fe2.htm），这份材料确认了这一观点；在我 20 世纪 70 年代晚期在卡诺进行的田野调查的笔记中，这一点也非常明显。

③ Nykl（1946：72），转引自 el-Hajj（1996）。

235

拔斯（Abbasid）的国家概念。

几乎所有阿斯玛乌的作品都受到早期其他作品的直接影响；所有这些都可以在她的伊斯兰教育背景下被理解，这一背景在学习古兰经和逊奈时就已深深根植于她的心中。因此，作品的"经典"代表的不是一个静态的、保存下来的旧作品集合，而是一个充满生机的材料集合，其中包括经典作品和受到早期和同时代作品启发的当代作品。一篇手稿代表了用于研究的材料持续变化中的某一时刻。反过来，一些新创作成为了此种流畅的学习环境中新的、不断变化的经典作品的一部分。

除了娜娜·阿斯玛乌的作品的例子之外，关注该地区使用的材料，会发现诗歌和文章的交流不仅是普遍的，而且对于伊斯兰社区的学术进步也是必不可少的。在这一点上，"经典"的定义变得更加成问题，因为书面材料对苏菲派各界的智力提升只是第二重要的因素。事实上，在菲斯，苏菲派学者对依靠书面文字或出版传播知识保持缄默。

理解是通过思考口头文字、记忆古兰经段落和在各种场所——包括最低级到最高级的古兰经学校，扎维亚的社区学习小组以及特定的兄弟会研究小组——讨论各种概念得到提升的。因此，马格里布女性学者所依赖的"经典"包括口头传播的作品，这些作品往往被认为比书面作品更有价值。

福迪奥社区

娜娜·阿斯玛乌的著作证明，就像和她水平相同的其他人一样，她所接受的教育包括研究和模仿古典作品，以及和家庭成员及同伴之间的合作。她的教育肯定遵循了从毛里塔尼亚和马里到卡诺这个地区其他人的传统学习模式，因为她的文字作品反映了她对这种学习课程非常熟悉。随后，她自己的作品也成为了教育中使用的作品，特别是在索科托哈里发女性教育中。

第十一章　十九世纪和二十世纪的穆斯林女性学者：从摩洛哥到尼日利亚

阿哈吉·奥马鲁（Alhaji Umaru，1858 年生于卡诺）知道娜娜·阿斯玛乌，并在他的著作中评论说，她在该地区很有名。[①] 奥马鲁在 7 岁时开始上古兰经学校，花了 5 年的时间学习古兰经和阿拉伯文。12 岁时，他进入了一个高等教育机构学习，与几位不同的教师一起继续学习 21 年，到 1891 年结束。他学习的领域包括伊斯兰教、历史、法律和阿拉伯语，还花两年的时间学习古兰经的评论和历史、花了 11 年从事宗教和语言的研究。此外，他还研究圣训神学，伊斯兰教马利基派法律史传统，先知生平的历史，世界历史，西非作家，阿拉伯语法，以及前伊斯兰教时期和伊斯兰教诗歌。[②] 19 世纪，在索克托圣战后的改革过程中，从索克托发端了一次知识分子运动，后来传遍整个尼日利亚北部。奥马鲁的学习生涯很可能受到这次运动的影响。虽然奥马鲁没有引用任何福迪奥家族的人的作品，但如果有证据表明在 19 世纪末，谢赫奥斯曼、阿卜杜拉希、贝洛和阿斯玛乌创作的诗歌和散文是伊斯兰教育体系的组成部分，这并不令人惊讶。[③]

阿斯玛乌 19 世纪早期的诗作《古兰经》被已故的默文恩·希斯克特（Mervyn Hiskett）称为一首"几乎没有文学趣味"的诗。[④] 然而，这篇作品的价值在于它将古兰经所有章节的标题压缩在 30 个诗节中，成为古兰经教学的一种紧凑型助记工具。任何合格的教师都能够找出每章的标题，在一节或多节课程中讲授某个章节。阿斯玛乌用三种主要的当地语言——阿拉伯语、富拉语和豪萨语——写了这首诗，显然希望它能吸引广泛的观众。[⑤] 这项工作的价值在于其组织初等和高等古兰经学习方面的高效。因此，根据我的知识，虽然它不是

[①] Pilaszewicz（2000：86）.
[②] Pilaszewicz（2000：10-11）.
[③] 阿斯玛乌的另外六个姐妹也写作：她们包括哈迪扎（Hadiza），哈莎图（Habsatu），法蒂玛（Fadima），萨菲娅（Safiya），玛利亚姆（Maryam）和卡迪嘉（Khadija）。她们的手稿保存在该家族的私有藏品中。
[④] Hiskett（1975：44）.
[⑤] 它分别被写作于 1829 年，1838 年和 1850 年。按照时间顺序，分别面对的是讲富拉语的人、讲豪萨语的大多数人，最后是讲阿拉伯语的人。

引经据典之作，但这篇作品在伊斯兰正规教育中的价值是清清楚楚的。

古兰经和逊奈对阿斯玛乌作品的影响

在《虔诚者之路》（*Tanbih al-ghafilin*，1820 年）中，作为一个典范，阿斯玛乌举了她的兄弟贝洛的《对苏丹历史之补充》（*Infaqul al-Maisur*）①，该作讨论谢胡的教学方法和材料，反映了谢胡在智识上的关注点。② 阿斯玛乌的这篇作品是对逊奈的模仿，在圣训传统中培养出来的人都会觉得很熟悉。另一篇这样的作品是阿斯玛乌的《真理之路》（*Godaben Gaskiya*，豪萨语，1842 年），它建议听众遵循正确的行为路径，按照古兰经的描述，描写了地狱的痛苦、天堂的幸福，警告人们不要犯下罪行。因此，它也是对逊奈的模仿，直接来源于古兰经，③ 就像《审判日的迹象》（*Sharuddan Kiyama*，豪萨语，写作年代不详）一样。在后者中，阿斯玛乌详细描绘了古兰经中描述的地狱惩罚。此外，这篇作品中，阿斯玛乌用隐喻的方式把罪的代价和不服从地方当局的代价平行。哈里发国的伊斯兰教法（*shari'a*）通过法

---

① 这一作品很难翻译成英文。珍妮·博伊德（Jean Boyd）和默里·拉斯特（Murray Last）都对英文翻译感到不太舒服。拉斯特［Last（1967：xxviii – xxxiii, 1）］称这个手稿为可获取的"关于圣战最详细和真实的记录"。但是它的可获取性有争议，因为几种阿拉伯语的手稿都在私人手中，而由（殖民总督）E·J·阿内特（EJ Arnett）在 1920 年翻译成英文的版本则不可靠。博伊德还补充道：（1）贝洛给出了他们在旅途中所参加过的战役的详细说明，这需要地图。英文译本中没有这些地图，而没有地图，该文本就无法理解；（2）阿内特没有将贝洛的话和其他引用资料分开；（3）这个译本是 1922 年印刷的，印制在非常差的纸张上，随着时间的推移，有些已经变成了粉末。《幸运者的战争》（*Infakul Maisuri*）这部著作还有一个豪萨语译本，是西迪·沙于迪（Sidi Sayudi）和珍妮·博伊德合译的，由索克托历史局（Sokoto History Bureau）1974 年出版（此信息由 2006 年 10 月 1 日的私人通信获知）。

② 这部作品的几部分关注：将人们和天堂区隔开的障碍；对危险的习惯的讨论；对习惯进行补救；以及区分逊奈追随者的特点。

③ 此外，阿斯玛乌对自己的作者身份有明确的意识；她写道，"我，谢胡的女儿，作了这首歌——请你跟着她……"（v. 126）。

第十一章　十九世纪和二十世纪的穆斯林女性学者：从摩洛哥到尼日利亚

定的惩罚来强制执行，而阿斯玛乌则选择向群众传递各级服从的重要性——从民事活动到精神活动。

也许阿斯玛乌描述地狱之危险的作品中，最可怕的是《恐惧这些》（Hulni-nde，富拉语，写作年代不详）。这本书是用富拉语写成的，不是写给民众的，而是写给她的家族的。这部作品的起源是穆罕默德·图克尔（Muhammad Tukur）的一首诗；阿斯玛乌加上了塔希米（takhmis，一种民间诗歌体裁）。阿斯玛乌还熟悉谢胡关于地狱之可怕的讲道，贝洛后来将这个讲道纳入他自己的作品《对苏丹历史之补充》（Infaqul al-maisur surat al-ikhlas）。这些作品都证明作者熟悉《古兰经》对地狱的描述。它们也是作者之间合作的间接例子。

阿斯玛乌的一些作品采用挽歌这一经典阿拉伯诗歌模式；它们关注逊奈和圣训研究中常见的角色的各个方面，包括为名人所作的挽歌，比如为她的哥哥、哈里发穆罕默德·贝洛所作的，以及为没有历史记录的人所作的。后者的例子是阿斯玛乌的诗《哈里玛的挽歌》（Alhinin Mutuwar Halima，豪萨语，1844年），内容评论了她的邻居哈里玛，一位普通女人的美德，她因为在家庭中的耐心和调解技能而特别被人们怀念。[①] 阿斯玛乌自己收入集中的61篇作品包括15首挽歌，还有三篇可能被认为属于这一类：两篇哀悼一位亲密的朋友阿伊莎（'Aisha）的死去，一篇写于为贝洛写作挽歌一年之后，是对贝洛的深刻怀念。应该指出的是，在回忆她的哥哥时，阿斯玛乌并没有写到他的政治或历史成就。相反，她写了道德和伦理的个性，将他描述为一个全心追随逊奈的人。

阿斯玛乌的诗歌《先知的医学》（Tabshir al-ikhwan，阿拉伯语，1839年）反映出她对圣训的熟悉。用阿拉伯语写成的这篇诗歌，本意就是要受到学者们的赞赏，尤其是那些专门研究医学论文《先知的医学》（tibb an-nabi）的人，这篇论文被认为是"宗教导向，高度精神化的——麦地那（Madina）的治疗系统……所有关于医学和相关主

---

① Boyd & Mack（1997：195-196）.

第二部分 作为史料的非洲阿拉伯语文学

题的圣训都被列出……是先知传统更大的体系中不可分割的一部分，因此被认为是真正无误的"。① 阿斯玛乌的这篇诗作与其他许多作品一样，反映了她的家族其他人的同类作品的内容。[在《逊奈之复兴》（*Ihya al-Sunna*）中]谢胡提到，他感觉古兰经的治疗方式是逊奈。他的兄弟阿卜杜拉希写到医生的行为和他们应该遵从的治疗程序[在1827年的《有关宗教的人类福利》（*Masalih al-insan al-muta'alliqa bi al-adyan*）和《为人民的目标传播福利的规则》（*Diya al-qawa'id wa nathr al-fawa'id li-ahl al-maqasid*）中]。但是和其他作品一样，阿斯玛乌的兄弟贝洛对这篇关于医学的作品影响最大。贝洛是全苏丹作家中的医学权威。② 在贝洛的10本关于医学的书籍中，包括《客观唯一之总结》（*Talkhis al-maqasid al-mujarrada fi'l adwiya al-farida*），③ 总结了卡斯塔拉尼（al-Kastallani，1448年生于开罗，1517死于麦加）写于15世纪的关于宗教导向的治疗的书。贝洛的其他医学著作包括侧重于眼疾的研究[《眼科疾病治疗》，（*Tibb al-hayyun*）]，对泻药的研究（*al-Qual al-sana fi wujuh al-taliyan wa'l-tamashshi bi'l-sana*）和对痔疮的研究[《痔疮的治疗》（*al-Qual al-manthur fi bayan adwiya 'illat al-basur*）]。1837年，贝洛已是晚年，埃及学者和卡迪尔里耶苏菲主义者卡马尔·丁（Qamar al-Din）访问了他，并将自己的医学知识传授给他。于是贝洛写了《先知的医学》（*Tibb al-Nabi*），一篇关于形而上学医学的论文。④ 除了这些作品之外，阿斯玛乌还援引穆罕默德·图克尔作为自己作品的来源。图克尔受到贝洛的鼓励，在1809年写了一本22000字的书，《从挚爱之人的村庄到至尊之路》（*Qira al-ahibba fi bayan sirr al-asma*），它解释了背诵安拉名字或古兰经诗句对

---

① Abdalla（1981：16）。
② Abdalla（1985）。
③ 总长127页。
④ Last（1967），转引自 Boyd & Mack（1997：100）。此处还需注意，贝洛和他的妹妹阿斯玛乌都以对大众的利益的形式来表达自己的观点，这和传统作者在写作这一话题时的做法不一样，传统作者将自己的作品作为对于忠诚的礼物。

第十一章 十九世纪和二十世纪的穆斯林女性学者：从摩洛哥到尼日利亚

治病的好处。① 他的《帮助兄弟与妇女结成合法社会关系的手段》（*Ma'awanat al-ikhwan fi mu'asharat al-niswan*）侧重于使用矿物质和草药并祈祷来达到治愈的目的。② 阿斯玛乌的版本专注于古兰经第44章至108章，但我们仍然不明白为什么她这样做。贝洛所有的著作，正如阿斯玛乌关于这个话题的作品一样，目的都是提供可能有益于社区的信息。

历史影响

阿斯玛乌的《旅途》（*Filitage* / Wa'kar Gewaye，富拉语/豪萨语，1839年/1865年）和《怀念先知》（*Begore*，豪萨语，写作年代不详）很明显属于另一种经典阿拉伯诗歌体裁，即穆罕默德传记。前者讲谢胡的改革运动，其中阿斯玛乌明显指出，19世纪谢胡组织的改革伊斯兰教运动和先知在7世纪建立伊斯兰教的运动之间有相似之处。在后者中，阿斯玛乌主要关注先知生活的各个方面，这些方面与谢胡的生活比较类似。③

《确定安拉的真理》（*Tabbat Hakika*，1831年）回顾了阿拔斯王朝中国家（state）的概念（c. 750 – 1258），这一主题也是阿斯玛乌的父亲谢胡的著作［《关于希吉拉必要问题的说明》（*Bayan Wujub*），1806年］，叔叔阿卜杜拉希的著作［《总督之光》（*Diya al-Hukkam*），1806年］和兄弟贝洛的著作［《关于正直伊玛目的必备条件之解释》（*al-Gaith*），1821年］的主题。贝洛的著作与历史学家奈马（Naima，

---

① 阿卜杜拉［Abdalla（1981: 158）］写道，图克尔这篇作品的来源"不是来自于伊斯兰文明的巅峰时期，而是来自于活跃在中世纪时期的一些相对不为人知的苏菲信徒和神学家"。

② 这一标题译为"帮助兄弟与妇女结成合法社会关系的手段"（1994年9月21日，由与Alhaji Shaykh Ahmed Lemu的私人交流获知）。阿卜杜拉说，"《帮助兄弟与妇女结成合法社会关系的手段》的重点在于治疗不同疾病和作为春药的物质性媒介"（1981: 163）。据我们所知，这一作品没有译本。（Boyd & Mack 1997: 101）

③ Boyd & Mack（1997: 133, 304）。

1687年）17世纪的著作表达方式相似，用同样的词汇描述新柏拉图主义"公平的圈子"（Circle of Equity）的概念，证实皇室权威的必要性。① 阿斯玛乌的创作依赖"塔西米"（takhmis）技巧，在这种诗歌中成对使用了她父亲的诗句，并给每对诗句增加了三行，以创作一首新诗，其连续韵是"*tabbat hakika*"（意为"确定安拉的真理"）。此作品的目的是将尘世与神圣的真理并列：小写的真理与大写的真理。这样做的作用是将内容的隐喻意义提升到精神层面，提醒听众和领导者，对人间的权威人物来说，总有一个更高的力量。②

《确定安拉的真理》这首诗除了关注统治者需要记住神圣法则的要求之外，其合作性还表明，现在被认为只有一位作者的作品中，实际上在创作时存在伊斯兰学者之间的相互依存关系。如果阿斯玛乌以她父亲的诗句为基础创作了一首新作品，那么这是谁的诗？菲斯的一位书商向我展示了许多古老的圣训和法学作品，这些都署名男性作家。当我问是否有可能找到女性的作品时，他说不能，但他补充说，这并不意味着女性不写作。他坚持认为女性写作是相当普遍的，但为了得体，她们永远不会签署自己的名字，而是署上丈夫的姓名。③

苏菲派作品

18世纪末和19世纪初，很多苏菲派信徒在尼日利亚北部的豪萨兰、菲斯和开罗之间往返。豪萨兰的信徒不仅熟悉卡迪尔里耶兄弟会，而且新成立的提贾尼亚兄弟会（c.1780）肯定也与菲斯有联系，艾哈迈德·提贾尼（Ahmad al-Tijani）就被安葬在菲斯的麦地那。福迪奥氏族与卡迪尔里耶苏菲派的联系非常多。除了阿斯玛乌参与神秘主义之外，谢胡的妻子阿伊莎（'Aisha）也是一位虔诚的神秘主义

---

① 参见 Boyd & Mack（1997：45-46）。阿卜杜拉希强调，要对被剥夺选举权的人实现正义，领导的角色非常重要。而谢胡则确认学者在实现真理、逊奈和正义中的重要作用。
② 参见 Boyd & Mack（1997：46n）对有关本诗作者的争论的研究。
③ 这可能是合作的最极端形式。

第十一章 十九世纪和二十世纪的穆斯林女性学者：从摩洛哥到尼日利亚

者，他的妻子豪瓦（Hauwa）和她的女儿法蒂玛（Fadima）也经常隐居地。① 在他接受教育初期，谢胡研究了伊本·阿拉比（Ibn'Arabi）的《麦加真相》（*al-Futuhat al-makkiyya*，写于约 1238 年）。

阿斯玛乌的《原谅我》（*Mimsitare*，1833）是用富拉语写成的，这表明它并不是为了广大讲豪萨语的民众写的，不是给他们的教学工具，而是集中在福迪奥家族中使用。这篇作品与其他两篇，《苏菲派妇女》（*Tawassuli Ga Mata Masu Albarka / Tindinore Labne*，豪萨语/富拉语，1837）和《我的妹妹法蒂玛之挽歌》（*Sonnore Mo'Inna*，富拉语，1838）都强调，阿斯玛乌参与了苏菲派活动。《原谅我》表明，阿斯玛乌自己进行了"卡尔瓦"（*khalwa*，即神秘主义的隐居），而另外两部作品提到贝洛的母亲豪瓦和她的女儿法蒂玛（分别）经常进入隐居地。阿斯玛乌写作《原谅我》时 40 岁，大约与她父亲开始进行"卡尔瓦"时的年龄相同，这也是她父亲愿意确立与卡迪尔里耶苏菲派创始人谢赫阿布杜·卡迪尔·吉兰尼（Abd al-Qadir al-Jilani）的关系的年龄。② 他关于苏菲派经历的回忆可在他的作品《连祷文》（*Wird*）中看到。

阿斯玛乌后期的一篇作品《纪念谢胡》（*Mantore di Dabre*，富拉语，1854）仿照了谢胡本人早年写的一篇诗作。这篇诗作可能早在他 10 岁时写成，即 1765 年。那首诗《拜访》（*Afalgimi*，富拉语）是一个简单的苏菲派扎维亚，她在原作写完将近一个世纪之后又"从谢胡那里……抄来"（*Mantore di Dabre* v. 10）。这两篇诗作都请求安拉赐予力量，以追求逊奈和慷慨。阿斯玛乌模仿她父亲早期的作品是为了表达对他的尊重，遵循了阿拉伯文诗歌中模仿另一位作者的风格这一传统。

阿斯玛乌提到自己健康状况的唯一一首诗显然具有苏菲派的背景。这首诗只有十几行，没有标题，但有人给出了一个翻译的标题：

---

① Hiskett（1973：61-69）；Boyd & Mack（1997：60）.
② Hiskett（1973：64）.

◈ 第二部分 作为史料的非洲阿拉伯语文学

"为痊愈而感恩"('Thanksgiving for Recovery',1839)。虽然还没有其他已知的关于身体痊愈的诗歌,但这首诗歌的背景和语气与 8 世纪著名的苏菲派信徒,巴士拉的拉比亚·阿达维亚(Rabia al-Adawiya of Basra)有关。拉比亚的诗歌内容包括整夜祈祷,并为她的手腕痊愈而绝食。在阿斯玛乌关于同一主题的诗作中,她表现出对经典来源的依靠,但也同时在苏菲派模式下进行创新。

  阿斯玛乌的《苏菲派妇女》的写作目的在于赋予索科托哈里发的穆斯林妇女以尊重,包括长期信仰者和新皈依者。这部作品的基础是穆罕默德·贝洛的散文作品《建议之书》(Kitab al-nasihah,1835),他曾要求阿斯玛乌将其翻译为豪萨语和富拉语,并将其写成诗歌。阿斯玛乌的宗旨是创建一种教学工具,目的是促进伊斯兰生活方式中的妇女教育。为了达到这个目标,阿斯玛乌制作了一首以哈里发社区中的典范女性为主题的诗歌,将她们的名字和故事与关于多个历史上具有较高声誉的苏菲妇女的扎维亚合并在一起。[①] 在阿斯玛乌作品集的翻译版本出版时(1997 年),有人认为,贝洛和她的作品的最早手稿仿造了伊本·扎齐(Ibn al-Jawzi)所作的 Sifat al-safwat(大约写于 12 世纪)。然而,勒卡亚·康奈尔(Rkia Cornell)1999 年翻译的阿布·阿卜杜·拉赫曼·苏拉米(Abu'Abd al-Rahman al-Sulami)写于 10 世纪的作品《早期苏菲妇女》 (Dhikr al-niswa al-muta´abbidat al-Sufiyyat)证明,扎齐自己的作品也仿照了早些时候苏拉米的作品。

  阿斯玛乌的诗与扎齐的作品有着明显的联系(并且因此与苏拉米的作品也有联系),因为阿斯玛乌的诗歌中出现了与原文中类似的描述,并且保持了原文中的大多数名字。然而,她的诗不同于原文,她在受尊敬的妇女的名单上加上了哈里发国的妇女,从而将她们的地位提升到历史上的苏菲派妇女的位置。她的诗也与贝洛的版本不同,因为她省略了他对妇女的劝诫。贝洛加入劝诫是试图控制不敬的行为。相反,阿斯玛乌关注妇女取得的成就以及她们为穆斯林社区做出贡献

---

① Boyd & Mack(1997:68 - 72).

第十一章 十九世纪和二十世纪的穆斯林女性学者：从摩洛哥到尼日利亚

的能力。这是阿斯玛乌用现有作品作为基础，加上新材料，打磨成具有不同目的的作品的另一个例子。通过这种方式，她借助伊斯兰知识界的经典作品，修改其各个方面，传达与她的时代和地方相关的信息。《苏菲派妇女》是阿斯玛乌为社区中与世隔绝女性的教师提供培训时广泛使用的作品之一；因此它提供了一个了解伊斯兰世界的窗口，在这个世界中，妇女被认为对社区很重要。

阿斯玛乌的其他作品也有明显的合作痕迹。① 她和哈里发社区的其他学者都感觉自己与更广泛的伊斯兰世界有联系。她的父亲谢胡只用阿拉伯语写作。她的叔叔阿卜杜拉希喜欢前伊斯兰时期诗歌，以及17世纪北非诗人阿布·阿里－哈桑（Abu'Ali-Hasan b. Mas'ud al-Yusi）的诗歌。② 阿斯玛乌的挽歌在情感色彩上与先知同时代女诗人韩莎（al-Khansa）有着惊人的相似之处，③ 因此她很可能知道韩莎的作品。④ 阿斯玛乌的《追求安拉的理由》（*Dalilin Samuwar Allah*，豪萨语，1861）植根于贝洛的作品《对苏丹历史之补充》，这个作品解释了谢胡布道的内容。有关几代福迪奥家族成员之间的密切合作关系以及他们援引古典作品的例子很多。

阿斯玛乌的《赞美阿玛达》（*Kiran Ahmada*，豪萨语，1839）是对先知的颂词，这一形式被称为"madih"，功能是为敬拜的情感需要提供一个出口；对先知的颂词一直与苏菲主义联系在一起。⑤ 阿斯玛乌应该熟悉对先知的颂词，尤其是布希里（al-Busiri）所作的《布尔达》（*Burda*），法扎齐（al-Fazazi）所作的《二十年代》（*al-Ishriniyyat*），拉克米（al-Lakhmi）所作的《额外的颂歌集》（*al-Qasa'*

---

① Boyd & Mack（1997：133-134）指出，存在某种程度的合作，使得确定"原文"比较困难。
② Hiskett（1973：10）.
③ Boyd & Mack（1997：84）.
④ Boyd & Mack（1997：84）中的引用包括韩莎的两篇作品，其一在Arberry（1965：38）中全文引用，另一篇有沃尔姆特的译本（Wormhoudt [n.d.：96]）。也参见Waddy（1980：70）。
⑤ 阿卜杜拉希为先知写了这样的颂词，谢胡则在1805年写了《赞美先知》（*Ma'ama'are*）。1864年，阿斯玛乌的弟弟伊萨将后者翻译成豪萨语。参见Hiskett（1975：43）。

id al-witriyya）和塔乌扎里（al-Tawzari）的《引导之项链》（*Simt al-huda*），这些都在该地区广为人知。阿斯玛乌对这些作品的题材和风格的模仿在她自己的诗中显而易见，由此可知她熟悉这些作品。① 另一个典型的例子是阿斯玛乌的《先知的回忆》（*Mantore Arande*，富拉语，1843）。在这篇诗作中，她选择了先知生活细节中与谢胡相似的部分，就像她在《怀念先知》中所做的那样。

合作

《如此真实……》（*Fa'inna ma'a al-'usrin yusra*，富拉语，1822）（参见第164页）是娜娜·阿斯玛乌和她的哥哥穆罕默德·贝洛合作创作的典型例子，她和哥哥很亲近。这首诗歌是对贝洛在去打仗时为她留下的一首离合诗（acrostic poem）的回应。两首诗各自的14行诗句的首字母组合起来，都构成"fa' inna ma' a al-' usrin yusra"这句经文（Qur'an，94：5）。贝洛的这首诗是对担忧的妹妹的安慰；阿斯玛乌的作品是为获得胜利和安全回归的祈祷。虽然这些作品与早期的古典诗歌没有任何已知的关系，但他们密切合作的事实显示了阿拉伯语诗歌的风格。

阿斯玛乌的《嘎瓦库克战役》（*Gawakuke ma'unde*，富拉语，1856）也具有高度的合作性。哈吉·奥马尔（al-Hajj 'Umar）的追随者哈吉·赛义德（al-Hajj Sa'id）曾描述这一战役，相似地，贝洛也描述了这场战役。阿斯玛乌应该知道这些作品。尽管阿斯玛乌的这篇诗歌有明显的历史主题，但它实际上是一首挽歌，描述了贝洛的性格，他的"巴拉卡"（*baraka*，意为"祝福"），领袖魅力和奇迹般的成就，并将他置于苏菲派被敬拜的人物之中。② 通过结合这些风格，并涉及同时代其他诗人提到过的话题，阿斯玛乌在创作一篇具有广泛

---

① Hiskett（1975：43-44，48-50）．
② Boyd & Mack（1997：231）．

第十一章 十九世纪和二十世纪的穆斯林女性学者：从摩洛哥到尼日利亚

吸引力的作品的同时，绘制出一个具有特殊伊斯兰色彩的政治人物。

当代的卡诺

苏莱和斯塔拉特对卡诺受过教育的女性的研究表明，女性的教育是一种"广泛的城市现象"。[①] 他们讨论了20世纪中期成年女性的教育。早先，所有人的学习模式都与此相似：从儿童时期就开始跟随父母学习古兰经，随后学习马利基法著作和祈祷的原则。[②] 在这个阶段之后，学习各种以马利基法和仪式、对先知的颂词、关于先知家族的故事、神秘主义和阿拉伯语语法为中心的书。[③] 对经典作品的学习使这些女性适应教师和精神领袖的角色。妇女同时从事不同层次的教学是很平常的事。许多妇女会在白天教小学，晚上则教成人教育课。有几位妇女在其住所附近的地区开设伊斯兰学校，其中一位被公认为塔夫西尔（tafsir，对古兰经的注释）的朗诵专家——广播和电视节目请她录制了读物。在所有案例中，妇女在几段婚姻中都会坚持学习和研究，从而一生保持学习的习惯。在晚年，她们继续从事私人教学，辅导其他妇女学习特定的书籍。

我自己与卡诺宫廷女性密切联系的经历证实，儿童的学习从4岁开始，以古兰经模式和西方模式两种形式继续，他们不同的日子分别去两所学校。中学有许多选择，从阿拉伯语研究学校到西方式学校。在这个阶段，结婚早的女性似乎从教育中退出了，但回归家庭这一私人环境并不意味着她们受教育的终结。私人辅导很常见，并且容易适应于有家庭需求的生活，因为这些需求使得出门上课变得不便。在20世纪70年代和80年代，卡诺州政府在整个地区实施了成人教育课

[①] Sule & Starratt（1991：48）。

[②]《马利基法概论》[Ahalari（al-Mukhtasar al-'alamat al-akhdari fi mathab al-Imam Malik），作者是Abu Zaid Abdul Rahman ibn Muhammad al-Saghir al-Akhdari al-Maghribi al-Maliki]，和《祈祷的原则》[Kawa'idi（Qawa'id al-salat）]。

[③] 参见Sule and Starratt（1991）的附录。

247

程。白天和晚上都有课程，以便人们普遍能参加。课程范围广泛，包括识字和算术，宗教知识，儿童保育和卫生，以及创业技能工艺。与此同时，在宫廷中，埃米尔的几位妻子本人——她们都有师资培训证书——还亲自从事皇室和宫外成年女性的辅导工作。其中一人还在宫廷内为无法上正规学校的儿童建立了一个小班。在伊斯兰教学校取代古兰经学校的趋势中，海伦·博伊尔（Helen Boyle）对卡诺的一项研究指出，男女之间的性别比例是2∶1，偏向于女孩。[1] 看来，尼日利亚北部的女性非常重视圣训中"知识即使远在中国，亦当求之"的告诫。

当代的摩洛哥

一些关于摩洛哥妇女和教育的研究关注女孩和妇女融入男女混合的公立学校的程度。[2] 这些研究都将识字作为衡量妇女赋权的标准，认为识字使她们适应不同的社会经济角色。但尚没有研究讨论摩洛哥传统妇女教育，特别是苏菲学习的作用和范围。在摩洛哥各处的村庄，都有妇女定期参加扎维亚学校讨论，她们很可能像以上所述卡诺的情况一样，已经学习了一些著作——以口头或是书面形式。[3] 我们需要进一步研究这些妇女的学术背景，并调查她们学习的材料。如果马格里布地区的确经常进行学术交流的话，那么就可能确定该地区妇女获取基础知识的方式。此外，如阿斯玛乌致那位毛里塔尼亚学者的信所示，寻求区域之间通信的进一步证据很重要。

要弄清马格里布地区穆斯林女性学者依赖的作品，除了书面文件外，口头传播的作品也是要关注的核心。海伦·博伊尔的分析将身体这个概念作为文化生产的一个场所，进行了很多讨论，并指出古兰经在灌输文化价值和理解方面的价值。这与该地区苏菲团体的各种学习

---

[1] Boyle（2004：135-136）.

[2] 参见 Agnaou（2004）；Bennouiss（2001）；and Boyle（2004）。

[3] 参见 Sule and Starratt（1991）的附录。

第十一章 十九世纪和二十世纪的穆斯林女性学者：从摩洛哥到尼日利亚

类型特别相关。在谢赫穆莱·哈桑（Shaykh Moulay Hassan）和其妻子在菲斯的家中曾进行了几次讨论，其间一位农村苏菲教师指出，他们接受的教育中著作是口头传达的。当学生们要求把著作写下来时，老师解释说最好背下来。其他苏菲信徒讨论了这样一种观点：文字是一种工具，人们需要超越这种工具，采取行动内化安拉的话语。在试图理解对女性学者非常重要的著作经典时，不可忽视口头的、记下来的话的重要性。

结论

娜娜·阿斯玛乌一方面依靠自己在古典伊斯兰著作方面的教育背景，另一方面借助她对家族成员作品的熟悉，写出她自己的诗作。她的许多诗歌都是合作作品，通过对同时代其他人的诗歌进行改造，致敬其他作品，并产生自己的意义。与传统学习内容回应，她的作品包括古兰经中的描述、颂歌、挽歌和先知传记。阿斯玛乌将其中一些变成与她自己的语境更相关的作品：她的谢胡传记与她的先知传记有相似之处；她对先知成就的描述选择，与在对谢胡活动的描述的选择具有类似的事件。对苏菲主义的虔诚也是阿斯玛乌的作品，包括扎维亚和赞念的一个构成特征。她关于先知的医学的诗歌具有传统的关于宗教式治疗的作品具有的特征；关于苏菲妇女的作品则不仅模仿苏拉米在十世纪创作的同名经典之作，而且还将当地妇女的名字编织进去，将她们与历史上著名女性相联系，提升她们的地位。

除了收集书面文件外，口头资料的研究对于理解苏菲界的学者尤其重要。摩洛哥的许多苏菲主义者指出，最重要的材料写在心上，而不是纸上，因为纸上的东西可以被毁坏。所有的穆斯林都是从学习古兰经开始的，古兰经的多元性本质确保了无论智力、识字能力和才华如何，所有人都能学习它。根据一个人在社会中的位置，他或她将专注于法律或历史，或苏菲派的概念，或这些概念的其他解释。因此，一个人心目中的正典书目会根据其兴趣和需求而有所不同，正如人们对古兰经的理解取决于个人的情况一样。

　　如果将"正典"理解为一份权威名单,那么我们就可以收集一个地区常见的书籍名称。但是因为存在如此多的经典作品,并且地区之间强调哪些作品并不相同,一个正典可能不是固定的。固定的正典会妨碍学习和创作的流动性,这在上述例子中很明显。因此,虽然无法用一份静态的正典来说明阿斯玛乌或任何其他诗人的灵感来源,但重要的是确认这一点:通过从至少10世纪后可得到的大量材料中汲取营养,每位诗人建立自己的正典。正典随着某位学者的需要而改变;作品的重点根据当下的需要而有所不同。许多以早期作品为基础创作的新作品成为后代的经典作品,加入了"正典"的行列。对构成当代学术基础的古典作品种类,我们需要进一步进行田野考察。

参考文献

Abdalla I (1981) Islamic medicine and its influence on traditional Hausa practitioners in northern Nigeria. PhD thesis, University of Wisconsin.

Abdalla I (1985) The 'ulama of Sokoto in the nineteenth century: A medical view. In B DuToit & I Abdalla (Eds) *African healing strategies*. New York: Trado-Medic Books.

Agnaou F (2004) *Gender, literacy, and empowerment in Morocco*. New York: Routledge Arberry AJ (1965) *Arabic poetry*. Cambridge: Cambridge University Press.

Arnett EJ (1920) *Gazetteer of the Sokoto Province*. London.

Bennouiss F (2001) *Moroccan female power negotiation*. Fez, Morocco: I' Media.

Boyd J (1989) *The caliph's sister*. London: Frank Cass.

Boyd J & Mack B (1997) *The collected works of Nana Asma'u, daughter of Usman 'dan Fodiyo (1793 – 1864)*. East Lansing: Michigan State University Press.

第十一章 十九世纪和二十世纪的穆斯林女性学者：从摩洛哥到尼日利亚

Boyle HN (2004) *Qur'anic schools: Agents of preservation and change*. New York: RoutledgeFalmer.

Galadanci A (1971) Education of women in Islam with reference to Nigeria. *Nigerian Journal of Islam* 1 (2): 5–10.

el-Hajj A (1996) Delightful companions: Poetry by women. MA thesis, Indiana University.

Hiskett M (1973) *The sword of truth: The life and times of the Shehu Usman dan Fodio*. New York: Oxford University Press.

Hiskett M (1975) *A history of Hausa Islamic verse*. London: School of Oriental and African Studies.

Last M (1967) *The Sokoto Caliphate*. London: Longman.

Lydon G (2004) Inkwells of the Sahara: Reflections on the production of Islamic knowledge in *Bilad Shinqit*. In S Reese (Ed.) *The transmission of learning in Islamic Africa*. Boston: Brill.

Mack B (2004) Muslim women's educational activities in the Maghreb: Investigating and redefining scholarship. *The Maghreb Review* 29 (1–4): 165–185.

Mack B & Boyd J (2000) *One woman's jihad: Nana Asma'u, scholar and scribe*. Bloomington: Indiana University Press.

Nykl AR (1946) *Hispano-Arabic poetry, and its relations with the old Provencal troubadours*. Baltimore: JH Furst.

Pilaszewicz S (2000) *Hausa prose writings in ajami by Alhaji Umaru from A. Mischlich H. Solken's collection*. Berlin: Dietrich Reimer Verlag.

Sule B & Starratt P (1991) Islamic leadership positions for women. In C Coles & B Mack (Eds) *Hausa women in the twentieth century*. Madison: University of Wisconsin Press.

Waddy C (1980) *Women in Muslim history*. London: Longman.

Wormhoudt A (n.d.) *Diwan al-khansu*. Oskaloosa, Iowa: William Penn College; High Wycombe: University Microfilms.

◇◆◇ 第二部分　作为史料的非洲阿拉伯语文学

这是艾哈迈德·巴巴研究所的第 4743 号手稿的一段摘录，是一个法特瓦的例子。法律文本（fiqh，usul al-fiqh 和法特瓦）是社会历史的独特来源，也提供了关于法律推理的见解以及学者在通布图辩论案例的方式。

第十二章　通布图（Tombouctou）手稿项目：社会史方法

阿斯拉姆·法鲁克－阿里（Aslam Farouk-Alli）、
穆罕默德·沙伊德·马特（Mohamed Shaid Mathee）

通布图收藏了大量在西非写成的手稿，它们再次打破了一个观点，即非洲人在受到欧洲殖民主义和传教士教育的影响之前不能进行智力工作——读书、写作和进行学术活动。虽然对这些密集的文字的集合组成的文化和知识遗产，可以以多种方式使用，但我们认为它必须被认为是非洲的知识遗产和文化延续的表现。在本章中，我们首先简要描述我们研究项目的起源。然后，分享我们的一些初级解读，描述所选手稿的内容，最后我们通过仔细阅读两篇具体文章，探索未来研究的可能轨迹。我们对手稿库的研究将材料分为普遍感兴趣的作品（涵盖范围广泛的主题）和法律文本［更具体地说，法律回复（responsa）或法特瓦（fatawa）］。我们从前者开始，但更注重后者，追寻法律文本库作为历史研究来源的价值。

目前关于手稿的研究不能告诉我们很多关于过去几个世纪非洲这一部分社会历史的内容：从 15 世纪通布图成为学习的中心开始，到马里的统治让位于桑海帝国，到 16 世纪后期摩洛哥的入侵，到 19 世纪法国的殖民统治，以及从独立到现在。

◈◈ 第二部分　作为史料的非洲阿拉伯语文学

通布图（Tombouctou）手稿项目

开普敦大学已经进行非洲历史教学多年。沙米勒·吉皮尔（Shamil Jeppie）以开普敦大学为基础，设想将这一领域的专业知识与阿拉伯语汇集在一起，研究手稿本身的内容，从而扩展参与领域，不仅保存手稿，也对它们开展学术研究。他向福特基金会寻求资金并获得了资助，从而在塔博·姆贝基总统保护和保存这一遗产倡议的大背景下，启动了一个试点学术项目——通布图①手稿项目。②

项目决定，先专注于位于海达拉家族（Mamma Haidara）私人图书馆的手稿收集，以便将关注的焦点扩大到官方的艾哈迈德·巴巴研究所（Ahmed Baba Institute）以外，使学术界注意到在私人手中的许多其他藏品。2004年1月，海达拉家族图书馆对一系列法律文本（最初为100份不同规模的手稿）进行了数字化处理。随后还收购了艾哈迈德·巴巴藏书中的60份手稿。在我们项目的初始阶段，我们决定至少对一些数字化手稿进行更详细的研究，包括将其翻译成英文。在2004年，我们编写了包含选定文本的工作手册，开始对这些数字化手稿进行实际研究。我们定期举办阅读会，目标是不仅提高阅读苏丹尼（Sudani）、萨拉威（Sahrawi）、苏其（Suqi）等各种地区性文字的熟练程度，还要熟悉它们的一般含义，以便选择具体的文本进行深入研究。

---

①　"通布图"（Timbuktu）的法语是"通布图"（Tombouctou），因此我们的项目以"通布图手稿项目"（Tombo*uctou* Manuscript Project）命名。

②　南非总统塔博·姆贝基2001年11月对马里进行了国事访问。阿尔法·科纳雷总统邀请他去了通布图。这一旅途的亮点是对艾哈迈德·巴巴研究所的参观，其间姆贝基总统被手稿深深打动，承诺帮助马里进行对话。为此成立了一个工作组，由一组担任不同任务的政府人员组成，但也包括一位学者，沙米勒·吉皮尔（Shamil Jeppie）博士。他的任务是建立一个项目，以实现总统的承诺。这一项目的管理者是艺术和文化部。2003年，开始以合适的对话程序对马里文物管理员进行培训，这项工作由南非国家档案馆的管理员主持。

第十二章　通布图（Tombouctou）手稿项目：社会史方法

普遍感兴趣的手稿

例如，海达拉家族纪念图书馆收藏的手稿第 516 号（目录册 1：287）提供了对该地区社会政治文化的有趣见解。这是改革主义者阿卜杜拉希·丹·福迪奥（死于 1829 年）写的题为《立法政治和事件裁决的启示》（*Diya al-siyasat wa fatawa al-nawazil*）的一卷作品集。它分为几部分，分别讨论叛教、公路抢劫、敌对战争和异教徒。手稿还涉及政治问题，将其分为压迫或公正两类。这项工作的一个突出的方面是对生存所需的 6 个普遍因素，即生活、尊严、财富、智力、宗教和威慑物，进行深入的哲学讨论。还有许多其他有趣的主题。

与这一藏品系列中的许多作品相比，52 号手稿（Vol. 1：28）是一部相对冗长的、由 36 篇作品组成的集子。作者和写作日期不详，但出版者附加的信息明确指出抄写者的名字为穆罕默德·阿米·本·穆哈迈德·本·穆哈迈德·巴巴·本·法基·伊玛姆·古尔都（Muhammad al-Amin b Muhammad b. Muhammad Baba b. al-Faqih al-Imaam Guurdu）。手稿于 1746 年抄写而成。该作品简单地题为"先知的诞生"（*Mawlid al-Nabi*），但呈现了创造神话和救赎历史的一个迷人的例子，它以先知穆罕默德的信使和伊斯兰教——文中最后揭示的宗教——为中心。更有意思的是，手稿通过描述基督徒、犹太人和有罪的穆斯林，打开了一个跨宗教论战的世界的窗口。它还提出了一种原罪的概念，这种原罪涉及母亲夏娃，其方式更容易与基督教末世论调和，而不是纯粹的古兰经。这本身就提出了这些手稿中表达的犹太—基督教思想对伊斯兰思想影响的问题。

艾哈迈德·巴巴集中的题为"关于男性与他们的女性发生性接触的劝告"（*Mu'awana al-ikhwan fi mubshara al-niswan*）的第 5292 号手稿主要讲催情剂和经过宗教认可的性行为。然而，它确实包含了治疗不孕不育和其他一系列疾病的许多药物和处方，以及处理不听话的妻子、压迫者、敌人和危险的野生动物的一些建议。以下是一

◇◇ 第二部分　作为史料的非洲阿拉伯语文学

段加了解释的梗概，内容是关于动物身体部位和体液的用处的建议，以及某些用于享受刺激、并在宗教上得到认可的性行为的古兰经经文。①

    牛奶中混合烧过的牛角的粉末，与食物或饮料共饮会增加性能力……如需大量的性活动和性高潮，男性必须喝公牛睾丸碎干而成的粉状物。如果一个男人患有阳痿，他必须取公鸡右脚的指甲，焚烧，并用产生的烟熏自己，然后就会被治愈……将蜥蜴的阴茎干燥、粉碎，轻轻地放入蜂蜜中，然后舔，这会让男人经历体验的性欲望和满足感，并会增加他的精子数量……为了得到妻子极度的爱，丈夫应该用狐狸的胆囊擦自己和妻子的眉毛和手……男人用蝙蝠的头擦过脚底之后，在做爱时会看到美妙的东西……如果一个男人将公鸡冠子上的血液摩擦到他的阴茎上，然后与他的妻子发生性行为，她会只［想］与他发生性关系。被杀掉的黑鸡的血液与蜂蜜混合，摩擦在阴茎头部，然后性交，这将使女性由于强度而达到疯狂的高潮②……如果丈夫用雄性山羊的胆囊涂在自己的阴茎和周围区域，他在性交时会非常强力。③ 为了增强阴茎（即治愈勃起功能障碍）并享受性交，丈夫必须背诵下列古兰经经文："真主从懦弱创造你们"（Qur'an, 30: 54）。"你说：'不信道的人们啊！'"（Qur'an,

---

 ① 这种特别的用法与虔诚的看法相反，后者认为古兰经纯粹是穆斯林神学和法律方面的基本文本和指导手册。而在此处，古兰经被视为也可为另一些事情提供指导。对虔诚和理性的信徒来说，这些事情是亵渎神明的，或者至少是不尊重神明的。

 ② 格尔茨（Geertz, 1974）指出，在巴厘岛文化中，公鸡是雄性的象征，在作为男性代称时，关于公鸡的想象贯穿了日常道德主义的语言。巴厘语中的公鸡是"Sabung"，这个词被比喻性地用于表达英雄、战士、有才干的人、受女性欢迎的人、单身男子、花花公子、政治候选人、冠军或刚强的男性。与此相似，达恩顿（Darnton, 1984）指出在17世纪的法国，猫被视为巫术的代理人，能治病，也能作为性的象征。

 ③ 作者警告说，不能过多诉诸于上述方法，因为可能会造成妇女性器官的感染——就像现代制药公司会在他们生产的药品上附上副作用警告一样。

256

第十二章 通布图（Tombouctou）手稿项目：社会史方法

109）；和"'因为保护古来氏'直到本章结束"（古兰经 106）。①

上述建议为我们打开了一扇了解普通百姓生活的窗户，展示了他们的生活方式以及他们的学者，即传统治疗师和圣人如何引导他们。它告诉我们他们如何使用资源、知识、技术、工具和器械。这些人显然沉浸在一种伊斯兰世界观（即使不是完全符合规范理想的世界观）中，正如他们几乎特立独行地将古兰经经文用作性兴奋剂一样。

在当代伊斯兰复兴时代，受到西方现代性的严重影响，许多穆斯林都会对使用手稿中提到的古兰经感到不安，认为这是不尊重或亵渎神明的行为，因此他们会拒绝这些做法，认为它们迷信、非理性。对于一个像通布图这样的宗教社会来说，仅仅是引入诸如性这种禁忌的主题，就是一件既新颖又大胆的事情。然而，依靠和利用伊斯兰教的基本文本治疗这些痛苦，这本身表明了这个社会中普通人的强烈的宗教取向。在任何情况下，安拉的名字、怜悯、许可和祝福都会不断被援引。

然而，我们的目标是超越动物象征故事和《古兰经》经文——它们与性有关的或其他的药用价值——并提出类似这样的问题：即便在有限的时间、区域内，婚外情曾是一种常见的现象吗？我们基于上面提到的手稿提出这个问题，因为它建议丈夫如果不想妻子爱另一个男人的话，就挖一个洞，用煤炭点火，赤身裸体坐在火上，进行两次祷告。然后，丈夫必须在灰烬上二十七次写下如下诗句："你们告诉吧！你们所钻取的火"（Qur'an，56：33），② 再把灰与水混合，然后让他的妻子用这水清洗。之后她会憎恨除他之外的所有男人。我们会想知道，为什么来自一个传统宗教社区（如通布图）的丈夫会采取所有这些措施，以便让他的妻子只爱他一人。手稿提出的其他问题是：那

---

① 这个治疗方法要求在七天之中（星期天到下一个星期六），每天早晚背诵这些句子三遍，背诵时应对着浸泡了特定的树的叶子（通常是七片）的水。之后应该饮用这水，并将剩下的部分浇在特定的食物上。

② 译者注：应为 Qur'an（56：71）。

257

时男人是否普遍有性无能或勃起问题？这个社会中的女性是否有永不满足的性欲？通过提出这样的问题，我们希望能够找到——或者至少试图指出——具体的社会、道德和生活经验中的行为和态度。

> 因此本文目的是通过这些法律手稿，来看通布图和更广泛的本地区人民如何理解他们的世界，使用的方法则是发现这些文本中的附带信息。换句话说，这种研究可能超越法律术语、特定的宗教方法和宗教虔诚——这些发行法特瓦的基本要素。法特瓦手稿使得人们能够想象当事人双方的生活和行为。他们的行为和态度远比穆夫提清晰而明显的宗教性或知识性回应更重要。

对于当代研究人员来说，手稿的意义在于"谈论历史"。但问题是：谈论哪些历史？谁的历史？在试图通过通布图的法律文本来理解社会实践时，这个问题更加重要。普通的、被遗忘的通布图人的历史隐藏在这本和其他数千本手稿的字里行间。这些手稿虽然表面上看是"医药"或宗教性质，但却是重建通布图"另一种"历史的有力资源。它们揭示了关于高度"性化"（sexed）的家庭主妇和患有勃起功能障碍的、忧心忡忡的丈夫的"怪异"细节，从而揭示了普通人的自主性和想法。当代研究人员从而接触到丰富的社会历史信息。

法特瓦（fatwa）手稿

如前所述，我们的阅读更强调这些手稿中的法律文本。在讨论和分析具体文本之前，我们提供了一些所见细节的简要示例。

艾哈迈德·巴巴手稿第 4743 号（卷 4：117）是一份法特瓦（fatwa），即伊斯兰国家的圣令。它是因为一位妻子拒绝和丈夫同房，并告诉他，现在她被禁止与他同房，就像不能与自己的父亲同房一样。在典型的伊斯兰法学中，这种现象被称为"zihar"，但通常是丈

第十二章 通布图（Tombouctou）手稿项目：社会史方法

夫将妻子比作母亲，以此否认妻子。这一事件反映了角色的独特逆转，可能表明该地区妇女地位较高。这也可能是一个孤立的事件，但感兴趣的研究人员面临的任务是寻求通布图手稿集里大量的法律裁决中的可靠证据。

同一手稿集中的207号手稿是由卡迪穆罕默德·本·瓦菲·阿拉瓦尼（Qadi Muhammad b. al-Wafi al-Arawani）发布的法律判决，内容涉及贩卖奴隶和继承问题。作者提到两个人之间有关贩卖奴隶的争端；手稿的意思表明，在通布图，买卖行为大多不是以现金形式进行的。作者指出，坚持现金交易可能导致商品的损失和破坏！

艾哈迈德·巴巴研究所第4743号手稿中的这段摘录，是一名妇女提出与丈夫离婚的案件的法律裁决。在古典伊斯兰法中，这是一种不寻常的角色颠倒。在手稿中的大量法律裁决范围内，这类案例为研究者提供了理解这些裁决的社会背景的机会。

◈◈ 第二部分　作为史料的非洲阿拉伯语文学

来自海达拉图书馆的第 1093 号手稿由谢赫赛义德·穆赫塔尔·本·艾哈迈德·本·阿比·巴克尔·昆蒂·瓦菲（Shaykh Sayyid al-Mukhtar b. Ahmad b. Abi Bakr al-Kunti al-Wafi，死于 1811 年）写作，题为"给重视宗教的人的重要答案"。它首先鼓励人们帮助别人，总是为别人提供良好的建议。文中参考了圣人关于智者的重要性所说的话。谈论智者是针对通布图人民，作者认为他们作为沙漠的居民，比较重视农业，因此忽视对宗教知识的追求。他认为这解释了通布图人对其宗教的许多信条的无知，特别是对法律的无知。他因此为自己设定了任务，以自问自答的形式教育通布图人民。他讲到的许多问题中包括天课（zakat，即义务施舍）的问题。该手稿表明，通布图人认为天课是特定阶层人士的特权，在普遍理解的意义上，他们并不认为任何拥有最低财富的人都有义务支付天课。作者认为这种现象是"标新立异"（bid'a），是应该被拒绝的异端行为。他提出从盗贼和压迫者那里接受天课的问题，判断不允许这样做，因为这等于帮助他们陷入罪恶。他最后鼓励人们按照伊斯兰教义所批准的方式分发他们的施舍。

作为历史来源的法特瓦

在我们的研究过程中，我们与关心通布图及其周边地区历史的学者合作，试图发展对这种社会环境的欣赏，并且普遍探索手稿遗产的多个方面。其中一部分工作涉及将丰富的法特瓦遗产作为潜在的历史资源进行研究。法律文本（fiqh，usul al-fiqh 和 fatawa）为研究通布图和周围地区的社会历史提供了独特的途径。在探索法律文本如何成为社会历史的重要来源时，我们也开始更多地学习法律推断和通布图学者辩论案例的方式。

但是，我们的主要兴趣在于通布图法特瓦手稿是否能够"谈论历史"。换言之，除了讲述有关本地行动者的故事外，他们还可以讲述关于自己的故事吗？如果可以的话，那么它们涉及的是什么样的历史

第十二章　通布图（Tombouctou）手稿项目：社会史方法

和什么类型的故事？我们认为，法特瓦可以被视为该地区历史的潜在来源，尤其是其社会历史。因此，我们的项目的任务是发掘在法特瓦中提到的事件表面之下的问题，以便揭露普通人所经历的人类状况。[①]虽然法特瓦中记录了通布图历史的重要事件，但它们一直被忽视，并一直是一个未被确认的资料来源。例如，埃利亚斯·萨阿德（Elias Saad）的《通布图社会历史》（*A Social History of Timbuktu*）几乎完全取材于 17 世纪的编年史（他将通布图的手稿视为与伊斯兰传统相关的阿拉伯文资料）。相反，我们选择将法特瓦手稿视为社会历史的重要来源。[②] 萨阿德担心通过手稿接近通布图，会导致将该城描绘成不属于撒哈拉以南或非洲黑人的领土。这个担心无必要，正是因为这些法特瓦根植于通布图，它们才能告诉我们所有人的情况，而不仅是编年史中强调的学者和知名人士的情况。

瓦埃勒·哈拉克（Wael Hallaq）令人信服地表明，法特瓦是社会性的。许多法特瓦从一个问题开始，还有许多法学专家的回应以"我已经读过你的问题并仔细考虑过"开头，这表明了他们的社会嵌入性。因此，法特瓦不仅是法学家的想象或假设的冒险主义的产物；甚至有一句格言说，法特瓦不应该处理现实世界中尚未发生的问题。在法特瓦中，真正的人遇到真正的问题，并回答来自现实世界的问题，提到真实的名字、职业和居住地。哈拉克认为，任何拒绝承认法特瓦体裁的世俗性的行为都会使其形式和内容失去意义。[③]

因此，通过这些法律手稿，我们的目的是借助阐明这些文本中附带的信息，来观察通布图和更广泛地区的人民是如何理解他们的世界的。换句话说，对这项遗产的研究可以超越法律术语、特定宗教方法论和宗教虔诚；这些都是发布法特瓦的基本要素。这些手稿使得我们

[①] 我们所指的普通人是非统治者、非著名商人、也非知识精英或宗教精英的人。达恩顿（Darnton, 1984: 252 – 253）认为，为了解以前时期的"他者性"（the otherness），历史学家可以从人类学中受益匪浅。

[②] 萨阿德（Saad, 1983）关注通布图富有的学者型精英人士，而不是普通人（底层人民，the subaltern）。

[③] Hallaq (1994: 38).

像在这些人身边行走一样：要求法特瓦的人，或者其行为引发一个法特瓦发布的人。他们的行为和态度远比穆夫提（*mufti*）清晰而明显、具有宗教合法性或充满智慧的回应更重要。在接下来的讨论中，这方面的内容可以从详细阐述一个具体文本的过程中看到。

关于法特瓦手稿的更详细的叙述

海达拉图书馆354号手稿（卷1：197）①《为了真相以及作为对穆斯林的训诫》（*Nasran lil-haq wa nushan lil-Muslimin*），作者是19世纪晚期的通布图学者卡迪艾哈迈德·巴巴·本·阿比·阿巴斯·本·奥马尔·本·扎严·沙里夫·哈萨尼（Qadi Ahmad Baba b. Abi al-Abbas b. 'Umar b. Zayyan al-Sharif al-Hasani）。莎士比亚著名的《罗密欧与朱丽叶》伤感的开篇可以恰如其分地描述这场沙漠中的现实生活传奇，尽管场地略有变化：②

> 故事发生在维洛那名城，[我们可以把它替换成阿拉万]
> 有两家门第相当的巨族，
> 累世的宿怨激起了新争，
> 鲜血把市民的白手污渎。
> 是命运注定这两家仇敌，
> 生下了一双不幸的恋人。③

《罗密欧与朱丽叶》被广泛认为是关于真正浪漫爱情的伟大的文学作品之一，④ 从这个角度来看，罗密欧与朱丽叶这对不幸的恋人与我们即将讨论的一篇19世纪末的法特瓦中涉及的真人真事之间存在

---

① Sayyid（2000-03）.
② 译者注：参考《罗密欧与朱丽叶》，朱生豪译，文化艺术出版社2004年，第5页.
③ Shakespeare（2000：Act 1, Prologue）.
④ Bloom（1998）.

第十二章　通布图（Tombouctou）手稿项目：社会史方法

着非常强烈的联系。关键区别在于，尽管所有伟大的小说都是对真理的顿悟，但它们并不一定受到日常生活中更为严酷的现实的约束。在这个具体的案例中，面对村庄里的总卡迪——他们的职务包括判断婚姻的合法性——比夸张的文学中的死亡命运更令人望而生畏。

卡迪·艾哈迈德·巴巴在其短篇文章中请读者关注阿拉万的卡迪，尊贵的阿里·伊本·赛义德·奥马尔（A'li ibn al-Sayyid 'Umar）所颁布的一则法特瓦，它"取消"（faskh）了一对男女之间的婚姻，二者因曾经为共同的奶妈哺育而形成了兄妹关系。在伊斯兰法律中，如果同一名奶妈给不同父母的孩子哺乳，这些孩子就会形成奶亲关系，受到法律约束。

村里的每个人都知道这对夫妇的合法身份，他们的奶妈也在场，并确定他们是兄妹。虽然这名女子与另一名男子结了婚，但她所谓的哥哥仍然与她保持密切联系，并以合法哥哥的名义自由进入她的家中。在这段时间里，整个村庄——除了女人的丈夫——都意识到这对恋人之间的爱情。事实上，这对恋人并没有隐瞒他们对彼此的爱，当然，除了对那位丈夫之外；村里也没有人告诉丈夫，他的妻子与其"哥哥"有染。丈夫最后对妻子的不忠产生怀疑，并与她离婚。

这对恋人在短时间内保留了兄妹关系的幌子，但最终否认了这一点，以便他们可以合法结婚。这时，奶妈和村里的其他人一样，也否认了他们的兄妹关系，并同意他们的婚姻。他们在村里的穆夫提的法律许可下结了婚，穆夫提在这种情况下别无选择，只能同意他们的婚姻。

然而，阿拉万的卡迪知道这件事以后，发布了一项废除该婚姻的法令。他驳斥了肯定婚姻合法性的穆夫提的立场，并列举了明确的文本证据以及古典学者的观点，作为判断的证据。

在手稿中，卡迪·艾哈迈德·巴巴继续对法律裁决进行深入分析，最后告诫所有这一事件的相关人，建议他们忠实地遵守其宗教的道德教义。在这样做的过程中，他看起来似乎背离了伊斯兰法中法特瓦的制度化形式。

第二部分 作为史料的非洲阿拉伯语文学

这一手稿非常有趣,原因有很多,但我们现在将简要探讨两个相互关联的方面,阐明为什么法特瓦类型的作品是寻求社会历史的基本来源。第一方面涉及伊斯兰实体法的起源,第二方面涉及在时间和地点限制下法特瓦本质的权力下放。从第二方面开始,解释权力下放的意思,这更为合适。

从其基本形式来说,法特瓦不仅仅是一种法律意见,而是一种对神圣道德义务的表达。从伊斯兰教诞生伊始,虔诚的穆斯林就被与古兰经所揭示的神圣意志相一致的生活的愿望所驱使。在最近的关于伊斯兰教法起源的研究中,① 瓦埃勒·哈拉克认为,形成时期的法律专业知识并不在于卡迪,而是在于个人将法律作为一个虔诚问题、一种纯粹的宗教活动进行研究的动力。马歇尔·霍奇森(Marshall Hodgson)早些时候也有类似的观察,他把法律的早期守护者定性为"虔诚意识"。②

因此,通过这些"原卡迪"(proto-*qadi*s)的活动,伊斯兰法律制度化了。此外,他们对信仰和宗教实践问题的答复构成了伊斯兰法学的基石。哈拉克又一次令人信服地指出,伊斯兰法律比以前研究揭示的要灵活得多。他演示了对日常宗教问题的回应所带来的新见解如何不断地更新了法律操作指南。③ 他也反驳了长期得到认同的约瑟夫·沙赫特(Joseph Schacht)关于伊斯兰法学起源相对较晚的论点。

对于我们的目的来说,重要的是要在法特瓦和虔诚的穆斯林高度珍视的遵守其信仰的信条的愿望之间建立联系。我们知道,殖民统治对非洲和伊斯兰世界其他地区高度发展的伊斯兰法律体系造成了极大的破坏。然而,从我们研究的手稿中可以清楚地看出,尽管伊斯兰法律的体制可能相对容易被破坏,但它应对变幻莫测的时间的方法已被证明更为持久。在19世纪的通布图,我们再次在海达拉手稿中发现了基本形式的法特瓦——它们表达了屈服于神圣意志的行为。

---

① Hallaq(2005).
② Hodgson(1974).
③ Hallaq(1994:38).

第十二章 通布图（Tombouctou）手稿项目：社会史方法

正是在类似的问题和他们的回应中，我们捕捉到了社会的一瞥，这不仅让人着迷，而且凭借对人类日常生活的共同困境所提供的见解使我们变得卑微。如果历史研究具有任何价值，那么它的目的肯定是启示而不是支配。或许在通布图手稿的缝隙中，可以找到对过去的普通非洲人被普遍忽视的故事的一些补救。

参考文献

Bloom H（1998）*Shakespeare and the invention of the human*. New York：Riverhead Books.

Darnton R（1984）*The great cat massacre and other episodes in French cultural history*. London：Penguin Books.

Geertz C（1974）*Myth, symbol, and culture*. New York：Norton.

Hallaq W（1994）From fatwa to furu. *Islamic Law and Society* 1（1）：29–65.

Hallaq W（2005）*The origins of Islamic law*. Cambridge：Cambridge University Press.

Hodgson MGS（1974）*The venture of Islam*. Chicago：University of Chicago Press.

Saad E（1983）*A social history of Timbuktu：The role of Muslim scholars and notables*, 1400–1900. Cambridge/New York：Cambridge University Press.

Sayyid AF（Ed.）（2000–03）*Catalogue of manuscripts in Mamma Haidara Library*（4 vols, prepared by Abdel Kader Haidara）. London：al-Furqan Islamic Heritage Foundationv.

Shakespeare W（2000）*Romeo and Juliet*. Edited and with an introduction by H Bloom. Philadelphia：Chelsea House Publishers.

◆ 第二部分 作为史料的非洲阿拉伯语文学

第三部分
通布图的学者

谢赫·萨迪·穆赫塔尔·昆蒂所著 *al-Minna* 手稿的第一页。

第十三章 谢赫·西迪·穆赫塔尔·昆蒂的一生

叶海亚·乌尔德·巴拉

(Yahya Ould el-Bara)[①]

关于撒哈拉和撒哈拉以南的西部地区人口的伊斯兰化问题,我们的了解有时是混淆的,缺乏历史严谨性,因为撒哈拉以南非洲的伊斯兰教的起源,我们只知道一个大概的轮廓。[②] 这些人口的伊斯兰化似乎是一个缓慢渐进的过程。[③] 这个过程始于传教士和商人,可能是伊巴特人(Kharijite),[④] 在阿莫亚韦德(Almoravid)运动(公元11世纪)中最终完成。这一过程的最终形态是在桑哈贾(Sanhaja)社会的摇篮中形成的。

这次阿莫亚韦德运动以后,伊斯兰教开始在撒哈拉和撒哈拉以南非洲西部地区的文化、社会和政治领域发挥决定性作用。它的冲击深深影响了该地区,渗入了人们的行为、生活方式和文化之中。这里的伊斯兰教主要特点是马利克(Malikite)仪式,朱乃德(Junaydite)秩序和艾哈迈迪亚(Ash'arite)教条。[⑤] 这三点描绘出了人民宗教生活的总体框架。

---

① 由西蒙·戴史华德(Simon de Swardt)自法语译出。
② Ould Muhammad Baba (1996 – 97: 6).
③ Cuoq (1984: 56 – 57).
④ Cuoq (1984: 61).
⑤ 马利克学派(Malikite madhhab)是逊尼派世界发展起来的四大法学流派之一;朱乃德秩序是苏菲派的一个分支;而艾哈迈迪亚教义是伊斯兰教中最常见的神学流派。

第三部分　通布图的学者

然而，将伊斯兰教作为一种宗教法律来谈论，这要求我们根据所涉及的宗教领域区分三个明显不同的组成部分。第一个组成部分，教义学（'aqida），基于逻辑和理性的论证和证据研究信仰的规则；第二部分，教法学（fiqh），考虑仪式，交易和契约；而第三个组成部分，苏菲主义（tasawwuf），考虑与神秘主义相关的问题，即如何将自己奉献给对安拉的崇拜（'ibada），拒绝这个世界的虚荣，并放弃（zuhd）快乐、财富或社会地位带来的满足感。

这三个分支中的每一个都由伊斯兰教最初几个世纪的伟大宗教人士发起的运动或创立的学派作为代表。这些领袖因其解释的本质、概念和方法工具而显得杰出。以此为标准，在信仰领域，我们有穆尔太齐赖派（Mu'tazila），艾哈迈迪耶派（Ash'ariyya），马图里迪派（Maturidiyya），穆哈迪金派（Muhadditha）等；在教法学方面，有哈乃斐派（Hanafites），马立克派（Malikites），沙斐仪派（Shafi'ites），罕百里派（Hanabalites）等学派；在苏菲主义方面，有卡迪里耶派（Qadiriyya），沙迪里耶派（Shadhiliyya），纳克什班迪耶派（Naqshabandiyya）和提贾尼耶派（Tijaniyya）等。

苏菲主义的制度化（教团的产生）

不同教团的博学的追随者确认，苏菲主义与伊斯兰教同时产生，[①]且其学说基于先知的话。而先知作为一个沉思者，是第一位苏菲主义大师。

然而，最早的神圣形式和禁欲实践慢慢发展成为更有组织的群体，以及一种侧重于更加结构化和制度化的学说的深奥教学，后来被称为苏菲派。对这一过程的研究似乎是有用的，因为这个过程仍然不太清楚。

---

① 见谢赫·西迪·穆赫塔尔·昆蒂，*al-Kawkab al-waqqad fi fadail al-ashyakh wa al-awrad*（手稿），第 46 页，藏于毛里塔尼亚科学研究所（Institut Mauritanienne de Recherche Scientifique）。

第十三章　谢赫·西迪·穆赫塔尔·昆蒂的一生

如果我们相信知识者的记录，那么就会注意到从最早的时候开始，精神修行之道就集中在神秘状态（siyyaha）上。① 但是，从7世纪初开始，一些虔诚中的穆斯林修道者（zuhhad）开始觉得有必要致力于这种神圣的崇拜。这些修道者遵守被称为"阿巴迪"（adabi，即崇拜）的行为准则；他们还遵守多种仪式，这些仪式在他们的生活和行为方式中占据了至关重要的位置。

因此，苏菲主义开始是一种神秘的、哲学的和知识的运动，但人们不应忘记，由此产生的兄弟会（turuqiyya）构成了一种具有自己的运作方式和社会及政治行为的社会形式。重要的是要记住，苏菲主义主要是作为一种社会形式来呈现其自身与历史以及过去和当前社会的关系的。

每个教团的合法性都是通过从秩序的创始人到先知的一系列神秘传播（silsila）来确认的。追随者认为他们的教团所宣称的信仰是伊斯兰教的深奥本质，其秩序仪式具有与规范义务（wajibat）同等的重要性。

每个苏菲派与其秩序之间的隶属关系都是通过一个由宗教信仰和誓言组成的契约来实现的，不同的教团有不同的誓言。服从本教团的大师是精神效忠的必要条件。在这个意义上，著名的伊斯兰历史学家伊本·赫勒敦（Ibn Khaldun）写道："门徒必须掌握在谢赫的手中，就像尸体掌握在尸体清洗者的手中，或者走向海洋的盲人掌握在向导的手中。"②

逊尼派教团的领袖们都遵循朱乃德（al-Junayd，逝于909年）的道路。这位来自巴格达的著名苏菲派人士应该被认为是温和版苏菲派的伟大灵感来源。神秘主义者，如阿布·亚齐德·巴斯塔米（Abu Yazid al-Bastami）、杜·努恩·米斯里（Du al-Nun al-Misri）和哈拉杰（al-Hallaj）信奉过分的教条主义，这些人使东正教信徒感到恐惧和疏

---

① 见 Muhammaddou Ould Aghrabatt, *al-Radd 'ala Ould Hanbal al-Hasani*（手稿），藏于毛里塔尼亚科学研究所。
② Ibn Khaldun（1985：87）.

远。而朱乃德避免了这种过分的教条主义，为建立伟大的苏菲派体系奠定了基础。① 基于这些理由，他出现在所有著名的大型逊尼派教团的道统（silsila）中。

从15世纪开始，教团就被引入撒哈拉以南地区，并像潮水一样席卷了所有地区和社会阶层。教团首先出现在对圣人——也就是那些拥有巴拉卡（baraka）即超自然力量的人——不论在世还是已经去世——的崇拜之中。②

随着时间的推移，围绕这种崇拜形成了一个标准的组织；它的基本要素是"扎维亚"（zawiya，圣人或他的灵魂的居所）、圣人或他的副手（通常是一位后裔）和"穆里德"（murids，门徒或有抱负的追随者）。③

在撒哈拉以南广泛发展的教团是圣人崇拜的一个方面。它们有组织和等级，其中一些将其分支扩展到了伊斯兰世界的很大一部分中。

在当时的社会中，圣人是至关重要的保护者和救世主。他的住所不仅成为避难所和宗教中心，同时也成为社会和政治中心。④ 扎维亚是圣人崇拜的中心，举行"迪克尔"（dhikr）仪式——以适当的方式不断地重复某一种祈祷，直到达到一种优雅的状态，在这种状态下，人与神接触。然而，扎维亚的角色并不局限于神秘的教导（tarbiyya）；它承担了许多社会职能，并负责把世俗的财产重新分配给所有需要帮助的人，包括穷人、逃亡者和过境的外国人。⑤

尽管法基赫（fuqaha，教法学家）对那些声称通过社会规范之外的神圣（walaya）途径直接接触安拉的人持传统敌意，但宗教教团在撒哈拉以南地区发展得如此迅速，以至于成为一个教团的成员变成了履行宗教职责的一个重要部分。⑥

发展到撒哈拉以南地区的最重要的宗教教团包括：

---

① Ibn Khaldun（1985：88）.
② Ould Shaykh（1991：201）.
③ Ould Shaykh（1991）.
④ Boubrik（1999：76）.
⑤ Ould Shaykh（1991：209）.
⑥ Ould Shaykh（1991：210）.

第十三章　谢赫·西迪·穆赫塔尔·昆蒂的一生

（1）卡迪里耶派［Qadiriyya，即西迪·阿卜杜·卡迪尔·吉兰尼（Sidi'Abd al-Qadir al-Jilani）的派别］，尤其是它的两个分支：巴卡伊耶派［al-Bakka'iyya，即谢赫·西迪·艾玛尔·乌尔德·谢赫·西迪·艾哈迈德·鲍考伊（al-Shaykh Sidi A'mar ould al-Shaykh Sidi Ahmad al-Bakkay，逝于16世纪）的派别］和法迪里耶派［al-Fadiliyya，即谢赫·穆哈迈德·法迪勒·乌尔德·马明①（al-Shaykh Muhammad Fadil ould Mamin，逝于1869—1870年）的派别］。

（2）沙迪里耶派［Shadhiliyya，指艾布·哈桑·沙迪里（Abual-Hasanal-Shadhili），逝世于1169年］，有两个分支：纳西里亚［al-Nasiriyya，指穆罕默德·伊本·纳西尔·迪里（Muhammad ibn Nasir al-Diri），逝世于1626年］，以及古德菲亚②［al-Gudfiyya，指谢赫·穆罕默德·拉格答夫·乌尔德·阿哈默德·达乌迪·贾法里（al-Shaykh Muhammad Lagdaf ould Ahmad al-Dawdi al-Jaafari）③，逝世于1802年］。

（3）提贾尼耶派［Tijaniyya，指谢赫·西迪·艾哈迈德·提贾尼（al-Shaykh Sidi Ahmadal-Tijani），1815年逝世］，有两个分支：哈非兹耶［al-Hafiziyya，指谢赫·穆罕默德·哈非兹·乌尔德·穆赫塔尔（al-Shaykh Muhammad al-Hafid ould al-Mukhtar）④，逝世于1831年］，以及哈玛维耶⑤（al-Hamawiyya），指谢赫·哈玛拉赫（al-Shaykh Hamah Allah，逝世于1943年）。⑥

---

① 他是一位伟大的苏菲派信徒，属毛里塔尼亚东部卡迪里耶派，法迪里耶派的创立者，和谢赫·马雷宁（al-Shaykh Malaynin）及谢赫·沙德·布赫（al-Shaykh Sad Buh）并列为大师。
② 古德菲亚是一个宗教教团，其追随者被斥从事异端活动。参见 Beyries (1935) 和 Laforgue (1928:658)。
③ 霍德（Hodh）地区的伟大圣人和苏菲派沙德希里派信徒。
④ 特拉扎（Trarza）地区伊达瓦里（Idawali）著名的苏菲派学者。他是提贾尼耶派在西非的第一个传布者。
⑤ 关于此秩序进一步的信息，参见 Traore (1983)。
⑥ 阿赫马杜·哈玛赫·阿拉（Ahmadu Hamah Allah）更为人熟知的名字是谢赫·哈玛拉赫，来自阿赫·穆罕默德·西迪的部落［提希特（Tichitt）地区的舒鲁法（Shurufa）］。拉赫达（Lakhdar），特莱姆森（Tlemcen）的使者，在简短的宗教学习之后认定他为提贾尼耶派的哈里发。在苏丹西部地区，他的影响力可观，非常受尊敬。他在被拘禁于法国蒙吕松期间去世。

第三部分 通布图的学者

作为"哈德拉"(hadarat),即苏菲派的一种集体仪式,这些教团组成了比部落或家族更大的组织性和政治性框架。这些苏菲派"哈德拉"以谢赫(教育者)为中心,形成了社会和宗教机构,其中谢赫的权威来自一个传承的世系,一直向上追溯到先知穆罕默德,这保证了谢赫的合法性。[1]

要理解这些教团在撒哈拉以南世界的成功,必须考虑几个方面的因素。物质生活变得更加困难,干旱、流行病和战争等灾害不断增加。中央权威(阿尔摩拉维德、马里、沃洛夫等政权)也普遍削弱,不安全日益加剧,而整个地区的部落关系加强使得情况更加恶化。[2]

教团的大获成功还有另一种解释:他们"休养生息",并动员了前伊斯兰教的习俗和信仰。毫无疑问,基于这些教派在群众中取得非凡成功的事实,它们最终与苏菲派或神秘主义理想几乎没有了任何关系。

卡迪里耶派(Qadiriyya)

这个神秘的教团分散在世界各地,得名于其创始人阿布德·卡迪尔·吉拉尼(Abd al-Qadir al-Jilani,逝世于1167年),一名来自里海南部奈伊夫(Naïf)的伊拉克人。在去巴格达之前,他先在自己的家乡学习了阿拉伯语的基础知识,然后跟随来自不同学派——罕百里学派(Hanbalite),沙斐仪学派(Shafi'ite),等等——的不同老师学习伊斯兰法律和神学。谢赫·阿布·哈伊尔·穆罕默德·伊本·穆斯林·阿巴斯(Shaykh Abu al-Khayr Muhammad ibn Muslim al-Abbas,逝世于1131年)引领他进入了苏菲派。[3]

谢赫·阿布德·卡迪尔是他那个时代最有影响力的学者,研究的领域包括宗教法(shari'a)和与神圣真理(haqiqa)有关的学科。他

---

[1] Ould Cheikh (1991: 234).
[2] Ould Cheikh (1991).
[3] Holland (1997).

在苏菲派和宗教法科学领域享有盛誉，最终被尊为是当时最有学问的人（qutbu zamanihi）。①

这位伟大的苏菲派大师建立了一个扎维亚学校，这个扎维亚很快因其高质量的书面和口头教学而闻名。其教学中心是完全放弃世俗生活、不断将自己义务奉献给虔诚的行为，只为安拉生活，放弃此生的排场和仪式，逃避社会，投入自己的虔诚行为，绝不寻求大多数人寻求的那些快乐、财富和荣誉。②

阿布德·卡迪尔的新教派的主要思想集中在两部作品中：《真理之路的充分供给》（al-Ghunya li-talibi tariqi al-haqq）和《崇高的启示》（al-Fath al-rabbani）。他在这两部著作中阐释了他的神秘主义哲学的主题。

在12世纪末，卡迪里耶派才传播到世界范围，这时其创始人已经逝世多年。③ 这要归功于他的子孙和追随者的活力。在这个神秘主义教派的扩张的过程中，阿布·马迪安（Abu Madyan，逝世于1198年）发挥了重要作用。④

卡迪里耶派扩散到撒哈拉地区和苏丹国家的三个决定因素是大篷车贸易、马吉利（al-Maghili，逝世于1504年）的布道，⑤ 以及图阿昆塔人在贝尼哈桑人抵达他们国家时的逃跑。

撒哈拉以南地区的卡迪里耶派

许多西非穆斯林认为从属于一个塔利卡（tariqa）是一种宗教义

---

① Ibn Khaldun（1985：56）.
② Holland（1997）.
③ Mu'nis（1997：12-14）.
④ Mu'nis（1997）.
⑤ 穆罕默德·伊本·阿布德·卡里姆·马吉利（Muhammad ibn 'Abd al-Karim al-Maghili）原本来自特莱姆森村。他是一位神学家，在图瓦特和附近地区影响很大，影响力一直到桑海帝国和豪萨国家。他因提倡严格遵守正统而著称，有人现场目睹他回答阿斯基亚·穆罕默德（Askiya Muhammad）提出的问题。

◈ 第三部分　通布图的学者

务。这就是为什么许多成年人在年轻的时候就属于某个教团，而这种成员资格通常是自动的。

在撒哈拉以南地区，卡迪里耶派是穆罕默德·伊本·阿布德·卡里姆·马吉利（Muhammad ibn Abd al-Karim al-Maghili）传入的。① 西迪·艾哈迈德·鲍考伊（Sidi Ahmad al-Bakkay），西迪·穆罕默德·昆蒂（Sidi Muhammad al-Kunti）的儿子（出生于 16 世纪初），② 似乎是第一个加入该组织的人，但他似乎并没有为该运动的普及而努力。③ 他的儿子谢赫·西迪·阿玛尔（Shaykh Sidi A'mar）是马吉利的忠实信徒和旅行伙伴，他成为卡迪里耶派的热心传播者，在马吉利返回北方后成为该教团的大师。④ 正是通过这群神秘主义者，卡迪里耶派进入了撒哈拉。（本书第 14 章提供了更多关于昆蒂家族历史的细节。）

谢赫·西迪·阿玛尔逝世后，他的大儿子艾哈迈德·费拉姆（Ahmad al-Fayram，约 1553 年逝世）接替了他的位置；艾哈迈德·费拉姆逝世后，位置则由他的大儿子谢赫·西迪·穆罕默德·拉加德（al-Shaykh Sidi Muhammad al-Raggad）继承（拉加德部落族群的名称即由他的名字而来）。他是一位伟大的学者，逝世于 1577 年，其位置由他的儿子谢赫·西迪·艾哈迈德（al-Shaykh Sidi Ahmad，逝世于 1652 年）继承，后者建立了图阿特的扎维亚。

谢赫·西迪·艾哈迈德的继位者是他的儿子西迪·阿里（Sidi 'Ali）。西迪·阿里是他统治时期（1652—1689 年）的圣人和大师，他的神奇事迹广为人知。⑤ 继承西迪·阿里的是他的两名侄子，也就是西迪·阿玛尔·伊本·西迪·艾哈迈德（Sidi A'mar ibn Sidi Ahmad）的

---

① 这一连祷文（wird）的传布，以及由此而来的卡迪里耶派沿着这一路线的传布，似乎不太可能。

② 同时代的人给这位谢赫取了一个别称为"Bakky"，意为"热泪盈眶的"，以彰显他的虔诚。据称，他有一次错过了清真寺的祈祷，负罪感使他立刻大哭起来，此后他就一直哭泣，或者至少眼中一直含有泪水。

③ Marty（1920：123）。

④ 在卡迪里耶派传布的宗教链条上，他的名字紧接着马吉利，后者是加拉尔丁·苏尤提（Jalal al-Din al-Suyuti）的学生。

⑤ Wuld Hamidun（1987：41）。

两个儿子：先是谢赫·艾哈迈德·哈利法（al-Shaykh Ahmad al-Khalifa，逝世于 1693），然后是谢赫·西迪·阿明·布·雅（al-Shaykh Sidi al-Amin Bou Ngab），也被称为"戴面纱的人"（逝世于 1717 年）。[1]

卡迪里耶教团的首领西迪·阿明离开部落后，其位置传给了塔克鲁尔的一个王子，西迪·阿里·本·纳吉布·本·穆罕默德·本·舒布（Sidi 'Ali b. al-Najib b. Muhammad b. Shuayb，逝世于 1757 年），在塔哈扎，他从西迪·阿明那里得到了神秘的启蒙。[2] 在西迪·阿里之后，对塔利卡（tariqa）的控制权回到了昆塔部落，但这次不是回到部落中的拉加达（Rgagda）部落族群，而是奥拉德·瓦菲（Awlad al-Wafi）部落族群。谢赫·西迪·穆赫塔尔·卡比尔（al-Shaykh Sidi al-Mukhtar al-Kabir）在这个部落族群发挥了作用。

谢赫·西迪·穆赫塔尔与他的功绩

谢赫·西迪·穆赫塔尔是昆塔部落同名祖先艾哈迈德·乌尔德·阿布·贝克尔·乌尔德·西迪·穆罕默德·乌尔德·哈比卜·阿拉·武尔德·瓦菲·乌尔德·西迪·阿玛尔·谢赫·乌尔德·西迪·穆罕默德·昆蒂（Ahmad ould Abu Bakr ould Sidi Muhammad ould Habib Allah Wuld al-Wafi ould Sidi Amar al-Shaykh ould Sidi Muhammad al-Kunti）的倒数第二个孩子。[3]

这个游牧部落从通布图游荡到伊福加斯山（Ifoghas Adrar）、迪尼科（Dinnik）和古尔马（Gourma）地区，偶尔进入豪德（Hodh），它无疑是最重要的摩尔马拉布部落（Bidane）之一。它是撒哈拉西南部人口分布的产物。事实上，直到 17 世纪末，它才形成了现在的民族结构。[4]

---

[1] Marty（1920）．
[2] Marty（1920）．
[3] Ould Cheikh（2001：139）．
[4] Marty（1920）．

第三部分 通布图的学者

游牧、讲阿拉伯语的昆塔人组成了一个独立的家族群体。他们是天才的商人，这使他们形成了一个名副其实的"经济帝国"，领土非常广阔，从大西洋到艾尔高原，从摩洛哥到撒哈拉以南非洲。

昆塔人是撒哈拉以南卡迪里耶派的传播者。他们已经认同（并且被认同于）这一教派，以至于二者的名字已经成为同义词。西非的卡迪里耶派通常被称为巴卡伊亚（Bakkaiyya）——这一名字从昆塔人的祖先，谢赫·西迪·阿玛尔·乌尔德·谢赫·西迪·艾哈迈德·鲍考伊（al-Shaykh Sidi A'mar ould al-Shaykh Sidi Ahmad al-Bakkay）的名字而来，他在16世纪传播了这一教派。卡迪里耶派有时也被叫做"穆克塔利亚"（Mukhtariyya），这一命名来自于在18世纪末到19世纪间恢复了该教派的西迪·穆赫塔尔·昆蒂的名字。

谢赫·西迪·穆赫塔尔于1729—1730年出生在阿扎瓦德（Azawad）的阿拉翁（Araoun）东北部（马里西北部的一个地区）。他四五岁时失去了母亲，十岁时失去了父亲。他的哥哥默罕默德成了他的监护人，他的外祖父贝迪·伊本·哈比卜（Beddi ibn al-Habib）对他有很深的影响，也非常喜欢他。[①]

谢赫·西迪·穆赫塔尔由学术地位显赫的伊斯兰教修士们养大，天生聪明。他从小就在虔诚和伊斯兰科学的道路上迅速发展，这并不令人惊讶。

14岁时，他离开了他的监护人，去寻找神的智慧、知识和指引。他的第一批导师是克尔·艾索克（Kel Essouk）部落族群的图阿雷格学者。然后，他继续研究伊斯兰法，特别是与另一个图阿雷格部落族群克尔胡尔马（Kel Hourma）一起研究哈利勒的穆赫塔萨，在这一族群中，他向几位学者学习。[②]

他深信自己应该更深入地学习，于是转向通布图，在那里他住了一阵，只是为了继续寻找他所选择的导师，伟大的圣人、杰出的卡迪

[①] Marty (1920).

[②] Al-Cheikh Sidi Muhammad, *Kitab al-taraif wa al-talaid min karamat al-shaykhayn al-walida wa al-walid*（手稿），藏于毛里塔尼亚科学研究院。

第十三章　谢赫·西迪·穆赫塔尔·昆蒂的一生

里耶大师谢赫·阿里·伊本·纳吉布（al-Shaykh ´Ali ibn Najib）。在学校里，他学习了《古兰经》训诂学、传统科学、先知生平（sira）、神学（aqida）、教法学（fiqh）、语法、《古兰经》背诵（qira'a）和语文学。①

在掌握了13门有关宗教法律及其相关科学的学科之后，他在同一位谢赫的指导下转向了精神道路。② 他进行了极端严酷的虔诚练习，为神秘教派做准备。通过这个过程，他的谢赫向他灌输了一种强大的神秘教育，引导他进入卡迪里耶，并赋予他传授它的权力。③ 正是这种奉献精神使穆赫塔尔成为谢赫·阿里·伊本·纳吉布对卡迪里耶的领导的继任者。

据他的传记作者说，他和他的谢赫一起生活了四年，然后搬到了瓦拉塔，也就是今天的毛里塔尼亚，在他的祖先西迪·艾哈迈德·鲍考伊墓地旁定居。后来他搬到了塔甘特，在那里他开始建立了名声。④ 从1756年起，他获得了卡迪里耶派谢赫的称号，他制定的连祷文（wird）因此也获得了最高的权威性，超过其他撒哈拉沙漠，尤其是图阿雷格和摩尔地区的所有卡迪里耶大师的祈祷文。

尽管谢赫·西迪·穆赫塔尔被列入伟大的苏菲派圣人，享有盛名，并被称为当时的大师（sahibu al-waqt），也就是他那个时代（18世纪）的杰出人物，但他同时也是西撒哈拉和苏丹地区最杰出的神学家之一。他的教学吸引了各种各样的学生到他的住所；他也写了大量的作品。

---

① Marty (1920).
② Marty (1920: 56).
③ Marty (1920: 57).
④ Al-Shaykh Sidi Muhammad, *Kitab al-taraif*.

◈ 第三部分　通布图的学者

教学与著作

尽管谢赫·西迪·穆赫塔尔被列入伟大的苏菲派圣人，享有盛名，并被称为当时的大师（sahibu al-waqt），也就是他那个时代（18世纪）的杰出人物，但他同时也是西撒哈拉和苏丹地区最杰出的神学家之一。他的教学吸引了各种各样的学生到他的住所；他也写了大量的作品，包括：

Tafsir al-fatiha（法谛海释义）；
Tafsir al-Qur'an（古兰经释义）；
al-Shumus al-muhammadiyya（穆罕默德之太阳——一部神学著作）；
al-Jur'a al-safiyya（纯净的真理）
Kashf al-labs fi ma bayna al-ruh wa al-nafs（精神与灵魂之混淆的澄清）；
Hidayat al-tullab（学生之皈依，三卷）；
al-Minna fi i'tiqad ahl al-sunna（正统信仰之赞同）；
al-Burd al-muwashsha（多色之服饰）；
Kashf al-gumma（怀疑的终点）；
al-Ajwiba al-labbatiyya（回复拉巴特的问题）；
Fada'il ayat al-Kursi（宝座经文之美德）；
al-Albab fi al-ansab（谱系之心）；
Sharh al-ism al-a'zam（真主之名释义）；
Junnat al-murid（追随者之盾）；
Jadwat al-anwar fi al-dabbi' an awliyya Allah al-akhyar（闪耀之光佑护真主最优秀之圣徒）；
al-Kawkab al-waqqad（闪耀的星）。

社会和政治角色

在18世纪后半叶和19世纪最初十年，谢赫·西迪·穆赫塔尔在撒哈拉和萨赫勒地区的生活中发挥了重要作用。他赋予了卡迪里耶派重要的空间、宗教和政治维度。此外，与他的继任者一样，谢赫·西迪·穆赫塔尔的职业生涯也证实了这一论点，即宗教人士是一个安抚调解人，其目标是在一个长期受到破坏稳定的冲突威胁的社会中维持平衡。

圣人（控制着看不见的东西）和苏丹（他们的权力仅限于世俗世界）之间的关系总是不太和谐，但这种关系通常以相互承认和更为支持圣人而告终，圣人会被请求为政治领袖提供保护。这样，双方都向对方做出让步，这是对权威和合法性的相互承认。[1]

圣人的事业和活动的一个重要方面是他一生各阶段中部落和宗教问题之间的相互作用。宗教威望在教团的形成中得到了体现，并迅速转化为政治领导。事实上，在摩尔部落地区，教团的创始人往往是部落组织的领导人。

谢赫·西迪·穆赫塔尔于1811年5月29日逝世，时年84或91岁。他留下超过8位子女。他被葬在马里北部的布兰瓦尔（Bulanwar）。

谢赫·西迪·穆赫塔尔与巴卡伊耶派（al-Bakka'iyya）

谢赫·西迪·穆赫塔尔无疑是神秘主义的巴卡伊耶派在撒哈拉南部郊区地区最有名的代表。从最初的卡迪里耶派教团内部，他设法建立了自己的教团，称为巴卡伊耶派（指谢赫·西迪·艾玛尔·乌尔德·谢赫·西迪·艾哈迈德·鲍考伊，逝于1590年）。

巴卡伊耶派的建立是在复兴宗教和教团的框架内进行的。在18世纪末和19世纪，整个穆斯林世界都经历了这种复兴（tajdid）。

根据谢赫·穆赫塔尔的说法，巴卡伊耶派的经文是最杰出的；它

---

[1] 参见 Weber（1995：45）.

第三部分 通布图的学者

的地位高于所有其他经文，那些都无法取代它。[1] 拥有爱的人只会在最好的条件下死去。[2] 这篇经文是绝对必需的，由一定数量的"迪克尔"（dhikr）组成，信徒们每次祷告后都必须完成：

安拉为我们提供一切，多么优秀的保护者（200次）。

我向伟大的安拉乞求原谅（200次）。

除安拉，亦即君王、真理、不言自明之物之外，世界空无一物（100次）。

为先知的祈祷文（100次）。[3]

除去这一经文外，信徒还必须背诵一些其他的祈祷文，其中最重要的是"瓦迪发"（wadhifa）。

谢赫·西迪·穆罕默德（Al-Shaykh Sidi Muhammad）的 *Kitab al-taraif wa al-tala' id* 一书列出了对卡迪耶派巴卡伊耶派追随者施加的某些禁令。他写道："与其他教团相反，我们禁止沉溺于游戏、引人注目的禁欲主义、昏厥、跳舞或夸张地呼喊赞美安拉。另一方面，我们的许多谢赫并不禁止或谴责唱歌。我们不能穿破布或特殊的衣服。"[4]

巴卡伊耶派遵从宗教正统（谢赫·西迪·穆赫塔尔的门徒总是强调这一点），一位苏菲派沙德希里（Shadhili）教团的著名学者证实了这一倾向。穆罕默德·萨利姆·乌尔德·阿鲁马（Muhammad Salim ould Alumma，逝于1963年）写道，谢赫·西迪·穆赫塔尔·昆蒂经常这样定义苏菲主义：

> 苏菲在他的纯净灵魂之上穿着羊毛衣服
> 遵循先知的道路，忍受身体的痛苦，将生命风险给崇拜

---

[1] Al-Shaykh Sidi al-Mukhtar al-Kunti, *al-Kawkab al-waqqad*, p. 67.
[2] Al-Shaykh Sidi al-Mukhtar al-Kunti, al-Kawkab al-waqqad.
[3] Al-Shaykh Sidi al-Mukhtar al-Kunti, *al-Kawkab al-waqqad*.
[4] Al-Shaykh Sidi Muhammad, *Kitab al-taraif*.

第十三章 谢赫·西迪·穆赫塔尔·昆蒂的一生

从尘世生活中抽离,放弃所有世俗的东西。①

谢赫·西迪·穆赫塔尔是一位名副其实的宗教征服者,他创造的奇迹数不胜数。② 他的门徒遍布西非各国传教。③ 他使昆塔人成为萨赫勒和撒哈拉部落的伊斯兰教徒和精神领袖。由于其信徒的魅力和活力,这个教团在所有西非国家生根发芽,并从18世纪末起成为最重要的教团。

在摩尔人和图阿雷格人部落之外,卡迪里耶派所传的教在非洲人中间受到普遍欢迎。在塞内加尔、几内亚、科特迪瓦北部以及伊斯兰化的苏丹,人们对它的记忆最为深刻。所有认为自己是卡迪里耶信徒的黑人都是谢赫·西迪·穆赫塔尔的信徒和门徒。

著名的研究这一地区的法国学者保罗·马蒂(Paul Marty)认为,巴卡伊耶派的秩序则是由如下人群遵守的:

马里,阿尔及利亚和毛里塔尼亚的所有昆塔部落族群;

谢赫·西迪·穆赫塔尔的扎维亚,尤其是其附属的摩尔人和黑人分支;

位于塞内加尔巴奥勒(Baol)的谢赫·阿赫马杜·班巴(al-

---

① Ould Hamidun, *al-Masouaa*(手稿),藏于毛里塔尼亚科学研究院。
② Ould Hamidun, *al-Masouaa*.
③ 在他的门徒中,成为大师和扎维亚创始人的包括:谢赫·西迪亚·乌尔德·穆赫塔尔·乌尔德·艾巴〔al-Shaykh Sidiyya ould al-Mukhtar ould al-Hayba,奥拉德·阿布雅里(Awlad Abyayri)部落〕;谢赫·卡迪·乌尔德·哈吉·阿特法加〔al-Shaykh al-Qadi ould al-Haj Atfaga,伊达德巴(Idaydba)地区〕;谢赫·穆斯塔法·乌尔德·哈吉·阿特法加(al-Shaykh al-Mustafa ould al-Haj Atfaga,伊达德巴地区);谢赫·艾哈迈德·乌尔德·阿瓦西〔al-Shaykh Ahmed ould Aʿwaysi,伊达尼布(Idaynnib)地区〕;谢赫·乌尔德·阿尼玛尼〔al-Shaykh ould Animanni,安瓦泽尔(Anwazir)地区〕;谢赫·巴巴·哈伊〔al-Shaykh Baba al-Hay ould Mahmud ould al-Shaykh Aʿmar,阿卜杜卡尔(Abdukkal)地区〕;谢赫·穆赫塔尔〔al-Shaykh al-Mukhtar,奥拉德·比斯巴(Awlad Bisbaʿ)地区〕;谢赫·穆斯塔法·乌尔德·阿尔比〔al-shaykh al-mustaf ould al-ʿArbi,奥拉德·阿布雅里(Awlad Abyayri)地区〕;谢赫·穆罕默德·阿明·乌尔德·阿布德·瓦哈卜〔al-Shaykh Muhammad al-Amin ould Abd al-Wahhab,来格拉格玛(Leglagma)地区〕;谢赫·阿巴塔·乌尔德·塔利布·阿布德·阿拉〔al-Shaykh Abbata ould al-Talib Abd Allah,伊达格玛拉(Idagjmalla)地区〕。

第三部分 通布图的学者

Shaykh Ahmadou Bamba）的穆里德（Mourides）群体及其家属；

位于塞内加尔的布·昆塔人（Bou Kunta），及附属的分支；

尼日尔中部地区（贡达姆）的富拉尼人，桑海人以及伊格拉德人（Igellad）；

马希纳（Masina）地区（杰内、迪亚）的富拉尼人和马尔卡人（Marka）；

上几内亚地区（库鲁萨、康康、贝拉）的马林卡人（Malinka）；

几内亚（图巴、巴卡达迪、比西克里马、金地亚、科纳克里）和上塞内加尔（巴福拉贝、基塔）所有的迪亚康克人（Diakanke）及其分支；

班马拉（Banmana）地区（库利科罗、塞古、桑桑丁）的西莫诺人（Simono）和马尔卡人；

谢赫·穆罕默德·法迪勒（al-Shaykh Muhammad Fadil，约1797-1869年）开创的法迪里耶教团；

尼日利亚北部的丹·福迪奥家族；

马希纳的富拉尼人。[1]

巴卡伊耶派的特点

除了其大师们非常博学、他们对创始人谢赫·西迪·穆赫塔尔所写的迪克尔和扎维亚以外，巴卡伊耶派的特点还在于，对神秘知识——字母、护身符、天文学、驱魔、梦的解析等的研究——的特殊兴趣，以及对这类知识进行教学和传播的兴趣。

巴卡伊耶派这种对神秘知识的兴趣值得特别注意。这种神秘的知识在摩尔语中被表述为"智慧/神秘的知识属于昆塔和福塔"（al hikmatou kuntiyyatun aw futiyyatun"），在该地区的法基赫（fuqaha）之间引起了长期的争论。基于这个原因，在接下来的文章中，我们将详细

---

[1] Marty（1920：98）.

第十三章 谢赫·西迪·穆赫塔尔·昆蒂的一生

描述巴卡伊耶派使用神秘知识的理由,其基础是该派伟大创始人谢赫·西迪·穆赫塔尔·昆蒂的法特瓦(fatawa)。

必须强调的是,尽管伊斯兰教在撒哈拉以南非洲具有同化力量,但它并没有完全取代持续存在的传统信仰。如果说今天我们已经不再直接了解这些信仰,但它们的仪式仍然存在——时不时庄严地显示出他们的异教色彩——与正统信仰并肩生存,或被纳入了伊斯兰仪式。

随着伊斯兰化的过程,这种神秘的力量在很大程度上成为学者和圣人的特权,尤其是其中最有魅力的那些。这些人的力量不再是用魔法术语来表述的,而是借用了新的宗教的术语——他们可以凭借圣言而不是魔法实践来影响自然。从那时起,重点就放在了这些人和神性的接近(神圣的概念)或神赋予他们的天赋[巴拉卡(baraka)的概念]上。

在护身符艺术中,很难区分什么是秘密科学(sirr)的一部分因而合法,什么属于魔法而被禁止。此外,在所有穆斯林社会中,巫术虽然与宗教分离,但往往通过护身符艺术重新融入宗教。这就是在伊本·赫勒敦(Ibn Khaldun)看来,伊斯兰教不区分秘密科学和护身符艺术的原因。在《历史绪论》(*al-Muqaddima*)中,他把二者都放在唯一一个关于禁止行为的章节里。[①]

毫无疑问,伊斯兰教对神秘的做法和观念怀有敌意,因为这些做法和观念可以掩盖万物有灵论的融合,而当地人口中很大比例持有这种信仰。穆罕默德·马吉利(al-Maghili,逝世于 1461 年)在答复马里统治者阿斯基亚·穆罕默德(1493—1528)的问题时所写的法特瓦中确认了这句关于使用魔法的话:

> 无论是巫师还是女巫,还是任何声称通过护身符、魔法配方或其他过程创造财富、挪用军队或进行其他此类行为的人,都被他们判处死刑。他们当中任何一个理智的人都不应被魔法影响。

---

① Ibn Khaldun(1985:87)。

第三部分　通布图的学者

另一方面，拒绝这样的人必须被处死。凡假装写神之书或圣言的人，无论出于这个目的还是在其他类似的目的，都不应该被相信。这样的人只不过是个骗子。他必须被驱赶。[1]

事实上，《古兰经》是伊斯兰法的首要基本来源，它没有包含任何关于秘密的治病方法的信息。另一方面，先知的传统或逊拿，即伊斯兰法的第二个基本来源，其中包含的许多圣训（hadiths）明确提供了秘密性质的疾病治疗方法。

先知和他的同伴使用治疗咒语（ruqa）的记录出现在几本圣训选集中，包括两本真的布哈里（al-Bukhari）和穆斯林选集。咒语的合法性得到了神学家的一致认可，最早的穆斯林见证了这一点。

在一个著名的圣训中，先知说："对每一种疾病，安拉都提供了治疗方法。"[2] 先知本人承认《法谛海哈》（《古兰经》第一章）的治疗价值，这对穆斯林神学家来说是关于咒语合法性的最重要的论据。

先知自己开辟了通过神秘的步骤治疗疾病和解决问题的道路。甚至在伊斯兰教创始人的一生中，《古兰经》所具有的特别而直接的权力的迹象也很明显。在这方面，先知的一个同伴使用《法谛海哈》作为治疗蛇咬伤的咒语，这可以作为一个示例。布哈里援引阿布·赛义德·库特里（Abu Sa'id al-Khudri）的说法，写道：

我们在路上停下来，一个女人走过来跟我们搭讪，告诉我们她部落的首领刚刚被蛇咬了，而部落的男人们不在。她问："你们中间有念咒的治疗师（raqi）吗？"有一个人据我们所知在这一行没有什么名气的人站了起来，陪着她念咒语，帮助那位首领，他很快就痊愈了。作为回报，首领给了他 30 只羊和一些牛奶喝。当这个人回来时，我们问他："你是一个符咒专家还是一

---

[1] Cuoq（1975：28）.
[2] Ibn Anas Malik（1977：342）.

第十三章 谢赫·西迪·穆赫塔尔·昆蒂的一生

个治疗师?"他回答说,"一点也不,我只是照着书这位母亲(法谛海哈)练习咒语。"我们决定在咨询先知之前不再谈论这件事。回到麦地那后,我们把这个故事告诉了他,他惊呼道:"他怎么知道法谛海哈有魔力?你们分享那些馈赠之物吧,并且给我留一份。"①

阿拉伯语词根"raqa"含有咒语的内容,《古兰经》中对这个词根的谨慎使用肯定有助于咒语的成功散布,即使这种成功也可以归因于先知的实践以及后来传统主义者的大量传播。

可以想见,秘密科学在该地区的神学家中激起了激烈的争论。有些人认为,使用魔法来驱除邪恶,只不过是一种挫败神意的方式,或者是一种对甚至可能干预命运的超自然力量的信仰。因此,他们只看到伊斯兰教严格禁止的一种魔法行为,因为对自然力量采取行动的力量与《古兰经》中强烈谴责的魔法师的力量类似。此外,这些神秘的方法可能包含与伊斯兰教基本戒律相矛盾的"联合主义"(多神论)的声明或誓言。

在这方面,西迪·阿卜德·阿拉·乌尔德·哈吉·易卜拉欣(Si-di'Abd Allah ould al-Haj Ibrahim,逝世于1817年)写道:

> 宗教法并没有区分魔法、护身符和幻术:它把它们都归为同一类禁止物品。这些科学是被禁止的,因为它们使灵魂面向星星或其他物体,而不是造物主。立法者只允许我们按照我们的宗教行事,这保证了我们来世的幸福(akhira)和地球上的幸福(dunya)。除了这两种合理的关注之外,任何有害的东西都是被禁止的,其被禁止的程度与其所能造成的危害程度成正比。②

---

① al-Bukhari(1947:123).
② al-Fatawa, in Ould el-Bara(forthcoming).

第三部分　通布图的学者

类似地，默罕默德·法勒·乌尔德·穆塔里（Muhammed Fal ould Muttali，逝世于1870年）在一首诗中写道（下文为意译）：

> 赛义迪（al-Saîdi）引用伊本·阿拉法（Ibn Arafa）的话说，使用秘密科学的单词或短语来念咒语是严格禁止的，即使咒语有效也一样。这样的咒语的作者甚至可能被判处死刑。①

这些法基赫的主要论点是马立克（逝世于795年）给某人的答复，这个人问他，伊斯兰教是否允许使用非阿拉伯语的安拉的名字（al-asma al-ajamiyya）来达到神秘的目的。他回答说，"谁告诉你这不是不忠（kufr）？"②

对于谢赫·西迪·穆赫塔尔来说，马立克的回答并不像看上去那么尖刻。事实上，这个回答是相当模糊的，因为它可以有不同的解释。例如，一种解释是，当使用这些咒语的人确保不存在与一神论精神相反的元素时，这一禁令将取消。③ 不忠被认为是其他神或元素与一神论的联合；如果一个人确保任何其他的名字指的都只是安拉，他所持的仍然属于一神论。

谢赫·西迪·穆赫塔尔认为秘密科学只有取得良好结果才会被允许。禁令的依据是咒语的效果。如果效果是好的，禁令就解除了；如果没有效果，禁令就仍然存在。这一立场是基于先知圣训启发的伦理考虑："帮助你的伊斯兰的兄弟时不要犹豫。"④

谢赫·西迪·穆赫塔尔提出了第二个论点，即在先知的传统中，众所周知存在着难以理解的词语组成的咒语。

---

① al-Fatawa, in Ould el-Bara (forthcoming).
② al-Fatawa, in Ould el-Bara (forthcoming).
③ al-Fatawa, in Ould el-Bara (forthcoming).
④ al-Bukhari (1947: 89).

第十三章 谢赫·西迪·穆赫塔尔·昆蒂的一生

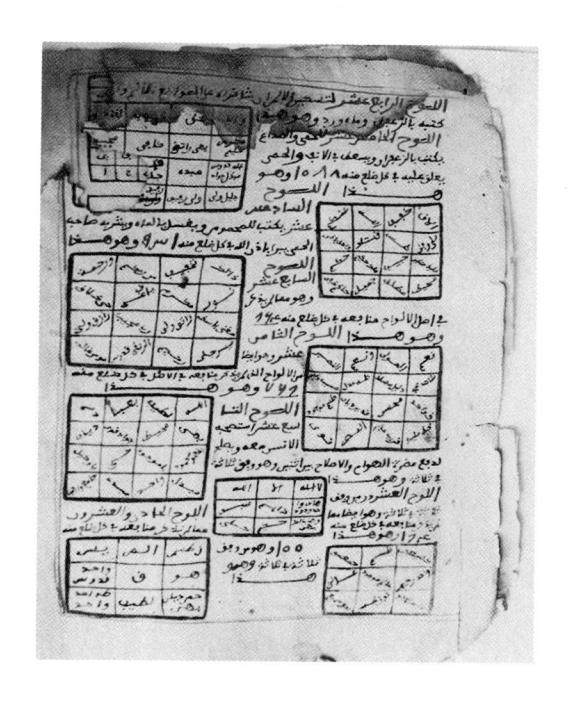

这一手稿显示一些咒语和神秘治疗方法的例子。

人们会发现，传统主义者讲述的深奥咒语，其含义并不清楚。哈菲兹·阿布·纳伊米（Al-Hafid Abu Nuaym）写下了这样的记录：天使长加百列（Archangel Gabriel）教先知背诵了一个治疗蛇咬伤的短语，短语的内容是："赞美安拉。Shajjatun, qarniyyatun, matiyyatun, bahr qafla"[①]，然后治疗师向插在沙子里的木刀吹七口气。[②]

授权"黑艺术"的神学家援引上述圣训及其属于秘密科学的方法。正如对马立克的话的不同解释所指出的，咒语短语具有秘密科学的性质，但这不应成为其用于治疗目的的障碍。前伊斯兰教时期的阿

---

① Muslim（1954：4/54）.
② al-Fatawa, in Ould el-Bara（forthcoming）.

第三部分　通布图的学者

拉伯实践和《古兰经》实践之间具有连续性，这一点在咒语的例子中明显可见。

另一方面，谢赫·西迪·穆赫塔尔认为咒语或任何其他治疗方案只有当其使用者虔诚并拥有巴拉卡时才有效，因为咒语的神秘力量与使用者的社会宗教地位和个人魅力直接相关。关于这一点，他写道：

> 此外，阿布·哈米德·加扎利（Abu Hamid al-Ghazali）让我们明白，咒语的效力不仅存在于魔法配方本身，也存在于唾液中。这就是为什么经常有人说使用咒语不成功的人缺乏"萨努恩（Sahnun）的唾沫"。①

这句名言是一位伟大的伊斯兰圣人说的，当时有人向他抱怨萨努恩（逝世于854年）的一个弟子。那个弟子想要继续他老师的传统，通过背诵法谛海哈来治疗各种各样的疾病。尽管这位弟子重复着和他老师一样的咒语，但他的病人都没有康复。抱怨者向当时的一位圣人提出控告，这位圣人把这位门徒召来，询问他治疗病人的方式。治疗师回答说，他做了他的老师萨努恩所做的一切——背诵法谛海哈，然后轻轻地朝病人吐一口唾沫。圣人回答说："毫无疑问，法谛海哈是一种有效的咒语，可以治疗先知所说的各种疾病，但是你的唾沫和萨努恩的唾沫一样有效吗？"②

在过去的两个世纪里，该地区的神学一直在为这个问题争论不休。争论的高潮发生在1996年。有一件轶事说明了这一点，这件事引起了广泛的争论，激起了更大的讨论热情。

事情是这样的，在毛里塔尼亚梅德尔德拉的一个小村庄里，一名妇女被蛇咬伤，她的脚肿了起来，中毒的最初迹象开始显现。她的丈夫，一名萨拉菲特商人，拒绝接受一位卡迪里耶派堂兄的帮助，尽管

---

① al-Fatawa, in Ould el-Bara（forthcoming）.
② Al-Shaykh Sidi al-Mukhtar al-Kunti, *al-Kawkab al-waqqad*.

第十三章 谢赫·西迪·穆赫塔尔·昆蒂的一生

这位堂兄在该地区以精通这类医术而闻名。丈夫开始按照先知的传统自己念法谛海哈咒语。先知的同伴阿布·赛义德·库特里曾经使用这个方法给人治病，上面提到的著名圣训中，先知曾为此方法祝圣。

在背诵了几个小时的法谛海哈之后，这位妇女没有显示出好转的迹象。相反，她的病情恶化，水肿已经到了她的胸部，她很痛苦。这时，妇女的父母开始担心她会死，于是他们去找丈夫早些时候拒绝的治疗师。

尽管丈夫保持沉默，但当地的卡迪判断该妇女的情况需要紧急关注，并下令召集治疗师。当赶来的治疗师开始念咒语时，那女人的情况立刻好转了。他把被称为"黑加布扎"的灰球吹进头巾里，用头巾扇着被咬伤的肢体。病人立刻呕吐，开始觉得好些了。有几个来询问这名妇女的情况的人说，丈夫念法谛海哈差点害死他的妻子。

这些话传到了萨拉菲特村的其他人耳中，他们认为这些话是公开的异端邪说——法谛海哈，换句话说，安拉的话，几乎杀死了一个人，这种说法当然是异端邪说。问题变得相当严重，并被提交给村里的卡迪去评判。卡迪打断了辩论，说这些话不是针对《古兰经》，而是针对使用咒语的人，很明显，这个人没有著名的萨努恩的唾沫。卡迪认为，后来请来的治疗师是一名穆斯林，他用自己的言语拯救了一个处于危险中的人的生命。言语达到了预期的效果；所有这些在伊斯兰教中都被认为是合法的。

这场辩论展示了咒语和知识科学中存在争议的方面。从中我们可以得到几个认识，尤其是，即使是最符合秘密科学的、最难以理解的神秘方法，卡迪里耶派也不会拒绝或犹豫使用。这个故事和随之而来的辩论的效果是，这种做法得到鼓励，神秘科学的用处也得到了积极的认识。

这也是为什么这个社会有一种强烈的倾向，认为所谓的黑习俗比白习俗更有价值。许多人认为，使用白咒语方法需要现在罕见的虔诚程度，甚至可能需要内在或遗传的能力，而黑咒语不需要很高的博学程度或者天赋，可以通过短时间的训练和入门来掌握。

第三部分 通布图的学者

正如巴卡伊耶派的谢赫们认为使用知识（字母和几何形状中蕴含的秘密）并没有错一样，他们也认为随之而来的报酬没有错。关于这一点，谢赫·西迪·穆赫塔尔写道：

> 当先知的同伴们决定向他咨询在麦地那使用咒语所带来的报酬时，他明确承认了以鲁格亚（ruqya，一种护身符）换取报酬的合法性。他命令同伴们把报酬分给别人。治疗从业人员会期待得到报酬，有时这种报酬是相当可观的，这段圣训为此提供了法律依据。①

传承

谢赫们通常通过一串珠子、一个祈祷垫、一根柱子或其他类似的礼物来命名他们的哈利法（继承人）。以此方式，谢赫·西迪·穆赫塔尔·卡比尔临死前将自己的珠子送给了儿子谢赫·西迪·穆罕默德，选定了继承人。

事实上，开创性的圣人总是设法实施一种以祖先地位为基础的王朝战略。通过这个过程，他确保了教团的方向在他的直系后代中保持连续性。也正是这种机制改变了塔利卡基础的象征性联系的意义：在这个基础上，谢赫的继承权不一定是给他的家人，而是给一个具有精神资格的大师；这后来被改为家族继承。精神上的合法性与宗谱上的合法性相联系，使得教团的权力依赖于部落的权力。然而，被指定的首领参与社会事务越多，他对教团和自身的精神权威就越失去控制。②

谢赫·西迪·穆罕默德出生于 1765 年。他也以渊博的学识、简朴的作风、禁欲主义和通过演讲和格局吸引人的力量而闻名。毫无疑问，在他父亲去世后，他是巴卡伊耶派最伟大的代表，他神秘主义者

---

① al-Fatawa, in Ould el-Bara (forthcoming).
② Gellener (1970).

的名声超出了其他兄弟。他的许多奇迹成就了他在追随者眼中这样的形象。

这位伟大的巴卡伊耶菲主义者对他同时代的人很有用。1825年至1826年,他拯救了通布图,使之免于被阿赫马杜·洛博(Cheikhou Amadou)领导的富拉尼人彻底摧毁。他的干预制止了抢劫和纵火,从此富拉尼人定期组织政府特派团前往通布图。

在他父亲活着的时候,谢赫·西迪·穆罕默德在该区域的部落和当局执行了几项具有政治性质的任务——所有活动,尽管被认为是宗教活动,但都具有政治和社会方面的意义。从某种意义上说,他是他父亲的政治和社会事务管理者,因此在这些事务上非常有经验。在关于领土问题的谈判中,他深谋远虑,使他的族群获得社会地位,因而出名。

他于1826年去世,继续他的工作成为他家庭的主要任务。与任何主要基于个人魅力的组织一样,开创者的逝去改变了教团中魅力主导的性质。

谢赫·西迪·穆罕默德的继承者是他的两个最年长的儿子:先是西迪·穆赫塔尔·萨吉尔(Sidi al-Mukhtar al-Saghir,逝世于1847年),然后是谢赫·西迪·艾哈迈德·鲍考伊(al-Shaykh Sidi Ahmad al-Bakkay,逝世于1865年)。

参考文献

Beyries J (1935) Notes sur les Ghoudf de Mauritanie. *Revue d'études Islamiques* 1: 52 – 73.

Boubrik R (1999) *Saints et sociétés, anthropologie historique d'une confrérie ouest saharienne.* Paris: CNRS editions.

al-Bukhari (1947) *al-Jami al-sahih* (Vol. 2). Cairo: al-Babi al-Halabi Press edition.

Cuoq J (1975) *Recueil de sources arabes concernant l'Afrique occidentale du VIIIéme au XVIéme siécle.* Paris: CNRS editions.

Cuoq J (1984) *Histoire de l'islamisation de l'Afrique de l'Ouest des origines a la fin du XVIéme siécle.* Paris: Librairie Orientale Paul Geuthner.

Gellener E (1970) Pouvoir politique et fonction religieuse dans l'Islam marocain. *Annales* May – June: 699 – 713.

Holland M (trans.) (1992) *al-Fath al-rabbani* (Dar al-Albab, Damascus, n. d.). Houston: Al-Baz Publishing.

Holland M (trans.) (1997) *al-Ghunya li-talibi tariq al-haqq* (Dar al-Albab, Damascus, n. d.). Fort Lauderdale: Al-Baz Publishing.

Ibn Anas Malik (1977) *al-Muwwatta.* Cairo: Dar al-Kutub al-Misriyya edition.

Ibn Khaldun (1985) *al-Muqaddima.* Beirut: Dar Sadir edition.

Laforgue P (1928) Une secte hérésiarque en Mauritanie 'les Ghoudf'. *Bulletin du Comité d'études Historiques et Scientifiques de l'AOF* 1: 654 – 665.

Marty P (Ed.) (1920) *Etude sur l'Islam et les tribus du Soudan: Tome premier les Kounta de l'Est-les Berabich-les Iguellad.* Paris: Ernest LeRoux.

Mu'nis H (1997) *Tahqiq kitab watha'iq al-Murabitin wa l-Muwwahidin.* Cairo: Dar al-Ma'arif.

Muslim AH (1954) *al-Jami al-sahih.* Cairo: Matbaat al-Babi al-Halabi edition.

Ould el-Bara Y (forthcoming) *al-Majmoua al-Kubra al-Chamila li fatawa wa nawazili wa ahkami Ahl Garb wa Janub Garb al-Sahra.*

Ould Muhammad Baba A (1996 – 97) Le contexte tribal du mouvement Almoravides. PhD thesis, DEA University CA Diop, Dakar.

Ould Cheikh AW (1991) La tribu comme volonté et comme représentation. In P Bonte (Ed.) *Al-Ansab: La quête des origines.* Paris: Maison des sciences de l'Homme.

Ould Cheikh AW (2001) La généalogie et les capitaux flottants: al-Saykh Sid al-Mukhtar et les Kunta. In *Emirs et présidents: figures de la parenté et du politique dans le monde arabe*, (collective authorship, under the direction of P Bonte, E Conte & P Dresch). Paris: CNRS editions.

Traoré A (Ed.) (1983) *Islam et colonisation en Afrique: Cheikh Hamahoullah: homme de foi et résistant.* Paris: Maisonneuve & Larose.

Weber M (1995) *Le savant et le politique.* Paris: Plon.

Wuld Hamidun M (1987) *Hayat muritaniyya (la vie intellectuelle), al-dar al-arabiyya li al-kitab* (Vol. 3). Tunis, Tripoli: no publisher.

第三部分 通布图的学者

一本星相学手稿的一页。在这一手稿中,谢赫·西迪·穆赫塔尔·昆蒂(Shaykh Sidi al-Mukhtar al-Kunti)讨论了星星和《圣经》前五卷书中关于星星的内容:12宫被分成28个分支;每个宫有二又三分之一个分支,12宫共360度,每宫有30度;太阳每年经过所有宫一次,由此完成一个轨道;月亮的周期是28天。

第十四章 谢赫·西迪·穆赫塔尔·昆蒂的作品

马哈曼·马哈穆杜[①]

(Mahamane Mahamoudou)

谢赫·赛义德·穆赫塔尔·伊本·艾哈迈德·伊本·阿比·贝克尔·伊本·哈比卜·阿拉·伊本·瓦菲·伊本·奥马尔·谢赫·伊本·艾哈迈德·鲍考伊·伊本·穆罕默德·昆蒂(Al-Shaykh Sayyid al-Mukhtar ibn Ahmad ibn Abi Bakr ibn Habib Allah ibn al-Wafi ibn Umar al-Shaykh ibn Ahmad al-Bakkay ibn Muhammad al-Kunti),通常被称为谢赫·卡比尔(Shaykh al-Kabir),1729年生于阿拉翁(Arawan),青年时期在通布图定居。1811年逝世于距通布图100公里的布伦瓦尔(Bulunwar)。这位谢赫属于昆特(Kunt)部落,该部落在当地因富有知识并且对宗教虔诚而著称,自称祖先是奥卡巴·伊本·纳菲('Uqba ibn Nafi'),先知穆罕默德的一位同伴,同时也是伊斯兰教向北非推进过程中的一位阿拉伯将军(逝于683年)。

谢赫·卡比尔学习了所有的伊斯兰学科,包括其基本原理、各个分支和艺术,如教法学、语法、形态学、先知传统、古兰经训诂学、天文学、哲学、内部科学、外部科学[②],等等。他对所有这些都很熟

[①] 由伊布拉欣姆·穆斯(Ebrahiem Moos)和穆罕默德·沙伊德·马泰(Mohamed Shaid Mathee)从阿拉伯文译出。

[②] 外部科学,即通俗科学;内部科学,即深奥的科学(灵性、诺斯替主义等)。

第三部分 通布图的学者

悉。艾哈迈德·鲍考伊（Ahmad al-Bakkay），他的一个孙子，用这样的诗句描述他："到必须进行斋月禁食的年龄之前（意思是他还没有达到穆斯林具有宗教职责的年龄——7—12 岁），他已开始阅读伊玛目马立克（Imam Malik）著作的摘要（Khulasa）；他的祖父教他如此，他踏上了谢赫之路。"①

在谢赫·赛义德·阿里·伊本·纳吉布（al-Shaykh Sayyid Ali ibn al-Najib）的监护下，他在苏菲派的环境中长大，从那里，他走上了卡迪里耶派苏菲主义的道路。他重整了卡迪里耶派的道路，建造了许多扎维亚，并在此基础上增加了祈祷、连祷和其他虔诚仪式。他是一位虔诚而正直的老师，与该地区所有的学者都有联系，这些学者从各个地区和部落前来与他交往。他也是一位老练的政治家，言行清晰，对事情有很好的洞察力。在他的时代，部落不稳定是非常普遍的，他在争取和解与和平方面发挥了模范作用。简而言之，他是一个明智的老师、将军、法官、父亲和那些寻求庇护的人的保护者。

他一生都在劝诫、引导、改进和教育通布图及其周围的所有阶层的人民。他的一个学生，伟大的谢赫、法学家和虔诚的圣人，谢赫·穆罕默德·阿卜杜·阿拉·苏阿德（al-Shaykh Muhammad Abd Allah Su'ad），在一首赞美通布图的诗中提到了这一点：

> 当他来临时，通布图为安全与富饶所包围
> 他带来了安全
> 他将此地引向该去的方向
> 它繁荣昌盛，人们繁荣昌盛，到这里的任何人都繁荣昌盛②

谢赫·卡比尔的儿子写了一部关于谢赫生平的巨著，名为"母亲与父亲的奇迹之珍美"（*Kitab al-tara'if wa al-tala'id fi dhikr karama*

---

① 此手稿藏于玛玛·海达拉图书馆，未公开，也未编目。
② 此手稿藏于艾哈迈德·巴巴研究所，未公开，也未编目。

第十四章 谢赫·西迪·穆赫塔尔·昆蒂的作品

al-walida wa al-walid)。① 此书没有写完。完成的部分概要如下：

前言：一个"卡拉玛"（karama）的出现及其状况，以及它与"穆吉扎"（mu'jiza）的区别；其他的异事；对否认奇迹出现的人的驳斥。

第1章：两位谢赫（赛义德·穆赫塔尔及其妻子）的出生，逝世年龄，家庭世系，生平（早期生活及如何取得后来的地位）；谢赫·穆赫塔尔如何寻求知识，为此进行的旅行，其间的坚持不懈；他的学生的情况。

第2章：谢赫在富有的同时仍然保持虔诚以及苦修的习惯；他的坚持不懈、尊重他人、宽容的本性以及勇气；他的政治观点。

第3章：他的知识、美德和教诲他人的方法。

第4章：他与他人——压迫者、领导者、普通人、学生、邻居、亲属、朋友等的交往。

第5章：谢赫公认光辉永存的神奇行为，即他所做出的不平常的事，也就是他成为圣人后创造的奇迹。

第6章：无论是贝都因人还是城市居民，对于谢赫的崇高地位、领导、对《古兰经》和先知传统的了解、对苏菲主义和内部科学的影响，全国上下都达成了共识；人们寻求他的认可，到他那里去寻求知识。

第7章：他的遗赠和书信，这些与他的其他深奥的著作和伟大的诗歌同等重要；他的逝世以及逝世之前的情况。

终章：母亲（赛义德·穆赫塔尔·昆蒂的妻子）的奇迹，她的生平、道德价值观、对安拉的爱，她的贞操、毅力和礼貌、慷慨，对所有生物的同情、谦逊，对穷人和弱者的照顾，她对安拉的担忧、为安拉的哭泣，高贵品质和崇高的理想。

---

① 此手稿藏于艾哈迈德·巴巴研究所，未公开，也未编目。

◈ 第三部分　通布图的学者

谢赫·卡比尔的作品

谢赫以其丰硕的著作和优美的文风而闻名。他非常关心本地社区的状况，这在他的作品中非常明显。这些作品清楚地表述了他在社区中的角色、活动和各种责任。他的著作描述了他的构思和建议，以及他对问题的成功分析和处理。他留下了100多篇涉及历史、神秘主义、伊斯兰法、对安拉是唯一的神的信仰、古兰经、圣训、圣战、政治、医学、科学、地理、诗歌、天文学等学科的重要文章。下面简要讨论一下他的一些最重要的作品。

艾哈迈德·巴巴研究所和玛玛·海达拉图书馆所藏作品

《给予者对寻求者之引导》（Fath al-wahhab 'ala hidaya al-tullab）

这是一部关于马利基法学的四卷本著作手稿，[①] 每卷都超过700页。在这部手稿中，谢赫·卡比尔阐述了许多法律和学术问题。自1980年来，笔者一直研究这些手稿。

第一卷手稿是穆罕穆德·穆斯塔法·伊本·奥马尔·伊本·赛义德·穆罕默德·阿希亚（Muhammad al-Mustafa ibn 'Umar ibn Sayyid Muhammad Ashiyya）从原稿抄写而来，完成于1853年11月13日。

第二卷是同一抄写者为伊斯梅尔·伊本·阿卜德·阿拉（Isma'il ibn 'AbdAllah）从原稿抄写而来，完成于1853年。

第三卷是巴巴·伊本·阿卜德·拉赫曼·伊本·辛布·哈塔尼（Baba ibn 'Abdal-Rahman ibn Sinb al-Hartani）为伊斯梅尔·伊本·阿卜德·阿拉抄写的。

第四卷是穆罕默德·穆斯塔法·伊本·阿马尔（Muhammad al-

[①] 此手稿藏于艾哈迈德·巴巴研究所，未公开，也未编目。

Mustafa ibn A'mar）奉谢赫·伊本·马乌雷·伊斯梅尔·伊本·马乌雷·阿卜德·阿拉（al-Shaykh ibn Mawlay Isma'il ibn Mawlay 'Abd Allah）之命在1854年抄写的。这一卷穆罕默德·穆斯塔法于1855年完成。

《逊拿信条之解释》（正统逊尼派伊斯兰教之信徒）（*Al-minna fi i'tiqad ahl al-sunna*）

这部手稿有519页，① 1859年由原稿抄写而来，使用的是一种清晰漂亮的萨拉威字体。这一手稿包括伊斯兰教的信条，还涉及许多学术问题。作者被要求：

> 编制一本尽可能简要而全面的书，使所有人都可以从中受益，不管是自由人还是奴隶、妇女或儿童。它非常简单，对安拉的统一性解释简洁，这使人们了解真主。它坚持对真主的使者和圣徒的追随，没有狂热和过失这两项宗教中的缺陷。我说过，许多无知的人开始对安拉的统一性进行讨论，他们将穆罕穆德的乌玛（伊斯兰社会）中的普通穆斯林视为不信者。②

谢赫·卡比尔解释"tawhid"（认主独一）一词的起源与意义——它是珍贵的知识，必须在实践中去认识，而不是从书本中学习——以及古兰经第112章中的内容。他详细解释了这些内容，引用了《古兰经》、先知传统、故事和其他文本作为论据。他还阐释了为何他喜欢古兰经的某些部分胜于其他部分，其他内容还有《古兰经》第2章第255小节的解释、③ 代祷（*shafa'a*）的多种类型、先知穆罕默德是所有先知中最伟大的一位、以及天文学的概述。

---

① 艾哈迈德·巴巴研究所第415号手稿以及玛玛·海达拉图书馆第515号手稿。
② *Al-Minna fi i'tiqad ahl al-sunna*，艾哈迈德·巴巴研究所第415号手稿以及玛玛·海达拉图书馆第515号手稿。
③ 《古兰经》第2章第255节，这是穆斯林经常诵读的著名经文。

第三部分 通布图的学者

　　手稿还讨论了以下题目：信念和信众的类型，信念的培育，向安拉请求宽恕（*istighfar*）的好处；先知们的绝对正确；重大罪过以及它们与小罪过的区别；宿命论；不信任除了伊斯兰国家以外的其他国家；对火的崇拜站不住脚；对山川、鸟儿的赞美，和对最后一刻，如尔撒（'Isa，即耶稣）的降临及旦扎里（*dajjal*，即反救世主）来临的迹象的赞美；《古兰经》开首部分的文字；不同类型的证据和警示信息；对安拉的宝座的描绘；先知与奈季兰①使者关于安拉的唯一性的辩论；圣人，圣人的标志，圣人的奇迹，以及瓦利（*awliya*）的类型；阿布·贝克尔（Abu Bakr）的生平，以及他的追随者，比如奥马尔；通往天堂的钥匙，以及天堂的宝物；里德万（*al-ridwan*）信士们的情况；②阿伊莎（'Aisha）的天真纯洁，及阿伊莎与赫蒂彻（Khadija）的美德；追求知识者，及对知识的追求中蕴含的美德；先知家族的美德；哈桑·伊本·贾法尔（al-Hasan ibn Ja'far）提出的重要警示；光荣的人们，如阿布·马迪安（Abu Madyan），所具有的美德；隐居于山野中和洞穴中的隐士圣人如何崇拜安拉；妨碍对杜阿（祈求）作出反应的事物；知道安拉的人的美德；马吉利（al-Maghili）到达麦地那的拉瓦达（*rawda*，神圣地区）时所写的诗；对马吉利以及阿斯基亚帝国之灭亡的讨论；萨义德·奥马尔·谢赫（Sayyid 'Umar al-Shaykh）在阿福苏斯（Aff Sus）土地上的葬礼；一个基督徒的故事；阿卜德·拉赫曼·巴拉比什（Abd al-Rahman al-Barabish）的孩子和他家族的简史；提到了沙伊德·艾哈迈德·费拉姆（al-shayid Ahmad al-Fayram）、赛义德·穆罕默德·卢卡德（al-Sayyid Muhammad al-Ruqad）和赛义德·艾哈迈德·伊本·卢卡迪（al-Sayyid Ahmad ibn al-Ruqadi）；苏丹地区帝国直到加纳王国时期的

---

　　① 奈季兰曾是阿拉伯半岛南部也门的一个城市。其人民称为"Bani Najran"（奈季兰的孩子）。奈季兰人是基督徒，先知穆罕默德曾与他们展开关于基督的本质及安拉的开放性的辩论。

　　② "里德万"意为满意；安拉因信众向先知宣誓效忠而感到满意。（《古兰经》第48章，第18节）。

历史概况；一本被称为《巴巴库》（*Babaku*）的穆罕默德·伊本·穆罕默德（Muhammad ibn Muhammad）的传记；有关谢赫·赛义德·穆赫塔尔（al-Shaykh Sayyid al-Mukhtar）及其旅行和对瓦拉塔（Walata）的访问的资料；知识的果实；雕像；四个清真寺；安拉使用的寓言；对天使的各种赞美；对无生命物体的赞美；祷告后对安拉的怀念；记忆和无数次祈祷的记录；撒旦（魔鬼）的名字以及他们如何误导人们；正义的实行；反复发生的非凡事件中蕴含的智慧；安拉的话："安拉不曾在任何人的身体中造化两颗心"；相信先知的夜间旅程的必要性；寻求宽恕的美德；某些 adhkar 的美德，以及用于早晨和晚上念诵的 adhkar；有益的知识和随之而来之物的美德；信仰的现实和滋养；不同类型的谦卑；信众的信仰的正确性。

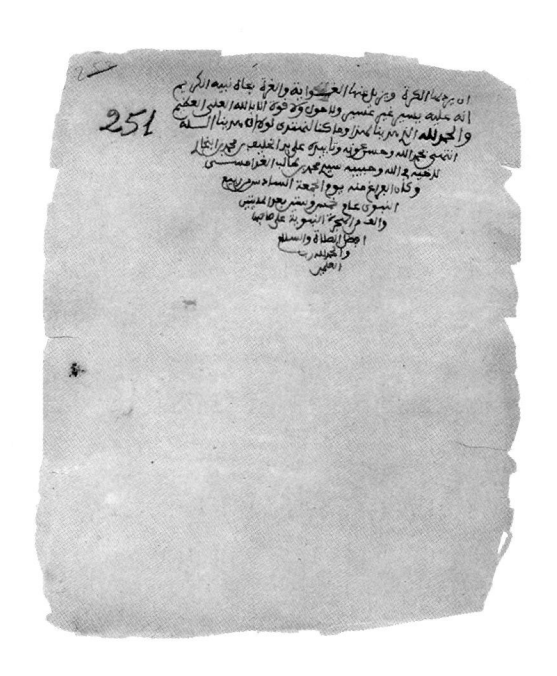

赛义德·穆赫塔尔·昆蒂著 *al-Minna fi i'tiqad ahl al-sunna* 的最后一页。

◈ 第三部分　通布图的学者

《净化之药及充足之香》（*Al-Jar'a al-Safiya wa al-nafha al-kafiya*）

这一手稿共六章，①1793年6月编纂完成。谢赫·卡比尔给手稿取了这个标题，因为据他所说，它是基于古兰经、先知传统和先知及圣人的故事。这部手稿的缩编版标题为《净化之药的治愈力量》（*al-Rashfa al-shafiya min al-jar'a al-safiya*）。②

在引言中，谢赫·卡比尔提到了他用作参考的所有书籍，例如《圣训》的六个主要来源，《鼓励和劝阻》（*al-Targhib wa al-tarhib*），《白天和黑夜的仪式》（*Amal al-yawm wa al-layla*），纳瓦维（al-Nawawi）的《寻求者的花园》（*al-Rawda*），《指引》（*al-Irshad*），《雄辩的教学》（*al-Rawd al-aniq*），萨马尔坎蒂（al-Samarkandi）的书，奎蒂（al-Quti）的书《核心》（*al-Lubab*），《旅行者的道路》（*Sunan al-salikin*），《爱人的渴望》（*al-Ashwaq fi masarih al-ushaq*）和伊本·哈提卜（Ibn al-Khatib）的书（未提及标题）。

在这部作品中，他提到许多主题，包括：khalwa，先知的特别之处，对知识的寻求，治疗心脏疾病的方法，调解和仲裁，众所周知的awliya，对一些伊斯兰教派的主张的驳斥，推荐与安拉一同隐居，内在自我的区分，学科的类型，语言学的意义，邪恶的学者和旦扎里，迪克尔的现实和爱的关系，安拉并没有占据特定的方向，③争论应该被责备，一般伦理，与人的互动，对烟草的使用，腐败，传播恶作剧，杀害，善待家庭和妇女，以及惩罚那些侮辱妇女的人。

《消除关于灵魂与内在自我之间差异的混乱》（*Kashf al-lubs fi ma bayn al-ruh wa al-nafs*）

这部未完成的手稿有12章。④在手稿中，谢赫指出，"自我"

---

① 艾哈迈德·巴巴研究所第500号手稿。
② 艾哈迈德·巴巴研究所第1657号手稿及玛玛·海达拉图书馆第137号手稿。
③ 安拉不在具体的空间或地点，因此关于神是否在某一特定空间或地点的辩论不适用于安拉，因为这是被创造物的特质，而不是造物者的特质。
④ 艾哈迈德·巴巴研究所第3616号手稿。

(nafs) 试图用无知和无能来压倒知识，无论你多么努力地反击，灵魂或人类的欲望总是能够欺骗你。如果你试图去理解它，它会变得看不见，以此蔑视你。谢赫将 nafs 描绘成一个紧贴人四肢的小身体，就像水紧贴着绿色的植物一样。他还提到了 nafs 的好处，心脏的硬度，外在和内在自我的清洁，以及公开和私下的自我意识。他指出，宗教只能通过虔诚的 awliya 获得胜利；讨论鬼神和灵魂的世界，它的优点和缺点，它的细腻和沉重，以及如何在两者之间实现和谐。他解释说，犯罪对心灵来说就像毒药对身体一样，会造成各种程度的伤害。然后他用比喻和故事来解释犯罪的结果及其带来的伤害。犯罪的一些结果是阻挡了知识之光，排斥了勤勉和顺从，孤独，办事困难，内心黑暗，生命变短，福报消失，以及智力的低下和心智的污染。罪恶能毁灭此生和来世，带来安拉的愤怒和动物的诅咒。①

谢赫·卡比尔也谈到了认主独一及其分支，例如安拉的品质、名称和行动的统一。他从古兰经第112章中摘录了所有的信条，解释了信仰的地位以及安拉的伟大名字。他讨论了一个人身上何时实现信仰的现实，以及一个人的精神"本质"及人的本质究竟是具体的还是抽象的。

然后他回头讨论对知识的寻求、对带来对安拉的敬畏（taqwa，对安拉的认识）之物的寻求、阻碍敬畏过程的事物、创新的类型、心脏是每个存在的容器、以及心脏和四肢的情况和相关疾病。他还根据 ahl-al-kalam 详细讨论了分裂和宗派主义。

《关于古兰经现实的具体法律思考》（*Fiqh al-a'yan fi haqa'iq al-Qur'an*）又名**《关于预言传统和古兰经现实的核心之核心》**（*Lubb al-albab fi haqa'iq al-sunna wa al-kitab*）

在一些学生要求他澄清雨云现象之后，谢赫写了这本两册的手

---

① 安拉和动物诅咒有罪之人；所有的生物都鄙视犯罪和不听命于安拉的人。

第三部分 通布图的学者

稿。① 雨云现象造成了一些隐藏的东西。② 为回答这个问题，他做了现实而精确的说明，解释了雨云、雨、闪电、雷声和看不见之物的领地，并驳斥那些误入歧途的人的看法。③

在第一卷中包含长达 245 页的讨论，内容关于云、云的含义、云的形成、其形成的时间以及人们在云没有及时出现时的恐惧和忧虑。然后作者谈到了风暴、水以及它们的好处，jinn 和它们的存在，以及这个乌玛（umma）关于圣训的标准和其叙述的特别之处。他还讨论了人和动物之间的相似性，内水和外水之间的差异，不同类型的土，灵感的类型，以及言语的类型（本质的、显性的和隐性的）。

他讨论了星星和律法书对星星的描述；12 塔及其分成 28 台，每个塔有 $2\frac{1}{3}$ 个台；以 360 度划分这些塔，每个塔有 30 度，太阳每年通过一次，由此完成一圈的轨道；月亮的周期是 28 天；以及为什么它们被称为塔。④ 他还谈到了蜜蜂和花蜜的使用，以及《古兰经》的目标和其中蕴含的科学。

第二卷有 467 页。在这一卷中，作者集中讨论学者的权利、崇高地位、不同类型和水平，他们的权利是什么以及其责任和义务。然后他讨论内在自我的奋斗，寻求真理者所需要的东西，欲望的条件和障碍，恐惧和希望及二者的现实状况，什么使寻求真理者获得真正的知识、又是什么使之远离真理，自我赞扬的坏处，启蒙，击退撒旦的过程中面临的障碍和可能采取的策略，品味及其意义，爱和亲密关系之间的区别，旅行的好处，先知的医学，美德和兴趣的原则，对配偶的公平，忽视 al-Ikhlas 的两种含义的智慧，以及写作灵感的来源。

---

① 艾哈迈德·巴巴研究所第 2854 号手稿。
② 云的功能和运行规律不为人类掌握；这是安拉的秘密。
③ 有些人否认或怀疑安拉带来云和雨，尤其是因为通布图是一个半沙漠/沙漠地带。
④ 这是伊斯兰天文学/占星学中一个复杂的概念。

第十四章 谢赫·西迪·穆赫塔尔·昆蒂的作品

《消除贪婪和腐败的装饰服装》（*Al-Burad al-muwasha fi qat' al-matami wa al-rusha*）

这个手稿由两卷组成。[1] 在第一卷的序言中，谢赫指出了写这本书的原因。然后，他开始讨论两个出现在法官面前的诉讼当事人；第二个当事人没有证据。法官几乎是"闭着眼睛"做出了裁决，罔顾事实。谢赫接着描述了贿赂的类型，付钱贿赂的人、接受贿赂的人以及贿赂对社会的危害；当法官不公正时，司法和社会应承担怎样的责任；保持信任及保持信任需要的条件；无知；禁止抢劫；赠送礼物给见证人。以及与出庭有关的四个条件：诉讼双方当事人平等；意愿平等；制止当前和未来可能发生的贪婪；做出坚定的决定。有些叙述提到了第五个条件（内容未知）。

他还讨论了清真的原则；禁止非法消费人民财富；教法学的现实；对已完成的工作收取费用；正义及其条件；创新；直觉的类型；部落首领在社区中所扮演的角色；嘲弄一些宗教命令，如高利贷；[2] 加入压迫者行列；收受贿赂；狂热和欺骗；破坏或者违反信任；某些灾难的后果，尤其是可能毁灭村庄的狂热主义灾难。在此处，他解释说，安拉安排一切，除了四件事：迪克尔、满足信任、正义和履行协议。他对此进行了广泛的讨论，甚至触及一些值得怀疑的领域，比如烟草的使用。然后他讨论了与可憎事物的牵连；重视责任；照顾下属；公正的统治者，以及当统治者不公正时可以预料到的灾难；举办艺匠工作坊，以保护青少年；对一切创造物怀有同情；惩罚和殴打。

在第二卷中，他向统治者、领袖、政府官员和法官提出的建议；官员的选举；提供好的、真诚的建议和咨询；拥有虔诚和诚实的好员工。然后他讨论了伪证罪以及一些生意，包括裁缝、农业、骑术、挖井、文字抄写、金属加工、编织、屠宰和制革。接着讨论了财富的获

---

[1] 第一、二卷均藏于艾哈迈德·巴巴研究所，第一卷编号 10215，第二卷编号 10216。
[2] 这里指的是那些接受借钱收利息的人。在伊斯兰教中，利息是令人厌恶的，因此被完全禁止。

◈ 第三部分 通布图的学者

得及其重要性；寻求知识的人需要做什么；辩论中的越界行为；鼓励旅行以寻求知识；聆听圣训，与学者为伍，尊重他们的美德；知识的美德和对安拉的思念；宗教中的虔诚；在宗教上弄虚作假，起假誓；高利贷和合同；心智收到污染的原因；导致失败的原因；良好的品格、慈善及接纳；拯救想毁坏东西的人；提供担保的后果；打女人的意思是用手帕而不是棍子；婚姻权利；清真；建立在污秽和腐败上的被禁止之事（haram）。

《揭开与〈古兰经〉第一章秘密有关的面具》（Kashf al-niqab al-asrar fatiha al-kitab）

这部手稿①讨论了《法谛海哈》（《古兰经》第一章）的内容、标题、学科、科学，等等。谢赫解释说，《法谛海哈》包括各种主题，如认主独一、安拉的伟大名字和品质、字母的秘密，②《古兰经》中的名字和形状的特点、历史知识和法律裁决。然后他详细地讨论了《法蒂海哈》及其正确的表达：真理及其迹象；对抗撒旦及其助手；最好的慈善是如水般的慈善；讨论高利贷；无知是最大的罪恶；亲属权利；敬拜的意义；应称赞和应指责的创新；成功的意义；祈祷中的谦卑；四肢的谦卑；以及《法蒂海哈》中关于安拉名字的一章。

《被爱之人帮助解释短长诗》（Fath al-wadud fi sharh al-maqsur wa al-mamdud）

本手稿③是对诗学论著《短长诗》（al-Maqsur wa al-mamdud）的评注。《短长诗》的作者伊玛目穆罕默德·伊本·马立克（Imam Muhammad ibn Malik）曾作著名的《千行诗》（the al-Alfiyya）——该诗有一千个诗句，采用短长格的诗韵，解释阿拉伯语的词法和句法。《被爱之人帮助解释短长诗》由157段组成，没有引言。这是一首独

---

① 艾哈迈德·巴巴研究所 10222-1418-1699-2479 号手稿，玛玛·海达拉图书馆第 4550 号手稿。
② 指的是字母表中的字母；它们都蕴含特殊的灵性特征和秘密。
③ 艾哈迈德·巴巴研究所 2035 号手稿，玛玛·海达拉图书馆第 562 号手稿。

特而深刻的诗,每一节由四个词组成,两个短元音,两个长元音。所有的单词发音相似,但意思不同。它的文笔优美,结构严谨,蕴含着深刻的苏菲派思想——只有深深扎根于阿拉伯语及其文学风格的人才能与这首诗互动。

谢赫赛义德·穆赫塔尔在他给《短长诗》的这部评注的引言中写道:

> 赞美安拉,他协助完成我们的目标。这本评注增加了《短长诗》的美丽和辉煌,因为我超过了它的规制,我的海洋覆盖了他的河,我的水果压倒他的花,虽然我们处在不同的时代。他的作品先于我,但我有后来的优势(借鉴了许多其他学者的成果)……我将解释性的诗段添加到他的书中,美化了那陌生的语言,加入伟大的劝诫、奇怪的问题、名人的故事、关于文献和诗人的笔记、先知和圣徒的故事、诸如远离压迫和仇恨以及它们造成的灾害之类的话题、鼓励和劝阻、奇怪的法律问题、理性的理论……所以它变得比蜂蜜还甜……

这部手稿在1786年完成,大约有200页。马蒙·穆罕默德·艾哈迈德(Mamun Muhammad Ahmad)博士在沙特阿拉伯首次印刷。[1]

《有益的知识》(Al-'Ilm al-nafi')

这部手稿[2]讲述的是心灵的状态;对迪克尔的虔诚,迪克尔的好处和类型;履行协议;劝告的益处;意图;感激之情;肢体的动作;[3]不良品格的后果;关于先知"宗教是忠告"一语的讨论;以及圣人的崇高地位。

---

[1] 这本书的出版信息未知。
[2] 艾哈迈德·巴巴研究所第10219号手稿。
[3] 指所有运用肢体的动作,例如祈祷时或击打某人时手的动作,说善意的话或诽谤的话时舌头的动作。

第三部分 通布图的学者

《关于不可不尊重安拉最亲密朋友的地位的启示》（*Jadhwah al-anwar fi al-dhabb al-manasib awliya Allah al-akhyar*）

这部手稿①是对拒绝承认圣徒奇迹的穆赫塔尔·伊本·巴恩·萨希伯·艾米拉尔（al-Mukhtar ibn Bawn Sahib al-Ihmirar）的反驳（在写这部手稿之前，谢赫还在其他几首诗中反驳过伊本·巴恩②）。这部手稿批判地审视了一位安拉的朋友（圣人）的实际情况，包括他是谁，他是如何成为圣人的，这位圣人的奇迹，以及这些不寻常的事件和 istidraj（罪人做出的不寻常之事）之间的区别。手稿中包含了许多先知和同伴的奇迹的例子，谢赫用《古兰经》中的证据、先知的陈述和令人信服的苏菲派的表达对这些做出了深入的解释。值得一提的是，他说服了伊本·巴恩，他们两个甚至在信件中以兄弟相称，还交换了充满爱的诗歌。巴恩对自己的看法表示后悔，收回了此前对圣徒异能的事迹的否认。

《叙述者的行走和魅力者的欲望》（*Nuzhah al-rawi wa bughyah al-hawi*）

这是一本非常有价值的手稿，③内容关于认主独一论和先知的历史。它涉及以下主题：安拉的独一性，并且既不夸张也不疏忽地理解这一点；时间的开始；天文学；先知的诞生；启示和夜行登霄的开始（*al-isra'*）；先知有异于其他预言者的特殊之处，关于从他成为先知直到时间的结束这段时间中看不见的世界的情况；④先知与其他预言者共有的奇迹；先知将此前宗教的所有方面和立场汇集起来，这是他的

---

① 玛玛·海达拉图书馆第 3111 号手稿。
② 这些诗歌中的一首收藏于艾哈迈德·巴巴研究所，编号为 2046。另一篇关于圣人奇迹的重要文章编号为 2284。
③ 玛玛·海达拉图书馆第 3076 号手稿。
④ 安拉赐予先知穆罕默德某些其他先知未得到的特殊礼物，比如夜行登霄，到达安拉的天园。

独特之处；① 有关僧侣、神职人员、算命先生、邪恶的精灵和喜讯的信息；关于先知及其降生与时间尽头有多么接近的信息；关于清真，被禁止之事和 shubha 的解释；天堂和地狱；神圣的智慧和预言的表达；植物、矿物质和宝石制成的治心脏和身体疾病的药物；先知的特点和他的乌玛；叶尔孤布（Ya'qub）除了优素福之外的儿子们的非先知地位；先知的敬拜行为；圣所的起源，其圣洁、地位和其居民的一些痕迹；麦地那和同伴的美德；道德、建议和神秘主义。

值得一提的是，在这部手稿中，谢赫·赛义德·穆赫塔尔·昆蒂将一整个图书馆的内容概括在一本书里。

《治愈的整体建议》（Al-Nasiha al-shafiya al-kafiya）

本手稿②为努赫·伊本·塔希尔（Nuh ibn al-Tahir）和他的兄弟手写，讨论了以下主题：劝诫、指导、清洁、美化和同情自己、真诚、完整的契约、在灾难中有耐心和正直的人、履行协议、伊斯兰教兄弟会、赏金的类型、奢侈、热心、适度、指引愚蠢的人、与邻为善、祈祷的现实情况与礼仪、男女自由交往的危险、吝啬、不公正的统治者、学者的罪、对知识的寻求、纪念安拉的重要性、解释安拉如何在一节经文中提到每日五次祈祷（Qur'an 30：17－18：故你们在晚夕和早晨，应当赞颂安拉超绝万物……）、安拉最伟大的名字。

《有利于（安拉的）仆人的指引》（Al-Irshad fi masalih al-'ibad）

这部两卷本的手稿③劝诫与提醒宗教狂热者事实的真相，驳斥那些标榜穆斯林为异教徒的人。它还包括关于不同宗教派别的资料，并暗指这些教派之间的诸多争论。

---

① 伊斯兰教是终极的宗教；其他宗教皆归于伊斯兰教之下。
② 艾哈迈德·巴巴研究所第 1538 号手稿。
③ 两卷都保存在艾哈迈德·巴巴研究所，第一卷手稿编号为 1834，第二卷为 1835。

◆ 第三部分　通布图的学者

《学者和扎维亚现实的指引之星》（*Al-Kawkab al-waqqad fi dhikr al-mashayikh wa haqa'iq al-awrad*）

该手稿①解释了连祷文（wird）的含义及其语言学和技术来源，讨论了启示和灵感，并提出证据表明，这些扎维亚取自《古兰经》和先知的陈述。其他主题包括：祈祷及其礼仪，圣人所行的奇事，尊敬学者，成为学者的条件，光明、恐惧和希望的现实，此内容取自他的书《努达尔·阿尔－达哈布》（Nudar al-dhahab）；夜间拜（tahajjud）的起源；圣徒的标志；对"撒旦那"（shaytana，获得撒旦的特质）一词的解释；精灵撒旦与人类撒旦的区别；敬拜者的知识与被敬拜者的知识之间的差异；关于纪念安拉的问题：纪念安拉的时间；简略程序；错过纪念必须做些什么来补救；如果时间太短不够完成整个程序怎么办；否定的人和被否定的事物之间的区别；安拉在知识和行动上赐予完满的人与没有知识而行事的人之间的差别；②对自我的忽略；al-huyuli（希腊哲学术语，意为物质）的意义；先知的传统及其解释；以及在某些场合的先知祈祷。在手稿的末篇，他讲述了先知和虔诚的学者的事迹。

《伟大的附录及理想的不存在》（*Al-Tadhyil al-jalil al-'adim al-mathil*）

这部手稿③描述一位引导人们的谢赫（称为 al-murabbi，意为引领寻求真理者至心灵之路的大师）。这部书与《学者和扎维亚现实的指引之星》很相似，实际上，它被发现时是附在那部手稿后面。

《拉巴特之回应》（*Ajwiba Labat*）

这份手稿④有一份副本现藏于艾哈迈德·巴巴研究所；另一份由

---

① 艾哈迈德·巴巴研究所第 1608 号手稿。
② 人可能有知识而没有行动，相反，也可能在无知识的情况下行动。
③ 艾哈迈德·巴巴研究所第 1805 号手稿。
④ 艾哈迈德·巴巴研究所第 1258 号手稿。

第十四章　谢赫·西迪·穆赫塔尔·昆蒂的作品

阿姆卡瓦（Amkawal）的赛义德·巴德·伊本·穆罕默德·昆蒂（al-Sayyid Bad ibn Muhammad al-Kunti）收藏。该手稿也被称为《拉巴特之回答》（al-Ajwiba al-Labatiyya）。它包含了谢赫卡比尔的学生，谢赫·拉巴特（Shaykh Labat）提出的一些问题的答案，并提供了如下信息：适用于特定疾病的各种药物和药物的信息；婚姻的美德；夫妻礼仪；邪恶的人；宿命；纪念及其礼仪；对一些心灵思想的统治（即他人如何通过一个人的秘密思想来评价他）；追随者的礼仪（murid）；知识的美德；对安拉的信任和坚持不懈。

《对广受爱戴的先知的赞美之香》（Nafh al-tib fi al-salah 'ala al-nabi al-habib）

这份手稿①包含了许多对先知致敬的仪式。谢赫卡比尔的儿子写了一篇关于这份手稿的评论，并将其命名为"对真理香气之阐释的肥沃花园"（al-Rawd al-khasib fi sharh nafh al-tib）。该评论于几年前（确切日期未知）由博博加拉索（Bobojolaso）学校校长巴马维·伊本·阿尔发·马维·金纳维（Bamawi ibn Alfa Mawi al-Jinnawi）发表。

《品尝信仰之甜美的满意之梯》（Sullam al-ridwan bi dhawq halawa al-iman）

本手稿②回答了有关教师道德和教与学的伦理的问题。它还讨论了这些话题：《古兰经》中的话；老师教学生关于清洁、祷告、名字（如月份名称）的内容；诵读《古兰经》前用干式沐浴法清洁的流行做法；③ 以及关于追随学者行动的决定。谢赫解释说，只有在为了学习《古兰经》的前提下，一个有法律责任的成年人才可以放弃对个人义务的学习。④ 然后他讨论了先知所说的话："只有在清真寺里才有为清真寺的邻居所做的祷告。"

---

① 艾哈迈德·巴巴研究所第 1607 和 1614 号手稿。
② 艾哈迈德·巴巴研究所第 713 号手稿。
③ 在没有水的情况下，用土来沐浴。
④ 每个人都需要了解和做的个人的事。

第三部分 通布图的学者

《劝告、指引与仲裁之诗》（*Qasida fi al-nasiha wa al-irshad wa al-tawassul*）

这部手稿①由大约304节诗组成。在手稿中，谢赫提到一些先知、圣人和虔诚者的名字和他们的影响。他视他们为安拉的中间人。这首诗是这样开头的：

> 他从秘密之处向来访者走来，对我们友善，轻松地克服困难，

这首诗的结尾是：

> 所以向安拉请求帮助我们实现神的意识，为了这群你赋予自由人或奴隶的责任的人，为了安拉的礼赞和他的和平，在被选中的，所有人中选出的人身上。

《给重视宗教问题者的重要回答》（*Al-Ajwiba al-muhimma liman lahu bi 'amr al-din himma*）

这部手稿②与其他法律作品不同，因为它没有像通常的做法那样，按照伊斯兰法的章节进行编排。它涵盖了大约45种问题，涉及教育、获取财富、婚姻、教学、男人对家庭的礼仪、兄弟会的现实情况、禁欲苦行、施舍、司法、领导、商法、高级贸易、隐居、祈求决定、③井水的纯度，和其他重要的问题。

---

① 艾哈迈德·巴巴研究所第338号手稿。
② *Al-Ajwiba al-muhimma liman lahu bi 'amr al-din himma*，玛玛·海达拉图书馆第1093号手稿。
③ 在人们做出人生重大决定前，祈求安拉指引的一种祈祷。

艾哈迈德·巴巴研究所藏其他文献

研究者可能会对以下手稿感兴趣：①

al-Mir'ahal-maymuna（《被祝福的镜子》）

Matiyya al-khalas fi kalima al-ikhlas fi sha'n al-mu'allim wa al-muta'alli（《师生关系中以真诚话语交流的工具》）

Manzuma li asma Allah al-husna（《关于安拉的美丽名字的教诲诗》）这首诗是一首"拉米亚"（*lamiyya*），即每句都以字母 lam 结尾。

Maqala fi al-awliya wa karamatihim（《关于圣人及其奇迹的文章》）

Manzuma fi al-dhat al-ilahiyya（《关于神圣本质的教诲诗》）许多学者曾经为这首诗写过评注。

Fatwa fi al-amwal al-ma'khudha min al-lusus wa al-muharibin（《关于从小偷和参战者身上取来的钱财的法特瓦》）

Manzuma fi madh al-Suqiyyin（《苏齐因［部落］赞美诗》）

Manzuma fi madh 'ashiratihi wa al-difa' anha（《赞美与保卫部落之诗》）

Fatwa fi sha'n al-damm al-mustaqirr fi al-jawf ba'd al-dhabh（《关于宰牲后动物体内之血的法特瓦》）

Manzuma fi al-istisqa'（《关于求雨之教诲诗》）

---

① *Al-Mira al-maymuna*，手稿编号 1814；*Matiyya al-khalas fi kalima al-ikhlas fi sha'n al-mu'allim wa al-muta'allim*，手稿编号 1821；*Manzuma li asma Allah al-husna*，手稿编号 1254；*Maqala fi al-awliya wa karamatihim*，手稿编号 2284；*Manzuma fi al-dhat al-ilahiyya*，手稿编号 2983；*Fatwa fi al-amwal al-ma'khudha min al-lusus wa al-muharibin*，手稿编号 2716；*Manzuma fi madh al-Suqiyyin*，手稿编号 2649；*Manzuma fi madh 'ashiratihi wa al-difa' anha*，手稿编号 1752；*Fatwa fi sha'n al-damm al-mustaqirr fi al-jawf ba'd al-dhabh*，手稿编号 1766；*Manzuma fi al-istisqa'*，手稿编号 2372；*al-Muthallath al-Kunti*，手稿编号 9590；*al-Manzuma al-musamma bi al-siham al-musaddada*，手稿编号 2349；*Qasida sard al-masaha*，手稿编号 2701；*Qasida li al-shaykh Sayyid al-Mukhtar al-Kunti fi al-wa'z wa al-irshad wa tarbiya al-awlad wa huquq al-azwaj*，手稿编号 4888；*al-Jadwal al-Kunti fi al-fa'l bistikhraj al-ayat al-qur'aniyya*，未编号，作者自持版本；*al-Ism al-a'zam*，手稿编号 413。

◈ 第三部分 通布图的学者

al-Muthallath al-Kunti（《昆蒂的三角形》）这本书的辑录者谢赫·赛义德·穆罕默德·昆蒂评论了这个特别的三角形——伊斯兰数字命理学/占星术中使用的一个深奥的三角形。

al-Manzuma al-musamma bi al-siham al-musaddada（《名为精确之箭的教诲诗》）这首诗作为抗敌的祈祷词非常有用。

Qasida sard al-masaha（此标题无法翻译）有人说这首诗的作者是谢赫·赛义德·穆罕默德。

Qasida li al-shaykh Sayyid al-Mukhtar al-Kunti fi al-wa'z wa al-irshad wa tarbiya al-awlad wa huquq al-azwaj（赛义德·穆赫塔尔·昆蒂的一首诗，关于劝告、指引、育儿和配偶权利）这首诗的开头如下："当你醒来，你的心灵彷徨？岁岁年年后，你会成长。"

al-Jadwal al-Kunti fi al-fa'l bi istikhraj al-ayat al-qur'aniyya（《昆蒂从〈古兰经〉诗句中提取的幸运表》）。这是一张由12列和12行组成的表，表中包括《古兰经》中的六节经文，在 *istikhara* 中使用。另一个由12列和12行组成的表也由可以指引人的《古兰经》经文或信息组成。①

al-Ism al-a'zam（《安拉的伟大名字》）谢赫将这个手稿读给他的儿子谢赫·赛义德·穆罕默德·伊本·谢赫·赛义德·穆赫塔尔·昆蒂，并以此教育他。这部手稿讲述真主最神圣的名字——也就是安拉——的神圣地位。

Fadl al-kilab 'ala akthar mimman yalbas al-thiyab（《比起大多数穿衣服者即人类，狗更胜一筹》）笔者未曾见过这部手稿，但是在不同的口头报告中提到过它的标题。根据这些报告，这部手稿包括关于狗的讨论，认为狗是非常温顺和友好的动物，它们在不同的行动中表现出这些特质，意图获得友谊和爱。狗也因忠诚和保护本能而著称。它们的吠叫给人类带来消遣，同时人类又怕它们。

---

① 通过阅读描述快乐及天堂的经文以及描述安拉的惩罚和地狱的经文，人们可以获得是该做某事（比如从事某工作）还是停止某事的命令或者建议。

穆罕默德·乌尔德·哈姆
（Muhammad Ould Ham）
所藏的信

Risalah min al-shaykh Sayyid al-Mukhtar ila tilmidhihi Nuh ibn Tahir al-fullani（《谢赫赛义德·穆赫塔尔写给富拉尼学生努赫·伊本·塔希尔的信》）现由安曼的穆罕默德·乌尔德·哈姆收藏。它包括谢赫和艾哈迈德·伊本·穆罕默德·卢布（Ahmad ibn Muhammad Lubbu）之间的劝诫与协调之词。

巴德·伊本·穆罕默德·昆蒂
（Bad ibn Muhammad al-Kunti）的藏书

以下手稿由阿姆卡瓦尔（Amkawal）的南布拉姆（Bram）地区的巴德·伊本·穆罕默德·昆蒂家族收藏：

Zawal al-ilbas fi tard al-waswas al-khannas（《通过驱赶魔鬼的耳语驱散混乱》）

al-Qasida al-jami'a bayn al-shari'a wa al-haqiqa（《关于法律与现实［之并置］的包罗万象的诗》）

Risala min al-shaykh Sayyid al-Mukhtar fi ikhmad al-fitan bayn al-qaba'il（《谢赫·赛义德·穆赫塔尔平息部落间内讧的论述》）

布巴克尔·乌尔德·哈马德（Bubakr ould Hamma）所藏手稿

巴兰（Baran）北部阿克马胡尔（Akmahur）地区的布巴克尔·乌尔德·哈马德藏有下列手稿：

Wasiyyah li al-shaykh Sayyid al-Mukhtar fi ahwal taqallub al-zaman（《谢赫·赛义德·穆赫塔尔关于时代变迁［不利］条件的劝勉》）

Khitaf al-ghawwas fi lujaj al-makr li al-khawwas wa 'irfas 'iras al-dukhrus al-'usnus al-akhyas al-ruqas wa hays bays 'ala maslub al-naja wa mukharmis al-kharnus 'an thalb awliya Allah dhi al-makri wa al-adha（这一作品是一篇为圣徒辩护的论文，驳斥那些试图伤害或不尊重他们的人。）解释：*al-'iras*——不稳定的差异；*al-dukhrus*——进来的人；*al-'usnus*——弱者；*al-akhyas*——一只角受损的山羊；*hays bays*——据说有人试图缩小前路或机会；*al-mukharmis*——不理会的人；*al-kharnus*——小猪仔。布巴克尔·乌尔德·哈马德只持有这部手稿的第一页。据说这部手稿属于谢赫赛义德·穆赫塔尔·昆蒂，并且它是用西班牙语写成的。

结论

总之，这位伟大的学者和智者的作品非常重要，尤其是因为它们所涉及的主题种类繁多。然而，许多这些有价值的作品被忽视，存于易受破坏的环境中。在某些情况下，不同的人在不同的地方持有同一手稿的不同部分。

要成功保存和保护这些手稿，必须注意做好有关的文化、教育和管理工作。文化中心和手稿图书馆需要配备必要的资源，这些中心的工作人员应接受持续培训。保存这些手稿将有利于整个世界。

第十五章　通布图的文人：谢赫·西迪·穆罕默德·昆蒂

阿卜杜勒·维都德·乌尔德·切赫[①]
(Abdel Wedoud Ould Cheikh)

正如第十三、第十四章所展示的那样，昆塔地区说阿拉伯语的部落（qabila）至少从16世纪开始就已经出现在撒哈拉西部和中部的大片区域——从摩洛哥的瓦迪达拉（Wadi Dar'a）地区到毛里塔尼亚的塔甘尼特（Taganit），从阿尔及利亚的阿勒图瓦特（Al Tuwat）到尼日尔河的上游流域。昆塔地区的阿拉伯部落在通布图及其腹地的宗教、经济和政治的历史中扮演着重要的角色。

昆塔人深度参与着跨撒哈拉的贸易［他们控制着毛里塔尼亚的伊吉勒（Idjil）盐场[②]］，他们在穿梭于陶代尼（Taoudenni），阿拉万（Arawan）和通布图（Timbuktu）之间的沙漠商旅队伍中扮演着重要的角色。[③] 受益于他们的频繁移动的生活，他们在卡迪里耶兄弟会（Qadiriyya brotherhoods）在萨赫勒——撒哈拉地区的传播中起到了至关重要的作用。他们也因此卷入了很多的区域性的"部落"和"政治"冲突之中。对于主要的族群（图阿雷格人、颇尔人、阿尔玛人、摩尔人）来说，昆塔人是他们的精神导师、牧师和调停者，出现在通布图公共档案中的各个地方，甚至在西迪·艾哈迈德·巴卡伊（Sidi

---

[①] 文章是由戴维娜·艾森伯格（Davina Eisenberg）翻译自法文版。
[②] MacDougall (1980)。
[③] Genièvre (1947)。

第三部分 通布图的学者

Ahmad al-Bakkay，卒于1866年）时代还曾经对通布图行使过类似主权管理的权力（至少在精神层面如此）。处在西迪·艾哈迈德·巴卡伊和他的祖父谢赫·西迪·穆赫塔尔（al-Shaykh Sidi al-Mukhtar，卒于1811年）时代之间的是谢赫·西迪·穆罕默德（al-Shaykh Sidi Muhammad，卒于1826年），他是巴卡伊的父亲和家族的记录者，同时也是通布图地区昆塔遗产的创始者。

谢赫·西迪·穆罕默德留下了大量的作品。这些作品大部分并未出版，尽管很多关于这一地区的宗教和政治历史研究的作品都深受其影响。[①] 据我了解，唯一对其进行过比较深入的学术研究的是1977年巴黎—索邦大学（巴黎第四大学）出版的阿卜杜拉·乌德·玛路德·乌德·达达赫（Abdallah wuld Mawlud wuld Daddah）所写的博士论文。[②]

在本章中，我首先将会对昆塔进行简单的概述，随后我将注意力更多地集中于谢赫·西迪·穆罕默德在宗教、学术和政治中所扮演的角色。毕竟，他的影响力遍布整个通布图及其附近区域，从大西洋地区到东边的乍得——尼日尼亚边境地区，从北边的瓦迪达拉和图瓦特地区到非洲萨赫勒的纵深地带。

昆塔与通布图

关于昆塔及其在西北非的存在的最早书面文献可以上溯到15世纪的中期，[③] 然而这个撒哈拉部落的传统却与遥远和久负盛名的阿拉

[①] 特别参见 Hamet（1910）；Marty（1920-21）；Batran（1971）；以及沃尔德·马乌德（Wuld Mawlud）的论文（1977）。

[②] Wuld Mawlud（1977）.

[③] 现存最早提及昆塔的文献是博尔诺（Borno）统治者1440年2月所写的一封信。这封信是写给所有穆拉比特人（murabitun），写给谢赫穆尔塔尔和西迪·奥马尔·谢赫的子孙及他们在图瓦特（Tuwat）的达尔马拉卡（Darma'aka'）（Norris 认为应当是 Dirim'ka）部落中的兄弟。此处参见 Martin（1908：122-123），可以与 Batran（1971：54）对照阅读。Batran（1971：54）中引用了 Martin（1923：33-34）处的说法，认为1551年是昆塔军队到达图瓦特的年份。他们强迫提米（Timmi）的居民缴纳100梅茨卡尔（mithqal）的贡品。Norris（1986：130）处提出了这个问题，问题是由 Martin 提供的信息引起的。这是他们在考察昆塔城自谢赫·西迪·穆赫塔尔之后的历史和世系传统时遇到的问题。

第十五章 通布图的文人：谢赫·西迪·穆罕默德·昆蒂

伯文化，尤其是与奥卡巴·伊本·纳菲·费赫里（Uqba ibn Nafi' al-Fihri）子孙有着某种渊源关系。①

谢赫·西迪·穆罕默德创作于1824年的名为"al-Risala al-ghallawiyya"的书信体诗文可以视为一张介绍昆塔人的名片，这篇诗文介绍了昆塔人的世系，以及他们穿越整个西撒哈拉的历史旅程以及他们的分化过程。我们也从其他一些渠道发现了关于这个部落的历史和世系构成的零星而广泛的细节记录。这其中包括西迪·穆罕默德的一些文本（尤其是后面我们会谈到的《罕见知识之书》以及其他一些书信），他的父亲西迪·穆赫塔的一些作品（《完满欲望之书》），以及他们的信徒的一些作品。②

简单概括一下"al-Risala al-ghallawiyya"一文的叙述，我们不必过多考虑诗文中存在的一些不确定性和矛盾之处。重要的是，这篇文章给我们提供了一些线索，关于合法性基础，关于昆塔人世系和地理分化的阐释以及最终引领众多昆塔人定居在通布图腹地的那场迁徙之旅。

根据"al-Risala al-ghallawiyya"一文，昆塔人拥有共同的祖先——奥卡巴·伊本·纳菲（Uqba ibn Nafi）——北非的穆斯林征服者和凯鲁万的创建者。同一篇文献中记载，奥卡巴征服了加纳并占据了毕鲁城。毕鲁也就是未来的瓦拉塔城，它是跨撒哈拉贸易的著名中心且一度曾经是通布图的对手城镇，昆塔人的两大祖先[西迪·艾哈迈德·巴卡伊·卡比尔（Sidi Ahmad al-Bakkay al-Kabir）和奥卡巴之子阿其布（al-'Aqib）]的埋骨之地。图瓦特是昆塔人祖先自南向西活动的一个参照城镇。"al-ghallawiyya"这篇文章多次历数昆塔人迁

---

① 后者与另一个奥卡巴（'Uqba）存在某种联系，这位名叫穆斯塔加·贾赫米（al-Mustajab al-Jahmi）的奥卡巴是一位死在开罗的"伙伴"。可以比较 Norris（1986）与 Wuld Mawlud（1977）的观点：存在源出同一个祖先奥卡巴的两个存在差异的世系发展——其中一个发展到了巴努·乌玛亚（Banu Umayya）家族，另一个发展成了费赫里特（Fihrites）家族。宣称自己是凯鲁万城建立者的后代是撒哈拉——萨赫勒地区部落常见的做法（颇尔人、摩尔人、图阿雷格人等均有这种说法）。

② Withcomb（1975）对这些不同的文献做过重要的考察。

第三部分 通布图的学者

徙路途中的那些昆塔祖先的墓地，一直到今天毛里塔尼亚西北的法斯克（Fask）地区的西迪·穆罕默德·昆蒂·卡比尔（Sidi Muhammad al-Kunti al-Kabir）之墓。似乎自西迪·穆罕默德·昆蒂·卡比尔之后，这一部落才开始被称作"昆塔"。这一名字源自他的外祖父阿拉姆·本·昆特（Alam b. Kunt）。昆特来自阿布杜基勒（Abdukkil）地区桑哈扎（Sanhaja）部落，"昆塔"的称呼便源自他的名字。

关于昆塔的故事开始从神话变成一种似乎可信的系谱或者事实的材料始于西迪·穆罕默德·昆蒂·卡比尔时代，或者说主要是从他的儿子西迪·艾哈迈德·巴卡伊（Sidi Ahmad al-Bakkay）时期开始。谢赫·西迪·穆罕默德在其书信体诗文中将巴卡伊的逝世年份记载为黑蚩拉历920年（920 Hijra）（约1514年）。西迪·艾哈迈德·巴卡伊育有三子——西迪·奥马尔·谢赫（Sidi 'Umar al-Shaykh）、西迪·穆罕默德·昆蒂·撒赫尔（Sidi Muhammad al-Kunti al-Saghir）和西迪·阿布·巴克尔·哈伊（Sidi Abu Bakr al-Haj）。他的这三个儿子被认为奠定了昆塔的整个世系结构的基础。① 同一份文献显示从18世纪开端的时候出现了领土的分化。这次分化发生在西迪·穆罕默德·昆蒂·撒赫尔的后代和西迪·奥马尔·谢赫的后代之间。西迪·穆罕默德·昆蒂·撒赫尔是分布在西部毛里塔尼亚的塔甘尼特（Taganit）、阿甘（Agan）和阿德拉尔（Adrar）地区的昆塔人的祖先。阿扎瓦德（Azawad）地区的昆塔人多数是西迪·奥马尔·谢赫的后代。

谢赫·西迪·穆罕默德②认为这种分化是阿乌拉德·马卢克·比德（Awlad Malluk al-Bid）和阿乌拉德·马卢克·基希勒（Awlad Malluk al-Kihil）之间的一场冲突导致的结果。这场冲突逐渐导致整个部落分化成两个对立的集团。其中一个集团以西迪·维斯（Sidi Ways）为首，他是西迪·穆罕默德·昆蒂·撒赫尔的儿子。西迪·穆罕默德·昆蒂·撒赫尔是阿乌拉德·布萨伊夫（Awlad Bu-Sayf）这一族的

---

① 西迪·穆罕默德的手稿"al-Risala al-ghallawiyya"，第59页，私人收藏。
② 西迪·穆罕默德的手稿"al-Risala al-ghallawiyya"，第66页，私人收藏。

第十五章 通布图的文人：谢赫·西迪·穆罕默德·昆蒂

祖先。另一个集团以西迪·瓦菲（Sidi al-Wafi）为首，他是西迪·奥马尔·谢赫的儿子。西迪·奥马尔·谢赫是阿乌拉德·瓦菲（Awlad al-Wafi）这一族的祖先。谢赫·西迪·穆罕默德是这一支系的后代，因此他有时候自诩拥有瓦菲血统。①

因为担心阵营之间的对立会演化成为带有不可预测性结果的内战，于是两个阵营达成了领地上的分化局面。西迪·奥马尔·谢赫和他的后代从萨吉亚哈姆拉（Sagya al-Hamra）和大西洋沿岸（兹巴地区）迁移到了赫马达（Hmada）、阿格沙什（Argshash）和远在图瓦特（Tuwat）东边的瓦迪沙布（Wadi al-Shabb）地区。他们致力于苏斯（Sus）河下游，达拉、图瓦特和斯基勒马萨（Sijilmasa）地区的贸易。当他们在阿格沙什附近定居之后，他们组织了去往黑人国家（艾勒苏丹）的沙漠商队。他们中的一些人去到了通布图和"黑苏丹"地区——卡齐纳（Katsina）、戈比尔（Gobir）和豪萨（Hausa）地区。②谢赫·西迪·穆罕默德·昆蒂·撒赫尔的后代则在萨吉亚哈姆拉附近的蒂里斯（Tiris）、阿德拉尔（Adrar）和稍远的塔甘尼特（Taganit）和阿甘（Agan）地区。东边的昆塔人，尤其是谢赫·西迪·穆罕默德家族所属的阿乌拉德·瓦菲这一支自然是更直接地参与了通布图的经济、文化与政治生活。尽管表面上，彰显团结精神的部落网络的迁移和交错为昆塔社会带来了联盟和交流的快速发展，同时也引起了敌意。与撒哈拉相连的昆塔社会都面临着这样的状况。通布图腹地的昆塔人的经济和宗教影响力的扩张以及他们对来自陶代尼地区的食盐贸易的掌控造成了冲突局面。西迪·穆赫塔尔、西迪·穆罕默德以及巴卡伊这几个家族是这一地区财富的造就者。他们的"外交"能力很大程度上是基于他们的"科学"和宗教权威。这些权威使得他们能够成功应付自己的对手。为了维护他们亲密团体和整个穆斯林世界（Umma）的利益，昆塔的谢赫家族在各个团体之间开展了

---

① 这些阿扎瓦德（Azawad）地区的阿乌拉德·瓦菲族人（Awlad al-Wafi）切勿不可与毛里塔尼亚塔甘尼特（Taganit）地区的阿乌拉德·斯德·瓦菲族人（Awlad Sid al-Wafi）混淆。

② 西迪·穆罕默德的手稿"al-Risala al-ghallawiyya"，第66页，私人收藏。

◆❈ 第三部分　通布图的学者

一场大规模的斡旋和调停活动。这一活动对通布图及其附近和遥远腹地区域产生了某种影响力。

谢赫·西迪·穆赫塔尔和他的儿子西迪·穆罕默德接受的教育大部分是在图阿雷格人（Tuareg）的营地完成的，并且他们是通过一位知名的图阿雷格宗教学者的引荐才接触到卡迪里耶教团（Qadiriyya）（西迪·阿里·本·纳伊布①）。由于此种渊源，父子俩都参与到了图阿雷格人的内部事务（部落间战争，继承纷争等）之中。同时，他们也被卷入图阿雷格人与通布图及其历史上的那些部落的关系之中，尤其是与阿尔马——桑海人（Arma-Songhay）和颇尔人（Peuls）。

一个当代图阿雷格人在他的帐篷外泡茶。昆塔人是图阿雷格人、颇尔人、阿尔马人和穆尔人的精神导师、教士和中介者。这些人是通布图历史涉及的主要的群体。

---

① 可与西迪·穆罕默德的手稿"*Kitab al-tara' if wa-t-tal-a' id min karamat al-shaykhayn al-walida wa al-walid*"参照阅读，私人收藏。

第十五章　通布图的文人：谢赫·西迪·穆罕默德·昆蒂

塔德马卡特（Tadmakkat）的图阿雷格人在很长一段时间内处于一种准隶属于阿尔马人的地位。但是他们成功将这种关系逆转成了自己占优势地位。这种逆转始于 1737 年 5 月他们重创塔戈希尔（Taghia）的阿尔马人。① 自此之后的几十年中，他们将自己视为通布图及尼日尔河上游腹地地区政治和军事领域的主要参与者。他们的首领乌赫马尔（Ughmar）后来被阿尔马人刺杀了，这导致 1755 年通布图被围困。谢赫·西迪·穆赫塔尔成功帮助塔德马卡特解除了通布图被围的局面。乌赫马尔及其继承者和儿子阿布提提（Abtiti）死后曾发生过继承争议，谢赫·西迪·穆赫塔尔介入其中帮助解决了争议。基于此，西迪·穆罕默德在 Kitab al-tara'if 一书中将他描述为复杂的图阿雷格集团继承系统的真正协调者。除此之外，在布拉比什人（Brabish）酋长地位的衰落中，西迪·穆罕默德认为谢赫·西迪·穆赫塔尔也发挥了决定性的影响。昆塔人与布拉比什人关系有时比较糟糕，主要是布拉比什人对往来通布图的贸易课税所致。

图阿雷格人并不总是平和的，激烈的摩擦时有发生。尤其是谢赫·西迪·穆赫塔尔去世和谢赫·西迪·穆罕默德继任之后，他们与卡尔安塔萨人（Kal Antasar）发生了激烈摩擦。正是在谢赫·西迪·穆罕默德担任重要角色期间，昆塔人与这一地区的其他民族文化群体，尤其是马西纳（Macina）的颇尔人之间关系取得了重大进展。

相对于图阿雷格人，颇尔人离得更远，但是这丝毫没有阻碍谢赫·西迪·穆罕默德在 19 世纪初的时候向颇尔人护教领袖们陈情。这场护教运动发生在索科托（Sokoto）和马西纳（Macina）。谢赫·西迪·穆罕默德在与护教领袖们的交流中回应了他们提出的相关法律问题，尝试化解涉及他的顾客和信徒的纠纷，同时也向他们提出了一些建议。谢赫·西迪·穆罕默德写过一本名叫"神眷的胜利或富拉尼人回应"（al-Futuhat al-qudsiyya bi al-ajwiba al-Fullaniyya）的书。此书旨在回答阿赫马杜·洛布（Ahmadu Lobbo）提出的 24 个问题。谢赫·西迪·穆罕默德在此书

---

① Wuld Mawlud（1977：90）.

◈ 第三部分　通布图的学者

中为建立中的颇尔人国家勾画了一种伊斯兰性质的宪法。

他给颇具影响力的宗族领袖如哈马迪·加拉迪奥（Hammadi Galadio）和努胡姆·塔西努（Nuhum Tahiru）写信，尝试化解他们与阿赫马杜·洛布之间的争端，这显示了他的影响力和他在颇尔人部落间调停工作的重要性。马西纳颇尔人伊斯兰国的武装布道在这些颇尔人部落中颇具影响力。谢赫·西迪·穆罕默德也曾给索科托（Sokoto）的领袖写信，似乎他与这些人关系也不错，这封信我们后面将会谈到。

本章不会讨论西迪·穆赫塔家族如何卷入昆塔人与西摩尔人世界之间的争端。西摩尔人世界与通布图地理上比较近，由于这个缘故，他们的一些信徒得以在这些争端中扮演重要角色。① 相反，本章接下来将探讨谢赫·西迪·穆罕默德的生活和作品。

在西非，书籍是贸易的主要商品之一。图上这部满是批注的手稿过去一定价值不菲。

---

① 我在这里指的是谢赫·西迪亚·本·哈伊巴·因提沙伊（Shaykh Sidiyya b. al-Hayba al-Intisha'i）。参见 Stewart（1973）和 Ould Cheikh（1992）对他和他的影响的研究。

第十五章　通布图的文人：谢赫·西迪·穆罕默德·昆蒂

谢赫·西迪·穆罕默德：其人其著作

　　谢赫·西迪·穆罕默德的完整教育经历和他职业生涯的重要时刻鲜为人知，并且大多处于他的父亲谢赫·西迪·穆赫塔尔的监督之下。传统上，这一地区的年轻学生应当长途跋涉去拜访这一地区知名的老师和学校，朝拜伊斯兰圣地，并在此旅途中学习功课和获得布道的资格（ijazat）。然而，西迪·穆罕默德似乎并未离开过他一直生活的阿扎瓦德，他唯一承认的老师只有他的父亲。

　　即使我们并不掌握谢赫·西迪·穆罕默德学习的课程的准确信息，但他所学习的课程很可能是基于他父亲的课程安排。在他缅怀自己父亲的传记作品中，他对自己父亲教授的课程有过丰富的记载。这些课程都是当时撒哈拉——萨赫勒地区学校普遍推荐的，包括阿拉伯语言学（语法、词典学、韵律学、修辞学和文学史）；《古兰经》及其阐释；圣训经，主要围绕逊尼派六大圣训集教授（先知传统的真本汇编）；马利基——艾沙里教派教律学（Malikite Ash'arite fiqh），基于一些经典著作和评论集，主要是哈利勒·本·伊沙克法律论文集（Mukhtasar of Khalil b. Ishaq）和伊本·阿比·扎伊德论文集（Risala of Ibn Abi Zayd）；"经典"伊斯兰史，其中《穆圣传》是重中之重。苏菲派（Sufism）和兄弟会运动先贤的作品（居纳义德，伊本·阿拉比，安萨里和苏哈拉瓦迪等）也是谢赫·西迪·穆罕默德接受的教育的一部分，毕竟正是他的父亲将卡迪里耶教团（Qadiriyya）介绍到了撒哈拉—萨赫勒非洲地区。同时，他还学习关于伊斯兰礼仪（adab）和智慧，算术、逻辑、医学和天文学著作，这些都很好地继承了他虔诚的祖先留下的教育遗产。

　　然而，西迪·穆罕默德从他父亲那里接受的最宝贵的教育无疑是如何在现实中掌管一个兄弟会组织，以及如何在调停和介入活动中保持耐心、睿智和警觉。尤其在一个不稳定和缺乏集中的权威的世界中，这些品质显得尤为重要。西迪·穆罕默德的作品很大程度上反映

◈ 第三部分 通布图的学者

了前述的这些政治和伦理问题在他生活中占据的位置。谢赫·西迪·穆罕默德最重要的遗产是他缅怀自己的父亲而写的圣徒传记性的作品——《我的母亲和父亲——关于两位谢赫的奇迹生活之原始和传承的知识》。这部似乎并不完整的作品主要旨在树立他父亲的道德楷模的形象,以及他的父亲对社会良善的关心。尽管一些很传统的注释者可能存在异议①,但是大致可以这样说,谢赫·西迪·穆罕默德的大部分收录驳斥和论战信件的作品都是为了从神学②,或者更多地是从神学和政治观点角度建立合法性。③

谢赫·西迪亚·卡比尔(al-Shaykh Sidiyya al-Kabir)将这些书信整理成集,阿卜杜拉·乌德·玛路德④(Abdallah wuld Mawlud)对这些书信做过简明的介绍。我这里使用的正是这一书信集,该书信集包含了 47 封书信。这些书信是谢赫·西迪·穆罕默德的知名学生谢赫·西迪亚·卡比尔抄录的,或者是应他的要求整理而成的。这一整理文稿的原版现保存在毛里塔尼亚布提利米特(Boutilimit)的阿赫·谢赫·西迪亚(Ahl al-Shaykh Sidiyya)手稿图书馆。这些书信很少清楚地注明日期,但是很可能都写于 1811 年(西迪·穆罕默德的父亲去世于这一年)和 1826 年(西迪·穆罕默德去世于这一年)之间。书信的篇幅和主题存在差异。其中有些信件只有半页纸的篇幅,信中叮嘱他的一位信徒赶紧随着贸易车队返回。有的信件是长达 60 页的论文,谢赫在这份书信中向对方解释了一位穆斯林埃米尔(emir)应当遵从怎样的正当的行为准则。这些信件中相当多的一部分是写给颇尔的上层人士的,尤其是马西纳的穆斯林国家的建立者阿赫马杜·洛

---

① 包括对《古兰经》开端章(fatiha)的一篇评注,对志费尼(al-Juwayni)的《瓦拉卡特》(waraqat)一书的注释等。这些文本至今未曾公开出版。

② 尤其是一篇名为 "al-Sawarim al-hindiyya fi hasm da'awi al-mahdiyya" 的文章,大约成文于 1811 年(回历 1226 年)。该文章是针对卡尔丁尼格(Kal Dinnig)地区知名的修道士贾拉尼(al-Jaylani)而写的。这位修道士在 19 世纪初的时候曾自称是救世主(mahdi)。

③ 参见他的手稿《Risala al-ghallawiyya》,在这里面他为塔甘特地区(Tagant)昆塔人而责问阿赫勒·西迪·马哈默德(Ahl Sidi Mahmud)。同时他也批评了塔甘特地区昆塔人的首领阿卜杜拉赫·W. 西迪·穆罕默德自封为当地摩尔人团体的伊玛目的行为。

④ Wuld Mawlud (1977).

第十五章 通布图的文人：谢赫·西迪·穆罕默德·昆蒂

布。在 1823 年写给洛布的一封长达 23 页的书信中，谢赫·西迪·穆罕默德自诩是一位护教（jihad）运动的热情拥护者，这很快导致洛布的坚定支持者占领尼日尔河上游流域和通布图。① 在另一些信件中，谢赫·西迪·穆罕默德请求洛布执行一位法官做出的支持他的颇尔族信徒的判决。这是一份关于争议遗产分配的判决。在这封信中，他还试图调停他的政治和宗教事务上的委托人加拉迪奥（Galadio）和洛布之间的关系。

他也曾因各种原因给一些知名的图阿雷格人写过信。例如，他给卡尔阿韦苏丹（Kal Away'）努尔（al-Nur）写信，要求他归还掠夺的财物。在另一封写给伊威勒莫登（Iwillemmeden）苏丹卡瓦·本·阿马·本·阿加什·谢赫·本·穆罕默德·巴什尔（Kawa b. Amma b. Ag ash-Shaykh b. Muhammad al-Bashir）及他的法官萨利赫·本·穆罕默德·巴什尔（al-Salih b. Muhammad al-Bashir）的信件中，他提醒他们防备贾拉尼（al-Jaylani）的阴谋诡计。贾拉尼是 1800 年②左右出现在卡尔丁尼格（Kal Dinnig）地区的一位自诩为救世主的宗教煽动者。

谢赫·西迪·穆罕默德的亲戚们，尤其是他的兄弟巴巴·艾哈迈德，在他的书信中也经常出现。巴巴·艾哈迈德定居在哈乌兹（Hawz）的摩尔人部落中。这些部落以及来自其中的谢赫的信徒们也与西迪·穆罕默德有过大量的通信。谢赫·西迪·穆罕默德给哈乌兹的阿格赫拉地区的圣会（jama'a）写过一封长信谴责阿赫勒·西迪·马哈默德（Ahl Sidi Mahmud）和伊达韦什集团（Idaw'ish）侵犯塔甘特地区（Tagant）昆塔人兄弟的行为。在这封信中，他表达了对昆塔历史的看法，同时极力驳斥了昆塔的敌对者领袖阿布杜·阿拉·乌尔德·西迪·穆罕默德（'Abd Allah wuld Sidi Mahmud）（卒于 1839 年）自封为伊玛目的言论。他同时详细说明了伊玛目职位的候

---

① Brown (1969).
② 关于贾拉尼（al-Jaylani）及相关的政治宗教文本和布道文章，细节参见 Nicolas (1950: 56 – 59)。

◆◆ 第三部分　通布图的学者

选人应当具备什么样的品质以及成为合法的候选者应当满足哪些必要的先决条件。另外，因为前述的冲突事件，他还曾给富恩提部落（Funti）[①] 的亲戚（jama'a）写过信，请求他们加入到昆塔人阵营。同样是为了他的部落迁徙到阿扎瓦德西部地区的支系族人，他给阿赫布拉达部落（Ahl Buradda）的亲戚写过一封长信，驳斥他们独占这些地区的企图，因为这会威胁昆塔的利益。

津格雷－博清真寺（Jingerey-Ber Mosque）的带篷院庭。

谢赫·西迪·穆罕默德继承了父亲作为卡迪里耶教团修道院（zawiya）首领的职位。这一教团是他的父亲在马里阿扎瓦德创立的，大致在通布图东北300千米的地方，位于马布鲁克（Mabruk）和布依贝哈（Bujbayha）两处沙漠水井附近。跨撒哈拉商贸对于教团事业的

[①] 这是一个阿乌拉德·姆巴里克地区（Awlad Mbarik）武士部落的一部分，大约位于今天毛里塔尼亚阿尔贾伊巴（ar-Rgayba）地区和毛里塔尼亚—马里边境的巴侯努（Bakhounou）地区之间。这里即是蒙戈·帕克（Mungo Park）的"卢卡玛王国"（名字源于他们当时的部落首领 A'li wuld A'mar）。

第十五章　通布图的文人：谢赫·西迪·穆罕默德·昆蒂

发展至关重要。相对于这一地区其他影响力团体，他的职位使得他获得了一定的政治自治权。这也使得他的修道院能够扮演一种斡旋和调停的角色。除了自身宗教职责所肩负的道德义务和授课责任之外，修道院的这种角色成为西迪·穆罕默德主要的关注点。他主要试图针对有权势的个人和部落酋长发挥和维护这种影响力，包括王国的建立者，例如阿赫马杜·洛布和奥斯曼·丹·福迪奥（'Uthman dan Fodio）。洛布是马西纳王国的建立者，奥斯曼·丹·福迪奥的势力范围则位于今天尼日尔和尼日尼亚边境地区。为了探讨他作为一位有德之士和国君顾问的角色，我将详细考察他分别写给奥斯曼·丹·福迪奥、他的兄弟阿卜杜拉希和他的儿子穆罕默德的书信。

有德之士和国君顾问

谢赫家族在卡迪里耶教团布道院的职位是从谢赫·西迪·穆赫塔尔传到他的儿子谢赫·西迪·穆罕默德。这一职位使得西迪·穆罕默德成为他的信徒群体中的道德牧师。这也使得他在很多情况下感到有义务去向各处的权威势力陈情。他觉得有义务为了穆斯林共同体的更高利益而在各个势力之间奔波斡旋。同时，这也是出于谢赫家族和他自身部落的利益考虑。他曾经给索科托（Sokoto）的领袖写过一封信，这封信是我前面所提到的那些信中很重要的一封。这封信能够很好地展示谢赫·西迪·穆罕默德学术和政治活动的道德色彩。

这是一封 28 页的信件。它是用一种优雅的窄体马格里布字体书写的。信件每页有 30 行文字，页面长 16 厘米，宽 11 厘米。信件未标明日期，但据推断应当写于 1811 年（西迪·穆罕默德在这一年开始掌管他父亲所创建的兄弟会团体）至 1817 年（收信人奥斯曼·丹·福迪奥在这一年去世）。

和其他著作一样，这封信展示了西迪·穆罕默德对古典和当代伊斯兰历史的渊博知识。他从这些历史知识中总结了他所推崇的政治和

第三部分 通布图的学者

道德行为范例。但是他并没有指出这些"君王之鉴"① 事例的出处，尽管他的惯用语句（topoi）大多引用自这些他未提及的文献。

适度和平衡加上基本的公平价值、对弱者和受压迫者的同情以及对逊尼派伊斯兰法则的严格遵循是整篇文献的支配性语调。文章同时也洋溢着伊斯兰式的责任感——良善忠告。

西迪·穆罕默德写给奥斯曼·丹·福迪奥、他的兄弟阿卜杜拉希和他的儿子穆罕默德的书信首先强调学者们向君主和埃米尔提出良善忠告的责任。在这点上，这些书信和为其提供灵感的经典文献有些相似。尤其是加扎利（al-Ghazali）的《重现的纯粹黄金》（或《针对君王的睿智谏言》）；马瓦迪（al-Mawardi）的《政府规则》和《世俗和宗教事务的正确行为》和图尔图什（al-Turtushi）的《君王的枝状大烛台》。这里显示了对知识和学者以及他们在伊斯兰国家上层政治权威中扮演的角色的颂扬。这种颂扬是与对穆斯林城市中两个行业团体——乌力马（'ulama）和乌马拉（umara）——的尊重密不可分的。同时，这种颂扬也是与对理想的行为规则的尊重相一致的。这种理想的行为规则是各个团体应当遵从的待人态度。书信接着探讨了伊斯兰世界一些可敬的统治者或者君主的经典事例，包括先知穆罕默德，四大哈里发——尤其是奥马尔·本·哈塔卜（Umar b. al-Khattab）和奥马尔·本·阿布德·阿齐兹（'Umar b. 'Abd al-'Aziz）等。书信接着论述了理想的伊斯兰权威和调停方式具有的共同点。伊斯兰社会的学术和通俗传统中对这些都有过详细论述。

我在其他地方②谈到过伊斯兰国家的这种合法性政治权威及合法化"苏丹文化"的愿景。我在这里指的是超越政治和宗教之外包含着整个社会规范和价值的某种观念。这种观念体现在谚语、传说、诗歌以及伦理和智者著作等载体之中。我甚至认为这些载体具有某种统一性。谢赫·西迪·穆罕默德在他的作品中提到了他的前辈们的影

---

① "君王之鉴"是一种文学主题，主要探讨伊斯兰世界的君王或统治者的品质、特性和教育。
② Ould Cheikh（2003）.

第十五章 通布图的文人：谢赫·西迪·穆罕默德·昆蒂

响，这种延续性体现了这种统一性。这种统一性尤其是通过一整套的具有共性的规则得以表达。这是一些关于良善的君主应当如何行事的规则。这种共性至少从 8 世纪开始就一直被反复强调。① 这种良善的君主行为模式的原型主要来自一些重要的文献，包括《古兰经》《穆罕默德言行录》，伊斯兰教出现之前的一些伟大人物的具有启迪性的生活经历（一些神话性和具象化的远古巨人、神怪、列王和长者），《旧约》和《新约》中的先知和传说人物，伊斯兰教人物（圣门弟子，哈里发，宫廷大臣，将军，广泛认可的教义阐释者，奥秘主义者和知名的美学家）以及传说和神话（寓言故事集《卡里莱和笛木乃》和《一千零一夜》）。谢赫·西迪·穆罕默德在给索克托的某位写信的时候，他的那些谆谆教诲也完全可以溯源至这些思想遗产。

前面提到的那封写给丹·福迪奥的信有着典型开场方式，接着讨论了"学者"和"君主"之间的关系，主要围绕学者应当给予君主良善建议以宣扬或复兴良善的穆斯林行为。西迪·穆罕默德在这里援引了《穆罕默德言行录》中的"宗教便是良善建议"的说法。领导者被提醒应当以良好的行为回馈安拉赋权给自己的善意。领导者应当以公平的方式对待自己的臣民，因为安拉将他们托付于自己。谢赫·西迪·穆罕默德指出履行给予君主良善建议的宗教义务是学者（乌力马）的责任。

理想的状态是君主主动寻求良善建议和乌力马的必要辅佐，而不是相反。谢赫·西迪·穆罕默德援引了《穆罕默德言行录》中的一句话："经常拜访学者（乌力马）的君主是最优秀的；经常拜访君主的学者（乌力马）是最糟糕的。"因此，优秀的学者（'alim）应当远离朝堂，避免权力的腐蚀。优秀的君主应当一直寻求学者的辅佐，仿效他们对（宗教）知识的追求和积极运用。一个虔诚的君主是一个矛盾的形象，他是一个带有矛盾性的综合体。为了履行自己的法律角色，他应当在某种程度上游离于作为虔诚学者的角色。这一方面符

---

① 关于这一主题的主要阿拉伯文献参见 Muradi（1981）。

第三部分 通布图的学者

合他作为君主的责任,另一方面也要求他像学者一样对知识有着苦行僧般的无私追求。这种悖论一样的情形使得谢赫·西迪·穆罕默德主张作为权力的合法继承者,君主应当对学习有热情,同时应当虔诚实践。尽管可能与自己的意志不相符,但君主应当直面权力给自己带来的诅咒般的局面。马乌雷·斯里曼(Mawlay Sliman)是西迪·穆罕默德同时期的一位阿拉维派('alawite)君主,他被认为是穆兄会运动的赞同者。他被认为是符合这些要求的典范。四大哈里发和奥马尔·本·阿布杜·阿齐兹被认为是最初的典范。虔诚的君主可能会因为无法逃脱自己的君主责任而苦恼。他可以向马乌累·斯里曼学习,私底下仍然虔诚地实践,这样就可以避开妓女们贪婪和腐蚀的媚眼。

谢赫·西迪·穆罕默德在给颇尔族的某些人写信的时候提出,权力的使用并不只是发布一些带有灾难性后果的无益的限制。总体上来说,权力的使用是一个具有不确定的活动,它既可以导致破坏性后果,也可以是一种升华道德的特别渠道。因为权力既有用又危险。君主对自己的臣民肩负一定的责任。君主职责的这种"一般特性"使得他为了赢得民心必须积累、整合资源,必须善恶兼备。因为正如谢赫·西迪·穆罕默德引用的一句阿拉伯——伊斯兰古语所说的那样,"臣民对君主的行为上行下效"。[1] 苏丹是道德权威,他对臣民的行为负有直接的责任;对臣民糟糕行为的赞同使得他自己的错误成倍增大,相对地,如果他鼓励臣民采取合适的行为,那么他的品德也会得到提升。因此,西迪·穆罕默德尤其推崇公正的苏丹和历史人物——奥马尔·本·哈塔卜(Umar b. al-Khattab)和奥马尔·本·阿布德·阿齐兹('Umar b. 'Abd al-'Aziz)。西迪·穆罕默德在列举众多"君王之鉴"事例之后反复强调,除了先知和天使之外,没有比贤君圣王更为接近安拉的完善道德了。他引用了《穆罕默德言行录》中的一句话来比较公正君主和《古兰经》的作用——"安拉会远离那

---

[1] Al-Ra'iyya 'ala din al-malik,我的手稿藏本,第13对开页,上页。

第十五章 通布图的文人：谢赫·西迪·穆罕默德·昆蒂

些念念不舍《古兰经》的君主"。①

公平的君主通过他正直的行为获得了特权和尊严以及来世的奖励，但这也为他招致了其他恶毒君主的威胁。那些恶毒君主被宫廷里的奸臣唆使去放纵他们追求欢愉的不良习惯和本能。谢赫·西迪·穆罕默德在这里引用了苏丹文献中的一些老生常谈的话语，提醒收信人所有的君主（umara），不管他们是公正的还是专横的，在最终的审判日到来时都要接受审判，而那些恶毒的君主将会被大如沙丘的巨蛇和大如骡子的蝎子吞噬。

除此之外，第一批先知团体逝去之后整个世界的道德正逐渐衰竭，危险（这点有足够多的论述了）几乎不可避免。像其他苏丹文学中一样，这里千福年主义（millenarianism）的主题与伊玛目和苏丹间接行使权力结合在一起。对出身和道德有问题的人征税所产生的公共效益也与这种千福年主义主张结合在了一起。这些出身有问题的人主要是非阿拉伯人（a'jam）和马穆鲁克人（奴隶，在伊斯兰历史上指的是从1252年到1517年统治了埃及和叙利亚部分地区的白人奴隶和精英士兵）。暴虐君主数量的增加本身就是"时代终结"的标志，也是警醒索克托领导者"时辰已到"的标志。"时辰已到"，谢赫·西迪·穆罕默德在写给不虔诚的君主的信中如此表述。②

谢赫·西迪·穆罕默德建议君主们应当拒绝奢侈和浮夸，对身边人保持警觉。正如那些历史上的"君王之鉴"所启示的那样，他反对远离或者试图脱离臣民视野的做法。因为这样君主会有沦落为宫廷大臣或其他不可靠中间人的囚徒之风险。

苏丹被视为是"安拉在大地上的影子"，这是苏丹文学世界观中常用的一种说法。如果真是这样的话，那也是因为他推行着普遍的宇宙秩序，而大众只是间接主体。在某些苏丹文献中，西迪·穆罕默德在结尾处建议索克托的埃米尔们用一种原始的黑格尔式的方式阅读历

---

① Inna Allah yazi'u bi-s-sultan ma la yazi'u bi al-qur'an，我的手稿藏本，第16对开页，下页。
② 我的手稿藏本，第12对开页，上页。

335

◈ 第三部分　通布图的学者

史，提倡一种即将到来的正义和作为世界审判的世界历史。这种观点认为人们面对怎样的政府完全是咎由自取。君主独立于臣民而存在，他们是安拉手中的工具。安拉才是万君之君。谢赫·西迪·穆罕默德在这里引用了先知语录中马利克·本·迪纳尔（Malik b. Dinar）的一段话：

> 我是万君之君。君王之心掌握在我的手中。顺从我，你将获得仁慈，如若违背我，你将遭受惩罚。不要忙于咒骂那些君王，向安拉忏悔吧，安拉会为你处置他们。①

安拉是权力的唯一拥有者。安拉如何对待那些管理臣民的君王，大众也许确实起到了一定的影响力。但是大众对君王如何管理"公共"事物并没有直接的影响力。如果我们这里所说的"公共"一词用得恰当的话。

基于安拉对君主权力的监管角色，苏丹权威的行使是安拉权力的一种神圣让步，毕竟苏丹行使权威部分上是一种非神行为。谢赫·西迪·穆罕默德和那些对他有启发作用的作家共同发展了这种观念。这是一种权力轮转的主张。这种轮转不仅仅是一种时间概念，也指持有权力的特定群体和个人的轮转。这里指的不是一种依据制度性规定建立起来的内部限制，而是一种无法阻挡的不确定性，一种世间万物瞬息即逝的显现状态。这种不确定性和状态与来世永恒和不变的愉悦和存在形成了对比。苏丹的宫廷是最为卓越的地方，在这里时间的背信弃义、命运的无情刀锋猖狂得志，将个人盲目生活的华尔兹转变成一种普遍的碰运气的游戏。②

---

① 我的手稿藏本，第21对开页，上页。
② 这种"命运"波动的表现受到千禧年主义（millennialist）'的影响，千禧年主义有时会与"循环往复"这个主题结合在一起。伊本·赫勒敦（Ibn Khaldun）用一种生物论表达了这一"循环"主题——王朝教育的诞生和年少时期，接着是成熟时期，最后归于衰老和败亡。

第十五章　通布图的文人：谢赫·西迪·穆罕默德·昆蒂

和这种神圣启示模式相得益彰的是远古君王智慧典范，或者说君主（salatin，muluk）智慧典范。这些典范展示了良善治理的适度艺术，这种典范超越时间和国家界限。所罗门、亚历山大帝、前伊斯兰时期波斯、中国、印度君王都为他提供了可以用作典范的英雄和传奇人物。①

而"世俗"的公平主题也是苏丹文学和谢赫·西迪·穆罕默德书信中的重要主题。这一主题更多是与苏丹的永恒权力以及这种权力的永存性相连，不管行使这种权力的人宗教属性是怎样的。尽管表达各异，这一主题大多通过下面这种循环论证的方式表达。谢赫·西迪·穆罕默德写道：②

所有的苏丹都拥有军队，所有的军队都需要资源，所有的资源都需要征收赋税，所有的征税都需要繁荣，所有的繁荣都依赖于正义，所有的正义都需要苏丹。因此，正义是所有基础的基础。

因此，西迪·穆罕默德采取了各种形式向他的收信人宣扬了公正君主的理念，不管这种君主是一个穆斯林还是其他教派的。这样他就在自己的物质和道德国家与良善、健康和平衡的世界之间建立起了紧密的联系。一个宇宙真理的把握者和苏丹权力的理想君主应当是所有之前君王道德的综合体。同时他也应当是整个宇宙的物理中心，他的时间步调与整个宇宙是一致的。在考察了这一切之后，谢赫·西迪·穆罕默德写到："苏丹即时代"，③ 他说的是历史取决于那个时代的君主的行为和善意。国家是君主的剧场，他既是伟大的剧场导演，也是唯一的演员，他所举办的庆典和纪念会都是为了让他个人生活（公共的或私密的）与整个宇宙的运行步调一致。谢赫·西迪·穆罕默德的书信将整个世界比作一个人类有机体，苏丹就是这个有机体的"大脑"，宫廷大臣（vizier）是"心脏"，宫廷大臣的属下是"手"，百

---

① 注意西迪·穆罕默德书信提及的这些触发地点。参见 al-Muqaffa（1982）。
② 我的手稿藏本，第 8 对开页，下页。
③ 我的手稿藏本，第 10 对开页，上页。

第三部分 通布图的学者

姓则是"足",而公正(fairness)是这个有机体的"灵魂"。① 不难理解为什么苏丹被认为是他所处时代的失败和毁灭的罪魁祸首,或者是他的王国多灾多难的原因。

因此,苏丹的想法不仅仅是"公平"的重要中介,而且"公平"应当可以说是苏丹的全部意义。② 苏丹是专制和无形权力的化身,他必须保持可见的状态。"公平"通过他的身体实现物理存在,因此苏丹必须能够为百姓(ra'iyya)接触到。因此,苏丹文学中另一个常见的话题就是谴责隐匿行为('ihtijab),谴责宫廷大臣限制君主的行为,这一点可以与神圣特权比较来看,因为只有安拉才能避开他的创造物的凝视。但是出于某种原因,根据谢赫·西迪·穆罕默德前面所引的文献,苏丹的职责包括全知(omniscience)和全在(omnipresence),这使得他成为一种近乎神仙的权威。这是一个关于"平凡君主"③和隐姓埋名的主题:苏丹是一位夜间漫游者或卑微群众俘虏的猎人,他远离了自己的扈从和宫殿,并且得以知晓他身边人对他隐瞒了的真相。身处百姓之中,他得以了解自己的形象。通过做出令人吃惊的决定,他展示了自己的宽宏大量和公平(慷慨地给予需要者和追随自己的人礼物,着力提拔籍籍无名的正义之士,给予违背苏丹法律的人严峻和迅速的惩罚)。一位合乎理想的苏丹应该能够对自己的臣民说:"我知道你昨晚吃的是什么,我也知道你身上的衣服是怎么获得的。"④

正如所有苏丹文化中表现的那样,谢赫·西迪·穆罕默德的书信表现了苏丹不时地以另外一种面孔走进普通百姓生活的世界,就像罗

---

① 我的手稿藏本,第10对开页,下页。
② 参见谢赫·西迪·穆罕默德讲述的一个故事:一位"中国"统治者丧失了听力,因此他的臣民感到不满,他自己也感到不满。因为他再也无法听见他们的抱怨,从而无法给他们带去正义。于是他命令自此以后心中有怨言的人需要穿上红色的衣服,这样他就能在视察的过程中看到他们的抱怨,而不是依靠他失去的听力去发现。手稿,对开页14,上下页。
③ Dakhlia(1998)使用的表达。
④ 我的手稿藏本,第12对开页,上页。

第十五章 通布图的文人:谢赫·西迪·穆罕默德·昆蒂

马神话中的双面神杰努斯一样经历着不同的社会状况。他在朝堂之上与"重要人物"过着奢华的公共生活,在这耀眼的帷幕之下,他过着节俭的苦行僧生活。这种生活中他做着不起眼的工作,赚着诚实的辛苦钱,而不是浪费国库的财富资源。[1]

至于牧师团,一方面他们被认为是群众的部分,作为指导者又对群众有很多的了解。另一方面,牧师团有肩负引导人民的责任,同时也不排斥利用他所引导的这些人。这两个方面的结合是很好地体现了这种权力观,同时也是苏丹文学的一种主调。西迪·穆罕默德在这里引用了《穆罕默德言行录》中一段知名的话:[2]

> 你们是牧羊人,你们对自己保护的物品负责:伊玛目是人民的牧羊人,对自己的"羊群"负责;男人是自己家庭成员的牧羊人,对自己的"羊群"负责;女人是她子女和丈夫家庭成员的牧羊人,她对他们负责;男子的奴隶是他主人财产的牧羊人,他对这些财产负责。你们都是牧羊人,你们都对自己的"羊群"负责。

在这里,正如谢赫·西迪·穆罕默德书信中其他文章以及他所提到的"君王之鉴"所展示的那样,牧师主题与家庭管理以及性别、年龄和家庭地位等级制交织在一起。这是苏丹或者说牧羊人管理公共事务的一种延伸。

作为牧羊人,苏丹无疑应当努力保护他的"羊群"免遭掠食者的侵害。当然,就像西迪·穆罕默德假设的那样,如果"狼"攫夺了牧羊的权力,[3]"羊群"算是走上了毁灭之路。换句话说,如果苏丹和他的僚属变成毁灭群众的主体。因为救赎并非源自群众自身,他们

---

[1] 我的手稿藏本,第9对开页,上页。
[2] 我的手稿藏本,第5对开页,下页。
[3] 西迪·穆罕默德引用了下面这句话:"牧羊人保护他的牲畜不受狼的侵害。如果牧羊人本身就是养狼的人,羊又会遭遇什么呢?"

第三部分 通布图的学者

无法组织起有效的反抗。羊群是温顺的,他们是牧羊人的被动工具。

简而言之,上述是谢赫·西迪·穆罕默德致索克托埃米尔书信中一些重要的言论。从整个苏丹文学角度看,这些言论体现的政治道德可能并非原创,但展示了卡迪里耶派学者对苏丹文学的知识以及他们对"指导"和"忠告"的态度。这些学者的态度与苏丹文学的老生常谈的观念是一致的,他们认为向那些从谏如流的君主建言献策是优秀学者当为之事。

参考文献

Batran AA (1971) Sidi al-Mukhtar al-Kunti and the recrudescence of Islam in the western Sahara and the Middle Niger c. 1750 – 1811. PhD thesis, University of Birmingham.

Brown WA (1969) The caliphate of Hamdullahi c. 1818 – 1864. PhD thesis, University of Wisconsin, Madison.

Dakhlia J (1998) Le divan des rois. Paris: Albin Michel.

Genièvre J (1947) Les Kounta et leurs activités commerciales (no. 1240). Paris: Mémoire du Centre des Hautes Etudes d'Administration Musulmane.

第十五章 通布图的文人：谢赫·西迪·穆罕默德·昆蒂

Hamet I (1910) Littérature Arabe saharienne. Revue du Monde Musulman et de la Méditerranée 12: 194 – 213, 380 – 398.

Ibn Khaldun A (1981) al-Muqaddima. Beirut: Dar al-Fikr.

MacDougall EA (1980) The Ijil salt industry: Its role in the precolonial economy of the western Sudan. PhD thesis, University of Birmingham.

Martin AGP (1908) Les oasis sahariennes. Alger: Adolphe Jourdan.

Martin AGP (1923) Quatre siècles d'histoire marocaine. Paris: Alcan.

Marty P (1920 – 21) Etudes sur l'islam et les tribus du Soudan. Paris: Leroux.

al-Muqaffa A (trans.) (1982) Kitab kalila wa dimna. Beirut: Mu'assasat al-ma'arif.

Muradi M (1981) Kitab al-ishara ila adab al-imara. Edition by R al-Sayyid. Beirut: Mu'assasat al-ma'arif.

Nicolas F (1950) Tamesna: Les Ioullemmeden de l'Est ou Touareg (Kel Dinnik). Paris: Imprimerie Nationale.

Norris HT (1986) The Arab conquest of the western Sahara. London: Longman.

Ould Cheikh AW (1992) al-Ansab: La quête des origines. Anthropologie historique de la société tribale arabe. Edited by P Bonte. Paris: Editions de la Maison des sciences de l'homme.

Ould Cheikh AW (2003) La science au (x) miroir (s) du prince: Savoir (s) et pouvoir (s) dans l'espace arabo-musulman d'hier et d'aujourd'hui. Revue du Monde Musulman et de la Méditerranée 101/102: 129 – 155.

Stewart CC (with Stewart EK) (1973) Islam and social order in Mauritania: A case study from the nineteenth century. Oxford African Affairs Series. Oxford: Clarendon Press.

Withcomb T (1975) New evidence on the origins of the Kunta. Bulletin of the School of Oriental and African Studies 38 (2): 403 –417.

wuld Mawlud A (1977) Shaykh Sidi Muhammad wuld al-Mukhtar al-Kunti: Contribution à l'histoire politique et religieuse de Bilad Shinqit et des régions voisines, notamment d'après les sources arabes inédites. PhD thesis, Université de Paris-IV Sorbonne, Paris.

第十五章　通布图的文人：谢赫·西迪·穆罕默德·昆蒂

一代代学生用这样可写粉笔字的木板来练习写阿拉伯语。

第十六章　谢赫·阿布·喀伊尔：杰出的学者和安拉的虔诚友人

穆罕默德·迪亚加耶特[①]
（Muhammad Diagayeta）

　　通布图被认为是西非最为知名的中心城镇之一。这座城市在知识传播中扮演了重要角色，城市的一些统治者给予了城中学者关心和资助。知识的传播经历了周期性的变化，在增长和衰退之间摇摆。但无论如何，通布图都是知识传播的先驱者，因为城中学者的知名度和地位很高，遐迩闻名。

　　在本章中我将探讨通布图和阿拉万历史上的一位杰出人物——谢赫·阿布·喀伊尔·伊本·阿卜杜拉·阿拉瓦尼·通布克提（Shaykh Abu al-Khayr ibn 'Abd-Allah al-Arawani al-Timbukti）。与其他很多学者一样，除了几份一般性的传记之外，他并未得到严肃和系统的研究。希望本章的内容能够增进研究者研究兴趣，激励他们开始对谢赫（以及其他被忽视的学者）开展严肃研究，以彰显他在伊斯兰文明中的卓越角色和杰出贡献。我将通过他的生平和经历以及他的著作对他进行简单的介绍。

---

① 本文是由穆罕默德·沙伊德·马斯伊（Mohamed Shaid Mathee）翻译自阿拉伯文版。

第十六章　谢赫·阿布·喀伊尔：杰出的学者和安拉的虔诚友人

阿布·喀伊尔：世系、教育和知识起源

谢赫·阿布·喀伊尔①·伊本·阿卜杜拉·伊本·马尔祖克·伊本·艾勒希尔（Shaykh Abu al-Khayr ibn 'Abd-Allah ibn Marzuq ibn al-Hill）是马利基教派（Maliki）法学院的学生，也是苏菲派卡迪里（Qadiri）②、达尔达伊里（Dardayri）和沙德希里（Shadhili）③等教团的拥护者。喀伊尔于伊斯兰历14世纪④初出生于阿拉万，卒于回历1397年（公元1975年）。他被安葬在萨义德·艾哈迈德·伊本·萨利赫·伊本艾勒瓦菲·伊本·阿德（Sayyid Ahmad ibn Salih ibn al-Wafi

---

① 艾哈迈德·伊本·阿布·拉拉夫·塔克尼（Ahmad ibn Abi'l-'Araf al-Takni）称他为阿布勒·哈伊拉特（Abu'l-Khayrat），意味"良善品德之父"，这表明塔克尼1935年的时候仍然健在。塔克尼给谢赫·阿布·喀伊尔写过一个简短的档案介绍，但是似乎意义不大。参见al-Takni（2000：67）。我在这篇文章中也无法针对他的世系给出一个详尽的介绍。因为在我所能接触到的所有谢赫·阿布·喀伊尔的作品中，他自己也未曾谈过曾祖父之前的世系传承。

② 他是在谢赫·哈乌兹·阿扎姆·谢赫·塔拉德·伊本·阿比·拉巴斯·穆罕默德·法蒂勒·伊本·马明·那马维·瓦拉提（al-Shaykh al-Ghawth al-'Azam al-Shaykh al-Tarad ibn Abi'l-'Abbas Muhammad Fadil ibn Mamin al-Na'mawi al-Wallati）的引导下接受了卡迪里教团（Qadiri order）（尤其是它的阐释方法）。谢赫·阿布·喀伊尔一直与他保持着书信来往，并向他寻求意见和辅导。参见al-Takni（2000：99）。

③ 我不觉得认为谢赫·阿布·喀伊尔是一位提贾尼教团（Tijani）信徒是个牵强附会的说法。因为他自己在下面这些话中表达了自己归属这个教派的渴望和心愿："亲爱的法学家（faqih），我是一位沙兹里教团（Shadhili）和谢赫·马乌雷·阿布德·卡迪尔·贾拉尼教团（Order of al-Shaykh Mawlaya'Abd al-Qadir al-Jaylani）的忠诚拥护者。如果有机会通过提贾尼教派将这两个教团联合在一起，我会这样做的。因此，请允许我这样做，因为我希望你可以成为我的阿什亚赫（苏菲主义教派的领袖或导师）。这样我便可以成为您团体的一份子，能够追随您左右。祝您安康！"这些话出现在他写给穆罕默德·叶海亚·伊本·萨利姆·瓦拉提的书信中。参见艾哈迈德·巴布研究所第5828号手稿。

④ 尽管学者们一致认为谢赫·阿布·喀伊尔是1975年逝世的，但是对于他的出生时间却有争议。汉威克（John Hunwick）认为他出生于伊斯兰历14世纪初："他出生于希吉来历（hijra）14世纪最初几年。"（2003：155）汉威克并未给出他这一说法的依据，但我认为他是依据马哈曼雷·马哈姆多（Mahamane Mahamoudou）也就是哈姆·穆罕默德·德欧乌（Hamou Muhammad Dedeou）的相关材料——据我所知这是唯一可能的依据。因为哈姆掌握着几乎最完整的谢赫·阿布·喀伊尔的档案材料。哈姆在其名为《谢赫·阿比·喀伊尔·伊本·阿卜杜拉·阿拉瓦尼的裁决》（Nawazil al-Shaykh Abi al-Khayr ibn'Abd-Allah al-Arawani）的手稿中写道："他出生于希吉来历14世纪初年"，但是他并未给出具体的日期。

第三部分 通布图的学者

ibn Ad）清真寺。

我们对谢赫·阿布·喀伊尔童年和青年时期的生活所知不多，只知道他来自一个学者家庭，这样的家庭环境让他逐渐对知识和学问产生了深厚的兴趣。他在他的兄弟阿里·伊本·阿卜杜拉·伊本·马尔祖克·伊本·艾勒希尔（'Ali ibn 'Abd-Allah ibn Marzuq ibn al-Hill）（卒于1944年）的指导下诵读《古兰经》。他的兄弟是诸多在阿拉万教授《古兰经》的知名谢赫族人之一。谢赫·阿布·喀伊尔之后在谢赫·塔利布·哈里布（Shaykh al-Talib al-Habib）（卒于1972年）的指导下学习阅读。谢赫·哈里布是一位风趣的学者并且精通奏唱《古兰经》以及书法，与此同时，他还完善了不同的诵读《古兰经》的模式和依据《古兰经》进行裁决的体系。他可以说是他那个当代《古兰经》研究的最伟大学者之一。

在他早年跟随谢赫·塔利布·哈里布学习之时，阿布·喀伊尔就能够对《古兰经》过目成诵，毫无差错。很多乌力马认为这是很难的一件事，因此他们不相信他能记忆整本圣书。然而，当毛里塔尼亚的乌力马来到阿拉万测试他的时候，他们发现他在诵读①和书写《古兰经》方面都表现得很流畅，知识渊博。阿布·喀伊尔后来师从阿布·阿巴斯·艾哈迈德·伊本·萨利赫·苏奇（Abu al-'Abbas Ahmad ibn al-Salih al-Suqi）研读《喀兹拉吉亚赫》（Khazrajiyyah）②。后来他又师从本族长老阿马尔·鲁卡迪（'Amar al-Ruqadi）继续研习此书。

他后来又在阿布·阿巴斯·艾哈迈德·伊本·萨利赫·苏奇的指导下研习拉齐的《阿尔费亚赫》（Alfiyyah of al-'Iraqi）③，这是

---

① 《撒赫拉，苏丹，通布图、申其特和阿拉万的历史叙述和各国历史纲要》（Kitab al-tarjuman fi tarikh al-Sahra' wa 'l Sudan wa balad Timbukt wa Shinqit wa Arawan wa nabdh min tarikh al-zaman fi jami''l-buldan），艾哈迈德·巴巴研究所，第762号手稿，第25页。

② 这是阿卜杜拉·伊本·奥斯曼·卡兹拉吉（Abd Allah ibn Uthman al-Khazraji）所著的一本关于韵律学的书籍。韵律学是研究阿拉伯诗歌诗句词尾和押韵的学科。

③ 拉齐全名（'Abd al-Rahim ibn al-Husayn b. 'Abd al-Rahman Abu 'l Fadl Zayn al-Din），又叫哈菲兹·拉齐（al-Hafiz al-'Iraqi），卒于1404年。这首诗叫做《阿尔费亚》，字面意思是"一千"，指的是带有一千句诗句或对句的说教诗。《阿尔费亚》这本书是一部以说教诗的方式研究先知传统的作品。

第十六章 谢赫·阿布·喀伊尔：杰出的学者和安拉的虔诚友人

一本关于先知传统的著作。阿布·阿巴斯·艾哈迈德·伊本·萨利赫·苏奇后来允许他讲述和教授此书。[1] 他熟记了《古兰经》，并掌握了其演颂艺术和依据《古兰经》进行裁决的技艺。在这之后，在法学家谢赫·艾哈迈德·伊本·巴巴卡尔·伊本·萨义德（Shaykh Ahmad ibn Babakr ibn al-Sayd）（卒于 1921 年）[2] 的指导下，阿布·喀伊尔在阿拉万继续学习了伊斯兰实体法、法学渊源方法论、先知传统、语法、语言学、阿拉伯文学、修辞学、逻辑学和其他一些学科。

谢赫·阿布·喀伊尔有很多学生，包括马乌雷·艾哈迈德·巴比尔·阿拉瓦尼（Mawlay Ahmad Babir al-Arawani）（卒于 1997 年）[3]；马乌雷·阿拉比·伊本·马乌雷·哈辛（Mawlay al-'Arabi ibn Mawlay Hashim）；马哈曼雷·马哈姆多（Mahamane Mahamoudou），[4] 他以哈姆（Hamu）这个名字知名于世，本文写就之时马姆仍然健在；[5] 穆罕默德·阿卜杜拉·伊本·艾哈迈德·伊本·阿布·拉拉夫·塔克尼（Muhammad 'Abd-Allah ibn Ahmad ibn Abu 'l-'Araf al-Takni）；[6] 谢赫·奥马尔·纳斯里（al-Shaykh 'Umar Nasiri），他来自杰内

---

[1] Al-Arawani, Abu al-Khayr,《枚举谢赫·阿比·拉巴斯·西迪·艾哈迈德·伊本·萨利赫·苏奇的德性》，艾哈迈德·巴巴研究所，第 1034 号手稿。

[2] 他是一位法官（也曾是首席大法官），一位饱学之士和睿智的学者，卒于 1921 年，全名是西迪·艾哈迈德·伊本·巴巴卡尔·伊本·萨义德·伊本·法基·苏莱曼·伊本·塔利班·伊本·法基·苏莱曼·伊本·穆罕默德·阿哥汗·伊本·谢赫·西迪·艾哈迈德·伊本·阿达（Sidi Ahmad ibn Bubakr ibn al-Sayd ibn al-Faqih Sulayman ibn Taliban ibn al-Faqih Sulayman ibn Muhammad Aghan ibn al-Shaykh Sidi Ahmad ibn Add）。他也曾即兴创作过诗歌。

[3] 他是《引介荣耀的通布图城学者带来永恒的快乐》（al-Sa'ada al-abadiyya fi 'l-ta'rif bi 'ulama Timbukt al-bahiyya）一书的作者。

[4] 需要恰当指出的是，谢赫·马乌雷·阿拉比（Shaykh Mawlay al-'Arabi）是哈姆（Hamu）的实际和直接的老师。但是哈姆的老师教导他说在谢赫·阿布·喀伊尔身边进行学习将会被他的知识福佑，因此马乌累·阿拉比"强迫"谢赫·阿布·喀伊尔为他的学生哈姆教授一些课程。

[5] 哈姆是一位能干的抄录者和杰出的学者，他阅读了伊本·阿比·扎伊德·卡伊拉瓦尼（Ibn Abi Zayd al-Qayrawani）的《启示》（Risala）一书，还有一些谢赫·阿布·喀伊尔收藏的《穆罕默德言行录》相关的书籍。

[6] 阿布·拉拉夫（Abu 'l-'Araf）被他那个时代的乌力马（穆斯林学者）认为是阿拉伯语法的无可争议的权威。

◈ 第三部分 通布图的学者

(Jenne) 附近一个叫塔伊 (Tayi) 的村庄；西迪·穆罕默德·拉赫曼 (Sidi Muhammad al-Rahmah) （卒于 2004 年）；西迪·乌尔德·卡迪 (Sidi Ould al-Qadi)，他在本文写就之时仍然健在；布·阿里·伊本·西迪·布巴卡尔 (Bu'Ali ibn Sidi Bubakr)；沙伊巴尼·伊本·穆罕默德·穆赫塔尔 (al-Shaybani ibn Muhammad al-Mukhtar) 和伊玛目·安苏努胡 (Imam Ansunughu)。

谢赫的经历

谢赫·阿布·喀伊尔往返于阿拉万和通布图之间，每年在两个城市各待半年时间。他的一生都是在做礼拜和学问研究之中度过的。即使到了老年，他一天的生活也是在黎明祷告中开始，他通常在祷告中诵读《哲拉莱尼古兰经注》的五分之一内容，① 然后是贾祖利（al-Jazuli）的《善的证据》。然后他会进行其他的礼拜活动和世俗工作。

日出之后，他开始教授《穆罕默德言行录》、阐释学·法学、语言学等学科。通常会有一大批乌力马参加这些聚会，他们在这里学习自己可能欠缺的知识（lost gem），② 学习包括《古兰经》阐释学、先知传统、实体法、语法学以及其他一些课程知识。这些聚会是知识传播的论坛，聚会是比较安静的，没有太多争论，除非乌力马向长老（shaykh）请教问题。③ 他推崇伊玛目·沙菲（al-Imam al-Shafi'i）（卒于回历 820 年）的规范："除非有人请教问题，一位学者应当保持缄默。"④

---

① 《哲拉莱尼古兰经注》是由两位 15 世纪著名学者阿卜杜拉赫曼·苏尤提（'Abd al-Rahman al-Suyuti）和他的老师哲拉·马哈里（Jalal al-Mahalli）合写的。

② 此术语是提尔密济（al-Tirmidhi）的圣训集（1991：301，圣训集编号 2611）和伊本马哲（Ibn Majah）的圣训集（1996：205，圣训集编号 4159）记载的一句先知传统的某种变形。这句先知传统的原话是："智慧是信仰者丢失的财宝。不论他/她在什么地方发现了智慧，他都/她都应当尽力去获取它。""丢失的财宝"比喻穆斯林应当努力寻找和拥有的那些知识。在这里，谢赫·阿布·喀伊尔的知识就是这种财宝。

③ 阿拉伯语原文。译者注：这里指的到底是只有当谢赫（谢赫）被问时，还是只有当任何人被问时，原文表达有些模糊。

④ Ibn al-Qayyim al-Jawziyyah (1999：168).

第十六章 谢赫·阿布·喀伊尔：杰出的学者和安拉的虔诚友人

在通布图的桑科尔清真寺。

白天的时候，他也会参与一些纠纷的裁决或是参与法律裁判（ifta）活动。有时他可能只是把自己的念珠（sibhah）交给诉讼当事人（尤其是贝都因人），让他们自己去和解。这时人们通常会欣然接受他对和平的期待而达成和解。这样一来，他常能解决其他乌力马和名人无法解决的难题和复杂情况。例如，毛里塔尼亚人邀请了三位学者来解决巴斯库那赫（Basikunah）问题。这个问题涉及毛里塔尼亚几个部落争夺某座水井使用权的争端。三位学者中的两位来自毛里塔尼亚，另一位来自马里。然而，当谢赫·阿布·喀伊尔参与解决这一纠纷时，毛里塔尼亚人一致认为他一个人便可以解决这一问题。他强有力的证据说服了所有争议方。

似乎谢赫·阿布·喀伊尔参与法律裁决给他带来了巨大的困扰。这不仅是因为他是无知群众中的"独行的孤儿"，也因为他给整个学者圈造成的困惑。他有些自相矛盾的观点和裁决让法律学者感到困

◈ 第三部分 通布图的学者

感,学者们在他应当采用何种标准去裁决这个问题上困惑不已。① 在写给穆罕默德·叶海亚·伊本·萨利姆·瓦拉提(Yahya ibn Salim al-Wallati)(1851 – 1936)的信中,② 谢赫·阿布·喀伊尔提出了下面的问题:

> 致作为作家、杰出学者、虔诚法学家、敬畏安拉者、渊博和纯粹者、我们的导师和时代柱石穆罕默德·叶海亚·伊本·萨利姆先生。我给您写信是为了向您请教:何处是我的救赎?因为今时今日人们身受各种限制。时代迫使我履行法律裁决的责任,因为我是诸多不学无术之人中的独行者。我只有为数不多被安拉眷顾的伙伴。让我做出能让自己自由的裁决吧。情况变得越来越复杂,因为学者观点之间的差异不断增加(愿安拉对他们和我感到满意)。我们中某些人试图不遵循众所周知的马利基教派法学课本的观点,这种做法是否可以获得准许,是否有必要?还是说我们可以将礼仪中的某些做法和观点采纳入我们的裁决实践中?我们能否依据我们时代流行的习俗('urf)做出判决?毕竟我们对时代的现实、状况以及起因都不甚了解。我们要想在法律裁决中证实这些几乎是不可能的。在如今这个时代,人们在离婚或发誓时的意图和目的能否被视为是风俗?是否像祖尔卡尼(al-Zurqani)所说的那样,如果一项风俗与马利克[伊本·阿纳斯]明确的文本冲突时,我们是否应该排除这项风俗作为裁决依据可能?如果风俗与《古兰经》文本、先知传统或教法学派冲突怎么办?

---

① 阿拉伯语原文。译者注:这些困惑和不明体现了一种重要的认识论的现实,这是伊斯兰世界任何时代都存在的,并且在欧洲殖民主义和后殖民主义时代尤为突出。

② 穆罕默德·伊本·叶海亚·伊本·穆罕默德·萨利姆(Muhammad ibn Yahya ibn Muhammad ibn Salim)出生于瓦拉塔(Walata),生活和去世于纳马(Na'ma)。他有超过70部的汇编作品,包括《〈古兰经〉启示的规则通俗读物》(al-Taysir fi ahkam al-tanzil),书中探讨了《古兰经》的规则;一篇美妙的《布哈里圣训》(Sahih al-Bukhari)纲要读本;一篇《穆宛塔圣训集》(Malik's Muwatta)纲要读本等。参见穆罕默德·叶海亚的传记,al-Takni(2000:132 – 141)。艾哈迈德·巴巴研究所,第9207号手稿。

第十六章　谢赫·阿布·喀伊尔：杰出的学者和安拉的虔诚友人

请给予我们一个能够宽慰我们心神的答案。还是说，我们应当抛弃我们时代的风俗体系？因为风俗体系中很少甚至根本不存在［真正的］学者。①

晚上他又重新开始他的教育研讨活动。这一切都不会耽误他研习卡迪·阿亚德（al-Qadi al-'Ayad）（卒于1145年）所著的《什法》（al-Shifa'）一书。而且在晚上他还会花很多时间做额外的礼拜活动。

谢赫·阿布·喀伊尔有聪明才智和过目不忘的天赋。他能够熟记教法学和法律书籍，这让他能够深刻领会这些书的内容。他对这些书籍的评注者也很熟悉，甚至熟记了《哲拉莱尼古兰经注》。和他同时代的很多学者一样，他是一本行走的百科全书。他在经注和《穆罕默德言行录》方面才华横溢，超逸绝伦。《引介荣耀的通布图城学者带来永恒的快乐》（al-Sa'adah al-abadiyya）一书的作者对他的描述很恰当：

> 我们的法学家谢赫是标准的标准，（法律）艺术大师，诠释者和塔库鲁（Takrur）无与伦比的学者。②他是塔库鲁的法学家、导师和教法权威。他唯一关心的是如何从知识中获益和如何有益于别人……他在释经和《穆罕默德言行录》知识方面无可匹敌，登峰造极。③

---

① 参见艾哈迈德·巴巴研究所，第5828号手稿，手稿名为"致穆罕默德·叶海亚·伊本·萨利姆·瓦拉提的书信"（'ila Muhammad Yahya b. Salim al-Wallati）。

② 塔库鲁（Takrur）原本是塞内加尔的一个王国，是伟大加纳帝国败亡之后建立的，某种程度上继承了加纳帝国的遗产。但是后来人们用"塔库鲁"指称整个黑人非洲，尤其是撒哈拉以南的西非地区。因此"塔库鲁"也和"黑土地"（Bilad al-Sudan）也就是"苏丹非洲"（Sudanic Africa）可以通用。

③ 参见艾哈迈德·巴巴研究所，第2752号手稿，手稿名为"引介荣耀的通布图城学者带来永恒的快乐"（al-Sa'ada al-abadiyya fi 'l-ta'rif bi 'ulama Timbukt al-bahiyya），第58—59页。

◇❖ **第三部分 通布图的学者**

同样,他的学生马哈曼雷·马哈姆多也就是哈姆·穆罕默德·德欧乌(Hamou Muhammad Dedeou)这样描述他:

> 阿布·喀伊尔是一位学者,他是文本的保险库和可靠性的明证。他对各种事件提供宗教指引,做出法律裁决,人们在这些事情上依赖着他。他是《穆罕默德言行录》及其相关研究的杰出人物。他完全具备区分可信的传统与虚假传统的能力,同时能识别传统发展的路径和细腻不为人知的点。他具备依据先知传统做出判决的天才,同时他对先知传统的意义和问题都有天才的理解。他对各种词汇,尤其是深奥的词汇,有着渊博的知识。他对文本中的那些叙述者了如指掌,包括他们的生平,姓名的准确形式——他们的头衔和父姓——他们的逝世和诞生,各种知识和传说以及他们的神圣行为。他是一位伊玛目、一位权威、[知识的]坚实柱石,一位法官,他的观点和行为虔诚、周密而又细致。在说话、做判决或者下命令时,他不会让自己的犹豫和百感交集的情绪影响自己的决定。他是耐心、平和、宽仁和坚韧的完美典范。①

穆罕默德·哈里发·伊本·穆斯塔法(Muhammad al-Khalifa ibn al-Mustafa)与谢赫·阿布·喀伊尔同时代,他不仅认同了谢赫的品德,多次拜访谢赫以寻求他的祝福,而且宣称谢赫是14世纪末(伊斯兰历)塔库鲁地区毫无争议的争端和难题解决大师。为此他曾经写过一首诗,诗中他为谢赫向安拉祷告。这首诗赞颂了谢赫·阿布·喀伊尔的品德和地位以及学者和普通人对他的尊重。

---

① Mahamane Mahamoudou,《艾勒纳瓦茨勒》(al-Nawazil),第4页,(作者私人收藏中未公开的文章)。

第十六章 谢赫·阿布·喀伊尔：杰出的学者和安拉的虔诚友人

一位当代学者正在通布图的一所学校内教课。

谢赫的诗歌

谢赫·阿布·喀伊尔和其他早期的学者都是博学之士，他们的学识并不局限于某些特定的学科。这也难怪谢赫能够创作激发和唤醒情感的美妙诗篇了。他的诗歌大多是赞颂、鼓励和悼词。[1] 他其中一篇说教性质的诗篇就赞颂了伊本·萨利姆·瓦拉提（Ibn Salim al-Wallati）的说教诗，后者在其说教诗中总结了喀利勒（Khalil）（卒于1365年）的法律论述集（Mukhtasar）。[2] 阿布·喀伊尔在该诗中将伊本·萨利姆的作品比作明亮和清晰的日月。他还曾写过一首诗称赞艾

---

[1] 由于时间不充裕，我未能收集和校对他所有的诗歌。
[2] 《喀利勒法律论述集》（Mukhtasar al-Khalil）是一部马利基学派法律学院的标准读本，也是这一学派法学著作中最经常引用的文本。它是伊沙克·伊本·喀利勒（Ishaq ibn Khalil）所著。

◈ 第三部分　通布图的学者

哈迈德·伊本·阿比·拉拉夫（Ahmad ibn Abi 'l-'Araf）（1864－1955）的财富。① 他称赞阿比·拉拉夫对收集手稿和书籍有着强烈的热爱，他把自己所有的财富和珍宝都用来换取手稿和书籍，也因此保护了这些极其珍贵的伊斯兰遗产。他还曾写过一首诗赞颂了伟大的饱学之士艾哈迈德·伊本·阿比·巴克尔·伊本·穆罕默德·萨义德（Ahmad ibn Abi Bakr ibn Muhammad al-Sayd）（卒于1921年）。这首诗被作为附录和点缀加在了谢赫·提贾尼·伊本·萨义德·穆罕默德（al-Shaykh al-Tijani ibn Sayyid Muhammad）所写的一首诗之后。

谢赫的同辈人

谢赫·阿布·喀伊尔是很多学者的同辈人，同时也是一位重要的法学家。他与他们中的大多数人保持了良好的关系。由于嫉妒、敌意和竞争的缘故，他和其中一些人关系也不太和睦。他的同辈人包括谢赫·巴伊·伊本·萨义德·阿马尔·昆蒂（al-Shaykh Bhai ibn Sayyid 'Amar al-Kunti）（1865－1929），喀伊尔曾就法律裁决和司法问题与他书信往来；谢赫·穆罕默德·叶海亚·伊本·萨利姆·瓦拉提（Shaykh Muhammad Yahya ibn Salim al-Wallati），瓦拉提赞许了谢赫·阿布·喀伊尔的品德和个人魅力，以至于他只允许后者为自己的著作和书籍收藏撰写序言；谢赫·提贾尼·伊本·穆罕默德·阿明（Shaykh al-Tijani ibn Muhammad al-Amin）（卒于1947年），他是谢赫·阿布·喀伊尔的教学同僚，他曾经在学生面前这样评价谢赫·阿

---

① 艾哈迈德·伊本·阿穆巴拉克·布·巴尔克·伊本·穆罕默德（Ahmad ibn Ambarak b. Bark ibn Muhammad），又称作阿比·拉拉夫（Abi 'l-'Araf）。他来自塔肯（Takn）部落，在摩洛哥苏斯和瓦达努恩（Sus and Wadanun）地区的卡勒米姆（Kalmim）出生和长大，最终在通布图定居。他出生在一个知识分子、法官和商人家庭。他在自己的村庄接受了教育，然后先后搬到了什恩奇特（Shinqit）和通布图。他一生的大部分时光都在通布图度过。他建立了一座图书馆，这座图书馆在保存手稿方面扮演了先驱者的角色。他主要通过抄录、购买和交换的方式保存手稿。参见《Khazzanah Ahmad bib Abi 'l-'Araf》，这是马哈曼雷·马哈姆多（Mahamane Mahamoudou）私人收藏中的一部未公开和未编目的手稿。另参见 al-Takni（2000：6－8，81）。

第十六章　谢赫·阿布·喀伊尔：杰出的学者和安拉的虔诚友人

布·喀伊尔："不要在法学家喀伊尔在场的时候问我任何问题，因为我们这些长老们都认为他的德行和知识远在我们之上。"① 另外，他的同辈人之中还包括谢赫·穆罕默德·萨利克·伊本·哈伊·坦瓦伊维（Shaykh Muhammad al-Salik ibn Khayyi al-Tanwajiwiyy），这位虔诚的学者写过20多本书，在其中一些书的前言中他对喀伊尔赞誉颇多。

除此之外还有谢赫·安塔特（安图特）（Shaykh Antat or Antut）（卒于1946年），他是一位法学家和学者，被同时代的学者认为是语法学的权威。他曾写过一篇对伊本·萨利姆（Ibn Salim）所著《曼祖玛》的评论，阿布·喀伊尔曾经对这篇评论发表过意见。其他的同辈人还包括谢赫·穆罕默德·伊本·易卜拉欣·伊本·阿比丁（Shaykh Muhammad ibn Ibrahim ibn 'Abidin），他裁决案件的能力仅次于谢赫·阿布·喀伊尔，以及穆罕默德·阿明（Muhammad al-Amin）和他的兄弟穆罕默德·塔希尔（Muhammad Tahir），又名阿达赫（Addha）。这些学者共同组建了一些教授实体法和教法学渊源方法论的学校。另外还有伟大的长老阿林·伊本·穆罕默德·伊本·艾哈迈德·伊本·穆罕默德·贝尔·阿拉瓦尼（'Alin ibn Muhammad ibn Ahmad ibn Muhammad ibn Muhammad Ber al-Arawani）（卒于1921年）。他曾经为了和谢赫·阿布·喀伊尔的判决保持一致，撤消了自己做出的判决。此外，谢赫·艾克·哈拉温（Shaykh Akk Halawin）是他法庭工作时候的朋友和同事。其他同辈人还包括谢赫·伊本·扎伊恩·贾卜西（al-Shaykh ibn al-Zayn al-Jabhi）；谢赫·穆罕默德·马哈茂德·伊本·谢赫·阿拉瓦尼（Shaykh Muhammad Mahmud ibn Shaykh al-Arawani）（1910 – 72）；谢赫·穆罕默德·塔希尔·伊本·沙拉夫（Shaykh Muhammad al-Tahir ibn Sharaf）；卡迪·巴巴·伊本·西迪（al-Qadi Baba ibn Sidi）和穆罕默德·叶海亚·乌尔德·亚康·阿伊什（Muhammad Yahya wuld Yakan al-'Ayshi）。最后提一下阿卜杜拉·伊本·巴蒂·

---

① 这是阿布·喀伊尔的学生哈姆（Hamou）口头传下来的信息，他是谢赫·谢赫·提贾尼·伊本·穆罕默德·阿明（Shaykh al-Tijani ibn Muhammad al-Amin）的亲传弟子。

第三部分 通布图的学者

伊本·穆尼尔·阿拉维('Abd-Allah ibn Badi ibn al-Munir al-'Alawi,),他是词法的大师级学者,在评论《古兰经》的诗篇时,他总是首先运用词学规则和其他虔诚学者的词学研究成果对诗篇进行考察。

总的来说,谢赫·阿布·喀伊尔和他同时代的很多人都保持着密切的关系,不论他们是黑人还是白人,也不论他们居住在沙漠还是尼日尔河河湾地区。他们聚集在一起讨论《古兰经》的注释和先知传统,庆贺先知的诞辰。他们之间的爱、团结和相互关心在这样场合中得到了加强和巩固。

成文著作

《阿拉万和塔乌德尼历史》(Tarikh Arawan wa Tawdeni)

这份是一份用现代苏丹体文字书写的四页纸手稿。[①] 手稿一开始是由西迪·伊本·穆罕默德·拉希姆(Sidi ibn Muhammad al-Rahim)和阿布丹·苏丹('Abdan al-Sultan)书写的,最终在谢赫·阿布·喀伊尔手上完成。喀伊尔在1962年的时候重新核对了该手稿。叙述塔乌德尼历史的两页是附在手稿上的。手稿叙述了阿拉万的建城史,主要采用了西迪·乌尔瓦赫(Sidi 'Urwah)关于建城时间、建城者以及随后城市如何扩大和发展的知识。西迪·乌尔瓦赫明确表示,艾哈迈德·伊本·阿德·伊本·阿比·巴克尔在离开苏克(al-Suq)之后建立了阿拉万城。阿勒苏克则在他离开之后一两年就被摧毁了。在最终定居并建立阿拉万之前,艾哈迈德·伊本·阿德去过很多地方,例如阿德拉尔(Adrar)、塔达拉拉特(Tadararat)和塔里克(Talik)。在塔里克他娶了一位来自阿马克莎兰(Amaqsharan)部落的名为法蒂玛·宾特·菲尔道斯(Fatima bint al-Firdaws)的女子。阿马克莎兰部

---

① 该手稿是由西迪·穆罕默德和阿布德拉赫曼·伊本·苏丹('Abd al-Rahman ibn al-Sultan)抄录的,艾哈迈德·巴巴研究所,第621号手稿。

第十六章 谢赫·阿布·喀伊尔：杰出的学者和安拉的虔诚友人

落拥有着阿拉万所在之地。然而，阿马克莎兰部落之间关于土地权利的争端不断，因此谢赫·艾哈迈德·伊本·阿德"诅咒"了他们，最后他们土崩瓦解成了几个很小的部落。手稿还提及了其他来到阿拉万定居的家族，包括来自艾勒卡巴尔（al-Kabal）的瓦斯拉塔胡（Wasratawhu）家族；伊德瓦勒（Idwa'il）的祖父瓦里·哈什米·穆赫塔尔（al-Wali al-Hashimi al-Mukhtar）；布·阿里育（Bu'Aliyu）家族；艾哈迈德·萨伊赫（Ahmad al-Sa'ih）家族和巴拉比什（Barabish）家族。阿拉万城的建设在拉希卜·伊本·西迪·伊本·穆罕默德·伊本·阿马姆（Lahib ibn Sidi ibn Muhammad ibn 'Ammam）到来之时达到了顶峰。因为他的很多忠诚信徒为了获得他和他前任的福佑，追随他来到了阿拉万。在巴拉比什家族长老艾哈迈德·拉比德（Ahmad La'bid）的帮助下，他们建起了房屋，挖掘了超过140座水井。来自古达米斯（Ghadamis）的商人通过开展各种商品贸易复兴了这座城市。他们中的很多人就出生在阿拉万和图瓦特城。来自南边通布图的奶牛、绵羊、油脂和其他商品被输入到这座城镇。

手稿的结尾劝告阿拉万的居民追随和顺从他们的统治者。

《天赋论》（Maktub fi al-waqf）

这份手稿[1]是论述宗教天赋和才能的著作，包含了四页手稿，均是以小而清晰的字体书写。手稿的部分被水渍损毁。谢赫·阿布·喀伊尔提到了阿拉伯字母表上字母的数字意义，认为这清楚展示了伊斯兰世界西部和东部地区的差异[2]（如字母"alif"对应着数字"1"，字母"ba"对应着"2"，字母"waw"对应着"6"，字母"ha"对应着"5"）。

---

[1] Al-Arawani, Abu al-Khayr。参见玛玛·哈伊达拉图书馆（Mamma Haidara Library），第2264号手稿。

[2] "伊斯兰马格里布"（al-Maghrib al-Islami）这一术语在地理上指的是今天从利比亚到摩洛哥的地区，包括马里和毛里塔尼亚。术语"伊斯兰马什里克"（al-Mashriq al-Islami）与其相对，指的是东边的伊斯兰和阿拉伯地区如黎凡特（Levant）地区（Bilad al-Sham），阿拉伯半岛和伊拉克等地。

第三部分 通布图的学者

例如，在单词"ayqash"中，最后一个字母"sh"在伊斯兰世界西边地区意味着"1000"，而在伊斯兰世界东边地区则是字母"gh"表示"1000"。因此单词"ayqash"在东边地区会写成"ayqagh"。

接着，他讨论了印度数字命理学，因为印度数字命理学中字母的数字计算和阿拉伯世界西部地区（马格里布）较为接近。他还考察了《忠诚章》（《古兰经》中探讨安拉的唯一性的章节）的益处，他思考应该如何采用这一章来实现一个人的愿望和祈求。

穆罕默德·叶海亚·伊本·萨利姆之说教诗《将近两个月》的阐释之宏伟成就（Fath al-karim 'ala' manzuma Muhammad Yahya ibn Salim al-musammah nahwi shahrayn）

传统的穆斯林学者有解释自己作品创作动机的习惯，谢赫·阿布·喀伊尔继承了这一做法。在解释自己为什么写《宏伟成就》[①] 这篇文章时，他写道：

> 一些兄弟请求我就穆罕默德·叶海亚·伊本·西迪·穆罕默德·伊本·萨利姆（Muhammad Yahya ibn Sidi Muhammad ibn Salim）论述阿拉伯（语言）科学的说教诗写一篇简洁易懂的评论。清心寡欲的穆罕默德·叶海亚·伊本·萨利姆是知名的安拉仆人。这篇文章是为了分析这首诗的文字和结构，尽可能澄清其意义模糊的地方。我尽量用一种适当和舒适的方式去阐释它，既要让敬爱友善的作者满意，又不迎合嫉妒的坏人。尽管资源贫乏，智识愚拙，面对这一请求我还是答应了。因为在此过程中我将受益匪浅，因为诗中呈现的大德，因为安拉在此过程中将给予我接纳和指引，所有这些都将指导我走上最正直的道路。

[①] Al-Arawani, Abu al-Khayr ibn 'Abd-Allah ibn Marzuq, 藏于艾哈迈德·巴巴研究所，第 419 号手稿，另一版本藏于玛玛·哈伊达拉图书馆，第 3247 号手稿。

第十六章　谢赫·阿布·喀伊尔：杰出的学者和安拉的虔诚友人

这份手稿包含 86 页文本，它是原稿，也就是作者亲自以萨拉威（Sahrawi）字体书写的。手稿并未提及作者签名和抄写的日期，就我所知也未曾被印刷过。手稿包含了大部分的阿拉伯语格言的规则，例如小品词（介词、宾格小品词、废止小品词等）和名词（有定和无定，阴阳性等）。同时，手稿还讨论了动词及其不同格，例如无格形式（根格）和衍生形式。因此，对于想全面了解阿拉伯语格言知识的人来说，这份手稿可以说是一篇非常珍贵的评注。当然，这份手稿也并非完美无缺，手稿有几页存在字迹模糊难辨的情况。尽管如此，这份手稿还是值得关注、阅读和研究的原始资料。

无可辩驳地反对异议者言论，这些异议者反对在各种祈祷活动中双臂交叉在胸前（Al-jawab al-muskit fi radd hujjaj al-mu'tarid 'ala 'l-qa'ilin bi nadbiyya al-qabd fi salah al-nafl wa 'l-fard）

这份经过鉴定的手稿①包含了 10 页内容，其中最后两页是一篇评论和重申。阿布·喀伊尔重申了自己转发给穆罕默德·伊本·喀亚勒·廷瓦吉·廷巴克提（Muhammad ibn Khayy al-Tinwaji al-Tinbukti）和穆罕默德·伊本·易卜拉欣·伊本·阿比丁·伊本·塔希尔·昆蒂（Muhammad ibn Ibrahim ibn 'Abidin ibn al-Tahir al-Kunti）的证据之真实性和正确性。

阿布·喀伊尔 1952 年创造了这份手稿，穆罕默德·塔希尔（Muhammad al-Tahir），又名沙拉夫·巴巴（Sharaf Baba）用优美的萨拉威（Sahrawi）字体进行了抄录。阿布·喀伊尔在这份手稿中探讨了一个问题——祈祷中手臂应当放下还是交叉在胸前。对这个问题的不同的态度导致了穆斯林之间的分歧（现在依然如此），破坏了他们之间的团结，导致内讧和冲突时有发生。作者在手稿中表示，双臂交叉在胸前是强制性的，正宗的先知传统中可以找到相关表述。他回应这个问题是为了说服某些学者，这些学者拒绝接受特定《穆罕默德言行录》

---

① Al-Arawani, Abu al-Khayr, 艾哈迈德·巴巴研究所，第 632 和第 2812 号手稿。

第三部分 通布图的学者

中对这个问题的规定。他说:

> 我们注意到今天某些博学之士的观点,我们可以判断他们的观点是不符合《穆罕默德言行录》的。《穆罕默德言行录》是可信的、明确的和美妙的。它对祈祷时"双臂交叉在胸前"的规定是与穆罕默德的要求一脉相承的。我们被命令去这样祈祷,因此,毫无疑问,维护这种圣行(sunnah)是我们的义务,我们的尊严,也是我们祈祷中的行动。

阿布·喀伊尔论证说,先知传统对"祈祷时双臂交叉在胸前"这一规定是可信的和无疑的。这一规定在所有的第一手《穆罕默德言行录》汇编作品中都提到过,例如《布哈里圣训》(al-Bukhari)、《穆斯林圣训实录》(Muslim)、《穆宛塔圣训集》(Muwatta of Malik),伊本·库扎伊玛的(Ibn Khuzayma)《圣训实录》(Sahih)、《奈萨仪圣训集》(al-Nasa'i),泰伯里(al-Tabrani)的《经注》,伊本·希班(Ibn Hiban)的《圣训实录》,提尔密济(al-Tirmidhi)的《提尔密济圣训集》(Jami'),《艾布·达吾德圣训集》(Abu Dawud),艾哈迈德·伊本·罕伯里(Ahmad ibn Hanbal)的《圣训集》等。[①]

因此,他宣称大多数居住在麦地那的先知圣伴及其继任者们[②]只采取双臂交叉在胸前的方式进行祷告。至于麦地那人的那种放下双臂的实践[③](反对双臂交叉在胸前的人以此为证据)并不是规范的行

[①] 这些作品中主要收录了先知及圣伴时代的传统信仰。六大正统圣训集包括《布哈里圣训实录》(al-Bukhari)、《穆斯林圣训实录》(Sahih Muslim)、《提尔密济圣训集》(Jami' al-Tirmidhi)、《艾布·达吾德圣训集》(Sunan Abi Dawud)、《伊本·马哲圣训集》(Sunan ibn Majah)和《奈萨仪圣训集》(Sunan al-Nasa'i)。另外至少还有15种圣训集都被视为是可靠的资料。

[②] 第二代穆斯林是在圣伴(the companions)那一代穆斯林之后到来的,他们与先知穆罕默德的伙伴们相见相遇相处。

[③] 在马利基派(Maliki)学校里,麦地那人的生活实践被视为是法律的源头,同时也是马利基派法律认识论的源头之一。马利基派认为既然先知和他的大部分伙伴都生活在麦地那,那么有理由认为麦地那人的实践最能反映先知的实践。

第十六章 谢赫·阿布·喀伊尔：杰出的学者和安拉的虔诚友人

为。在四大哈里发时期（Rightly Guided Caliphs）① 这种行为才被当作是立法的依据。但这种法律规定是在四大哈里发去世之后，也是在圣伴时代结束之后才生效的。

汇编作品

谢赫·阿布·喀伊尔的写作涉及几乎所有的学科，从法律（超过30部作品）、教法学、历史到文学。尽管谢赫是一位《穆罕默德言行录》的伟大注释家和研究者，我们并没有见过他关于《古兰经》注释的作品，也未曾见过他授权自己学生撰写此类作品。②

《朝暮反思是成功的关键》（Miftah al-falah fi adhkar al-masa'wa 'l-sabah）③ 是他诸多作品中的一本。他写过几首诗，一首悼诗④，一首对优素福（Yusuf）的赞美诗⑤以及一首对世界的谴责诗⑥。他的一篇论文回应了在清真寺中睡觉的问题⑦；而在另一篇中，他谈到了阿布·拉巴斯·西迪·艾哈迈德·伊本·萨利赫·苏奇（Abu 'l-'Abbas Sidi Ahmad ibn al-Salih al-Suqi）的德性问题⑧。另外还有他发给穆罕默德·伊本·西迪克（Muhammad ibn al-Siddiq）⑨ 和阿勒法·萨利姆·巴贝尔·通布克提（Alfa Salim Baber al-Timbukti）⑩ 的书面授权以及一份对某个《穆罕默德言行录》的认可⑪。他的作品中还包

---

① "正确引导的哈里发"（Rightly Guided Caliphs）时代指的是先知去世之后的第一批四位哈里发的时代，从伊斯兰历11年到40年（公元632—660年），大约30年时间。
② 授权（ijaza）是伊斯兰学术的专家导师允许他的学生依据老师的书籍和想法教授相关课程的现象。尤其教授先知传统和其他学科以及《古兰经》诵读方面课程需要获得授权。
③ 手稿编号8368和9530，艾哈迈德·巴巴研究所。
④ 手稿编号9533，艾哈迈德·巴巴研究所。
⑤ 由作者抄录，al-Arawani, Abu al-Khayr，参见第3085号手稿，艾哈迈德·巴巴研究所。
⑥ 由作者抄录，al-Arawani, Abu al-Khayr，参见第4730号手稿，艾哈迈德·巴巴研究所。
⑦ 由作者抄录，al-Arawani, Abu al-Khayr，参见第1034号手稿，艾哈迈德·巴巴研究所。
⑧ 手稿编号1033，艾哈迈德·巴巴研究所。
⑨ 手稿编号3442，艾哈迈德·巴巴研究所。
⑩ 手稿编号6355，艾哈迈德·巴巴研究所。
⑪ 手稿编号3930，艾哈迈德·巴巴研究所。

◈ 第三部分　通布图的学者

含众多信件，包括一封写给法官穆罕默德·阿明·伊本·艾哈迈德·巴巴·伊本·阿比勒·阿巴斯·哈萨尼（Muhammad al-Amin ibn Ahmad Baba ibn Abi'l-'Abbas al-Hasani）① 的；一封写给法官艾哈迈德·巴巴·本·阿比勒·阿巴斯·本·奥马尔·本·扎亚恩·哈萨尼（Ahmad Baba b. Abi'l-'Abbas b. 'Umar b. Zayan al-Hasani）② 的；一封驳斥信，信中认为与殖民者保持亲善和贸易关系的穆斯林的财富是不合理的③；一封讨论代理的信④；一封致穆罕默德·叶海亚·伊本·穆罕默德·萨利姆·瓦拉提（(Muhammad Yahya ibn Muhammad Salim al-Wallati) 的信⑤；一封回信，回应针对离婚后强制等待期的质疑，这种等待期是针对欲再婚的女性；一封讨论出售肉类换取缝制皮革的行为⑥；最后还有一份法律裁决⑦。

谢赫·阿布·喀伊尔做出过很多判决，其中有一份是针对艾哈迈德·伊本·阿比·巴克尔·伊本·萨义德（Ahmad ibn Abi Bakr ibn al-Sayyad）做出的⑧；一份针对不公开婚姻⑨；另一份针对天课（捐献）⑩；其他一些是针对馈赠（礼物）⑪ 和两个节日活动的至上领导权（imama）（发布训诫和领导祷告）的问题⑫。另外一些判决讨论了沙漠居民交易绵羊的事情⑬；还有的探讨和解问题⑭；有些是关于以货

---

① 手稿编号3728，艾哈迈德·巴巴研究所。
② 手稿编号3884，艾哈迈德·巴巴研究所。
③ 手稿编号5286，艾哈迈德·巴巴研究所。
④ 手稿编号5609，艾哈迈德·巴巴研究所。
⑤ 手稿编号5828，艾哈迈德·巴巴研究所。
⑥ 手稿编号650，艾哈迈德·巴巴研究所。
⑦ 手稿编号1545，艾哈迈德·巴巴研究所。
⑧ 手稿编号1546，艾哈迈德·巴巴研究所。
⑨ 手稿编号3959，艾哈迈德·巴巴研究所。
⑩ 手稿编号2623和2624，艾哈迈德·巴巴研究所。
⑪ 手稿编号3443，艾哈迈德·巴巴研究所。
⑫ 手稿编号3247，艾哈迈德·巴巴研究所。
⑬ 手稿编号3533，艾哈迈德·巴巴研究所。
⑭ 手稿编号5918，艾哈迈德·巴巴研究所。

第十六章 谢赫·阿布·喀伊尔：杰出的学者和安拉的虔诚友人

易货和商贸问题①；有些关于继承问题②；有些关于权力授予和委托问题③；此外还有关于中介问题④的判决。

其中有一份法律裁决是关于布罕（Buhan）家族和伊姆兰（'Imran）家族之间围绕哈斯·阿布亚德（al-Hass al-Abyad）水井的争端⑤。此外，还有一系列的法律裁决⑥和回应⑦，以及穆罕默德·叶海亚·伊本·萨利姆对阿布·喀伊尔所提问题的回复⑧。除此之外，还包括伊本·阿什尔（Ibn 'Ashir）对《阿伊鲁米亚》（Ajrumiyya）⑨这本书的评论，以及他评论《马拉奇艾勒苏都》（Maraqi al-su'ud）⑩一书的未竟之作。喀伊尔作品中还包括姆纳瓦拉教学法（munawala）⑪的信息以及他针对很多其他事务做出的裁决⑫。

我们可以清楚地看到，谢赫·阿布·喀伊尔不仅是一位活跃的学者，更是一位和平解决争端的典范人物。他的逝去在这一地区造成了真空的状态，尤其是在通布图和阿拉万这两个地方。

参考文献

Hunwick JO & RS O'Fahey（Eds）（2003）Arabic literature of Afri-

---

① 手稿编号5962，艾哈迈德·巴巴研究所。
② 手稿编号5981，艾哈迈德·巴巴研究所。
③ 手稿编号5991，艾哈迈德·巴巴研究所。
④ 手稿编号7953，艾哈迈德·巴巴研究所。
⑤ 手稿编号8047，艾哈迈德·巴巴研究所。
⑥ 手稿编号10，玛玛·哈伊达拉图书馆。
⑦ 手稿编号8，3245和3268，玛玛·哈伊达拉图书馆。
⑧ 手稿编号5113，艾哈迈德·巴巴研究所。
⑨ 这是一本关于阿拉伯语语法的作品。
⑩ 此书原版抄本中的一本现存于伊玛目沙伊巴尼（al-Shaybani）处。沙伊巴尼是安松格（Ansongo）村的伊玛目，该村位于加奥（Gao）附近。他是谢赫·阿布·喀伊尔的学生。
⑪ 姆纳瓦拉教学法（munawala）是一种师从导师或掌握特定知识的学者学习先知传统的方法和形式。参见See al-Takni（2000：67）。Mahamane Mahamoudou，al-Nawazil，第4页；艾哈迈德·巴巴研究所，第2752号手稿，手稿名为《引介荣耀的通布图城学者带来永恒的快乐》（al-Sa'ada al-abadiyya fi'l-ta'rif bi'ulama Timbukt al-bahiyya），第59页。
⑫ 哈姆（谢赫·阿布·喀伊尔的学生）到目前为止已经收集了35份法律裁决，汇编成册，名为《谢赫·阿比·喀伊尔·伊本·阿卜杜拉·阿拉瓦尼的法律裁决》（Nawazil al-Shaykh Abi'l-Khayr bin 'Abd-Allah al-Arawani）。他仍在继续这项工作。

ca: The writings of western Sudanic Africa (Vol. 4). Leiden: Brill.

Ibn al-Qayyim al-Jawziyyah (1999) Ilam al-Muwaqiin (Vol. 4, second edition). Beirut: Dar al-Kutub al-Ilmiyyah.

Ibn Majah A (1996) Sunan ibn Majah (Vol. 12). Beirut: Dar al-Maarifah.

al-Takni A (2000) Izala al-rayb wa 'l Shakk wa ' l-tafrit fi dhikr al-mu' allifin min ahl al-Takrur wa ' l-Sahra' wa ahl ' l-Shinqit. Edited by al-Hadi al-Mabruk al-Dali. Zawiya, Libya: al-Hadi al-Mabruk al-Dali.

al-Tirmidhi M (1991) Jami ' al-Tirmidhi (Vol. 9). Beirut: al-Maktab al-Islami.

第四部分
通布图的图书馆

许多手稿因被虫咬、被忽略、潮湿和储存不当而毁坏。

第十七章　马里手稿的状态和维护

阿卜杜勒·卡德尔·海达拉

(Abdel Kader Haidara)*

本章探讨了马里，尤其是通布图和周边地区手稿的状态，以及它们"消失"（被隐匿）直至"重见天日"的那段历史。除此之外还将介绍伊斯兰文化—手稿的维护和珍藏联盟（Sauve-guarde et Valorisation des Manuscrits pour la Défence de la Culture Islamique，Savama-DCI）这个机构，它是1996年成立的私人图书馆联盟，致力于通布图手稿的保存。

手稿的状态

通布图市有着正宗的伊斯兰文化，它是学生汲取知识、学者做学问的殿堂。此地建筑风格独特、文学底蕴深厚、手稿图书馆也藏书丰富。通布图和周边地区大约有408处私人手稿收藏馆，还不算其他类型的收藏馆。

总的来说，这些手稿反映了我们的文明传统，但更多的是我们的记载和书面遗产。这份遗产是祖先给予我们的莫大馈赠和丰厚回报。手稿承载了他们的集体回忆、证明了他们的身份和思想，也总结了他们的经验。手稿有着丰富的思想和科学内涵，突出了我们祖先的建设

---

* 译自穆罕默德·萨义德·马特（Mohamed Shaid Mathee）的阿拉伯文著作。

◈ 第四部分 通布图的图书馆

性贡献以及他们为伊斯兰文明的发展所做的不可磨灭的贡献。

通布图玛玛·海达拉手稿图书馆的入口。

手稿的内容涉及各个领域的知识，涵盖各个学科，其中包括《古兰经》及其蕴含的科学、《古兰经》释经学、圣训、伊斯兰实体法和教法学的源方法论、神学、苏菲主义（诺斯底主义）、哲学、心理学、生物学、几何学、逻辑学、修辞学、语法（句法）、阿拉伯语、旅行、地理学、历史学、政治学、算数、天文学、占卜学、医学、化学、物理学、气象学、植物学、音乐、教学法、传记和如何处理纠纷。此外还涉及诸如伊斯兰教的宽容、妇女儿童权利、孤儿的权利、劳工权益和人权等问题。

文件的种类也多种多样：有行政类、科学类、商业类和政治类文件；私人信件；有关部落、民族、城市和国家间关系的手稿；关于各种事宜的宗教裁决，等等。

然而，这些手稿的状态大部分都很糟糕，由于白蚁和其他昆虫、重视不足、空气潮湿和不恰当的储存方法，许多手稿都已失存。如果没有这些不利因素，通布图和周边地区的手稿数量估计有百万部。然而，最新估计表明，马里现存手稿仅有100万部，分布在国家、私人及家族图书馆和收藏馆。例如，我们发现通布图省（不仅仅是市）的一些收藏馆和图书馆总共藏有101802部手稿。在塞古（Ségou）、加奥（Gao）、卡伊（Kaye）、莫普提（Mopti）和基达尔（Kidal）的手稿数量可能也相差不多。

手稿的"消失"

毫无疑问，这些手稿被隐匿了很长一段时间，大概有一个世纪以上。这是因为在殖民时期及其后的一段时间内访问此地区的学者没有提及这些手稿。而且在各级学校和大学，学生们被教导：非洲没有书面历史记载，历史仅通过口述延续下来。

然而，在欧洲殖民者到来之前，一些旅行家的著作就提及了这些珍贵手稿的存在。非洲沦为殖民地前，到此旅行的著名旅行家伊本·白图泰（Ibn Battuta）和17世纪游历于此的哈桑·瓦赞（al-Hasan al-Wazzan）（也叫非洲人莱昂，Leo Africanus）都谈到通布图地区的手稿，还有那些保护手稿的人。

手稿的"消失"和后来能重见天日原因众多。最重要的一个原因应该是非洲穆斯林学者和殖民者之间的冲突和争端，因为殖民者在抵达之后开始有计划地掠夺并将手稿转移至欧洲城市。例如，著名学者谢赫·奥马尔·塔尔（Shaykh 'Umar Tal，卒于1865年，Shaykh音译为谢赫，是阿拉伯语里的尊称，意为长老、导师、前辈等）收藏的所有手稿被带到法国，如今还保存在巴黎的法国国家图书馆（French National Library）。其他学者的手稿被移至不同的欧洲国家首都和主要

⬥ 第四部分 通布图的图书馆

城市。因为殖民者的这些举动，非洲穆斯林学者开始将他们手中所有的手稿隐藏起来。他们或是把手稿装进皮包，或是埋进洞里，或是留在沙漠废弃的山洞里，又或是把藏书馆的门用泥土封起来。

玛玛·海达拉手稿图书馆的管理人，阿卜杜勒·卡迪尔·海达拉（Abdel Kader Haidara）。

手稿重新出现的原因

随着殖民主义的结束，该地区的人们开始把注意力转向那些被隐藏和掩埋的手稿。1964 年，联合国教科文组织在通布图召开了一个关于非洲世界遗产的国际会议。与会者关注了非洲手稿，并一致同意建立各种中心来研究和维护这些手稿。例如塞内加尔首都达喀尔的撒哈拉以南非洲基础研究院（Institut Fondamental de l'Afrique Noire, IFAN）致力于研究、整理和记录尼日尔首都尼亚美的口头历史叙述，还有一个中心致力于寻找和保护马里通布图市的旧手稿。

著名的艾哈迈德·巴巴研究院（Ahmed Baba Institute）就因此于1973年在通布图成立（更多详情见第二十章），它以16、17世纪通布图最有名的学者之一艾哈迈德·巴巴·苏丹尼·通布克提（Ahmad Baba al-Sudani al-Timbukti）命名。研究院的员工发起了宣传运动，鼓励人们拿出他们和他们祖先隐藏的手稿。他们向人们保证，此次手稿收集活动是为了保护和保存手稿，使它们不被偷盗，或再次被掠夺。他们也向手稿持有者保证，如果他们想阅读或对手稿做研究而从中获益，手稿控制权还是在持有者手里。通过这种方式，研究院及其工作人员花费了巨大努力和成本将一些手稿慢慢收集起来。

许多小型的图书馆收藏在通布图及附近地区的私人家中。这些珍贵的传家宝通常被保存在旅行箱或柜子中，非常容易损坏。

然而，这些努力收效甚微。大部分手稿都是在1991年后才被收集起来。这与当时新政府选举有关。新政府将民主权利归还给市民，其中包括成立基金会、公司和民间协会的权利。手稿持有者抓住这次机会，成立了一个致力于保存和评估这些手稿的协会。他们发起了另外一项宣传运动，向人们解释手稿的科学和文明价值，力劝人们把手稿上交至艾哈迈德·巴巴研究院这个公共手稿图书馆。

第一个向公众开放的私人图书馆叫玛玛·海达拉家族图书馆（Mamma Haidara Library），它由纽约的梅隆基金会（Andrew Mellon Foundation）资助。此后许多私人图书馆也相继开放。如今通布图有21个私人图书馆，许多手稿因此得以重见天日。

伊斯兰文化—手稿的维护和珍藏联盟（Savama-DCI）

Savama-DCI 是通布图的一个非政府组织，成立于1996年，旨在在伊斯兰文化的保护过程中对手稿进行维护和评估。2005年，它与马里政府签订了一项合同。它与马里文化部合作，在杰内（Jenne）市建立一座综合性图书馆，由若干小型图书馆组成。文化部还出资组建此图书馆，后于2005年开放。

Savama-DCI 还与福特基金会（Ford Foundation）签署了一项协议。在本书写作之时，福特基金会承诺在2005—2008年向 Savama-DCI 捐赠50多万美金。有了这笔资助，Savama-DCI 已成立、翻修了三座私人图书馆：

海达拉家族图书馆（翻修）；

伊玛目·苏尤提图书馆（Imam al-Suyuti Library，伊玛目是伊斯兰教宗教领袖或学者的尊称），紧邻金戈伯大清真寺（Jingere-Ber Mosque）

旺加里图书馆（Wangari Library）。

这三座图书馆都于2006年4月揭牌。Savama-DCI 还承诺到2007年底实现如下目标：

从三座图书馆中各取500部手稿，对手稿的信息进行索引分类；

从三座图书馆中各取500部手稿进行保存和维护；

培训青年如何做索引；

第十七章 马里手稿的状态和维护

培训 50 名左右妇女如何维护手稿；

继续寻找其它私人收藏馆的手稿；

翻译与战争应对、伊斯兰教的宽容和妇女权利等问题相关的 10 部手稿；

于 2008 年底在通布图组织一场关于非洲手稿的国际会议。

所有这些活动都由福特基金会赞助。

◈ 第四部分 通布图的图书馆

伊斯梅尔·迪亚迪埃·海达拉，方多·卡迪图书馆的管理人。

第十八章 通布图的私人图书馆

伊斯梅尔·迪亚迪埃·海达拉
(Ismaël Diadié Haidara)
豪阿·道若(Haoua Taore)[*]

在通布图的文化生活中,私人建造图书馆是一个相对比较新的现象。从现代意义来说,图书馆是公众可以查阅书籍的地方,而通布图的图书馆更确切地说是个人或家庭为了教育或自己阅读的目的而设的私人收藏馆。

自1996年以来,通布图已有21座私人收藏馆向公众开放,如表1所示。这个数字不包括通布图市以外的图书馆。在撒哈拉沙漠的阿拉万(Arawan)和布吉别哈(Bujbeha),还有迪雷市(Diré)河岸,还有许许多多重要的图书馆。

在通布图,桑科尔地区有8座图书馆,占38%;巴金德有7座,占33%;萨雷科纳和萨雷科有4座,占19%;金戈伯有2座,占9%。因此,在通布图市的七个行政区中,四个行政区有私人图书馆,而且基本上图书馆都集中在老城区。

还没有人研究过私人收藏馆是如何出现的,但一项相关研究解释了为什么这些收藏馆在16—19世纪期间在通布图的老城区快速发展。早在16世纪下半叶,艾哈迈德·巴巴以及摩洛哥和西班牙作家就提

---

[*] 译自达维娜·艾森伯格(Davina Eisenberg)的法文著作。

第四部分　通布图的图书馆

表1　　　　　　　　　　　通布图的私人图书馆

家族管理人	图书馆名称	地点
伊玛目·阿奇布（Imam al-Aqib）	桑科尔清真寺	桑科尔
阿迪尔·穆罕默德·马哈默德（Adil Muhammad Mahmud）	卡迪·穆罕默德·马哈默德（Qadi Myhammad Mahmud）	桑科尔
穆哈默德·姆·迪笛欧（Muhmud M Dedeou）	契赫科纳·布勒（Cheihkna Bulher）	桑科尔
西迪·瓦菲（Sidi al-Wafi）	卡迪·姆·艾哈迈德·巴贝尔（Qadi M Ahmad Baber）	桑科尔
萨恩·奇菲·阿尔法（San Chirfi Alfa）	阿尔法·萨隆（Alfa Salum）	桑科尔
马哈默德·阿尔法（Mahmud Alfa）	阿尔法·易卜拉欣（Alfa Ibrahim）	桑科尔
西迪·拉明（Sidi Lamine）	西迪·古莫（Sidi Gumo）	桑科尔
马哈曼·阿布杰（Mahamane Arbije）	阿尔法·巴巴（Alfa Baba）	桑科尔
伊玛目·哈希/穆赫塔尔（Imam Hasey/Mukhtar）	旺加里（al-Wangari）	巴金德
哈姆迪·萨隆（Hamdi Salum）	波波拉夫（Boularaf）	巴金德
巴巴·西迪·巴巴（Baba Sidi Baba）	卡迪·艾哈迈德·巴巴二世（Qadi Ahmad Baba II）	巴金德
契尔菲（Chirfi）	马瓦拉纳·阿布达拉曼（Mawlana Abdalrahman）	巴金德
苏曼拉·哈姆（Sumayla Hammu）	哈姆（Hammu）	巴金德
阿布达拉曼·哈曼（Abdalrahman Haman）	阿尔法·哈曼·西迪（Alfa Haman Sidi）	巴金德
阿尔法迪·艾哈迈德·巴诺（Alfadi Ahmed Bano）	艾哈迈德·巴诺（Ahmed Bano）	巴金德
伊玛目·西迪·阿尔法·奥马尔（Imam Sidi Alfa Umar）	阿尔法·奥马尔（Alfa Umar）	萨雷科纳
阿卜杜勒·卡德尔·海达拉（Abdel Kader Haidara）	玛玛·海达拉（Mamma Haidara）	萨雷科纳

续表

家族管理人	图书馆名称	地点
伊斯梅尔·迪亚迪·海达拉（Ismaël Diadié Haidara）	方多·卡迪（Fondo Ka'ti）	萨雷科纳
阿卜杜勒·哈密德·马伊加（Abdelhamid Maiga）	契伊巴尼·马伊加（Cheibani Maiga）	萨雷科纳
伊玛目·苏尤提（Imam Suyuti）/萨恩（Sane）	金戈伯大清真寺（Jingere-Ber-Mosque）	金戈伯
伊玛目·苏尤提（Imam Suyuti）	苏尤提（Suyuti）	金戈伯

到了这些私人收藏馆。在 17 世纪的记载中，也不乏学者购买手稿的描述，以及阿斯基亚（askiyas）国王们托付给通布图学者的手稿复本。许多开办图书馆的人都是这些学者的后裔。

通布图第一座向公众开放的私人图书馆是由一位叫艾哈迈德·波拉拉夫（Ahmad Boularaf）的摩洛哥藏书家在 20 世纪创办的。波拉拉夫大约于 1864 年出生在摩洛哥，起初居住在毛里塔尼亚的辛格提。1907 年左右他创办了自己的图书馆，并雇佣誊写员抄写手稿来丰富他的收藏。1945 年，波拉拉夫收藏了 2076 部手稿，但到 2002 年，仅剩 680 部，因为许多手稿都捐给了马里政府所有的公共图书馆——艾哈迈德·巴巴研究院。目睹了波拉拉夫图书馆的衰败之后，其他私人收藏馆的主人也决定将自己的馆对公众开放。

在表 1 中列出的 21 座图书馆中，公众方便访问的只有 5 座。这 5 座图书馆的馆藏合起来有 2 万部手稿（详见表 2），但它们都有类似的手稿保存问题。

表 2   公众方便访问的图书馆

图书馆	开放年份	大致手稿数量部
海达拉家族图书馆	1996	9000

◆ 第四部分 通布图的图书馆

续表

图书馆	开放年份	大致手稿数量
方多·卡迪图书馆	1999	7026
旺加里图书馆	2003	3000
伊玛目·苏尤提图书馆	2004	800
金戈伯图书馆	2004	500

手稿的损坏

环境因素、纸墨的成分和人类的贪婪、忽视和无知都是导致手稿被损坏的因素。

要想准确了解影响通布图手稿保存的环境因素，就有必要对该市的建筑进行技术分析。收藏手稿的房间和通布图其他建筑一样，满是灰尘、日照强烈、气候多变、空间局促。手稿通常储存在铁皮箱里或在一种叫 koma 的矮桌上。这些储存方法对手稿极为不利，一是妨碍了空气流通，二是滋生如霉菌和细菌等微生物。灰尘是最大的损坏因素。

随着电在通布图的普及，人们很快就不用油灯，改用煤气灯，随后是电灯。起初他们用的是光纤灯，后改用霓虹灯，这样比较省电，但也更容易导致纸和墨褪色。

要明确气候对手稿的影响，就得分析通布图的降雨量和气温变化。在冬天，该市的温度平均为 5—12 摄氏度，而夏天的平均气温为 45—52 摄氏度。因此季节平均温差有 40 摄氏度左右，这对手稿的保存也很不利。天热、空气干燥都会使手稿发干易坏，而短短的雨季又会潮湿，滋长霉菌和细菌。其他损坏手稿的环境因素还包括污染、水灾、火灾、地震和房屋坍塌。

手稿的材料也是变质和保存困难的一大因素。在通布图的私人图书馆中，手稿大部分是羊皮纸和白纸。目前我只看到一部牛皮纸的

《古兰经》手稿，它来自 20 世纪。13 至 15 世纪的手稿保存状态普遍较好，因为当时的纸是亚麻和棉纤维制成的。然而在 16、17 世纪，纸张的质量大不如前。用于漂白的化学成分和酸性涂胶法加速了纸张的化学损坏，使纸张变得又脆又黄，还呈酸性。通布图很多手稿的年代都是 16、17 世纪的，所以 PH 值电子测量和紧急脱酸处理很有必要。此外，16 世纪所用的墨水往往含有金属。空气中的水分增加了墨水的酸性程度，墨水中的金属成分也会损坏纸张。

在一些情况下，纸张被墨水浸透，文字变得难以辨认，脆弱的纸张也因此撕裂。

在明确导致手稿集和手稿本身损坏的人为因素时，我们需考虑以下几点：

由于政治原因许多图书馆闭馆；

手稿/图书馆目录在传承过程中分散；

手稿的不当处理；

不当的储藏方法，如手稿被摞在床头柜中；

一些人为了在黑市上转卖手稿而进行偷盗；

手稿被分为几部分；

手稿持有人丢弃或破坏已受损的手稿。

上述因素是通布图私人收藏馆中手稿被破坏的主要原因。要保存这些手稿，需满足如下条件：建造适合手稿储藏的建筑物，并配有修复、数字化和储存设施；手稿必须修复并数字化；每个图书馆的手稿都需编目并出版。

方多·卡迪图书馆

今天的方多·卡迪图书馆可追溯到 1469 年，当时已皈依伊斯兰教的西哥特人阿里·赞亚德·昆蒂（Ali b. Zyad al-Kunti）离开西班牙的托莱多（Toledo），带着很多手稿逃亡，最后他来到如今马里索南可（Soninké）地区的贡布（Goumbou）。在贡布，阿斯基亚·穆罕默

◈◈ **第四部分 通布图的图书馆**

德（Askiya Muhammad）和阿尔法·卡迪·马哈茂德·阿里·赞亚德（Alfa Kati Mahmud b. Ali b. Zyad，卒于1593年）的手稿丰富了昆蒂的收藏。后来伊斯梅尔·阿尔法·卡迪（Ismael b. Alfa Kati）负责廷迪尔玛地区（Tindirma）的馆藏，一直到1612年。这些手稿后来被带到比纳地区（Bina），由马哈茂德·卡迪二世（Mahmud Kati II，卒于1648年）保管。紧接着这些手稿传给了他儿子马哈茂德·卡迪三世（Mahmud Kati III），并被带到贡穆旦（Goumdam）。后来又传到阿里·加奥（Ali Gao）的手中，接下来的传人就是马哈茂德·雅班那·本·阿里·本·马哈茂德·卡迪二世（Mahmud Abana b. Ali b. Mahmud Kadi II）。最后到了阿尔法·易卜拉欣·本·阿里·加奥·本·马哈茂德·卡迪三世（Alfa Ibrahim b. Ali Gao b. Mahmud Kati III）手里。在这一任管理者手中，图书馆解散了。1999年，那些手稿被重新收集起来，而散落在尼日尔河沿岸各个村庄的家族分支手中的手稿被带到了通布图。

方多·卡迪图书馆共藏有7028部手稿，涵盖了中世纪的全部伊斯兰教知识：《古兰经》和《古兰经》传统，法律和法律基础，神学和神秘主义，历史学和系谱学，语文学和语法，逻辑学和哲学，诗歌和韵律，天文学和占卜学，医学和药学，以及数学和物理学。一些手稿与各种问题的法律咨询和条文相关，如通布图犹太人和基督徒背教者的生活问题，奴隶的贩卖和解放，结婚和离婚，造币和应用，以及书籍、盐、黄金、纺织品、谷物、调料和可乐果的贸易。其他是撒哈拉沙漠两边的统治者或商人往来的信件。

许多基础文件附有注释，由科尔多瓦（Cordova）和格拉纳达（Granada）、菲斯（Fez）和马拉喀什（Marrakesh）、凯鲁万（Qayrawan）和的黎波里（Tripoli）、开罗和巴格达的学者所为。其他的翻译为诗歌，由通布图、杰内、辛格提、瓦丹（Wadan）和瓦拉塔（Walata）地区的学者注释。马哈茂德·卡迪和他的后代在很多手稿上署名或作注。

许多手稿还有水印，由此可分辨出纸张的来源。手稿文本使用的语言有安达卢斯语（Andalusi）、马格里比语（Maghribi）、撒哈拉乌亚语（Saharaoui）、索奇语（Suki）、苏丹语（Sudani）和舍尔加语（Sharqui）。它们有 2 开的，也有 16 开的，很多都有皮封面。年代从 12 世纪至 19 世纪不等。

如今这些手稿大部分都残破不堪，原因我们在上面都探讨过了。手稿的维护迫在眉睫，希望很快可以通过修复和数字化进行保存。关于出版该图书馆的目录也已有一些计划。

◈ **第四部分 通布图的图书馆**

旺加里图书馆位于通布图的巴金德区。南非艺术与文化部副部长听馆员讲解在展的手稿,并与当地的一些伊玛目和学者会面。

第十九章　谢赫·巴加约霍·旺加里和通布图的旺加里图书馆

穆赫塔尔·本·叶海亚·旺加里

（Mukhtar bin Yahya al-Wangari）*

奉至仁至慈的安拉之名
最伟大的造物主问候最伟大的创造物

　　通布图市是在伊斯兰历 5 世纪下半叶（公元 1100 年）由图阿雷格人建立的。起初他们只是在冬季把牲畜从阿拉万转移到通布图，阿拉万是一座知识之城，遍地是虔诚的教徒、圣人和法官。他们也把粮食和其他物品储存在通布图，并在那挖了一些井。通布图的独特地理位置吸引了来此的商人，有时他们也在这里落脚。渐渐地，这座城市成了来自埃及和奥贾拉（Aujalah）、加达马斯（Ghadamas）、法赞（Fazan）、图瓦特（Tuwat）、蒂弗拉利特（Tiflalit）、菲斯（Fez）、苏斯（Sus）和达拉（Dar'a）绿洲的撒哈拉沙漠贸易商和车队通往瓦拉塔（Walata）市场的一个中转站。

　　11 世纪末，通布图取代瓦拉塔成为各个贸易线路的目的地。它变成西非商人会面和进行贸易的一个重要中心。苏丹和北部撒哈拉沙漠城市之间盐、小麦、被屠杀的骆驼和金块的交易在此地进行。就这

---

* 译自努尔汗·辛格（Nurghan Singh）和穆罕默德·萨义德·马特（Mohamed Shaid Mathee）的阿拉伯语著作。

◆◈ **第四部分 通布图的图书馆**

样通布图成为贸易商往返杰内和撒哈拉的主要中心。它还因为发达的渔业和港口设施而出名。通布图之所以重要是因为它就坐落在尼日尔河畔,而尼日尔河占据了西非的一大部分。由于地处尼日尔河河畔,通布图这座最大的商业中心比邻近地区市场有着巨大的优势,因为这条河是往加奥和莫普提运送商品和人员的必经之道。14世纪末,邻近地区的市场开始衰败,不仅仅因为通布图得天独厚的地理位置,还因为它成为学术的中心,吸引了无数的学者前来,其中许多学者还来自贵族家庭。

蓬勃发展的贸易不但带来了经济和文化繁荣,还带来了"文明"。桑科尔清真寺这座建筑遗产位于通布图的北部,它的尖塔在通布图建立之初就存在。史学家阿卜杜拉赫曼·萨迪('Abd al-Rahman al-Sa'di,卒于1656年)在他所著的《苏丹史》(*Tarikh al-Sudan*)中记载,通布图是由阿加拉(Aghlal)部落的一位有钱妇人慷慨解囊而建立的。[①] 桑科尔的学术和文化特色一方面来自建筑活动以及清真寺和学校的同步发展,另一方面来自成群结队来此的学者、教授和学生,这给通布图这座城市带来了名望、荣誉和不朽的历史。该地区的穆斯林甚至将它与其他伟大的伊斯兰学术和知识中心相提并论,如西班牙的塞维利亚(Seville)和格拉纳达(Granada)。阿卜杜拉赫曼·萨迪早在他的书中证明了这一点:

> 因此他们选择了这个公正、纯净、纯洁、令人自豪的地方,它有安拉的庇佑、宜人的气候和繁华的商业。这是我的故乡,也是我心之所属。这是一座被信仰净化的城市,每一种信仰都不会把救赎抛给仁慈的安拉。这是有学之士、正义之士的庇护所、是圣人和禁欲者的栖息地,也是商贸车队和船队的聚集地。[②]

[①] 作者参考的是《苏丹史》的手稿版,但译者参考的是约翰·汉维克(John Hunwick)的《苏丹史》译著,所以此处我们参考的是译著。详见Hunwick(1999:lix)。

[②] Hunwick(1999:29)。

第十九章　谢赫·巴加约霍·旺加里和通布图的旺加里图书馆

史学家对这座城市的赞美远不止于此。当地人被称为敬畏知识的人，他们不惜从埃及、摩洛哥、伊拉克和西班牙远道邀请学者和最有名的法学家在通布图的桑科尔大学任教。① 哈桑·瓦赞，也叫非洲人莱昂，将通布图描述为一座充满无数法官、文人和传播者的城市。由于桑科尔大学竭力传授科学和其他领域的知识，他们的手稿图书馆遍布通布图。② 图书交易比任何其它商品的交易都赚钱。学者所拥有的公共图书馆对所有欲借阅或阅读书籍的人士开放。

通布图的教育

在通布图的学术中心，尤其是桑科尔，课程涵盖了当时伊斯兰世界其他大学，如开罗的爱资哈尔大学（al-Azhar University）、菲斯的卡鲁因大学（al-Qarawiyyin）和突尼斯的凯鲁万大学（al-Qayrawan），所设立和教授的所有学科。这些学科包括神学、《古兰经》释经学、实体法以及理性科学，如句法学、形态学、修辞学、逻辑学、历史学、地理学和其他当时构成伊斯兰科学支柱的学科。

桑科尔清真寺也因教授马立克（Maliki）派教法而出名，由精通该领域的学者任教，学者有通布图当地人也有外地人。这体现了通布图和非洲最著名的伊斯兰知识中心——突尼斯的齐斯塔特（Qistat）和凯鲁万与摩洛哥的菲斯——之间的文化和教育交流。

著名学者卡迪·穆罕默德·卡巴里（al-Qadi Muhammad al-Kabari）曾表示：

---

① 译者注：汉维克轻易不把"大学"这个词和桑科尔或通布图放在一起，觉得这样很轻率。他表示："通布图过去发生的一切应该放在伊斯兰文明的文化背景中审视，而不是和一个欧洲的机构概念联系在一起。（1999：lviii）"

② 译者注：除了桑科尔清真寺，还有其他学术中心，虽然很小。

◈ **第四部分　通布图的图书馆**

桑科尔清真寺，从通布图城市建立之后它就一直是当地著名的学术中心。

我与桑科尔的正义之士处于同一时代，他们和安拉的使者一样正直，愿安拉保佑他们，给予其平安，与他们同乐。①

他们包括法学家哈吉（al-Hajj），即卡迪·阿卜杜拉赫曼·本·阿比·巴克尔·本·哈吉（Qadi 'Abd al-Rahman b. Abi Bakr b. al-Hajj）的祖父，法学家阿布·阿卜杜拉·安达·安格穆罕默德·本·穆罕默德·本·奥斯曼·本·穆罕默德·本·努赫·桑哈吉（'Abu Abd Allah Anda Ag-Muhammad b. Muhammad b. 'Uthman b. Muhammad b. Nuh al-Sanhaji），法学家穆赫塔尔·本·穆罕默德·法基·穆赫塔尔·纳赫维（al-Mukhtar b. Muhammad b. al-Faqih al-Mukhtar al-Nahwi），阿布·穆罕默德·阿卜杜拉·本·法基·艾哈迈德·布鲁（Abu Muhammad 'Abd Allah b. al-Faqih Ahmad Buryu），安达·安格穆罕默德（Anda Ag-Muhammad）母系的三个孙子：法学家阿卜杜拉

---

① 《苏丹史》的手稿版。

第十九章 谢赫·巴加约霍·旺加里和通布图的旺加里图书馆

(Abd Allah)、法学家哈吉·艾哈迈德（al-Hajj Ahmad）和法学家马哈默德（Mahmud），法学家奥马尔·本·穆罕默德·阿吉特（'Umar b. Muhammad Aqit）之子，谢里夫·西迪·叶海亚（al-Sharif Sidi Yahya），卡迪·奥马尔·本·法基·马哈默德（Qadi 'Umar b. al-Faqih Mahmud），阿布·阿巴斯·艾哈迈德·本·法基·穆罕默德·本·萨义德（Abu 'l-Abbas Ahmad b. al-Faqih Muhammad b. Said），阿布·巴克尔·本·艾哈迈德·伯尔（Abu Bakr b. Ahmad Ber），法学家穆罕默德·巴加约霍·旺加里（Muhammad Baghayogho al-Wangari）和他的兄弟——法学家艾哈迈德·巴加约霍（Ahmad Baghayogho），等等。①

穆罕默德·巴加约霍·旺加里

穆罕默德·本·马哈默德·本·阿比·巴克尔·旺加里·通布克提·金纳维（Muhammad b. Mahmud b. Abi Bakr al-Wangari at-Timbukti al-Jinnawi），也叫巴加约霍·旺加里（生于1523—1924年，卒于1594年）是一位杰出的学者和法学家。萨迪在他的《苏丹史》中这样描述巴加约霍·旺加里：

> 他是万福的起源，是一位法学家，一位卓有成就的学者，也是一位虔诚的、禁欲的圣人。他是安拉最正直的忠仆和务实的学者。他天性善良、心存善念、诚实厚道、处处行善。他相信他所见的每个人都是平等的、善良的，所以原谅他们的一切罪行。他一直在满足人们的需求，为他们的不幸忧虑，为他们调解争端，并给出建议。此外，他热爱学习，把毕生的精力奉献于教学，他很乐意出借所有领域最稀有珍贵的书籍，也不介意别人是否会归还。有时候学生会来到他家借书，他即使不知道这位学生是谁也

---

① Hunwick（1999：38-49）.

◈ 第四部分　通布图的图书馆

会把书借给他，这一切都是安拉的指示。①

艾哈迈德·巴巴·苏丹尼（卒于1627年）写道："有一天我去找他借有关语法的书，他找遍了他的图书馆，然后给了我他能找到的所有相关材料。"② 这则轶事提到了巴加约霍·旺加里在通布图的图书馆以及他遍布满城的手稿。艾哈迈德·巴巴自己也有一个图书馆，但1591年摩洛哥军队占领通布图时把里面的书都没收了："我的图书馆在我们家族里算最小的，但摩洛哥侵略军还是掠夺了有1600部手稿。"③ 艾哈迈德·巴巴进一步描述他的导师穆罕默德·巴加约霍·旺加里：

他很有耐心，教书能教一整天，而且能让最笨的学生听懂。他从不觉得无聊或疲惫，直到那些学生厌烦。我曾听一位同事说，"我觉得这个法学家是喝了麦加渗渗泉（穆斯林坚信'渗渗泉'为造物主所赐，福泽无限）里的水，所以他教书的时候那么有耐心。"④

艾哈迈德·巴巴也评价了他这位导师的毅力和对信仰的坚持、善念和对恶习的厌恶、以及他对所有人，甚至是压迫者的积极态度。他朴素谦卑，不但正直还淡定、充满敬意、品德高尚。每个人都敬爱他、赞美他。人们一致认为他是意见领袖。他在教学中充满激情，而从不苛刻对待初学者或差生。

他把一生都奉献给了教学，同时尽心尽力地满足普罗大众的需求并致力于法律事务。有一次政府任命他为加奥（桑海帝国的所在地）的法官，但他谢绝了，对这种事情敬而远之。他致力于教学，特别是在法官西迪·艾哈迈德·本·穆罕默德·本·萨义德去世时候尤甚（不知为何）。艾哈迈德·巴巴·苏丹尼写道：

---

① Hunwick（1999：62-63）.
② Hunwick（1999：63）.
③ Hunwick（1999：315）.
④ Hunwick（1999：63）.

第十九章　谢赫·巴加约霍·旺加里和通布图的旺加里图书馆

我第一次见他的时候，他一大早就在教各种课，从早晨礼拜到上午十点左右。然后他会回家做辰时祷告。祷告一会后有时会去法官那为民请命或参与调解。正午时分，他会在家教学，并引导人们做正午祷告，接着继续教学指导午后祷告。之后，他会去其他地方教学，直到黄昏左右。日落几分钟后他会做马格利布式的祷告，然后在大清真寺继续教学，直至晚祷才回家。我听说他深夜也一直在祷告。[①]

伊玛目·巴巴·马哈茂德，穆罕默德·巴加约霍·旺加里的后人，同时也是位于通布图的西迪·叶海亚清真寺的现任伊玛目。

---

① Hunwick（1999：64）.

第四部分　通布图的图书馆

巴加约霍·旺加里的教育背景

巴加约霍·旺加里是跟他父亲卡迪·马哈默德（al-Qadi Mahmud）和舅舅法基·艾哈迈德（al-Faqih Ahmad）学的阿拉伯语和伊斯兰法。后来他和他身为法学家的兄弟法基·萨利赫·艾哈迈德（al-Faqih Salih Ahmad）去通布图旅行。在那里他们学习了艾哈迈德·本·穆罕默德·本·萨义德教授的《哈立里教法简论》（Mukhtasar of Khalil）。随后他们和舅舅一起去朝圣，并见到了诸如纳赛尔·拉切尼（al-Nasir al-Laqani）、塔居里（al-Tajuri）、谢里夫·优素福·乌马尤尼（al-Sharif Yusuf al-Urmayuni）、巴哈姆图希·哈纳菲（al-Barhamtushi al-Hanafi）、伊玛目·穆罕默德·巴克里（Imam Muhammad al-Bakri）等学者。[1]

朝圣回来之后不久他们的舅舅就去世了，于是他们就在通布图定居，并师从马哈默德·本·穆罕默德·本·萨义德，学习了法学和圣训。他们还认真地跟着老师阅读了《穆瓦塔圣训》（Muwatta）、《穆丹沃纳》（Mudawwana）、[2]《教法》（Mukhtasar）和其它著作。在艾哈迈德·巴巴·苏丹尼父亲的教导下，他们学习了法源学、修辞学和逻辑学，还随他一起阅读了埃及学者苏布齐（al-Subki）的法理著作《乌苏尔》（Usul）和《钥匙摘要》（Talkhis al-miftah）。他们还参加了谢赫·库纳吉（Shaykh al-Khunaji）的退修会，同时坚持阅读，因此也学到了大量知识，最后穆罕默德·巴加约霍在很多领域成为最年轻的导师。[3] 艾哈迈德·巴巴·苏丹尼写道：

我和他（巴加约霍·旺加里）相处了十年。和他在一起，我把《哈立里教法简论》和其他教法看了大概八遍。我还和他一起

---

[1] Hunwick（1999：65）.
[2] 译者注：这两部著作是马立克派教法的最早作品。
[3] Hunwick（1999：65）.

第十九章　谢赫·巴加约霍·旺加里和通布图的旺加里图书馆

读透了《穆瓦塔圣训》，花了3年详细分析了伊本·马立克（ibn Malik）的 Tas'hil。我还认真地把马哈里（al-Mahalli）注释的《乌苏尔》学习了三遍，伊拉奇（al-'Iraqi）自己注释的 Alfiya 和萨德（al-Sa'）摘注的《钥匙摘要》我读了两遍以上。萨努斯（al-Sanusi）的 Sughra 和他所注的 Jaza'iriyya 我也看了，以及赞卢克（Zarruq）注释的伊本·阿塔阿拉（Hikam of ibn 'Ata' Allah）的 Hikam 和阿布·穆克里（Abu Muqri）的诗。天文学方面我看了带注释的《哈希姆》（Hashimiyya）和塔居里的 Muqaddima，逻辑学我看了马吉利（al-Maghili）的 Rajaz，韵律学我看了谢里夫·萨步提（al-Sharif al-Sabti）注释的 Khazrajiyya。伊本·阿希姆（ibn 'Asim）的 Tuhfat al-hukkam 我看了一大半，还有他儿子对其的注释我也看了。上面这些都是我自己学习的。我和他一起认真看了伊本·哈吉布（Ibn al-Hajib）的整部 Far'i，也上了他教授的 Tawdih 课程，除了'处理品'到'评判'那几部分没有学。巴吉（al-Baji）的 Muntaqa 我也看了很多，还有阿布·哈桑·赞尔威利（Abu 'l-Hasan al-Zarwili）注释的《穆丹沃纳》和伊亚德（Iyad）的 Shifa。我和他还把布哈里（al-Bukhari）的《圣训实录》（Sahih）看了一半，并听他读。穆斯林的整部《圣训实录》、伊本·哈吉（Ibn al-Hajj）的 Madkhal、阿比·扎伊德·卡拉瓦尼（Abi Zaid al-Qayrawani）的 Risala 课、《Alfiyya》和其他著作也是通过这种方式学的。我还和他承担了《古兰经》的注释，一直到第八章。我听他讲解了万沙里释（al-Wansharishi，辛于1508年）的整部大作 Jami al-mi'yar，还有他的其它作品。我们一起详细探讨了这些作品的细节，还和他确认了里面最重要的地方。总的来说，他是我的老师。从他身上和他的书里我学到了最多。愿安拉怜悯他，带他去天堂。他毫无保留地教我。我曾经给他看我的一部作品，他很满意，并亲自写赞美的话。事实上他很认真地对待我的学术研究，我听他在课上引用了好多，因为他很公正谦逊，并很乐意接受真相，无论真相从何而来。1591年摩洛哥占领通布图那天他和我们在一起，我们当中有他的学生、同行的学者和朋友，那是我最后一次见他。后来我听说他于1594年7月8日去世。他就《哈立里教法简论》的一些注释者和其它人犯的一些错误写了评论和注解。他看了塔塔伊（al-Tata'i）的长篇评论，并很难得地指出作者的错误，还有那些因错误而出现的问题。我把这些都汇集在一个小（独立）作品里。愿安拉怜悯他。[①]

巴加约霍·旺加里图书馆

巴加约霍·旺加里图书馆大约建在谢赫·穆罕默德·巴加约霍来到通布图并在此定居至他1594年去世之间这段时间内。他的第三个儿子伊玛目·易卜拉欣·旺加里（Imam Ibrahim al-Wangari）是第一个开始维护巴加约霍·旺加里图书馆的人，大约在17世纪中叶。他去世后，图书馆就交给了艾哈迈德·旺加里（Ahmad al-Wangari）照看，随后的管理者依次是伊玛目·西迪·马哈默德（al-Imam Sidi Mahmud）、阿尔法·阿巴·巴克尔·旺加里（Alfa Aba Bakr al-Wangari）、其子穆罕默德·穆斯塔法·旺加里（Muhammad al-Mustapha al-Wangari）、伊玛目·穆罕默德·旺加里（al-Imam Muhammad al-Wangari，也叫Baniyu）及其子伊玛目·巴巴·阿尔法·奥马尔·旺加里（al-Imam Baba Alfa'Umar al-Wangari）。

图书馆曾经关门过，手稿因此散落在家族成员手里，他们有的在杰内、有的在贡穆旦、有的在通布图。是伊玛目·马哈默德·旺加里（al-Imam Mahmud al-Wangari，也叫Hasi），图书馆创建人的曾孙之一，把这些手稿收集、整理并保存。虽然他费了很大劲，许多手稿还是散落各地。直到萨义德·西迪·穆赫塔尔·卡塔尼·本·西迪·叶海

[①] Hunwick（1999：65-68）.

第十九章 谢赫·巴加约霍·旺加里和通布图的旺加里图书馆

亚·旺加里(al-Sayyid Sidi Mukhtar Katani b. Sidi Yahya al-Wangari)[1]开始认真寻找图书馆的所有手稿。

我通过口头陈述和各种各样的文件,如手稿、授权书、信件和函件,找寻散落的手稿。随后请求和旺加里整个家族会面,探讨如何重建和安排该图书馆。我的提议和想法有助于他们家族重建在通布图的地位和荣光,通布图反过来也会被图书馆的知识和文化滋养,所以他们都很赞同,并对我表示感谢。

负责家族传承和传统的西迪·叶海亚清真寺阿訇——伊玛目·巴巴·马哈默德(Al-Imam Baba Mahmud)——指示我把所有手稿都放在我的一处房子里。后来我就整理图书馆,并把它命名为"旺加里手稿图书馆"。这是座私人图书馆,对所有想做研究和渴望知识的人开放。第一个正式承认此图书馆的人是通布图的市长,他支持我们,并授权我们在2003年9月26日对外开放。[2]

位于通布图的旺加里手稿图书馆的大门。

---

[1] 本章的作者此后用第一人称(我)表示。
[2] 授权许可证号为12/CUT/2003,日期为2003年9月26日。

第四部分 通布图的图书馆

旺加里家族的所有成员都很支持我们,特别是那些在通布图和贡穆旦的成员,他们把手上的手稿交给我们,所以我们才收集了很多,当时有 1500 多部,虽然我们现在收集的可能更多。我们现在正在重新核对手稿的数量,并继续找寻其他手稿。现在我们所收集到的就是旺加里图书馆的全部。图书馆里有很多摩洛哥和苏丹(撒哈拉以南非洲)① 学者的著作,其中历史最悠久的是穆罕默德·巴加约霍·旺加里的部分 riqqa② 字体的《古兰经》,伊斯兰历 1107 年抄写。旺加里图书馆还收藏了一些重要的历史资料。

通布图条件有限、资源匮乏,所以手稿目前的状况不是很好,迫切需要修复和装订。还有储存手稿的房间也很狭窄,不适宜存放。因此我们需要更多援助,为手稿的维护创造最好的条件。我们已经向有意的捐赠者和官员建议修缮谢赫·穆罕默德·巴加约霍·旺加里的房子,并把它列入国家和国际遗产名录,因为这些手稿对苏丹西部阿拉伯语和伊斯兰文化的传播起到了重要作用。

在通布图和周边地区,和旺加里图书馆关系良好的重要手稿图书馆有:艾哈迈德·巴巴研究院、玛玛·海达拉图书馆(海达拉家族纪念图书馆)、纳迪·谢赫·西迪·穆赫塔尔·昆蒂图书馆(Nadi Shaykh Sidi al-Mukhtar al-Kunti Library)、方多·卡迪图书馆、阿拉万图书馆、布杰贝哈图书馆(Boudjbeha Library)、谢赫·蒂扬图书馆(al-Shaykh al-Tijan Library)、谢赫·西迪·阿林图书馆(al-Shaykh Sidi Alin Library)、穆罕默德·马哈默德·本·谢赫·阿瓦尼图书馆(Muhammad Mahmud b. al-Shaykh al-Arwani Library)、伊玛目·苏尤提图书馆、卡迪·艾哈迈德·巴巴·阿比·拉巴斯图书馆(Qadi Ahmad Baba Abi'l-Abbas Library)、穆罕默德·塔希尔·谢里夫图书馆(Muhammad al-Tahir Sharaf Librar)、阿尔法·巴巴图书馆(Alfa Baba Library)、阿布·阿拉夫·塔克尼·通布克提图书馆(Abul Araf al-Takni al-Timbukti Library)、卡迪·瓦·伊玛

---

① 译者注:不是指苏丹这个国家,"苏丹"在阿拉伯语中意为"黑人的土地"。
② 译者注:这是阿拉伯语作品,尤其是《古兰经》,所用的许多字体之一。

第十九章 谢赫·巴加约霍·旺加里和通布图的旺加里图书馆

目·阿奇布图书馆（Qadi wa'l-Imam al-Aqib Library）、阿尔法·萨利姆·拉穆图尼图书馆（Alfa Salim al-Lamtuni Library）、穆罕默德·亚伊什·卡拉迪图书馆（Muhammad Yaish al-Kaladi Library）、阿巴巴·巴克瑞图书馆（Ababa al-Bakri Library，在贡穆旦）、马乌雷·阿里·谢赫·海达拉图书馆（Mawlay Ali al-Shaykh Haidara Library）、西迪·马基图书馆（Sidi al-Makki Library）、谢里夫·阿尔法·易卜拉欣图书馆（Sharaf Alfa Ibrahim Library）、艾哈迈德·巴蒂吉图书馆（Ahmad Badiji Library）、谢赫·阿勒明吉图书馆（Shaykh AlminIji Library）、马乌雷·艾哈迈德·巴贝尔图书馆（Mawlay Ahmad Baber Library）、阿布德·卡迪尔·本·阿布德·哈米德图书馆〔Abd al-Qadir b. Abd al-Hamid Library，在塞内加尔的库兰吉（Kulanji）〕、基塔尼图书馆（al-Kitani Library，在摩洛哥的菲斯）、萨恩·沙尔菲图书馆（San Sharfi Library）、艾哈迈德·巴尼宇·旺加里图书馆（Ahmad Baniyu al-Wangari Library）和巴巴·阿尔法·奥马尔·旺加里图书馆（Baba Alfa Umar al-Wangari Library）。

手稿的影响

在过去的1400年，阿拉伯人和伊斯兰教教徒对科学、文化和知识的发展作出了巨大贡献，一起成就了今天全世界都从中受益的现代文明。他们将自己的文化传播到许多比自己国家人口更多、资源更丰富的国家。他们生产了最好的纸、最优质的墨水和手稿用的最上等的皮。在欧洲纸张还未普及的年代，他们的书随处可见。

如今尚存的阿拉伯语手稿为数不多，许多都在西班牙时期在科尔多瓦（Cordova）被焚毁，或在蒙古军队到来时被毁于底格里斯河，[①]

[①] 译者注：第一个事件指的是1492年伊始，西班牙的基督教徒重新夺回整个伊比利亚半岛的统治权，并开始审判穆斯林和犹太人。当时有一项消灭所有伊斯兰痕迹的运动，迫使穆斯林和犹太人信奉基督教、处以他们死刑或把他们赶出半岛、破坏相关书籍和手稿、占领诸如清真寺之类的伊斯兰建筑并将之改为教堂，等等。第二个事件指的是1250年左右蒙古军队横扫世界，于1258年洗劫并摧毁巴格达。据说他们的洗劫行动持续了大约40天，期间近一百万人被屠杀，许多书籍被丢入底格里斯河中。

第四部分 通布图的图书馆

或在20世纪中亚伊斯兰国家被苏联统治时被放入坟墓和墙壁中。现存的手稿有两类，一类是被带到欧洲的手稿，还有一类是还在阿拉伯国家的手稿，但许多在阿拉伯国家的手稿都已遗失或被损坏。是时候抢救我们能抢救的手稿了！我们应该训练一批有能力的人来维护和保卫这些阿拉伯—伊斯兰手稿，为研究人员的研究创造机会。1967年我们和艾哈迈德·巴巴研究院联合进行了一项研究，之后联合国教科文组织表示马里现在有100多万部手稿。作为私人图书馆的馆长，我们认为11—17世纪有100多万部手稿散落在老桑科尔清真寺和其他清真寺、私人伊斯兰学校和个人家里。我们相信1591年摩洛哥侵略并侵占通布图后许多手稿被带去了摩洛哥。

手稿的作者和抄写员是来自摩洛哥、东方国家、西班牙和阿拉万西部的阿拉伯人，有一些是女性，还有许多是非洲人，尤其是通布图、瓦拉塔和杰内的非洲人。其中一些作者会用非洲语言写作，如塔玛沙克语（Tamasheq）、豪萨语（Hausa）、桑海语（Songhay）、沃洛夫语（Wolof）、富拉语（Fulfulde）和班巴拉语（Bambara），但所有作者都用阿拉伯字书写。一些手稿的空白处还有一些记录，写明手稿的原始所有人，谁买了该手稿，以什么价格买的，价格有时用货币表示，有时用黄金。

这些手稿涉及《古兰经》蕴含的科学、《古兰经》释经学、圣训及其蕴含的科学、伊斯兰法、教法学、德训、认主独一、形态学、语言学、语法、韵律学、修辞学、逻辑学和表达、哲学、旅行、医学和生理学、化学、工程学、占卜学、设计、传承、草药学、阿拉伯诗、文件和函件、奴隶贸易、秘术、伊斯兰教令；以及学者的研究。这些从通布图和其他地区而来的学者互相交换知识并就伊斯兰研究进行了交流。他们的观点和想法交流蕴含着巨大的思想财富，一直流传到尼日尔河河畔和阿拉伯海沿岸地区。

参考文献

Hunwick J (1999) Timbuktu and the Songhay Empire: al-Sadi's Tarikh al-Sudan down to 1613 and other contemporary documents. Leiden: Brill.

第十九章　谢赫·巴加约霍·旺加里和通布图的旺加里图书馆

位于通布图的艾哈迈德·巴巴研究院建筑的模型。预计 2008 年建成。

第二十章　艾哈迈德·巴巴高等教育与伊斯兰教研究院

穆罕默德·乌尔德·游巴
(Muhammad Ould Youbba)[①]

马里共和国幅员辽阔，面积为 120.4 万平方公里，是西非较大的国家之一，也是对阿拉伯世界较开放的国家之一，与阿尔及利亚和毛里坦尼亚伊斯兰共和国接壤。马里与阿拉伯世界关系密切，比如摩洛哥、利比亚、突尼斯、埃及、沙特阿拉伯和苏丹，这些都可以在艾哈迈德·巴巴高等教育与伊斯兰教研究院［前身为艾哈迈德·巴巴中心（Ahmed Baba Centre）或艾哈迈德·巴巴文献研究中心（Centre de Documentation et de Recherches Ahmed Baba），缩写为 Cedrab］的手稿中找到证据。

通布图由图阿雷格人于 12 世纪初建立。据当地传说，通布图一开始也就是个饮水之地，只有一个叫布克图（Bouctou）的老妇人看守着一口水井。这些图阿雷格人要远行时，就会把重重的行李托付给她。通布图，也叫廷巴克图，在当地语中意为"布克图之地"。

通布图是一个多种族、多民族的社会，居民都信奉伊斯兰教，也以好经商而闻名遐迩，这是这座城市发展和融合的最主要因素，通布图也因此开始在历史上留名。它是从马格利布（Maghrib）和马什里克（Mashreq）途经塔阿扎（Teghaza）、阿拉万（Arawan）、比鲁（瓦拉塔）或阿尔苏克（Al Suq）以及从南部而来途经杰内的货物交易

---

① 译自维里蒂·纽维特的法文著作。

第二十章 艾哈迈德·巴巴高等教育与伊斯兰教研究院

点,短时间内就聚集了来自不同种族、民族和文化的人。它的商业号召力由一系列天时地利人和的因素形成,如马格利布和苏丹的互补性、阿莫亚韦德王朝(Almoravids)摧毁加纳后撒哈拉贸易路线从西部到东部的转换、越来越多的人口信奉伊斯兰教和通布图在尼日尔河畔的地理位置。而它的伊斯兰魅力可追溯到建立之时,因为它没有为了另一个信仰放弃自己的信仰。正如萨迪缩写的:"这是一座被信仰净化的城市,每一种信仰都不会把救赎抛给仁慈的安拉。"[1]

作为马格利布和苏丹之间的一个理想贸易点,通布图很快就变成一座人人垂涎的城市。所以它先后经历了曼丁哥帝国(Mandingo,1325年后)、桑海帝国(Songhay,1468年后)、摩洛哥王国(自1591年起)、颇尔王国(Peul,1826—1862)、图库洛尔王国(Toucouleur,1862—1863)、昆塔(Kunta,1863—1865),还有最后法国(1893—1960)的殖民统治。

1966年8—9月,一个国际委员会的专家在科特迪瓦首都阿比让聚首,商定一个有关非洲通史的项目。根据该委员会的建议,联合国教科文组织大会通过了一项有关非洲文化研究的决议[2]。针对这项决议,联合国教科文组织于1967年在通布图组织了一场专家会议,探讨非洲历史书面材料的使用。会上专家建议在尼日尔河流域创建一个区域性的历史研究和资源中心。

倡议者认为,这个中心应该覆盖整个尼日尔河流域,也就是从毛里坦尼亚到乍得湖畔的苏丹—萨赫勒地带,包括马里、尼日尔、布基纳法索和北非的撒哈拉地区。

基于这些建议,马里政府于1970年1月23日通过了一项法令[3],下令创建艾哈迈德·巴巴资源与研究中心(Cedrab)。该中心于1973年11月8日对外开放。它致力于:

组织找寻和收集用阿拉伯语和非洲语言写成的有关非洲历史的文件;

---

[1] 详见 Hunwick(1999:29)。
[2] 决议编号 3324。
[3] 法令编号 12/PGRM。

399

对文件进行分类、微缩拍摄并编目；

确保用现代、科学的方法维护手稿；

试图在图书或期刊上发表其中的一些目录和手稿；

通过历史手稿传播阿拉伯语写成的非洲文化；

为阿拉伯—伊斯兰文化的发展而努力，因为通布图是阿拉伯—伊斯兰文化最大的中心之一；

成为信息交流的中心点、学者的接待点、马里和阿拉伯世界以及其它对非洲文明和文化感兴趣的国家之间文化关系的结合点。

艾哈迈德·巴巴高等教育与伊斯兰教研究院

根据马里政府第 00—029 号法案，Cedrab 于 2000 年 7 月 5 日正式更名为艾哈迈德·巴巴高等教育与伊斯兰教研究院。自那时起，它就成为一个财务独立的国家性科学、技术与文化中心。

然而，必须强调的一点是，该研究院的功能还不够齐全。许多部门的工作都很难开展，其中一个问题就是人手不够。事实上要在马里找到所需的专业教授基本不可能，唯一的办法就是寻求其他伊斯兰国家和组织的技术援助，同时等着马里国内的人培训成才填补职位空缺。例如，该研究院提议进行三方合作，就是马里负责来访教授的食宿；伊斯兰教育、科学和文化组织和伊斯兰发展银行等机构以及利比亚、科威特和阿联酋等国负责支付教授的工资；人力资源丰富的毛里坦尼亚、摩洛哥、埃及和苏丹负责推荐教授和他们的交通。

其他的还有设施问题，最主要的是教师和设备缺乏，特别是出版方面的设施。手稿存放室也不符合保存的科学标准，而且现有的图书馆需要扩大。我们希望通过和南非的合作，这些问题能得到解决。

由于国家预算的支持和沙特阿拉伯的补贴，该研究院估计收集了 2 万多部手稿，这使艾哈迈德·巴巴研究院成为非洲最大的阿拉伯语手稿文献中心，但这只代表了通布图和周边地区手稿资源的一小部

第二十章 艾哈迈德·巴巴高等教育与伊斯兰教研究院

分。需要注意的是，尽管我们精心呵护私人图书馆的手稿，但由于水、火、害虫和其他因素，它们还是免不了受到损坏。

艾哈迈德·巴巴研究院的一部分手稿以 1500 条标题的双语（阿拉伯语－法语）目录编入索引，这得益于伦敦 Al—Furqan 基金会的援助。我们正在寻找一位合作伙伴，负责剩下的阿拉伯语手稿和整个手稿集的英文版本。

该研究院正与多个国家合作：

挪威—Saumatom（Salvaging the manuscripts of Timbuktu，拯救通布图手稿）项目由挪威发展合作署资助；

南非—手稿修复技术人员的培训和研究院新总部的建设；

卢森堡—通过联合国教科文组织负责人员培训、手稿持有人的教育和手稿数字化等工作。

这些项目加强了相关的电子归档、维护、研究和培训活动，福特基金会赞助的 Arelmat 项目（Electronic Filing of the Manuscripts of Timbuktu，通布图手稿电子归档项目）在 2000 年承担了这些工作。

左：目前艾哈迈德·巴巴研究院入口悬挂的标志。右：艾哈迈德·巴巴研究院的院长，穆罕默德·嘎勒·迪科（Mohammed Gallah Dicko）博士。

◈ 第四部分 通布图的图书馆

研究院还从艾哈迈德·巴巴中心承接了一本名为《桑科尔》（*Sankoré*）的科学期刊，该期刊在出版方面曾遇到了一些问题，但在本书写作的时候，它的第五期正在出版中。多亏了可支配的一些研究资金，研究院才有能力每年承担两个研究项目。例如在2004年，它发起了一个关于通布图传统教育的研究项目，还有一个项目是关于通布图的333位圣人。

总之，艾哈迈德·巴巴研究院面临两方面的局限，一个是人手短缺，一些人员的退休更加剧了这个问题；另外，一些人没有能力把手稿保存在家中，要获得这些手稿所需的资金也不足。手稿收集是该研究院的一个基本使命，但项目资金不能用于手稿收集，这也是研究院面临的一个实际问题。尽管2004年以来它在国家预算中的比重有所提高，但它也没有能力开展一些工作。

研究院的规定和结构

艾哈迈德·巴巴研究院是一个国家机构，直属马里教育部。它有三个部门：教育与研究部、信息部和出版部。

教育与研究部负责本科和研究生教育和研究。它有五个分部，分别为伊斯兰教、历史、社会人类学、阿拉伯—非洲语言学与文学和阿拉伯—非洲医学与药学。信息部负责寻找和收集阿拉伯语和其它语言的手稿，并将其数字化；手稿的分类、编目和维护；以及通过手稿宣传非洲文化和阿拉伯语。出版部负责出版与分配研究院的研究成果。

研究院的宗旨和面临的困难

研究院的总宗旨为：

收集和购买手稿；

教育和通知手稿持有者；

确定手稿收藏地点的情况；

盘点手稿；

绘制马里私人图书馆的分布图。

第二十章 艾哈迈德·巴巴高等教育与伊斯兰教研究院

通过以上举措，研究院希望将私人图书馆数字化，以丰富它的数据库，让研究者都能获得手稿的内容。然而，研究院的交通状况不太发达，所从马里8个地区收集、清查和分类古代手稿这一项使命难以达成，而这8个地区面积达100多万平方公里。目前，工作人员只能用力所能及的方式到达一些收藏点。因此，研究院计划在这些地区举行大型的公众宣传活动。很显然，如果交通不便利，这也不可能实现（2007年，有人向研究院捐赠了辆新车）。

有一个办法可以使上述项目可行，那就是发展旅游业。游客多了，通布图的财政就会丰盈，政府也可以投更多的资金提高项目对游客和学者的吸引力。

如果和旅游局合作，可以在研究院进行手稿展览，或开放马里的私人手稿收藏馆和有手稿的博物馆。然而值得注意的是，旅游业的各个方面都应考虑，包括住宿、餐饮和交通。如果仅从带导游的旅行中获利，那旅游业也不可行。

南非文献学家玛丽·米尼卡（Mary Minicka）正在艾哈迈德·巴巴研究所研究一部手稿上的水印。

◇◆ 第四部分　通布图的图书馆

马里手稿的历史

如上所述，马里的手稿与马里的伊斯兰化息息相关。在马里与当时的阿拉伯—伊斯兰世界国家，如阿莫亚韦德王朝和马林王朝（Merinides）之间的外交中，阿拉伯语的使用对该语言的发展起到了关键作用。14世纪曼萨·穆萨（Mansa Musa）皇帝和15世纪阿斯基亚·穆罕默德（Askiya Muhammad）皇帝的朝圣也使部分非洲和马格里布以及中东的阿拉伯—伊斯兰世界之间的联系更为紧密。18世纪上半叶至19世纪上半叶，许多博学之士在通布图北部暂露头角，他们都来自昆塔（Kunta），安萨雷（Ansaré），苏奇（Suqi）和阿拉万（Arawani）民族。颇尔族和图库洛尔族的伊斯兰革命也催生了很多阿拉伯语和富拉尼语文学作品。

然而，殖民统治沉痛打击了这些人留下的宝贵遗产。许多文集或被焚烧、或被洗劫、或被夺走。20世纪初，由于连年干旱，许多手稿持有者被迫放弃他们手中祖传的手稿，将其埋于沙中或托付给邻居，成群结队地远走他国。虽然历经沧桑，但西非，尤其是马里，还藏有许多未编入册、未经确认的手稿。即使今天，很多家庭还小心翼翼地珍藏着不肯拿出来。因为害怕殖民时期的掠夺悲剧再次上演，他们对那些寻找手稿的人绝口不提。艾哈迈德·巴巴研究院在通布图、加奥和莫普提已经开始了搜索行动，旨在教育并告知那些持有者手稿有多重要、并将手稿定位和微缩拍摄，甚至说服他们把手稿上交至这个国家研究院。

研究院还计划在马里的其他地区进行搜索，以绘制一幅现存私人图书馆的分布图，调查它们的现状，并提出综合战略作为手稿维护的行动计划。

手稿的内容

研究院的工作人员将手稿解读为过去几百年马里或外国作家用阿拉

第二十章 艾哈迈德·巴巴高等教育与伊斯兰教研究院

伯语手写的所有作品,其中包括文学书籍、法律协定、函件和其它文件。手稿和口述史一样,在马里的文化中占据着特殊的位置。它们对马里的文化发展做出了重要贡献,如今收藏在该国各个角落的个人家里。

除了那些研究院的手稿,马里大部分手稿的法律归属都是私人的,因为这些手稿都是遗留给现在的持有人,父传子式地世代相传,有的有几百年历史。虽然是私有财产,手稿却构成了马里书面传统的一部分,这也是为什么艾哈迈德·巴巴研究院希望这些手稿妥善保存,并协助教育手稿持有者,告诉他们如何保存,有时也会介入手稿的处理工作。手稿重不重要取决于数量、内容的质量和持有者对它们的感情。它们是祖先遗留下来的传家宝,因此对持有者有着巨大的精神和道德意义。对于他们来说,手稿是一份神圣的遗产,出售手稿就像变卖他们父亲的家当一样。家族荣耀是主要的原因。很不幸的是,许多手稿持有者因为方法不当或专业知识不精而没法妥善保存手稿。

还有一个问题与手稿本身的内容有关。手稿的主题多种多样,记录了生活的各方各面,有历史的、政治的、社会的。还有私人事件。一些发生在很久以前的事件可能会对当今的社会生活产生严重的后果。例如,有些家族社会地位很高,但是如果关于商业和法律行为的手稿记录了有关他们祖先的一些不幸事件或不耻行为,他们就会受到影响。还有一些手稿提到了一个家族对另一个家族的债务,或某个家族如何以不当的手段获取财富、土地和房屋。

手稿是法律性质、商业性质、还是单纯的函件可以从无数的细节中判断。我们发现一些出自国王、王子和政治人物的文件都会给我们提供他们那个时期的细节信息。它们也涵盖了各个领域,如历史、文学、伊斯兰科学、商业行为、法律、旅行故事、跨撒哈拉沙漠的商业、判例、颂词、科学论文、药典、信件,等等。值得注意的是,出自马格里布和中东的手稿除了科学论文以外,大部分是教法学作品,我们要将之与马里的手稿区分开来。

通布图和周边地区的手稿有函件、诗歌、判例和有关认主独一的论文,这些论文在伊斯兰历 11 世纪加剧了卡迪尔耶派(Qadiriyya)和

第四部分 通布图的图书馆

提加尼耶派（Tijaniyya）的宗教冲突。

艾哈迈德·巴巴研究院的手稿主题有以下几类：教法学，其中包括判例（28%）；函件（24%）；历史（20%）；颂词（10%）；语法（10%）；《古兰经》和《古兰经》释经学（4%）和科学（2%）。大约有2%的手稿是豪萨语文件，还未按上述类别分类。

对通布图和马里而言，这些手稿是它们自豪感的来源，是一份值得守护的宝藏。对于那里的人们来说，任何用阿拉伯语书写的文件都是神圣的，因为神圣的《古兰经》也是阿拉伯语的。

手稿的书法

虽然书法对书面遗产很重要，但迄今为止对手稿所用的书法研究甚少，尤其是至今还未有关于书写工具和墨水的研究。但这也让该领域很值得研究。伊本·赫勒敦（Ibn Khaldun）表示，非洲手稿的书法起源于安达卢西亚书法，因此有必要介绍一下我们次区域的安达卢西亚语书籍。（可参考本书的第5章）

艾哈迈德·巴巴研究院的手稿书法主要有以下几种：

东部体，特点是字母简洁，没有任何点缀；

非洲体，主要为颇耳人、图库洛尔人、索宁克人（Soninkés）、豪萨人和沃洛夫人（Wolofs）所用。这种书法的字母浑厚，尤其是豪萨人所写的。它起源于马格利布体。

桑哈扎（Sanhajan）体，这在柏柏尔部落（Berber tribes）中比较盛行，被认为是当地创造的一种书法，与提菲那文（Tafinagh）有关，与苏奇（Suqi）体类似。

独立以后，随着埃及和阿拉伯半岛国家的学者的到来，东部体的书法开始有古体的韵味。艾哈迈德·巴巴研究院正尝试通过恢复抄写员的职业使这些书写体重新流行起来。①

---

① 在印刷术普及之前，手稿誊写员在伊斯兰世界很常见，这是手稿传播和保存的方式。

第二十章 艾哈迈德·巴巴高等教育与伊斯兰教研究院

通布图手稿中的不同书法字体。按照从左到右、从上到下的顺序，上面的四幅图分别是苏奇、苏丹、萨拉维和马格里比体。

◈ 第四部分　通布图的图书馆

　　西非大部分手稿所用的书写工具，其中包括研究院收藏的那些，都是"calamous"，长度在12—16厘米，由当地一种灌木丛的枝条或鸟的翎毛制成。墨水瓶很小，由当地的皮革或葫芦树的木头制成。

　　最常用的墨水颜色是黑色和红色。棕色、黄色和蓝色也有用。墨水由木炭和阿拉伯胶制成，有时也加入其它材料，让颜色更亮（明胶）或洗不掉（铁锈）。这些材料酸性很强，时间久了就会腐蚀并穿透纸张。

手稿的保存盒。

第二十章　艾哈迈德·巴巴高等教育与伊斯兰教研究院

手稿保存

手稿保存涉及一系列的工艺和处理过程，为的是停止或延缓手稿的组织和材料成分逐步变质，因为这些材料（羊皮纸、白纸、墨水等）会老化。

手稿在退化是一个不可否认的现实。虽然大自然赋予我们的温暖、干燥的气候适合手稿的保存，但这并不意味着我们的手稿可以免于所有危险。有害因素有很多，如生物性的（昆虫）、化学性的（酸性、湿度）、自然性的（火、水、风与尘土），以及人为的（如不当处理、偷盗和欺诈销售）。为了应对这些威胁，研究院定期除尘，并给手稿消毒。即便如此，我们大部分的手稿还是变质严重，并因为水、昆虫和不正确的保存方法而出现不可逆的损害。有的已褪色或变色，文本的字迹也变得模糊。

研究院储存手稿的房间也不合格。房间很小，设备简陋，目前最适合保存的玻璃陈设柜也不足。房间最多存放5000部手稿，但是手稿越来越多，已达20000部，现在只能一部一部摞起来，这样对保存很不利，因为它们已经老化，本身的重量就会将其压垮。图书馆也没有离子测定仪测试纸张和诸如胶水和人造革之类耗材的酸度。

在合作伙伴的协助下，研究院已配备了应对保存和修复问题的必要设备，以及用于维护和数字化的大量电脑硬件和耗材。装订和修复手稿的工作坊配备了现代设备，用于文件封面的制作，以及手稿的装订和修复。修复是一个技术要求很高的工作，它需要全套的培训，不能和装订一起。如今保存和修复技术都很发达，随着研究的推进，技术应与研究同步发展。

物理保存是手稿维护的一个基本方面。深深意识到这一点的艾哈迈德·巴巴研究院在2000年创立了一个修复—维护部门，部门的工作人员有当地的匠人，也有马里国家艺术学院的毕业生。

该部门的工作包括手稿除尘、墨水恢复和变质手稿的修复，之后

◇◈◇ 第四部分 通布图的图书馆

制作保护盒确保长期保存。在修复前，手稿要经过以下工序：

1 从储藏室移到工作坊；

2 记录与手稿文件夹有关的细节：手稿数量、页数、尺寸和装订类型；

3 评估每份手稿的保存状态；

4 确认破坏因素（酸度、霉菌、真菌等）；

5 维护工作开始前对手稿进行拍摄；

6 确定每份手稿必须做的工作。

维护工作开始后，手稿要再次扫描。现阶段，为手稿制作保存盒是该部门的主要工作。这涉及组装几片硬纸板，硬纸板根据要保存手稿的尺寸切好。一旦组装好，硬纸板都要用中性（无酸）的布料包起来，布上面再包上不同颜色的人造革，但这道工序纯粹是为了美观。最终成品是一个带盖的简单盒子，这样开合取用文件时不至于将手稿破坏。这些盒子可以装一部或几部手稿，取决于每部手稿的体积。所有的盒子都编号。所用的所有材料——胶水、纸张和人造革——都是无酸的。这样手稿就可以保存得更久。

艾哈迈德·巴巴研究所正在进行的数字化工作。

第二十章 艾哈迈德·巴巴高等教育与伊斯兰教研究院

培训当地手稿维护员的南非专家对通布图的手稿保存发挥了至关重要的作用。

数字化

数字化是艾哈迈德·巴巴研究院最近与技术和资金合作伙伴一起做的项目之一。通过把书面文件以另一种媒介呈现,一方面可以保护手稿原件,另一方面更多研究人员也可以看到手稿的内容。在本书写作之时,已有325部手稿的55500页被数字化。

数字化工作主要是将每份手稿一页一页扫描。所用的软件是 Adobe Photoshop,分辨率是150 PPP。图片是 Tiff 格式,以便最大量数据的备份,如果是 JPEG 格式的话只能储存部分图像。扫描的页面随后要编码,以便讨论和确认。数字化所用的设备是一台平板的冷光扫描仪(型号:CanoScan FB1210U),平均每天能扫100页。研究院有3台可用的扫描仪。手稿的扫描件和识别页被保存到光盘上。

数字化对手稿保存的重要性不言而喻,这样研究人员就可以尽可能少地接触手稿原件,因为文件年代已久,所以很脆弱,这样就可以保护它们不再继续变质。储存手稿的光盘是保护和保存的一种非常有用的手段。通过放大镜或颜色调整,原本已变质的手稿可以更清楚。数字化的文件也在网上形成了一个虚拟图书馆。数字化成 TIFF 文件的手稿可以转化为 JPEG 格式。

然而,这个过程也存在一些问题:研究院的计算机设备越来越老旧,电脑容量小,所以图片存储是个问题。此外,扫描仪的尺寸单一,一些手稿不能妥善地数字化,而且扫描进程非常缓慢。

编目

编目是手稿保存的一个重要方面,便于文件的识别和搜索。这项工作需要仔细阅读手稿,并为每份手稿筛选33项信息。接着把这些信息输入一张数据识别表中,加上手稿的编号、作者的身份和文件的性质、手稿的状态、文件总结,以及文件中提到的文献来源。随后把

第四部分 通布图的图书馆

数据识别表保存到 Word 软件中。根据手稿的量、状态和主题，每个工作人员平均每天处理一部手稿。

编目可以标识每一份手稿并给其内容添加一些想法，所以这项工作很重要。数据识别表对处理手稿的工作人员来说是一个有用的工具，它也和扫描的手稿一起存入光盘中。数据识别表最后可以方便我们建立一个手稿数据库，一旦研究院联网，就可以在内部网或因特网上增加手稿的可获取性。它也便于研究院出版一个手稿目录。在本书写作时，已有 2224 部手稿被处理、编目，并被保存到 Word 软件中。

负责手稿编目的工作人员遇到的问题有：

一些文件变质程度高，文本难以辨认；

书法类型难以确定；

一些手稿没有写明作者；

一些手稿有多位作者，所以不知道到底是谁写的；

纸张的材质和质量难以确定；

缺乏与其它国家的编目工作人员协调和联系；

图书馆工作人员和编目者需要进修以提高技能水平。

培训

为了使手稿保存和修复与时俱进，艾哈迈德·巴巴研究院很重视培训。研究院已经开了一个手稿修复和保存的培训班，由院里的培训师讲解，为通布图的私人图书馆培训工作人员。

此外，研究院也邀请国际专家——由联合国教科文组织和研究院挑选——监督其培训活动、进行培训：胡伯特·埃姆普托兹（Hubert Emptoz）负责数字化培训，让-马里·阿诺特（Jean-Marie Arnoult）负责手稿保存培训。[1] 每年，马里首都巴马科和通布图的图书馆工作

---

[1] 胡伯特·埃姆普托兹教授来自法国里昂的图像与系统信息技术实验室，让·马里·阿诺特是法国政府的图书馆总监察长。

人员都会来此培训 2—4 个月，其他国家（如法国）的工作人员也会来。

研究院还与南非的一些机构进行培训合作。南非国家档案馆每年会开设一系列图书馆工作人员培训课程。培训过程中遇到的问题有：

研究院的场地有限，本来是为有限的工作人员设计的，容纳不了更多的培训人员；

培训所需的耗材和其它材料进口成本巨大，而马里市场没有这些材料；

印刷机和切割机等设备不足（目前研究院只配有一部印刷机）；

测量设备和仪器不足；

手稿修复和保存的文献资料不足。

人员培训无论对研究院还是私人图书馆都迫在眉睫。然而，目前手稿研究院建设还不完善，不能产生效益来使其工作人员更加专业化。因此，巴马科大学有必要考虑开设一门图书馆学的课程。但若要给被培训人员创造岗位，而其他激励跟不上，如工资、物质和手稿的法律保护等，培训的努力则会白费。

参考文献

Hunwick J（1999）Al-Sa'di's Tarik al-Sudan down to 1613 and other contemporary documents. Leiden：Brill.

第四部分　通布图的图书馆

第二十一章 "非洲的阿拉伯语文学"项目

约翰·汉维克

(John Hunwick)

"非洲的阿拉伯语文学"(Arabic Literature of Africa)项目可以从 40 年前说起，虽然它的灵感来得更早。1964 年在尼日利亚的伊巴丹大学，我发起了一个名为"阿拉伯文献中心"(Centre of Arabic Documentation)的项目，旨在拍摄出自尼日利亚北部的阿拉伯文手稿，并将之进行编目和分析。同年我开始着手通过伊巴丹大学的非洲研究所(Institute of African Studies)出版一本名为"研究简报"(Research Bulletin)的期刊，作为项目的一部分。1965 年 7 月，在第三期的期刊中，我在引言部分宣布了一个项目设想：在现有资源的基础上汇集阿拉伯文作品的作者个人信息以及他们的作品，并补充已被拍摄的手稿中的信息。我们的最终目的是把这些信息汇总，并在关于西非的阿拉伯语作家生平那期出版。这期的模板是德国学者卡尔·布罗克尔曼(Carl Brockelmann)有名的多卷作品《阿拉伯语文学历史》(Geschichte der arabischen Literatur)，它包括原来两卷（后来被修改和更新）和三卷补充本，都在 20 世纪 30、40 年代出版。从摩洛哥到印度，这些有关阿拉伯语写作传统的作品总共 4706 页，但只有 4 页提及撒哈拉以南非洲的阿拉伯语作品。当然，在 20 世纪 50 年代以前，几乎没有人知道埃及以南和北非马格利布的阿拉伯语作品，即使欧洲有一两部相关手稿文集。这些手稿主要来自哈吉·奥马尔·本·萨义德·弗提（al-Hajj 'Umar b. Sa'id al-Futi）和他后代所建造和维护的图书馆，1890年在塞古被法国殖民者掠夺，之后被保存至巴黎的法国国家图书馆，但是一直放在那没有编目，这种状态持续了将近一个世纪。

《非洲的阿拉伯语文学》系列

正是因为没有一部关于撒哈拉沙漠以南非洲阿拉伯语作品的指南，而西非的这种写作传统又丰富多彩，所以我萌生了为西非提供这样一部指南的想法。当时我觉得一卷就够了，但没想到阿拉伯语作品如此之多，或者说最后会有那么多隐藏的手稿重现天日。从后文的地图我们可以找到西非较大的一些手稿和文档图书馆现今在何处。

在接下来的25年里，我继续收集有关西非阿拉伯语手稿的标题和位置信息，将其全部记录在卡片上做索引，当时还没有计算机技术，更不用说普及。1980年在开罗美国大学，我和挪威卑尔根大学的肖恩·奥法伊（Sean O'Fahey）教授探讨了这个项目。就阿拉伯语文献来说，他最大的兴趣是尼罗河畔的苏丹和东非。奥法伊教授立马提出合作，将项目从西非扩展到整个撒哈拉以南非洲。我们决定

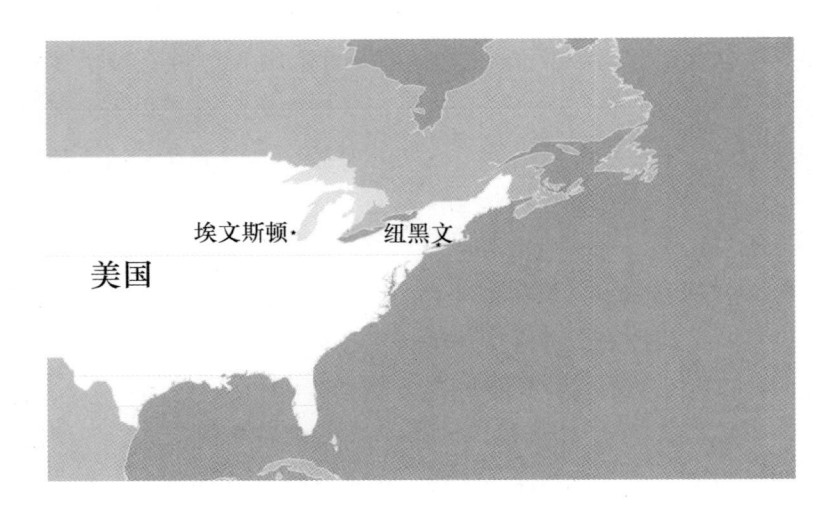

第二十一章 "非洲的阿拉伯语文学" 项目

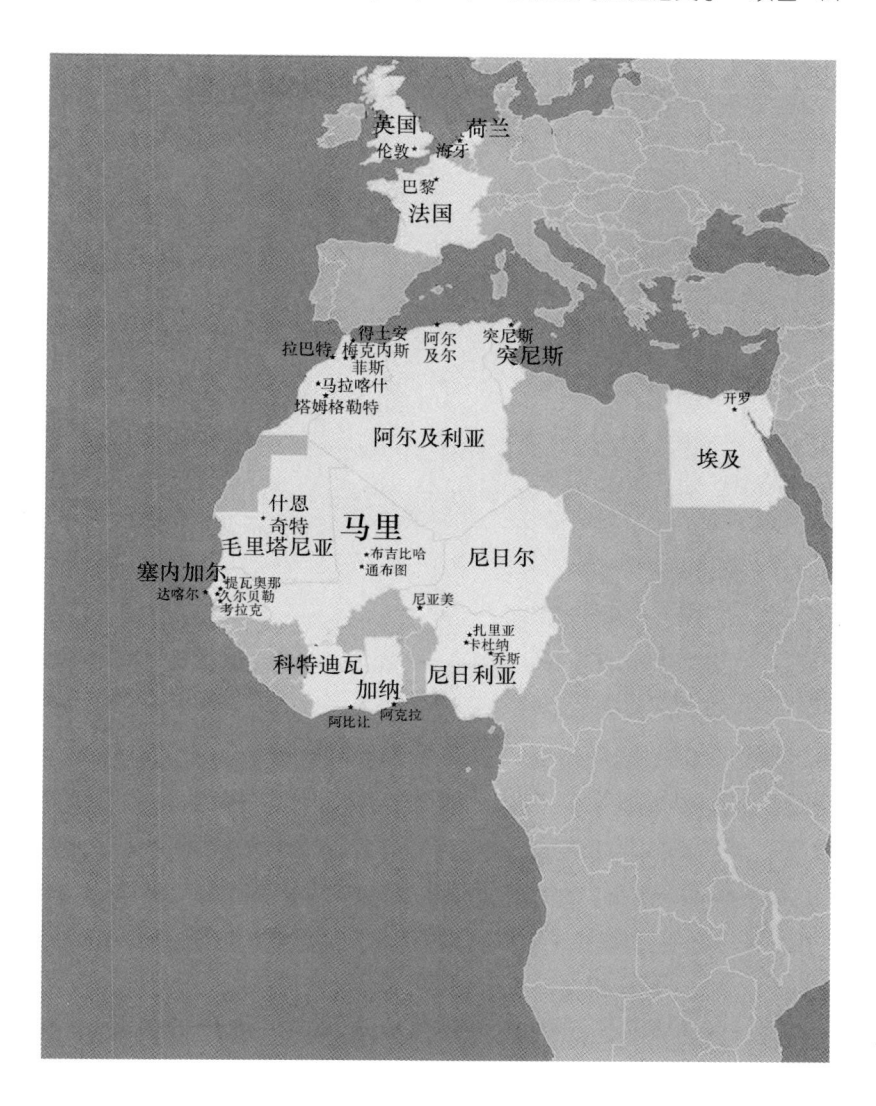

◆◆ 第四部分　通布图的图书馆

一部预备修复、数字化和保存的手稿。

自己把这片大陆分割作研究。我将聚焦乍得湖以西的非洲，而奥法伊教授则关注乍得湖以东的非洲，包括苏丹、非洲之角和东非。这个项目的第一个成品是《非洲的阿拉伯文学：传记和文献信息简报》（*Arabic Literature of Africa: A Bulletin of Biographical and Bibliographical Information*），其中三期于1985年至1987年通过美国西北大学的非洲研究项目（Program of African Studies）出版。

　　20世纪90年代初，我们开始计划出版一系列相关信息的作品。1994年和1995年，头两部作品由荷兰莱顿的布里尔学术出版社（Brill Academic Publishers）出版，这也是布罗克尔曼系列作品的出版商。①

---

　　① 布里尔学术出版社的东方学著作出版传统已有220多年，它出版了一些有关伊斯兰宗教和文化的知名出版物，其中最突出的要数《伊斯兰百科全书》。《伊斯兰百科全书》的第二版（也是最新的版本）由12卷组成，于1960—2003年出版，我个人在撒哈拉以南非洲这部分作了些许贡献。鉴于其高质量的出版物和优秀的出版活动，布里尔真算的上是一个杰出的出版机构。现阶段我在编辑该出版社的《非洲的新伊斯兰传统》系列，肖恩·奥法伊协助编辑东方学系列。

第一卷《非洲的阿拉伯文学：约至1900年的东苏丹非洲作品》（*Arabic Literature of Africa*：*The Writings of Eastern Sudanic Africa to c.1900*）由奥法伊编写。他有两名苏丹籍学者相助，即穆罕默德·易卜拉欣·阿布·萨利姆（Muhammad Ibrahim Abu Salim）和叶海亚·穆罕默德·易卜拉欣（Yahya Muhammad Ibrahim）；两名德国籍学者——贝恩德·拉特克（Bernd Radtke）和阿尔布雷克特·霍夫海因茨（Albrecht Hofheinz），以及挪威籍学者克努特·威克尔（Knut Vikǿr）。1990年，威克尔和我以及奥法伊在卑尔根大学创办了一本名为"苏丹非洲：史料来源"（*Sudanic Africa*：*A Journal of Historical Sources*）的期刊，这本期刊出版了许多有关非洲阿拉伯语作品的信息，以及一些带有英文翻译的短篇阿拉伯语文件。

《非洲的阿拉伯文学》的所有卷都涉及"苏丹非洲"，这个词主要指萨赫勒地区，在中世纪阿拉伯语中表示黑人的土地，此外还包括了"撒哈拉以南非洲"的其他地区。

第一卷：东苏丹非洲

第一卷讲述了东苏丹非洲，这个地方如今是苏丹共和国，书中的年代跨度为17、18、19世纪。整卷根据时期以及作者和他们作品的相互关系分章节，如苏菲教派成员，而且很多章节都涉及苏菲教派的分支。其中一个分支由一位苏菲派谢赫成立，他来自苏丹，但最初不在苏丹混迹。然而，他的教义后来对苏丹和非洲之角都产生了很大的影响。他就是艾哈迈德·本·伊德里斯（Ahmad b. Idris）。他于1750年生于摩洛哥，1837年卒于也门。相关内容在所在章节的引言里，具体如下：

> 我们把艾哈迈德·本·伊德里斯、他儿子阿布德·阿里（'Abd al-'Ali）和他的苏丹学生易卜拉欣·拉希迪（Ibrahim al-Rashid）衍生出的苏菲教派汇总在此，这些教派包括伊德里西耶派［Idrisiyya，也叫艾哈迈德耶·伊德里西耶派（Ahmadiyya Id-

◈ 第四部分　通布图的图书馆

risiyya），或艾哈迈德耶派（Ahmadiyya）]、拉西迪耶派（Rashidiyya）、萨西里耶派（Sahiliyya）和丹达拉耶派（Dandarawiyya），这些教派蔓延至埃及、奥斯曼土耳其、前南斯拉夫和阿尔巴尼亚、叙利亚、索马里、东非和东南亚。①

还有一个教派源自艾哈迈德·本·伊德里斯的弟子，在另一章会专门阐述。它就是由穆罕默德·本·阿里·赛努西（Muhammad b. 'Ali al-Sanusi）创立的赛努西教派。赛努西于1787年生于阿尔及利亚的穆斯塔加奈姆（Mustaghanim），并在如今的利比亚东部创立了自己的教派，最后在利比亚南部和乍得传播自己的教义，其分支东至苏丹的达尔富尔，西至尼日利亚的卡诺（Kano）。

整个一章阐述了苏丹人马赫迪·穆罕默德·艾哈迈德（Mahdi Muhammad Ahmad）的著作，他于1884年从埃及的土耳其人手中接手该领域的研究，此外还有他接班人的著作，从政教领袖阿卜杜拉希（'Abd Allahi）开始。

奥法伊和汉维克将在接下来几年里和一些苏丹和欧洲的合作伙伴一起对本卷做增补工作，增加20世纪西非的阿拉伯语著作，包括这个阿拉伯语学术传统以外的材料，如著名小说家塔伊卜·萨利（al-Tayyib Salih）的著作。这将在《非洲的阿拉伯语文学》的第五卷体现。

第二卷：中苏丹非洲

汉维克在三位尼日利亚学者［拉扎克·阿布·巴克雷（Razak Abu Bakre）、哈米杜·伯伯伊（Hamidu Bobboyi）和穆罕默德·萨尼·奥马尔（Muhammad Sani 'Umar）］以及两位德国学者［罗曼·罗伊梅尔（Roman Loimeier）和西迪芬·赖克马特（Stefan Reichmuth）的帮助下完成了第二卷。该卷于1995年出版，题为"中苏丹非洲的

---

① Hunwick & O'Fahey（1994：123）.

著作"。中苏丹主要指尼利日亚,但是本卷也涵盖了一些有关喀麦隆、乍得和尼日尔的材料。

第二卷的第一章题为"1800 年的中苏丹",以一位名为易卜拉欣·本·雅克布·卡尼米(Ibrahim b. Ya'qub al-Kanemi)的诗人为开端。这位诗人卒于 1212 年左右,以他在摩洛哥和西班牙(安达卢西亚)所作的诗为我们所熟知,其中一些诗被那些地区的阿拉伯语作家所记录。他是西非出名最早的作家,到 16 世纪,越来越多的作家涌现,不仅仅在尼日利亚北部(博尔努和豪萨兰),通布图地区也是如此。但本卷最重要的章节是有关一个家族的,笔者称这个家族为弗迪阿瓦(Fodiawa)家族。这个家族最主要的学者是奥斯曼·本·穆罕默德·弗迪耶('Uthman b. Muhammad Fodiye),也叫奥斯曼·丹·弗迪奥('Uthman dan Fodio,卒于 1817 年)。他是伊斯兰改革者,也创建了一个伊斯兰国家,现今叫索科托哈里发国(Sokoto Caliphate)。他是富拉尼族人,籍贯是塞内加尔的富塔托罗(Futa Toro)。15 世纪,他的祖先从富塔托罗移民到豪萨兰。他是一位杰出的学者,用阿拉伯语写了至少 100 部作品,还用富拉语写了无数首诗。他家族的其他成员也著述颇丰。其中他兄弟阿卜杜拉希['Abdullahi,也叫阿卜杜拉('Abd Allah),卒于 1829 年]用阿拉伯语写了 88 部作品,并用豪萨语写了 6 部;他儿子穆罕默德·贝洛(Muhammad Bello,卒于 1837 年)也是一名政治家,著有 175 部作品,其中包括 70 首阿拉伯语诗歌;他女儿娜娜·阿斯玛乌(Nana Asma'u,卒于 1864 年)所著的阿拉伯语诗歌有 9 首,富拉语诗歌有 42 首,还有豪萨语诗歌 26 首。

本卷的另一章收录了谢赫·奥斯曼其它亲属的作品,从他的兄弟阿卜杜拉希和儿子穆罕默德·贝洛、为他服务的大臣和接班人,到高官朱乃德(Junayd,卒于 1992 年)。朱乃德创办了一个很大的手稿图书馆,他自己写了大约 50 部作品和一本诗集,本卷将专门探讨。其他章涉及诸如尼利日亚卡诺、卡齐纳和博尔努等其他地区的作家,其中有两章收录了尼日利亚西南部约鲁巴语地区(伊洛林、伊巴丹和拉

◆◆ 第四部分 通布图的图书馆

各斯）学者的作品，这两章都由西迪芬·西迪芬·赖克马特（Stefan Reichmuth）编写。最后一章集中探讨了支持和反对苏菲主义的辩论作品，主要由穆罕默德·萨尼·奥马尔（Muhammad Sani Umar）编写。

第三卷：埃塞俄比亚、厄立特里亚和索马里

第三卷由奥法伊编写，由两部分组成。第一部分探讨埃塞俄比亚、厄立特里亚和索马里作家的作品，已于2003年出版；第二部分聚焦东非的斯瓦西里语地区。两部分都收录了用阿拉伯书写系统呈现的非洲语言作品，尤其是第二部分，其中大部分作品都是用斯瓦西里语，还有一些是用豪萨语和富拉语。笔者计划再编写一卷聚焦出自尼日利亚、尼日尔和喀麦隆的豪萨语和富拉语著作。

第四卷：西非

第四卷由我编写，于2003年5月出版。这一卷总共814页，涉及马里、塞内加尔、几内亚和大沃尔特地区，即加纳以及象牙海岸和布基纳法索部分地区的作品。还有一章关于尼日尔部分地区的著作。

西非的手稿收藏

那么，所有这些著作的手稿都是怎么获得的呢？首先，不计其数的手稿收藏馆已被编目，在非洲国家和欧洲都有，虽然还有更多的收藏馆存在并需要编目。已编目的收藏馆中最重要的就是与马里有关的两座：一座在通布图，一座在巴黎。在通布图的那座叫艾哈迈德·巴巴研究院（详见本卷的第20章），但迄今为止只有一半以阿拉伯语分类，大约20000部手稿中的9000部通过伦敦的福尔干伊斯兰遗产基金会（al-Furqan Islamic Heritage Foundation）编目。①

---

① 如今正在进行完整的编目，还有手稿的数字化。

第二十一章 "非洲的阿拉伯语文学"项目

巴黎的那座收藏馆指的是哈吉·奥马尔和他后代经营的图书馆。1890年,这座图书馆在塞古被法国殖民军队抢占,两年后其中的资料被储存于法国国家图书馆。1985年,一个手稿目录出版,但完全是法语的,题为"塞古奥马尔家族图书馆目录"(Inventaire de la Bibliothèque 'Umarienne de Ségou)。① 该目录收录了大约700部不同作家所著的作品,有西非的作家,也有伊斯兰世界地区的。在非洲还有其他已编目的收藏馆,包括福尔干基金会编目的私人和公共收藏馆。在尼日利亚卡杜纳的国家档案馆,阿拉伯语收藏馆一部分已编目,还有伊巴丹大学图书馆的相关收藏,但乔斯博物馆和已故索特托高官朱乃德·本·穆罕默德·布哈里(Junayd b. Muhammad al-Bukhar)的收藏编目工作还在准备中。贝洛大学的研究和文献中心,也称为艾勒瓦大厦(Arewa House,位于卡杜纳),由哈米杜·伯伯伊管理,他最近与索科托伊斯兰教领袖和卡诺的穆斯林酋长谈判,欲将他们的手稿收藏编目,这些手稿很可能有历史价值很高的文件,还有关于伊斯兰学术传统的作品。

至于毛里坦尼亚,福尔干基金会已出版了包含12座私人收藏馆(6座在辛格提、6座在瓦丹)的一份手稿目录,共涉及1100多部手稿。伊利诺伊大学的查尔斯·斯图尔特(Charles Stewart)已将布提利米特的谢赫·西迪亚家族的私人收藏馆编目,并在该大学对外提供。在塞纳加尔,一些私人收藏馆也已由奥斯曼·凯恩(Ousmane Kane)② 编目,其中包括迪乌贝尔(Diourbel)的塞里涅·马尔·姆巴耶·西瑟图书馆(Serigne Mor Mbaye Cissé)、考拉克(Kaolack)已故的谢赫·易卜拉欣·尼亚斯(Shaykh Ibrahim Niasse)的图书馆、蒂瓦瓦内(Tivaouane)的哈吉·马立克·西图书馆(al-Hajj Malik Sy)。这些图书馆都藏有大量塞内加尔作家的手稿著作,包括馆主自己的。奥斯曼·凯恩已研究了其他收藏馆,其中达喀尔的谢赫·安塔·迪奥

---

① 非洲历史前沿 Subsidia 目录的第二卷。见 Ghali et al.(1985)。
② 以前供职于塞内加尔的圣路易斯大学,如今在纽约的哥伦比亚大学。凯恩为《非洲的阿拉伯语文学》第四卷提供了材料。

◆ 第四部分 通布图的图书馆

普大学（Université Cheikh Anta Diop）有一所档案馆，叫撒哈拉以南非洲基础（以前是法国）研究院（IFAN, Institut Fondamental d'Afrique Noire），它藏有数百部塞内加尔作者所著的阿拉伯文手稿，还有出自几内亚的富拉语手稿。

  西非其他地区还有手稿复印件收藏馆，原件由馆主保管，但他们的私人收藏都没有好好维护或编目。在伊巴丹大学，出自尼日利亚收藏馆的手稿于20世纪50—60年代由主图书馆微缩拍摄，1964年后由非洲研究院的阿拉伯文献中心扫描，共有700部左右。20世纪60—70年代，勒贡的加纳大学采用的是不同方法。他们从穆斯林学者那借来手稿，影印多份，之后将原件和一些影印件物归原主，这样他们就可以和其他学者分享那些手稿。在加纳大学的非洲研究院，每份手稿至少有两份复印件，有需要的学者可以购买一份。这个措施实施之后，加纳伊斯兰社区历史的首席专家、该项目的负责人艾弗·威尔克斯（Ivor Wilks）教授就每部手稿都购买了些许复印件，随后把所收藏的捐赠给西北大学。西北大学非洲文献图书馆（Africana Library）的阿拉伯语作品收藏馆大约藏有3000部手稿，这些手稿通过卡诺已故的提加尼耶派学者奥马尔·法尔克（Umar Falke，卒于1962年）之子获得，还有500部左右是尼日利亚的约翰·帕登（John Paden）教授贡献的。这个收藏馆不但有手稿原件，而且还在当地出版了一些尼日利亚学者所著的阿拉伯语（豪萨语）著作的复印件。我将这些出版物称为市场版本，因为它们可以公开在市场上售卖，我已收藏了400多部，有尼日利亚和塞内加尔作家的，这些地方这种手稿出版方式很流行。

位置	机构	概况参考资料
阿克拉	National Archives of Ghana	
阿比让	Institut d'Histoire, d'Art et d'Archeéologie Africaines	

续表

位置	机构	概况参考资料
阿尔及尔	Fonds Ben Hamouda, Bibliothèque Nationale d'Alger	
埃文斯顿	Northwestern University	
	Louis Brenner's Collection of Xerox copies of Arabic books published in Africa	Catalogue in situ.
	'Umar Falke collection	Database catalogue in situ.
	Hiskett Legacy collection	Catalogue in situ.
	John O Hunwick collection	
	John Naber Paden collection	Catalogue in situ. 另参见 Saad (1980)
	Ivor G Wilks' Field Notes (copies available at the Institute of African Studies, University of Ghana, and Rhodes House Library, Oxford)	
巴黎	Bibliothèque de l'Institut de France	参见 Smith (1959a); Hunwick&Gwarzo (1967)
	Bibliothèque Nationale	参见 Ghali et al. (1985); Vajda (1950); Smith (1959b); Sauvan&Vajda (1987)
	Musée des Arts d'Afrique et d'Océanie	参见 Adnani (2000-01)
布吉比哈	Private library of Shaykh Bay b. Zayn b. 'Abd al-'Aziz of Boudjebeha	See ISESCO (1988)
达喀尔	Institut Fondamental d'Afrique Noire, Université Cheikh Anta Diop	参见 Diallo et al. (1966); Mbaye&Mbaye (1975); Mbacké&Ka (1994)
得土安	Al-Khizana al-'Amma (General Library of Tetuan)	参见 Al-Khizana al-'Amma (1981)
	Makyabat al-Jami' al-Kabir (Bibliothèque de la Grade Mosquée, Tetuan)	参见 Dilayru (1977)
菲斯	Library of Al-Qarawiyyin	参见 Bel (1918); al-Fasi (1979)

第四部分 通布图的图书馆

续表

位置	机构	概况参考资料
海牙		参见 Voorhoeve（1980）
久尔贝勒	Maktabat Serigne Mor Mbaye Cissé	参见 Kane（1997）
卡杜纳	National Archives of Nigeria	参见 Muhammad（1995）；Last（1966，1967）；and index in situ
考拉克	Maktabat al-Hajj Ibrahim Niyas	参见 Kane（1997）
开罗	Arab League/Jami'at al-duwal al-'arabiyya：Ma'had al-makhtutat	参见 Sayyid（1954-63）
	Al-Azhar University Library	参见 al-Azhar University Library（1949）
	Dar ak-Kutub al-Misriyya	参见 Dar al-Kutub al-Misriyya（1924-42）
拉巴特	Khizanat Mu'assasat 'Allal al-Fasi	参见 al-Harishi（1992-1997）
	Al-Khizana al-'amma	参见 al-Tadili&al-Murabiti（1997）
	Al-Khizana al-Hasaniyya（Bibliothèque Royale）	参见 al-'Arbi al-Khattabi（1980-1987）and catalogues in situ
	Ma'had al-Dirasat al-Ifriqiyya, Jami'at Muhammad al-Khamis（Institut des Etudes Africaines, Université Mohammed V）	无公开目录
	Bibliothèque Générale et Archives du Maroc	参见 Unesco（1962）
勒贡	Institute of African Studies, University of Ghana. Copies available at the African Studies Library, Northwestern University, Evanston, Illinois	参见 Boyo et al.（1962）；Martin（1966）；Odoom & Holden（1965，1967，1968）
伦敦	British Library	参见 situ 的卡片索引
	School of Oriental and African Studies, University of London	参见 Gacek（1981）
马拉喀什	See bin al-'Arabi（1994）	
梅克内斯	Maktabat al-Jami' al-Kabir	参见 Dilayru（1977）
	Al-Khizana al-'amma	参见 Dilayru（1977）

第二十一章 "非洲的阿拉伯语文学"项目

续表

位置	机构	概况参考资料
纽黑文	Malian Arabic Manuscript Microfilming Project. Sterling Library, Yale University	参见 Nemoy（1965）
尼亚美	Institut de Recherche en Sciences Humaines	Cyclostyled list in sity. 也参见 Kani（1984）
乔斯	Nigerian National Museum	参见 Arif&Hakima（1965）
萨莱	Al-Khizana al-'ilmiyya al-Subayhiyya（Subahiyya Library）	参见 Hajji（1985/1405）
什恩奇特	Private Libraries of Ahl Habut, Ahl Ahmad Sharif, Ahl Hamanni, Ahl 'Abd al-Hamid, Ahl Luda' and Ahl al-Sabt	参见 Yahya（1997）
塔姆格勒特	Library of the Nasiriyyazawiya	参见 al-Mannuni（1985）
通布图	Ahmed Baba Institute	参见 Ahmed Baba Institute（1995-98）
	Mamma Haidara Manuscript Library	参见 Sayyid（2001）
提瓦奥那	Maktabat al-Hajj Malik Sy	参见 Kane（1997）
突尼斯	Dar al-Kutub al-Qawmiyya（National Library of Tunisia）	参见 Mansur（1975）
	Maktabat al-'Abdaliyya	参见 Maktabat al-'Abdaliyya（1908-11）
	Bibliothèque de la Mosquée de Zeitouna	
瓦丹	Private libraries of Ahl Muhammad b. al-Hajj, Ahl al-Kitab, Ahl Dahi, Ahl 'ldi, Ahl Yaya Buya and Ahl Ahmad Sharif	参见 Yahya（1997）
耶鲁		参见 Nemoy（1965）
扎里亚	Northern History Research Scheme, Department of History, Ahmadu Bello University	参见 al-Bill（1967 - 87）；以及 situ 的纸质索引

第四部分　通布图的图书馆

目前我所知的西非最大的私人图书馆当属通布图的两座名馆。一座是海达拉家族纪念图书馆，由阿卜杜勒·卡德尔·海达拉（Abdel Kader Haidara）创办和管理（详见本书的第 17 和 18 章）。这个图书馆收藏的手稿大约由 5000 部，其中 3000 多部已编目并由福尔干基金会出版，剩下的还在等待出版。它们被储存在一个设计精美的大楼，但还需科学的保存和数字化工作。这些著作的主题和作者出身各异，虽然一大部分是通布图地区的作家所著。还有一座重要的私人图书馆就是大名鼎鼎的方多·卡迪图书馆，藏有大约 3000 部手稿，这些手稿都是 16 世纪著名的历史学家穆罕默德·卡迪［Mahmud Ka'ti,《西非编年史》（*Tarikh al-fattash*）的作者］后代子孙的作品。

海达拉家族纪念图书馆位于通布图［更多的手稿还在通布图以西大约 161 公里克什罕巴（Kirshamba）村的海达拉家族成员手里］，由伊斯梅尔·迪亚迪埃·海达拉（Ismaël Diadié Haidara）和他兄弟奥斯曼·海达拉（Ousmane Haidara）管理。这座非凡的图书馆收藏的一些手稿可以追溯到 16 世纪，还有 1420 年在土耳其复印的一本精美的《古兰经》。不幸的是，这些手稿的保存都不科学，但近来一栋可以安全储存这些手稿的大楼正在建设中。2001 年德国学者阿尔布雷希特·霍夫海因茨已代表非洲伊斯兰思想研究院（ISITA, Institute for the Study of Islamic Thought in Africa）起草了一个目录，楼一竣工，就可以将手稿正式编目了。

波波拉夫图书馆也是一座重要的图书馆。波拉拉夫是摩洛哥人，20 世纪初在通布图定居。1955 年去世后，他的大部分手稿由他儿子继承，1970 年后捐给了艾哈迈德·巴巴研究院。剩下的一部分手稿留给他孙子，但他孙子既没维护也没编目。侯马尔图书馆也是重要图书馆之一，侯马尔是大清真寺的阿訇，其馆藏的手稿被埋于地下多年，现在正被搬出来，急需维护和编目。通布图还有许多图书馆。在 1999 年《人类学杂志》（*Revue Anthropologique*）[①] 发表的一篇文章中，

[①] 也收在 Gaudio（2002）中。

第二十一章 "非洲的阿拉伯语文学"项目

阿卜杜勒·卡德尔·海达拉罗列了该城市的所有私人图书馆，总共30座，还有大约100座在马里境内尼日尔河中部的其他地区（详见本书的第18章）。其中一座主要的手稿图书馆是旺加里图书馆，由穆罕默德·巴加约霍（卒于1594年）创办，主要收藏了他后代获得的手稿（据说有8000部）（详见本书的第19章）。南部撒哈拉地区也有重要图书馆，如阿拉万和布杰贝哈图书馆，20世纪前这两座图书馆都是有名的伊斯兰学者中心。说到布杰贝哈就得提一下谢赫·巴伊（Shaykh Bay）图书馆，这座图书馆由谢赫·巴伊从家族成员中继承。谢赫·巴伊自身是该地区的著名学者，还花费了巨大的精力维护这座家族图书馆。该图书馆收藏了许多精美名贵的手稿，非常值得维护和编目。

西非其他地方还有重要的公共和私人图书馆。在尼日尔首都尼亚美的科学与人文研究院（Institut de Recherche en Sciences Humaines，IRSH）有一座大型的公共图书馆。它由尼日尔国会富有学者风范的主席——已故的布布·哈马——创办，后转交给尼亚美大学，尼亚美大学将之并入科学与人文研究院。有3200多部手稿尚需科学维护，但近来已编目。[①]虽然很多手稿出自尼日尔作家，还有许多是马里作家所著，一些出自如今的加纳和布基纳法索。它们被储存于一个没有温度控制的房间，有些都快破了。这是西非容易访问的一座重要图书馆。1984年，尼日利亚籍苏丹学者艾哈迈德·卡尼（Ahmad Kani）对该图书馆做了一个简介，在"非洲历史前沿"（Fontes Historiae Africanae）项目中出版，该项目后来由我负责。他的描写很有趣：

> 总的来说，科学与人文研究院图书馆收藏的作品覆盖面积不小，从老卡内姆波尔怒（Kanem-Bornu）地区一直延伸到豪萨兰，经过尼日尔湾，向北至阿伊尔（Air）和撒哈拉地区，时间上从14世纪一直延续至今。有关国家形成、国家间和外交关系的材

[①] 福尔干基金会在2004年末出版了该目录。

◆ 第四部分 通布图的图书馆

料都能在这座图书馆中找到。该图书馆还藏有各种有关伊斯兰科学的重要材料，如教法学、苏菲主义、神学和释经学，以及相关学科。出自北非和中东非的许多文献也有收录。来自西撒哈拉地区的手稿也有一部分。尤其辛格提地区有文学创作的悠久传统。科学与人文研究院有一份艾哈迈德·阿卜阿拉夫（波拉拉夫）亲笔手稿的复印件，题为"Izalat al-rayb wa'l-shakk wa'l-tafrit fi dhikr al-mu'allifin min ahl Takrur wa'l-Sahra'wa-ahl Shinqit"，这部作品写于1941—1942年，是塔库鲁（Takrur）和撒哈拉地区穆斯林学者的传记字典。科学与人文研究院图书馆最有趣的一个地方，也是与西非其它图书馆差别最大的地方，就是它收藏了18、19世纪西非苏菲派谢赫们的作品［尤其是苏菲派夸狄瑞分支的谢赫穆赫塔尔·昆蒂（al-Mukhtar al-Kunti）的作品］。[1]

除了加纳大学非洲研究中心的影印手稿图书馆，加纳还有许多其它私人图书馆。福尔干基金会最近出版了一个目录，囊括了15座此类图书馆，共涉及3000多部手稿，其中包括很多医学（20）、历史（80）、地理（11）、哲学（17）、天文与数学（32）方面的手稿，还有关于传统的伊斯兰科学的手稿，如《古兰经》研究。

部分出自尼日利亚的手稿还散落在非洲的其它地区。有一些在苏丹的手稿属于索科托（Sokoto）家族领袖和亲属的后代，1903年英国侵占豪萨兰，他们逃了出来，最终在喀土穆（Khartoum）以南一个叫马伊乌尔诺（Mai Urno）的地方和周围地区定居。他们带着无数索科托氏作家的著作。美籍非洲学生和手稿数字转化负责人穆罕默德·谢里夫（Muhammad Sharif）已研究了一些重要的图书馆，已其编目工作做铺垫。同样地，许多出自通布图的手稿也收藏在非洲其他地区的公共图书馆里，主要在摩洛哥。还有一些在阿尔及利亚，20世纪初，

---

[1] Kani（1984：41）.

一名阿尔及利亚人在通布图的一所学校教书,他后来把手稿带回国。[1]

"非洲的阿拉伯语文学"项目是非洲伊斯兰思想研究院的基石,由我和奥法伊于 2001 年合作在西北大学(位于伊利诺伊州埃文斯顿市)的非洲研究项目中发起。非洲伊斯兰思想研究院的宗旨包括确认与分析阿拉伯语手稿图书馆,并翻译出版有关非洲历史和伊斯兰思想的手稿。我们的一个最终目的是绘制出非洲各个国家的阿拉伯语手稿图书馆地图,并分析其收藏。另外,我还计划从事更多有关非洲阿拉伯语文学的工作。关于西撒哈拉非洲(毛里坦尼亚)的第 6 卷将由我负责,研究毛里坦尼亚的著名德国学者乌尔里希·雷伯斯托克(Ulrich Rebstock)将加入其中,希望已为毛里坦尼亚布提利米特一座私人手稿收藏馆编目的查尔斯·斯图尔特可以提供更多帮助。如果穆罕默德·萨尼·奥马尔有空,我希望他能与哈米杜·伯伯伊编写一卷有关尼日利亚和喀麦隆的豪萨语和富拉语作品;也许易卜拉欣·穆克萨(Ibrahim Mukoshy)也能加入,20 世纪 60 年代他在伊巴丹的阿拉伯文献中心曾是我的助理,如今是索科托大学尼日利亚语言研究的一名教授。

西非伊斯兰与学术传统综述

西苏丹非洲是一个广大、多元的地域。《非洲的阿拉伯语文学》第 4 卷试图讲述部分地区,即那些被充分研究的,手稿传统悠久的地区。这在很大程度上也反映了这些地区的伊斯兰学术和文学传统最为深厚。

从第一个千禧年到 20 世纪,通布图一直是伊斯兰学术中心之一,而且不仅仅是这座城市如此——虽然它是学术灵感的心脏地区,阿扎瓦德(Azawad,半沙漠地区至尼日尔河中部地区以北的)的周边地区和金巴拉(Gimbala)至马西纳(Masina)的尼日尔湾西部也是学

---

[1] 这指的是阿尔及尔国家图书馆的 Fonds Ben Hamouda。

第四部分 通布图的图书馆

术圣地。当 14 世纪通布图成为热带非洲与撒哈拉和地中海非洲的商业交流中心时，它就开始吸引宗教信徒和商人前来，有时商人也有宗教信仰。最初是因为撒哈拉以南非洲的阿莫亚韦德运动惨败，桑哈扎族的马苏发（Masufa）部落成员来此定居。但是他们带来的马利基教法传统影响有多深尚不清楚。当伊本·白图泰于 1352 年游历至通布图时，他就提到马苏发部落的主导地位，但未提及那里的伊斯兰学术。一个世纪后，马苏发部落一个叫阿吉特（Aqit）的宗族从马西纳移民至通布图，这次他们带来了很深厚的学术传统，尤其是教法学领域的传统。穆罕默德·阿吉特（Muhammad Aqit）的后代和另外一个柏柏尔家族，也可能是一个桑哈扎家族通婚，在接下来的一个半世纪他们的很多家族成员成为通布图的法官。

但这些撒哈拉非洲部族不是当时通布图伊斯兰学术发展的唯一源泉。事实上，阿吉特宗族最有名的成员艾哈迈德·巴巴（1556—1627）是著名学者穆罕默德·巴加约霍的学生，巴加约霍来自杰内的迪尤拉族（Juula）。迪尤拉人毫无疑问是第一批学习伊斯兰知识的西非人，他们原先都是商人，在古加纳与北非商人进行黄金交易。后来他们受阿莫亚韦德马利基教派的影响颇深。在某一个时刻，大概是古加纳解体之后，他们中的一些人就在马西纳地区定居。到 15 世纪他们已从杰内向南开辟了一条贸易线路，为了获取从阿坎森林（Akan forests，即如今的加纳）开采的黄金。有一些人也搬进了尼日尔湾中部地区，尤其是通布图，其他人向东迁徙至豪萨兰。他们在把伊斯兰教传播到现今的象牙海岸和南部布基纳法索方面起到了至关重要的作用。另一群迪尤拉人原先定居在马西纳地区的迪亚卡（Diakha），后来向西分散开来，以迪亚坎克（Diakhanke）的名义成为伊斯兰学术的支持者，常叫做贾汉克（Jahanke）。

自 16 世纪起，通布图就成为闻名遐迩的学术中心，吸引了来自西非各地的学生、从瓦拉塔到奥吉拉（Awjila）的撒哈拉沙漠绿洲的学者，还有一些北非城市的学者。该城市的教育声望让人想起一所通布图的大学，菲利克斯·杜布瓦（Felix Dubois）第一个将之称为

第二十一章 "非洲的阿拉伯语文学"项目

"桑科尔大学"①。通布图东北部的桑科尔街区吸引了诸多学者入住，但迄今没有证据显示它是一个制度化的学术中心。一些课文的教学在桑科尔清真寺、西迪·叶海亚清真寺（Sidi Yahya Mosque）和金戈伯大清真寺进行，但只有学生的导师才能教学。许多教学工作都在学者的家里进行，个别学者还有自己的研究和教学图书馆。就著作而言，通布图以教法学著作闻名，一直到 20 世纪。此外在通布图地区还有丰富的教令文学传统。通布图也以历史著作闻名。最早的著作之一就是 *Jawahir al-hisan fi akhbar al-Sudan*②，这是 16 世纪一位名叫巴巴·古鲁·本·哈吉·穆罕默德·本·哈吉·阿敏·甘努（Baba Guru b. al-Hajj Muhammad b. al-Hajj al-Amin Ganu）的作家所作。关于他的信息无从所知，他的书也没人知道，直到卡迪（Ka'ti）家族的成员在著名的《西非编年史》中将其作为一个参考文献。20 世纪的学者艾哈迈德·巴贝尔（Ahmad Baber，卒于 1997 年）写了一本同名著作以取代 16 世纪丢失的那部作品。有关通布图和尼日尔河中部地区的大编年史就是阿布德·拉赫曼·萨迪③的《苏丹史》，它与《西非编年史》几乎写于同一时期（17 世纪中叶）。大约一个世纪以后，一本匿名编年史 "*Diwan al-muluk fi salatin al-Sudan*" 记录了通布图地区自 1591 年起在摩洛哥军队统治下的历史。通布图的历史记载传统几乎传遍整个西非。如今的加纳共和国也有很浓厚的记载传统，自 18 世纪初的 ghanja 书开始。随着 1591 年摩洛哥军队侵占通布图，该城市的许多学者四处逃散，一些人向南逃到了沃尔特河流域（Volta River basin）。该地区④还是东西部学者的集合点。自杰内到阿坎森林以北的贝格霍镇（Begho）这条贸易线路开通以来，迪尤拉学者就从西部前来。有的安顿在象牙海岸北部城镇，如朋杜库（Bonduku）、布纳

---

① 虽然用那些语言写成的著作明显不是（非洲）的"阿拉伯语文学"，但它们以阿拉伯文字写成，而且主题都与该地区的阿拉伯语著作相似。
② Dubois（1897：275）。
③ 详见 Hunwick & O'Fahey（2003b：62）。
④ 在第 12 章《非洲的阿拉伯语文学》中称为"大沃尔特地区"。

(Buna)和孔(Kong),有的在加纳的部落,如瓦部落(Wa)和贡加部落(Gonja)。17世纪末,东部的豪萨商人从如今的尼日利亚北部前来,在大沃尔特地区(Greater Voltaic basin)进行贸易。19世纪末,一些商人也开始投身学术,如哈吉·奥马尔·本·阿比·巴克尔(al-Hajj 'Umar b. Abi Bakr),他来自豪萨城邦克比(Kebbi),后来在萨拉加(Salaga)定居,并以学者的身份出名。

广义上而言,西苏丹非洲的阿拉伯文著作可以分为四类:历史类、教育类、宗教类和辩论类。历史类著作帮助穆斯林群体建立并确立了他们的身份认同,对于那些住在偏远地区,周围主要是非穆斯林来说,阅读这类著作是非常必要的。它们的价值还体现在让著名伊斯兰中心,如通布图、阿拉万和杰内的居民之间更加团结。但自20世纪初,在欧洲殖民者的影响下,我们发现了一种更宏大,或者更长远的历史研究方法。一个显著的例子就是塞内加尔作家穆萨·卡马拉(Musa Kamara,卒于1943年或1945年)所著的《花园里的植物》,这是一部关于富塔托罗及周边地区土地和民族的大历史。加纳克特克拉奇(Kete-Krayke)的作家哈吉·奥马尔·本·阿比·巴克尔(al-Hajj 'Umar b. Abi Bakr)的一些著作也属于这个类别。卡马拉也以诗歌的形式写了一些很有历史价值的作品,其中包括对1892年萨拉加内战的叙述和对沃尔特地区殖民入侵的评论。加纳北部的历史书写传统非常丰富。正如布拉德福德·马丁(Bradford Martin)写道:"如果这个材料可以用于研究,那它将对该地区历史的重新书写作出巨大的贡献,而重新书写该地区的历史是非常必要的。"[1]

教育类著作因学生的课本需求而产生。该区域从西非以外的地区引进课本,所以负责教学的老师们经常将之删节、在上面注释或将文本改成韵文,以便学生背诵。这在像通布图这样的重要教育中心来说尤其如此,而且在大沃尔特地区也很常见,因为该地区对横穿撒哈拉沙漠的贸易网络来说很偏僻,课本更难获取。这些老师中值得注意的

---

[1] 详见 Martin(1966:83)。

一位是哈吉·马哈巴（al-Hajj Marhab, a 卒于 1981 年），他写了一些关于阿拉伯语各个方面的论文，但他写的该地区穆斯林群体的作品也很出名。

宗教类著作在西非很常见，有阿拉伯语的也有当地语言的，如富拉语。穆赫塔尔·昆蒂（al-Mukhtar al-Kunti，卒于 1811 年）和他儿子穆罕默德（卒于 1825—1826 年）写了很多祷词，这些祷词在过去的两个世纪里被保存下来并再抄写。穆赫塔尔也写了一部有关先知崇拜的著作，即《为敬爱的先知祈祷时的扬善》（Nafh al-tib fi 'l-salat 'ala ' l-nabi al-habib, The Spending of Goodness in Prayer Upon the Beloved Prophet），他儿子就此做了评论，并写了一部有关先知的颂词集《为先知祈祷》（al-Sitr al-da'im li' l-mudhnib al-ha'im, Prayers for the Prophet)[1]。赞颂先知的诗歌，并祈求他的代祷是一种很流行的写作方式。阿哈马杜·班巴（Ahmadu Bamba，卒于 1927 年）是塞内加尔的一位苏菲派领袖，他写了数十首这样的诗歌，这些诗歌他教派的成员都能吟诵，就像基督新教徒唱圣诗一般。许多这类作品的平装本在达喀尔的市场都能见到。塞内甘比亚地区另一个分布广泛的苏菲教派，即提加尼耶派（Tijaniyya），有很多赞颂该教派创始人艾哈迈德·提加尼（Ahmad al-Tijani）的作品，尤其是诗歌。这些作品恳求艾哈迈德·提加尼保佑并代他的信徒祷告。这种作品最有名的作家当属塞内加尔提加尼派的领袖易卜拉欣·尼亚斯（Ibrahim Niasse，卒于 1975 年），他的作品 al-Kibrit al-ahmar fi' l-tawassul bi-awa' il al-suwar wa-bi-uruf al-ayat al-ghurar is in his Jami ' jawami' al-dawawin[2] 就由这类诗歌组成。[3] 他也写了 6 本诗集并将其出版，总共有近 3000 首诗。但这些诗集都是赞颂先知穆罕默德的。易卜拉欣·尼亚斯自身也是西非的一个传奇人物，并被他的众多信徒奉为圣人。所以，许多该地区的作家都写诗纪念他。

---

[1] 详见 Hunwick & O' Fahey (2003b: 112)。
[2] 于 1979 年在开罗出版。
[3] 详见 Hunwick & O' Fahey (2003b: 284)。

◈ 第四部分 通布图的图书馆

辩论类著作主要出自卡迪尔耶派和提加尼耶派之间的较量。这两个教派之间的对抗始于19世纪中期。另一种说法是20世纪下半叶沙特阿拉伯对伊斯兰非洲的影响与日俱增，瓦哈比教派的影响和对苏菲派的攻击也使卡迪尔耶和提加尼耶两派相争。昆塔族学者艾哈迈德·巴凯伊（Ahmad al-Bakkay，卒于1865年）是19世纪主要的反提加尼耶派辩论作家，不仅仅因为他在通布图地区的权威遭到了提加尼耶派领袖哈吉·奥马尔（al-Hajj'Umar，卒于1864年）的挑战。他与一个卡迪尔耶派改信提加尼耶派的教徒冲突最激烈，这个教徒叫伊尔克伊·塔尔菲（Yirkoy Talfi），翻译成阿拉伯语是 Wadi'at Allah，他曾经放话说，"要让巴凯伊哭"。艾哈迈德·巴凯伊不但攻击当地的提加尼耶派人，甚至还与一位摩洛哥的提加尼耶派教徒争执，名叫穆罕默德·本·艾哈迈德·阿肯瑟（Muhammad b. Ahmad Akansus，卒于1877年），他写了一篇题为"不予回应"（al-Jawab al-muskit, The Denied Response）的文章。就此巴凯伊写了一篇反驳文，题为"了解最神圣的神——对阿卜·阿卜杜拉·穆罕默德·阿肯瑟的回应"（Fath al-Quddus fi 'l-radd 'ala Abi 'Abd Allah Muhammad Akansus, Introduction of the Most Holy［God］in response to Abu Abdullah Muhammad Akansus）。20世纪辩论界的领军人物之一是马里学者阿卜杜拉赫曼·本·优素福·依弗里奇（Abd al-Rahman b. Yusuf al-Ifriqi，卒于1957年）。他在沙特阿拉伯做研究，当时写了一篇题为"引导提加尼耶派的仁慈之光"（al-Anwar al-rahmaniyya li-hidayat al-firqa al-Tijaniyya, Merciful Lights for Guidance of the Tijaniyya Group）的文章，攻击提加尼耶教派并教唆其成员退出该派。甚至在20世纪90年代，塞内加尔对苏菲派也有很大的争论。穆罕默德·艾哈迈德·罗（Muhammad Ahlmad Lo）是一位和沙特阿拉伯渊源很深的学者，1996年他在利雅得发表了《对苏菲派思想的执念》（Taqdis al-ashkhas fi ' l-fikr al-Sufi, Dedication of Persons on Sufi Thinking）。对此，提加尼耶派的谢赫·提加·盖伊写了一篇文章作为回应，题为"欺骗、谎言和污染之间的执念"（Book of Dedication Between Deception, Deceit and Pollution）。1997年，穆罕默德·艾哈迈德·罗（显然在沙特阿拉伯）发表了他的博士论文，题为"伊斯兰教义错误解读的罪过"（Jinayat al-ta'wil al-fasid 'ala' l-'aqida al-Islamiyya, Perpetration of the Corrupt Interpretation on the Islamic Doctrine）。他在文章中批判了许多对伊斯兰教的解读，其中包括十二教派（Twelver）和伊斯玛仪教派（Isma'ili Shi'ism），还有伊斯兰哲学界，以对苏菲派的批判最为猛烈。当然，西苏丹非洲不是这种论战的唯一战场。中苏丹非洲，尤其是尼日利亚，也有反对苏菲派的著作和回应。①

西苏丹非洲除了有大量用阿拉伯语书写的伊斯兰文学，也有用非洲语言所著的伊斯兰文学。其中最出名的（大概也是数量最多的）要属几内亚富塔贾隆地区的富拉语文学。② 塞内加尔的富塔托罗也用富拉语写作，但除了穆罕默德·阿里·卡姆（Muhammad 'Ali Cam）的著名颂诗之外，其它鲜有人知。穆罕默德·阿里·卡姆是哈吉·奥马尔的拥护者，所以他的诗写的都是哈吉·奥马尔的生活和工作。塞内加尔也有沃洛夫语著作，用的是阿拉伯文字[可参考塞里涅·穆萨·卡（Serigne Musa Ka）的作品]，但现在不可能将这种文学大量收录至《非洲的阿拉伯文学》第四卷。在马里，桑海语也用阿拉伯文字书写，一些桑海语的宗教类诗歌现保存在通布图的艾哈迈德·巴巴研究院，但也无法罗列这些材料。最后必须指出的是，20世纪的一些穆斯林作家也用法语写作，或将一些阿拉伯文著作翻译成法语。其中著名的有萨德·本·奥马尔·本·萨义德·杰里亚[Sa'd b. 'Umar b. Sa'id Jeliya，也叫萨德·奥马尔·图雷（Saad Oumar Touré）]，他是塞古一所学校的校长，已写了5部法文作品以及21部阿拉伯文作品。文化联盟博物馆（Union Culturelle Muslumane）的塞内加尔籍创办者谢赫·图雷（Union Culturelle Muslumane，卒于1925年）也主要用法语写作，他写了8本书，大约20篇文章。在像加纳

---

① 详见 Hunwick & O'Fahey（1995：Chapter 13）。
② 详见 Hunwick & O'Fahey（2003b：Chapter 10）。

这样以英语为母语的国家,用英语写作似乎并不常见。唯一一个明显的例子是穆罕默德·穆斯塔法·卡迈尔(Muhammad Mustafa Kamil,卒于1936年),他写了一本阿英双语著作 *Bayan nisab al-zakat al-hawli li' l-dhahab wa-qimat rub' al-dinar al-shar' i fi 'umlat sidi al-ghani*。他是艾哈迈德·巴巴·瓦伊兹(Ahmad Babah al-Wa'iz)的弟子,在库马西创办了一所学校,担任校长。《伊斯兰的天课和嫁妆》(Notes on Zakat and Dowry in Islam)也是一本中英双语出版物,介绍穆斯林每年一次的慈善捐款最低额度以及法定的最低嫁妆,都以加纳货币塞地(cedis)计算。

结语

随着伊斯兰宗教学校的发展,以后在以法语和英语为母语的国家会有越来越多的双语伊斯兰文学出现。越来越多的伊斯兰学校正在筹建,许多都把传统的阿拉伯语伊斯兰教学与"西方"学科结合起来,有的用法语,有的用英语教学。几内亚殖民时期的传统——用非洲语言写作出版—的伊斯兰文学会有多少我们将拭目以待。然而,一些作者用传统的阿拉伯文写作风格去写当代的政治(甚至非穆斯林的)人物,或对现代问题进行评论。其中最出名的要属塞内加尔学者、阿拉伯语学校督学谢赫·提加·盖伊(Shaykh Tijan Gaye),他写了若干首关于塞内加尔前总统利奥波德·桑戈尔(Léopold Senghor)和南非前总统纳尔逊·曼德拉(Nelson Mandela)的诗,还有一首关于伊斯兰和人道主义组织。

参考文献

Adnani J (2000 – 01) Inventaire des manuscrits du Fonds Archinard de la Bibliothèque du Musée National des Arts d'Afrique et d'Océanie. Islam et Sociétés au Sud du Sahara 14/115 (15): 3 – 75.

Ahmadu Bello University (1967 – 1987) Interim Reports (Second,

Third, Fourth, Fifth and Sixth). Zaria.

Ahmed Baba Institute (1995 – 98) Fihris makhtutat markaz Ahmad Baba li'l-tawthiq wa'l buhuth al-tarikhiyya bi Tinbuktu /Handlist of manuscripts in the Centre de Documentation et de Rechercher Historiques Ahmed Baba (5 Vols). London: Al-Furqan Islamic Heritage Foundation.

Arif AS & Hakima AM (1965) Descriptive catalogue of Arabic manuscriptsin Nigeria: Jos Museum and Lugard Hall Library, Kaduna. London: Luzac & Co.

al-Azhar University Library (1949) Fihris al-kutub al-mawjuda bi'l-Maktaba al-Azhariyya. Cairo.

Baber A (2001) Jawahir al-hisan fi akhbar al-sudan. Edited by al-Hadi al-Mabruk al-Dali. Benghazi: n. p.

Bel A (1918) Catalogue des livres de la bibliothèque de la Mosquée d'El-Qarouiyine. Fez: n. p.

al-Bill 'U (1984) Index of Arabic manuscripts of the Northern History Research Scheme. Khartoum: Khartoum University Press.

bin al-'Arabi S (1994/1414) Fihris makhtutat khizanat Yusuf bi-Marrakesh. Beirut: Dar al-Gharb al-Islami.

Boyo OE, Hodgkin T & Wilks I (1962) Check list of Arabic works from Ghana. Legon: Institute of African Studies.

Brockelmann C (1937 – 43) Geschichte der arabischen Literattur (2 Vols & 3 Supplementary Vols). Leiden: Brill.

Dar al-Kutub al-Misriyya (1924 – 1942) Fihris al-kutub al-'arabiyya al-mawjuda bi'l-Dar li ghayat sanat 1932, Vols 1 – 8. Cairo.

Diallo T, M'Backé MB, Trifkovic M & Barry B (1966) Catalogue des manuscrits de l'IFAN. Dakar: Institut Fondamental (formerly Fran？ais) d'Afrique Noire.

Dilayru (1977) Qa'ima awwaliyya bi'l-makhtutat min mu'allafat al-ashiqqa' al-Muritaniyyin wa-jumla min al-Ifriqiyyin al-ukharfi'l-maktaba al-maghribiyya. Communication presented to the Arab League Educational, Cultural and Scientific Organization conference on Arabic manuscripts in Africa, Nouakchott.

Dubois F (1897) Timbuctoo the mysterious. London: William Heinemann al-Fasi MA (1979) Fihris makhtutat khizanat a! -Qarawiyyin (4 vols). Casablanca: al-Dar al-Bayda' Gacek A (1981) Catalogue of the Arabic manuscripts in the Library of the School of Oriental and African Studies, University of London. London: SOAS.

Gaudio A (Ed.) (2002) Les bibliothèques du desert. Paris: L'Harmattan.

Ghali N, Mahibou M & Brenner L (1985) Inventaire de la Bibliothèque 'Umarienne de Ségou. Catalogue. Paris: CNRS editions.

Gibb HAR et al. (Eds) (1960 – 2004) Encyclopaedia of Islam (12 vols). Leiden: Brill.

Haidara AK (1999) Bibliothèques du désert: Difficultés et perspectives. In Revue anthropologique. Paris: Institut International d' Anthropologie.

Hajji M (1985/1405) Fihris al-khizana al- 'ilmiyya al-Subayhiyya bi-Sala/Catalog of Subaiheyya Library in Sala. Kuwait: The Arab League Educational, Cultural and Scientific Organization al-Harishi 'A (1992 – 1997) al-Fihris al-mujizl li-makhtutat Mu' assasat 'Allal al-Fasi. Rabat.

Hunwick J (1965) Introduction. In Research Bulletin 3. Nigeria: University of Ibadan, Institute of African Studies.

Hunwick J & Gwarzo HI (1967) Another look at the De Gironcourt papers. Research Bulletin: Centre of Arabic Documentation 3 (2): 74 – 99.

Hunwick JO & O' Fahey RS (Eds) (1985 – 87) Arabic literature of Africa: A bulletin of biographical and bibliographical information (Issues 1 – 3). Evanston, Illinois: Northwestern University, Program of African Studies.

Hunwick JO & O'Fahey RS (Eds) (1994) Arabic literature of Africa: The writings of eastern Sudanic Africa (Vol. 1). Leiden: Brill.

Hunwick JO & O'Fahey RS (Eds) (1995) Arabic literature of Africa: The writings of Central Sudanic Africa (Vol. 2). Leiden: Brill.

Hunwick JO & O'Fahey RS (Eds) (2003a) Arabic literature of Africa: The writings of the Muslim people of northeastern Africa (Vol. 3A). Leiden: Brill.

Hunwick JO & O'Fahey RS (Eds) (2003b) Arabic literature of Africa: The writings of western Sudanic Africa (Vol. 4). Leiden: Brill.

ISESCO (Islamic Educational, Scientific and Cultural Organisation) (1988) Culture et civilisation Islamiques: le Mali. Rabat: ISESCO.

Kamara M (1998) Zuhur al-basatin. Florilege au jardin de l'histoire des Noirs; sous la direction et avec une introduction de Jean Schmitz, avec la collaboration de Charles Becker et al.; traduction de Sai'd Bousbina. Paris: CNRS editions.

Kane O (1997) Fihris makhtutat al-shaykh Mor Mbay Sisi wa-maktabat al-hajj Malik Si wa-maktabat al-shaykh Ibrahim Niyas fi Sinighal. London: al-Furqan Islamic Heritage Foundation.

Kani A (1984) A new source on the literary activity of the 'ulama' of the Central and western Sudan: The Niamey collection. Bulletin d'Information 9/10: 41 – 48. Fontes Historiae Africanae project. London: The British Academy.

Ka'ti M (1964) Tarikh al-fattash. Edited and translated by O Houdas & M Delafosse. Paris: E. Leroux [1910 – 11] 1913; repr. Paris: Librairie d'Amérique et d'Orient Adrien-Maisonneuve.

al-Khattabi M (1980 – 87) Faharis al-khizana al-malikiyya / Catalogues of Al-Hassania Library (6 Vols). Rabat.

al-Khizana al-'Amma (General Library of Tetuan) (1981) Fihris al-makhtutat-Khizanat Titwan. Tetuan.

Last M (1966) Interim report by the Research Fellow in Nigerian History with a short catalogue of Arabic texts preserved on microfilm at Ahmadu Bello University. In Northern History Research Scheme: First interim report. Zaira.

Last M (1967) The recovery of the Arabic script literature of the north. In Northern History Research Scheme, Second interim report. Zaira.

Maktabat al-'Abdaliyya (1908 – 1911) Barnamaj al-Maktaba al-'Abdaliyya (4 Vols). Tunis.

Mamma Haidara Manuscript Library (2000) Catalogue of manuscripts in theMamma Haidara library (3 Vols). Compiled by Abdel Kader Haidara and edited by Ayman Fuad Sayyid. London: Al-Furqan Islamic Heritage Foundation.

Mansur AH (Ed.) (1975) al-Fihris al-'amm li'l-makhtutat. Tunis: al-Ma'had al-Qawmi li'l-Athar.

al-Mannuni, M (1985) Dalil makhtutat Dar al-Kutub al-Nasiriyya bi-Tamgrut. Rabat.

Martin B (1966) Arabic materials for Ghanaian history. Research Review 2. Institute of African Studies, University of Ghana.

Mbacké K & Ka T (1994) Nouveau catalogue des manuscrits de l'IFAN. International Society for the Systems Sciences 8: 165 – 199.

Mbaye ER & Mbaye B (1975) Supplément au catalogue des manuscrits de l'IFAN. Bulletin de l'IFAN 37: 878 – 895.

Muhammad BY (1995) Fihris makhtutat dar al-watha'iq al-Qawmiyya al-Nayjiriyya bi-Kaduna, al-Juz' al-Awwal. Edited by JO Hunwick. London: al-Furqan Islamic Heritage Foundation.

Nemoy L (1965) Arabic manuscripts in the Yale University Library. New Haven: Connecticut Academy of Arts and Sciences.

Odoom KO & Holden JJ (1965) Arabic Collection, Institute of African Studies: Research Review 4 (1).

Odoom KO & Holden JJ (1967) Arabic Collection, Institute of African Studies: Research Review 4 (1): 30 - 73.

Odoom KO & Holden JJ (1968) Arabic Collection, Institute of African Studies: Research Review 4 (2): 66 - 102.

Roper G (Ed.) (1992 - 95) World survey of Islamic manuscripts (4 Vols). London: al-Furqan Islamic Heritage Foundation.

Saad E (1980) The Paden collection of Arabic materials from Kano. History in Africa 7: 369 - 372.

al-Sa'di A (1964) Tarikh al-sudan. Arabic text edited and translated into French by O Houdas with E Benoist. Paris: Adrien-Maisonneuve for Unesco (reprint of the 1898 - 1900 edition).

Sauvan Y & Vajda G (1987) Catalogue des manuscrits arabes. Index (n. 6836 - 7214). Paris: Bibliothèque Nationale.

Sayyid AF (Ed.) (2001) Catalogue of manuscripts in Mamma Haidara Library (3 Vols, prepared by Abdel Kader Haidara). London: al-Furqan Islamic Heritage Foundation.

Sayyid F (1954 - 63) Fihris al-makhtutat al-musawwara (3 Vols in 8 parts). Cairo: n. p.

Smith HFC (1959a) Source material for the history of the western Sudan. Journal of the Historical Society of Nigeria 1 (3): 238 - 247.

Smith HFC (1959b) Arabic manuscript material bearing on the history of the western Sudan: The archives of Segu.

Historical Society of Nigeria Supplementary Bulletin of News 4 (2).

al-Tadili S & al-Murabiti S (1997) Manshurat al-Khizana al-'Amma li' l-kutub wa' l watha' iq. Rabat.

al-Tumi M (1973) Fihris al-makhtutat al'arabiyya al-mahfuza fi 'l-khizana al-'amma li' l-kutb wa' l-watha' iq, (Vol. 1, 3ème series 1954 - 57) Rabat.

Unesco (1962) Liste de manuscrits selectionés parmi ceux qui sont conservés a la Bibliothèque Générale et Archives du Maroc, reproduits par l'Unité Mobile de Microfilm de l'Unesco. Rabat: Mission de l'Unesco.

Vajda G (1950) Contribution a la connaissance de la littérature arabe en Afrique occidentale. Journal Société des Africanistes 10: 229 – 237.

Voorhoeve P (1980) Handlist of Arabic manuscripts in the Library of the University of Leiden and other collections in the Netherlands (2nd English edition). Leiden/Boston: Leiden University Press/Kluwer Boston.

Yahya A (1997) Fihris makhtutat Shinqit wa-Wadan. Edited by U Rebstock. London: al-Furqan Islamic Heritage Foundation.

第二十二章　西非阿拉伯语手稿数据库

查尔斯·C. 斯图尔特

（Charles C. Stewart）

　　大约 15 年前，我有机会为毛里坦尼亚南部布提利米特市一座收藏阿拉伯文材料的私人藏书馆做微缩拍摄，这座藏书馆由一位学者创办，在昆塔族的庇佑下他从 1812 年至 1824 年在通布图地区学习了十几年。由于这个项目，我建立了一个双语手稿目录数据库和搜索引擎的第一个版本，以记录大约 11 万页的材料。[①] 这项浩大的工程后来被报导，手稿描述的复印件也被许多图书馆使用，毛里坦尼亚储存阿拉伯手稿的国家图书馆里的国宝级收藏也被公开，软件于 1991 年投入使用。收录这两座图书馆的手稿材料之后，其它图书馆的材料也于 20 世纪 90 年代初期被收录，但后来因为我的工作重心转到了别处，项目几近停滞。2006 年 11 月，材料被转移至一个新平台，这是一个容易访问的互联网网站，搜索引擎也升级了。在这个数据库里，我们搜集了西非诸多图书馆中 2 万多部现存阿拉伯文手稿材料的标题和作者，主要是通布图和周边地区的图书馆。本章建议将该数据库作为通用在线资源的开端，以便后来人确认萨赫勒地区的阿拉伯文手稿。

　　通布图的文学遗产近几年得到了极大的重视，无论是在会议上还是在网站上，甚至得到了一些机构的大力资助。例如，福尔干基金会

---

① 详见 http：//www.westafricanmanus-cripts.org/.

◆ 第四部分 通布图的图书馆

出巨资帮助该地区现存图书馆手稿的维护和编目工作。以我的经验，确认当地手稿碎片的挑战之一就是我们很难对一些藏书中蕴含的常规的（更不用说特殊的）的学术活动产生概念，所以也不能懂得它们的相对价值。的确，如果没有评估个别藏书馆的比较基础，如何评价沦为殖民地前西非的阿拉伯文学遗产仍困难重重，而且近几年尼日尔湾东西部的学术活动锐减，通布图的丰富遗产受到几乎全部的关注，这使得问题更加复杂。实际上，西非阿拉伯手稿数据库对这些问题来说像一注强心剂，让我们更有动力去鉴定部分记录和作者的名字。如今越来越多的文件被收录其中，本章便融入更多的材料，使数据库不仅在通布图，也在整个西非萨赫勒地区，作为评价阿拉伯语学术的基准价值得到提升。

这个数据库始于我们阿拉伯语手稿管理系统（AMMS，Arabic Manuscript Management System）的第一个版本。我们在1987年创造了这个版本，作为一个阿拉伯文手稿微缩拍摄项目的索引指南，该项目保存了出自毛里坦尼亚布提利米特的哈龙·乌尔德·西迪亚（Haroun ould Sidiyya）私人图书馆超过10万页各种各样的材料，[1] 有函件、当地历史注释和伊斯兰科学的经典论文。我们的目标是为该图书馆创造出一个双语的复印件索引指南，即用未被转写的拉丁字母和阿拉伯语词条创建一个简单、快速的计算机生成的录入系统，这些词条读者（和录入员）用阿拉伯语或英语都可以搜索到。我们的最终产品是一个带索引的双语目录，用户用两种语言可以搜索他们想要的东西。原先的AMMS用的是一款早期的Arabdos软件，可以为每份手稿的词条提供31个可能的字段，而且索引能力也很强，可以交叉引用，每一种语言可以锁定三个字段。两年后，毛里坦尼亚科学研究院的国家手稿图书馆运用这个软件录入索引指南并形成目录。[2] 为了收录西非更多图书馆的手稿，增加词条数量，第二代AMMS在同一个平台诞生

---

[1] 此项目的描述详见 Stewart & Hatasa（1989）.
[2] 通过静电印刷术出版。详见 Stewart et al.（1992）.

第二十二章 西非阿拉伯语手稿数据库

了,这个系统可以把文件合并进数据库。随后在20世纪90年代初期,尼日尔、[1] 巴黎、[2] 通布图、[3] 埃文斯顿和伊利诺伊[4]收藏的有关西非的手稿的已出版目录和简明参考目录被录入数据库。合起来,这6个图书馆在系统第二代AMMS中有超过1万9千条记录,大概囊括了当时西非萨赫勒地区现存的大部分手稿(除了函件)。

这个整合的索引包括了作为西非阿拉伯语文学遗产的这些手稿的作者、昵称、标题和主题,可以在收录其它手稿时扩展,所以它的研究潜力是无限的。AMMS为我们提供了一个机制,使我们可以重新整合西非萨赫勒地区成千上万的阿拉伯语文件所代表的文学传统,而除了一小部分当地学者和更小部分在西方国家接受教育的阿拉伯语学者之外,这个传统几乎无人知晓。即使研究人员可以在公共图书馆获取这些材料,这个文学传统的重要性也被用于记录不同系统以及非洲、欧洲和北美分散的个人收藏馆所淹没。AMMS的目标是,在一个单一的数据库里,将这些阿拉伯语材料的大部分收录,即使其中的注释和文献不完美,这样我们就能得到一个萨赫勒地区约200年文学活动的索引。然而,在20世纪90年代,由于任务量巨大、软件平台越来越脆弱、宣传一个不实用的终端产品困难重重,为了连续的正字和主题识别而进行1万9千多个词条的编辑工作失败了。虽然我对该项目忽略了近10年之久,令人欣慰的是,那些问题由于计算机技术的飞速发展现在基本都解决了。2002年,所有的19778条记录都被传输到一个Windows平台,界面进行了重新设计,最重要的是,搜索引擎克服了之前由于输入参数不一致导致的许多问题。如今的系统第三代,AMMSvers. 3,可以轻易添加新材料,互联网访问这些手稿词条也不

---

[1] 基于尼日尔首都尼亚美的人文科学研究院于1979年提供的阿拉伯文手稿清单,清单没有提及作者。
[2] Ghali et al. (1985) 法国人侵占塞古期间抢夺的手稿保存在法国国家图书馆。
[3] 基于通布图(马里)Cedrab于1991年拍的一份手写清单中的5640部手稿。
[4] 其中涉及三个手稿集,标签分别为"Paden"(因约翰·帕登的购买)、"Falke"(奥马尔·法尔克图书馆),均来自尼日利亚的卡诺,与"Hunwick"(约翰·汉维克教授的收藏)。

◈ 第四部分　通布图的图书馆

是问题，而且还可以整合大量阿拉伯文著作，这些著作呈现了殖民时期之前西非萨赫勒地区文化生活的方方面面。在项目暂停的那十年期间，毛里坦尼亚私人收藏馆和马里图书馆的手稿新发现持续不断，新增的已编目手稿的数量可能已大大超过 AMMSvers.2 系统第二代的初始词条数量。我们欢迎新的词条录入第三代数据库，让未来的学者都能享受这些资源。

　　这个数据库特意被设计成一个简单的系统，对技术要求很低，这样不太懂机器或精确转写系统的用户也能用。我们的原则是，一旦某些手稿的足够数据被录入，用户就可以在数据库里进行比对，通过强大的搜索引擎找到某一手稿或相似的著作。目前输入屏可以输入一个标题（只能用阿拉伯语）、著作的文体（带有描述符子集的诗歌或散文）、主题（拉丁字符和阿拉伯语）、作者名、族名、两种文字的相似名、著作日期、作者生卒年和抄写员的名字；对于函件，还有额外的标识符，两种文字都有。每项纪录结束时都有两个大字段，提供拉丁和阿拉伯文的额外信息。目前我们正在合并一些少用的字段，为个别手稿的前几行录入增加字段，还有一个额外的字段用于辨别作者名字的变体。很重要的一点是，这些字段涵盖了传统用于手稿文件编制的基本标识符，搜索引擎在两种文字，或两种文字混合使用时都可以顺利运转。

　　手稿是该数据库基础，也是萨赫勒地区的象征，学者可以通过它们了解通布图和尼日尔湾那边五大学术中心的文化传统。早期的手稿表明萨赫勒整个地区的文学遗产有细微差别，但为了明确通布图学术传统的主要影响和背景，这个数据库首次让我们可以对个别手稿或整个手稿集进行比对。下文将以录入的顺序对这些图书馆进行总结。

AMMS 里的"布提利米特"词条

　　布提利米特手稿集的手稿来自哈龙·乌尔德·西迪亚·巴巴（Haroun ould Sidiyya Baba, 1917—1978）设立的私人图书馆，他在生命中的最后三十年都在重新整理该图书馆和他曾祖父——摩尔族学者谢赫·西迪亚（Shaykh Sidiyya，卒于 1868 年）的信件，以及他大家族的文学记录——从西迪亚在通布图的导师（西迪·穆赫塔尔·昆蒂（Sidi al-Mukhtar al-Kunti）和他儿子穆罕默德、西迪亚的儿子西迪·穆罕默德（Sidi Muhammad，卒于 1869 年）、到他儿子西迪亚·巴巴（Sidiyya Baba，卒于 1926 年）。去世后，哈龙留下了 10 万多页的手稿材料，这些材料于 1987—1988 年被微缩拍摄并编目（也就是 AMMS 的初期工作）。此过程的描述在目录介绍和一些探讨我们基于计算机的双语索引指南建设的期刊文章中都有涉及。

目录

这个手稿集的重要性首先在于它有约 100 年的时间跨度，从 1810 年至 1910 年，其中还有谢赫·西迪亚，他儿子、孙子和两个曾孙的信件和论文。这些四世同家族学者的著作包括 700 多部零碎的作品，还有他们查阅的文献。第二，这样延续四个世代的学术生活与西非最大的学术世系有关，即通布图地区的昆塔族学者，谢赫·西迪亚在通布图学习了 12 年（1810—1923），他从昆塔族的导师处抄写了 130 多封信。

访问

相关胶片的复制品可以在伊利诺伊大学图书档案馆查阅，在"CC Stewart Collection"文件名下，其它两个复制品已归还至毛里坦尼亚，由他父亲手稿集的监护人巴巴·乌尔德·哈龙（Baba ould Haroun）保管，以后会存入合适的国家资源库。这些手稿的原件都在布提利米特，由巴巴·乌尔德·哈龙保管。

AMMS 里的"努瓦克肖特"词条

努瓦克肖特手稿集的阿拉伯文手稿来自该城市毛里坦尼亚科学研

究院的简明参考目录，于 1988—1989 年被收录在 AMMS 系统中。1975 年，该研究院开始收购毛里坦尼亚的图书馆和私人手稿，20 世纪 80 年代就获得了 3100 多部，并被录入 AMMS 系统。研究院的另一个项目是关于诗歌的保存，项目不在主要文学作品清单之列，这个清单不包括短效收藏品（函件、个人法律裁决等）。这个文集里的手稿可以与穆赫塔尔·乌尔德·哈米顿（Mokhtar ould Hamidoun）和亚当·海默斯基（Adam Heymowski）于 1964—1965 年列出的两份毛里坦尼亚作品的简明参考目录，以及乌尔里希·雷柏斯托克于 1985 年微缩拍摄的 2239 部手稿（包括来自毛里坦尼亚科学研究院手稿集的 600 部）相提并论。

目录

在简明目录编制的时候，毛里坦尼亚科学研究院的手稿集来自 72 所图书馆，主要是毛里坦尼亚西南部四分之一的特拉扎地区，而且主要是当地学者的著作。AMMS 的简明目录包括 493 部当时还未确认的手稿，但是手稿集中大量的复印件表明，其内容可能概括了塞内加尔右岸毗邻地区的学术活动。

访问

毛里坦尼亚科学研究院允许心存善意的学者查阅其手稿集，研究人员可以通过努瓦克肖特的国家图书馆申请。

AMMS 里的"塞古"词条

塞古手稿集的手稿源自加利（Ghali）、马西波（Mahibou）和布伦纳（Brenner）于 1985 年制作的一个目录，来源是塞古奥马尔图书馆，这些手稿于 1988—1989 年被收录在 AMMS 系统中。储存这些手稿的地方有的人叫阿玛多图书馆（Ahmadou Library），也有的叫方资·阿奇纳德图书馆（Fonds Archinard），后者是 1890 年一位侵占塞古抢夺手稿的法国军官的名字。这些手稿的参考文献在一些目录里出现过，但不全，如在国家图书馆一份1925年的阿拉伯文手稿目录和一份1976年的目录，后面这份是在1947—1952年编制的详细目录基础上做的。这两份目录都把西非历史学家很感兴趣的材料删了，所以在1979年至1982年整个手稿集重新编目并微缩拍摄，而上面提到的详细目录于三年后出版。

目录

塞古的手稿集来自阿赫马杜·塞库（Ahmadu Seku）图书馆，阿赫马杜·塞库是哈吉·奥马尔（al-Hajj'Umar）的儿子，他继承了父亲的胜利成果，统治着一片领土，但从1864年至1890年法国侵占塞古期间逐渐被包围。图书馆收藏了许多不完整的、单页的手稿，还有大量珍贵的函件。它与众不同的构造让它看起来像正规图书馆一样可靠，是一座日常作品的资源库，注意学术形象的馆主没有将这些作品过滤掉。

访问

塞古手稿集可在巴黎的法国国家图书馆东方手稿部获取。耶鲁大学图书馆的非洲收藏部和通布图的艾哈迈德·巴巴研究院可提供手稿的复印件和/或微缩胶卷。

AMMS里的"通布图"词条

通布图手稿集的手稿源自艾哈迈德·巴巴研究院前身Cedrab保存的一份影印版简明目录，由当时的院长马哈茂德·祖贝尔（Mahmoud Zoubair）提供给我们，这些手稿于1990—1991年被收录在AMMS系统里。当时Cedrab收录了5640部手稿，汇集了当地材料，后来增加到16000部。1995年，福尔干伊斯兰遗产基金会开始为Cedrab打印一系列目录，但更多关注的是私人手稿，而不是简明目录上

◈◈ 第四部分 通布图的图书馆

的。虽然第一批的 5640 部在 AMMS.3 系统中的编号与打印的目录大致相符，但还是有所区别，研究人员需要核对 AMMS.3 词条中通布图手稿集的记录号和正式出版的目录。①

这些目录中手稿罗列的顺序和 AMMS.3 系统的编号不是精确对应，手稿集的在线描述解释了哪些地方有差异。

目录

通布图手稿集中的手稿来自马里北部的各种私人图书馆，搜集工作从 20 世纪 70 年代后期开始。Cedrab 的搜集对象中最重要的当地图书馆是艾哈迈德·波拉拉夫（Ahmad Boularaf）收藏馆，波拉拉夫是通布图的一位藏书家，具有摩洛哥血统。20 世纪 90 年代早期，Cedrab 成为西非主要的阿拉伯语手稿资源库，接受了联合国教科文组织和福尔干基金会的资助，还有研究人员和手稿保存的设备，这在萨赫勒地区都是前所未有的。早期的搜集工作偏向经典著作和主要的当地作家，这种偏见其它国家资源库也有，但近来搜集了大量的函件和比较不出名的作品，在已出版的目录中有所反映，但似乎更多地反映了该地区的当地文学记录。AMMS.3 系统的第一个在线版本还未整合已出版目录中个别词条的新增数据，所以它是 Cedrab 手稿集的一个大致的、不全面的指南。我们希望在短期内把 Cedrab 的早期资料目录和已出版的记录整合一致，增加 20 世纪 90 年代初期未编目的那些材料。

AMMS 系统中的"卡诺"词条

"卡诺"条目下罗列的手稿来自西北大学非洲图书馆的三个手稿集，于 1990—1991 年被西北大学的工作人员录入 AMMS 系统。它们

---

① 详见 Ould Ely & Johansen（1995：records 1 – 1 500）；'Abd al-Muhsin al-'Abbas（1996：records 1 501 – 2 999；1997：records 3 001 – 4 500；1998：records 4 501 – 6 000）；and al-Furqan Islamic Heritage Foundation librarians（1998：records 6 001 – 9 000）.

不全部来自卡诺，但代表了尼日利亚北部丰富的文学遗产。AMMS 系统中编号为 2055—2614 的词条来自帕登手稿收藏馆，是西北大学的约翰·帕登（John Paden）于 20 世纪 70 年代收藏的。编号为 2615—5948 的词条在"Falke"标签下，涉及的手稿来自奥马尔·法尔克图书馆（Umar Falke Library），也是西北大学于 20 世纪 70 年代收录，编号为 2949—6263 的词条标签为"Hunwick"，是约翰·汉维克教授的收藏。

目录

穆罕默德和海伊已调研了"卡诺"手稿集，[①] 而萨德调研了帕登手稿集。[②] AMMS 系统中出现的"国家"收藏馆的手稿汇编主要是经典文本，而帕登和法尔克收藏馆收录了受提加尼耶教派的相关著作影响深远的当代手稿，即 20 世纪的材料。萨德估计帕登手稿收藏有一半是私人印制的小册子，还有来自卡诺、扎里亚和开罗的作品。像构成布提利米特手稿集的私人收藏一样，法尔克收藏馆作为个人藏书家的图书馆有着别样的吸引力。

AMMS 中词条的主题标目

除了标题、作者和独特的手稿外，我们最感兴趣的是词条的主题标目。作为识别手稿词条迄今为止的标志，我建议读者浏览 AMMS 的主页（见第 645 页①），点"subject headings"，下面有我们分类系统的完整目录，阿拉伯语和英语目录都有。AMMS 系统所用主题标目的范围在布提利米特和努瓦克肖特主题标目的基础上进行扩展，但在几乎无细节注释的情况下，主题标目在标题上加以重建。

---

① Muhammad & Hay（1975）.
② Saad（1980）.

◈ 第四部分　通布图的图书馆

识别 AMMS 词条的主题标目由手稿的具体内容而定，而手稿由 AMMS 中提及的手稿编目者鉴别，而不是外部强加的分类集。标题呈现了主题词条的编辑、合并和规范，但偶尔相同或相似的材料可能会在多个大标题下出现，这是不同编目者的最佳判断。上述主题标目的交叉引用代表了最常见的重叠文献，斜体的文献（见"教义：神学"）表示某些特殊材料所属的标题。

AMMS 中主要的主题分类（附手稿数量，于 2003 年 9 月 30 日编制）

阿拉伯语（1，258）　伦理学（424）　政治学（572）
教义（1，936）　地理学（20）　穆罕默德先知（480）
生物学（213）　圣训（516）　《古兰经》（854）
行为（105）　历史（488）　改革（44）
祷文（1，632）　教法学（3，934）　科学（231）
经济学（554）　文学（1，841）　社会问题（159）
教育学（174）　逻辑学（107）　苏菲主义（731）
深奥科学（455）　医学（99）

AMMS 的搜索引擎对个别词很敏感，无论它们在目录子分类里的哪个位置。例如，主题搜索"oath"这个词会出现在教法学和政治两个不同次级标目下的手稿，而搜索"conundrums"会产生阿拉伯语、教学法、文学和《古兰经》标目下的手稿，而输入"genealogy"会出现三个不同标题的手稿；"slave"和"captive"会出现四个标题的手稿，等等。

目前，AMMS 正与福尔干伊斯兰遗产基金会合作，收录后者出版的西非手稿目录中七个目录下的手稿。对此我们欢迎更多的材料和改进建议。

参考文献

'Abd al-Muhsin al-'Abbas (Ed.) (1996) Handlist of manuscripts in the Centre de Documentation et de Recherches Historiques.

Ahmed Baba, Timbuktu, Mali, Volume 2. London: al-Furqan Islamic Heritage Foundation.

'Abd al-Muhsin al-'Abbas (Ed.) (1997) Handlist of manuscripts in the Centre de Documentation et de Recherches Historiques.

Ahmed Baba, Timbuktu, Mali, Volume 3. London: al-Furqan Islamic Heritage Foundation.

'Abd al-Muhsin al-'Abbas (Ed.) (1998) Handlist of manuscripts in the Centre de Documentation et de Recherches Historiques Ahmed Baba, Timbuktu, Mali, Volume 4. London: al-Furqan Islamic Heritage Foundation.

al-Furqan Islamic Heritage Foundation librarians (Compilers and eds) (1998) Handlist of manuscripts in the Centre de Documentation et de Recherches Historiques Ahmed Baba, Timbuktu, Mali, Volume 5. London: al-Furqan Islamic Heritage Foundation.

Ghali N, Mahibou M & Brenner L (1985) Inventaire de la Bibliothèque 'Umarienne de Ségou. Paris: CNRS editions (Fontes Historiae Africanae, Subsidia Bibliographica).

Muhammad A & Hay R Jr (1975) Analysis of a West African library: The Falke collection. In B Mittman Personalized data base systems. Los Angeles: Melville Publishing Company.

Ould Ely SA & Johansen J (Compiler and ed.) (1995) Handlist of manuscripts in the Centre de Documentation et de Recherches Historiques Ahmed Baba, Timbuktu, Mali, Volume I. London: al-Furqan Islamic Heritage Foundation.

Saad E (1980) The Paden collection of Arabic materials from Kano. History in Africa 7: 369 – 372.

Stewart CC & Hatasa K (1989) Computer-based Arabic management. History in Africa 16: 403 – 411.

Stewart C, Salim A & Yahya A (1992) General catalogue of Arabic manuscripts at the Institut Mauritanien de Recherche Scientifique. Urbana: University of Illinois at Urbana-Champaign.

第五部分

超越通布图

第二十三章　非洲东部地区的阿拉伯文学

R. 希安·欧法希

(R. Sean O'Fahey)

毫无疑问，出土于埃及与苏丹边境地区的卡希尔·伊布西姆遗址（Qasr Ibrim）的阿拉伯文献是涉及撒哈拉以南非洲的最早文献。这些文献可以追溯到公元10世纪和11世纪（其中一些物品可以追溯到公元9世纪）。这些文献让我们可以窥见法蒂玛时期（909—1171）伊斯兰埃及与基督教努比亚地区的关系。可惜的是，这些文献并没有公开出版。

接下来我们简单考察一下非洲东北部和东部地区阿拉伯文学发展情况，首先是苏丹地区发展状况。

现代苏丹共和国有着非常丰富的手稿，其中大部分并没有被充分发掘研究。《世界伊斯兰手稿概览》一书记载了这些各类型的公共与私人手稿收藏。[1] 这其中记载了30种各类手稿。目前可考最早的手稿是琼迪（al-Jundi）所写的一篇关于哈利勒·本·依沙克（Khalil b. Ishaq）的《伊斯兰法手册》（Mukhtasar）的评论。这篇评论作于伊斯兰历963年（公元1555年）。另外有一些手稿可以追溯至公元16世纪和17世纪。最大的一份公共手稿收藏位于喀土穆的国家记录办公室（NRO）[2]。国家办公室收藏了前殖民地时期和殖民地时期的行政

---

[1] Roper（1994：129-154）.
[2] 国家记录办公室，邮政信箱：喀土穆1914。

◈❖ **第五部分　超越通布图**

档案（超过 2000 万条目）以及大约 15000 份文学手稿。其中有一份手稿在非洲伊斯兰环境中显得尤为独特。这是一份马赫迪国（1882—1898）时期的行政和司法档案，包含大约 250000 条目。尽管这些文献大部分是关于马赫迪国的，但是其中绝大部分，尤其是社会和经济历史方面的文献基本上都未曾得到充分利用。除此之外，喀土穆大学也收藏有大约 3000 手稿，其中包括提贾尼·马希医生（Dr. Tijani al-Mahi）编著的一份极为珍贵的医学手稿，以及来自毛里塔尼亚的一套手稿收藏。

上述这些手稿都没有得到妥善收藏保护或编目处理。但是，《非洲阿拉伯语文学》（卷一）[①] 为我们了解 19 世纪及之前的作品提供了初步的概述。

尼罗河河谷地区开展了详细的考古调查，仅仅在努比亚下游地区就存在超过 40 余处考古遗址。与此形成鲜明对照的是，目前没有开展对尼罗河地区或者东部苏丹、西部苏丹地区所存留的私人手稿的调查活动。考虑到这一地区干燥的气候环境（这一地区存在与西非萨赫勒地区和稀树草原相近的气候）以及众多的苏菲派中心点，尤其是乌姆杜尔曼（Omdurman）、森地（Shendi）、雅达墨（al-Damir）、柏柏尔（Berber）、栋古拉（Dongola）地区的苏菲派中心，我们很可能会发现更多的手稿。我认为乌姆杜尔曼地区私人收藏的手稿数量不下于公共收藏的数量。例如，乌姆杜尔曼地区的一位苏菲派领袖曾经自行出版了一本超过 300 页的作品以介绍他的手稿收藏。[②] 如果现阶段结束苏丹地区冲突的谈判能够取得成功，我们或许有机会为开展手稿摸底普查找到足够的资金赞助。

除此之外，需要指出的是，挪威卑尔根大学中东与伊斯兰研究中心收藏了超过 5000 份苏丹地区手稿的影印和影像复本。这其中有从苏丹地区苏菲派教职人员手中获得的资料，尤其是伊迪里西耶分支教

[①] O'Fahey & Hunwick（1994）.

[②] 哈桑·本·穆罕默德·艾勒·法蒂赫·本·卡里布（Hasan b. Muhammad al-Fatih b. Qarib）；参见 O'Fahey & Hunwick（1994）。

第二十三章 非洲东部地区的阿拉伯文学

团（Idrisiyya）的资料；另有一些是达尔富尔苏丹国的司法文件和土地契约，还有一些是19世纪一个苏丹知名商贾家族的商贸记录。对这批手稿的整理编目项目目前正在进行中。

就非洲东部的厄立特里亚、埃塞俄比亚和索马里而言，我们掌握的信息是零碎和不均衡的。与其他非洲伊斯兰地区不同的是，东北部非洲受到了很多知名东方学专家的关注。恩里科·塞鲁里（Enrico Cerulli）对索马里的阿拉伯文献作出了权威性的研究；埃瓦德·瓦格纳（Ewald Wanger）对哈勒尔城邦（Harar）[①] 本土的阿拉伯语、哈拉尔语（Harari）和斯莱特语（Silte）文献做过深入的编目、描述和分析工作。更近一些时期，侯赛因·艾哈迈德（Hussein Ahmed，亚的斯亚贝巴）、斯考特·里斯（Scott Reese，北亚利桑那大学）、亚历山德罗·格里（Alessandro Gori，那不勒斯）和乔纳森·米兰（Jonathan Miran，密歇根州立大学）都积极对这一地区的手稿文献进行调查和编目。迄今为止对东非地区伊斯兰作品的汇总出现在《非洲阿拉伯文学》（卷三A）中，题为"东北部非洲穆斯林民族作品"。[②]

东部非洲（这里指肯尼亚、乌干达和坦桑尼亚）尤其是沿海地区是伊斯兰非洲一种独特的文化传统的发源地。这种独特的文化传统就是高度发达的斯瓦西里语文学传统。斯瓦西里语文学几个世纪以来一直使用阿拉伯文字书写。斯瓦西里语是非洲使用最广泛的语言，使用人数据估计将近1亿。斯瓦西里语也是伊斯兰非洲语言中文学传统最为高度发达的语言。人们常将斯瓦西里语文学中的诗歌与伊朗波斯语、印度乌尔都语和土耳其语文学中的诗歌进行比较研究。目前来说，斯瓦西里语诗歌传统到底有多古老仍未有结论。我们需要说明手稿的物理存在与诗歌传统寿命之间的区别。相对于苏丹化非洲地区干燥的气候，沿海地区潮湿的环境意味着鲜有古老的手稿存留下来。现存最早的手稿也只是17世纪末创作的。融合了前伊斯兰因素的诗歌

---

① Wagner（1997）。

② O'Fahey & Hunwick（1994）。

◈ 第五部分 超越通布图

传统从语言学角度来说历史更为久远。与西非的逊贾塔诗派（Sunjata cycle）① 相对的福莫·兰戈（Fumo Liongo）诗派（参见后叙内容）可以溯源至13世纪或14世纪。斯瓦西里语文学的特色是史诗。这些史诗通常超过5000诗节，其中一些涉及伊斯兰早期历史中一些主题，另一些则涉及印度洋周边若干文化常见的主题。这反映了斯瓦西里文化圈作为非洲唯一市镇海洋文化的独特性。最长的一首史诗叙述的是先知穆罕默德生平的最后时刻，史诗长达45000诗节。18世纪到20世纪初共有约300篇史诗作品流传于世，但是其中只有6篇得到了妥善的编辑和翻译。

> 东部非洲是伊斯兰非洲一种独特的文化传统的发源地。这种独特的文化传统就是高度发达的斯瓦西里语文学传统。斯瓦西里语文学几个世纪以来一直使用阿拉伯文字书写。斯瓦西里语是非洲使用最广泛的语言，使用人数据估计将近1亿。斯瓦西里语也是伊斯兰非洲语言中文学传统最为高度发达的语言。

斯瓦西里文化另一个特色在于：与埃塞俄比亚和索马里文化传统不同，斯瓦西里文化是一个在东方学范式中被研究超过百年的非洲伊斯兰文学传统。很多学者都对斯瓦西里文化和文学研究作出了很大的贡献，包括德国东方学家范·费尔腾（Van Velten）和恩斯特·达曼（Ernst Dammann），荷兰学者让·科纳佩特（Jon Knappert），法国和英国的传教士如爱德华·斯迪瑞（Edward Steere）、神父查尔斯·萨克勒斯（Charles Sacleux）和JWT阿伦（JWT Allen）。达曼对德国斯瓦西里语文献的整理②，以及瓦格纳对埃塞俄比亚斯瓦西里语文献的

---

① 逊贾塔·凯塔是曼德马里帝国的缔造者，有很多关于他的诗歌，这些作者形成的学派便是逊贾塔学派。
② Dammann（1993）.

第二十三章 非洲东部地区的阿拉伯文学

整理①都为伊斯兰非洲其他地区的学术研究树立了标杆。尽管此类学术研究存在不均衡的地方,但这些研究为进一步研究斯瓦西里语文学奠定了基础。

后殖民时期的斯瓦西里文化研究被纳入国家建构和语言规划的关注之下。这种情况在朱利叶斯·尼雷尔(Julius Nyerere)影响之下的坦桑尼亚表现得尤为明显。最近几年随着内陆诗人热忱地采用斯瓦西里语和斯瓦西里语诗歌形式进行创作,这一状况发生了一些变化。这让人们对古典斯瓦西里语诗歌的兴趣大大增加,也对保存现有手稿有了更多关注。目前最大的一套斯瓦西里手稿收藏在达累斯萨拉姆大学的斯瓦西里研究所中。这一套包含4000件材料的手稿收藏是JWT阿伦博士在20世纪50年代末60年初完成的。阿伦博士制作了一份关于这套手稿的初步清单②,但是这份手稿收藏亟需专业标准的保护和整理编目。我们期待一家挪威援助机构能够为我们开始此类整理项目提供必要的资金支持。除了达累斯萨拉姆的这份收藏,桑给巴尔的考古、档案和博物馆中也收藏了大约600—700份手稿。这套手稿虽然数量不大,但却包含了丰富的阿拉伯语和斯瓦西里语文献(最早的手稿写于17世纪末)。在非洲之外,德国(参见达曼的编目)和英国伦敦大学亚非学院都收藏有较多的斯瓦西里语文献。伦敦大学亚非学院的非洲语言系最近收到了一笔可观的用于整理这笔校内收藏的捐助。

这与库克船长在这一地区的探险以及此地的伊斯兰学术遗产相关。值得强调的是,斯瓦西里文化是一种活的传统。非斯瓦西里语传统或者非穆斯林背景的诗人很多情况下能够方便快捷地采用和适应传统的斯瓦西里语诗歌形式如史诗、歌曲和诗表达当地人的关注。这体现了斯瓦西里文学传统远非处于垂死挣扎的境地。最近的一项调查认为在远至卢旺达、刚果和赞比亚的乡野之地仍然活跃着大约两三千位

---

① Wagner(1997).
② Allen(1963).

◈◈ 第五部分　超越通布图

斯瓦西里语诗人。《非洲阿拉伯文学》（卷三 B）很快便会问世。其中的《东部非洲穆斯林民族作品》一篇对管窥东部非洲地区斯瓦西里语文学发展情况很有意义。但是，需要强调的是，就研究而言需要做的仍然很多。非洲东北部伊斯兰地区和东非地区的学术、文学和艺术传统大部分仍是未知领域。

非洲阿拉伯文学概况：东北部非洲穆斯林民族作品

这里的东北部非洲现代国家包括厄立特里亚、吉布提、埃塞俄比亚和索马里。尽管从人口角度来说，这一地区主要是穆斯林，也存在很多小型的部落式或城邦式的苏丹国，但这一地区最重要的国家建构传统仍然是基督教式的。埃塞俄比亚的国土和国力在过去的几个世纪经历了起伏变化，但是它的存在对境内和周边国家的穆斯林都产生了深远的影响。同样地，穆斯林和基督徒之间现实和想象中的冲突（也许过度地）主导了对穆斯林和基督徒在本地区存在状况的调查。这一点上，特里明厄姆[1]（Trimingham）的调查可为例证。并不是说基督徒和穆斯林之间的战争和争论不存在，只是这两个群体之间复杂的共存关系没有得到应有的重视。（艾哈迈德[2]是开创者）

在包含撒哈拉以南和以北地区的更广泛非洲穆斯林世界中，东北部非洲在伊斯兰历史中有着独特的地位。这一地位源于其在先知传记中扮演的角色。公元 615 年左右第一次希吉拉迁徙事件（hijra）发生，几个穆斯林团体在尼格斯（Negus）的朝堂上获得了庇护。尼格斯被认为是阿克苏姆城（Axum）的统治者，该城位于今天埃塞俄比亚的北部地区。[3] 这一段插曲的细节和真实性并非我们此处的关注点。但这一插曲的影响或者说对其的想象是我们所关注的。《穆罕默德言

---

[1] Trimingham（1952）.
[2] Ahmed（2001）.
[3] Trimingham（1952：44–46）.

第二十三章 非洲东部地区的阿拉伯文学

行录》中这样写道:"别去管阿比西尼亚人(埃塞俄比亚人),只要他们不采取攻击性的行为。"① 这一传统在穆斯林学者阶层的伊斯兰世界观中造成了一定的争议。这种争议是关于埃塞俄比亚基督徒的地位问题。一种独特的名为埃塞俄比亚人品质(fada'il al-habash/hubshan)文学体裁体现了这样的争议。这一题材间接回到了希罗多德所说的"无咎的埃塞俄比亚人"的问题上。这不是一个古文物研究的问题。在现代,阿克苏姆城作为基督教和伊斯兰教圣城的问题在两个宗教团体间引起了长久的争议。这一地区存在支配性的模糊之处。我们可以从两个政治案例窥见这种模糊性。一个是索马里在阿拉伯国家联盟中的成员资格问题,另一个是 20 世纪 60 年代和 70 年代关于厄立特里亚身份问题的阿拉伯主义争议。② 就这方面而言,厄立特里亚和索马里与苏丹共和国比较亲近,而苏丹共和国与阿拉伯伊斯兰世界的关系也是模糊不清的。

厄立特里亚及其周边地区与《非洲阿拉伯语文学》中所记叙的伊斯兰非洲大部分地区有所区别。厄立特里亚及其周边地区带有某种复杂的多元告解主义。这种告解主义融合了诸如中东和伊斯兰化西班牙地区文化。这一地区确实存在圣战运动与反圣战运动,但也存在学术争论。恩巴库莫(Enbaqom)与扎卡亚斯(Zakaryas)的作品是这种争论的例证。其他非洲穆斯林地区很难找到此种争论。尽管 19 世纪晚期东非地区也存在基督教与伊斯兰教碰撞的痕迹。(比如,可参见阿里·本·穆罕默德·本·阿里·穆德希里在《非洲阿拉伯语文学》卷三 B 中的文章)

这里无法对东北部非洲穆斯林的民族历史给予详尽的阐述。简单来说,这一地区的穆斯林主要可以分为三类。第一类是游牧民族,例如索马里人和贝贾人(Beja);第二类是定居农业民族,例如埃塞俄比亚的瓦罗人(Wallo);第三类是居住在沿海城镇定居点的民族例如

---

① 阿布·达伍德,转引自 Trimingham(1952:46)。
② 参见 Erlich(1994:151 - 164)。

◈ 第五部分 超越通布图

马萨瓦人（Masawwa'），扎伊拉人（Zayla'），哈拉尔人（Harar），摩加迪沙人（Mogadishu）或者布拉瓦人（Brava）。摩加迪沙人和布拉瓦人文化是斯瓦西里城镇文化向北延伸的结果。斯瓦西里城镇文化是东非海岸的主流文化，斯瓦西里语作品也是《非洲阿拉伯语文学》（卷三 B）的主干部分。这之外的第三类文化则形成了环红海的海洋城邦文化的一部分［包括北部海岸的吉大人（Jidda），利特人（al-Lith），荷台达人（al-Hudayda），莫哈人（al-Mukha）以及南部海岸的萨瓦金人（Sawakin）］。这些民族可以溯源至古希腊——罗马时期。

第一部伊斯兰作品正是出现在环红海城市之一的扎伊拉。这是 14 世纪一群侨居国外的扎伊拉学者的集体作品，当时的开罗是他们的大本营。他们存世的作品收藏在《非洲阿拉伯语文学》（卷三 A）的第二章中。这一学术传统随着埃塞俄比亚穆斯林在埃及开罗的存在而延续了下来，后来成为贾巴特学派（Jabart）。这一学派随着埃及艾资哈尔大学贾巴特穆斯林学生研修角的建立而出现在了公众面前。最知名的贾巴特派学者无疑是埃及编年史学家阿布德·拉赫曼·本·哈桑·贾巴提（'Abd al-Rahman b. Hasan al-Jabarti）。贾巴提本人的作品并非我们的关注范围，但是贾巴提家族却与研修角有着深厚的渊源。贾巴特派研修角在厄立特里亚解放战线（Eritrean Liberation Front）1960 年 7 月正式成立并最终建国中扮演了重要角色。这一地区的伊斯兰关系网所具有的持久性和复杂性可见一番。伊斯兰在厄立特里亚民族主义兴起中扮演的角色是一个复杂和模糊的问题。

16 世纪与 17 世纪是穆斯林与基督徒对抗的高点时期。这种对抗发生在高原地带的埃塞俄比亚帝国与周边底地穆斯林城市之间。如果我们不考虑先知时代阿布拉哈王朝（Abraha）、波斯萨珊王朝和拜占庭帝国在这一地区事务中的参与，那么可以说 16 世纪、17 世纪时这一地区第一次成为半全球性的地缘政治角力的场地，埃塞俄比亚与葡萄牙形成了联盟，共同对抗哈瓦希河谷地（Hawash Valley）的城邦及其索马里游牧民族外援。这些索马里游牧民族外援的领导者是阿哈迈德·戈兰（Ahmad Gran），戈兰背后多少有着奥斯曼帝国势力的影

第二十三章 非洲东部地区的阿拉伯文学

子。《埃塞俄比亚的征服》一书记录了这场对抗。地缘政治逐步演进，基督徒之间也出现了失和的情况。葡萄牙的耶稣会败给了埃塞俄比亚的东正教，而奥斯曼帝国也巩固了他们对沿海地区的控制。[①] 19世纪时，这种对抗重新出现了。这次是发生在马赫迪苏丹国与乔纳斯（Johannes）及孟利尼克（Minilik）领导下的埃塞俄比亚之间。[②]

伊斯兰作品的特征很难概括。一方面，它与其他非洲穆斯林地区作品差别较小。伊斯兰作品的一极是对经典法律学文本的评论以及再评论，大部分是主导本地区的沙斐仪派（Shafi'i）的评论。18世纪末至19世纪初之后，新的变化出现了。更大规模的塔里卡活动（tariqa）出现了，这种苏菲派道乘活动被笼统称之为"新苏菲派"。这种道乘活动特征是建立特定苏菲派传统的追随者群体[③]——本地区主要包括卡迪里耶教团（Qadiriyya），萨曼尼耶教团（Sammaniyya），提泽尼亚教团（Tijaniyya），萨利希亚教团（Salihiyya），丹达拉威亚教团（Dandarawiyya）和伊迪里西耶教团（Idrisiyya）。这些教团的信徒大多数来自迄今为止都处于边缘地位的群体。其他的新趋势包括德性（manaqib）文学的创作。这种文学关注国际和本地的圣贤（此类型的哈拉尔人的作品很丰富）。此外还有阿拉伯语和各种本地语流行诗歌的创作。这两种类型文学明显存在重合之处。我们可以对比来自埃塞俄比亚中部地区的穆罕默德·沙菲·本·穆罕默德（Muhammad Shafi b. Muhammad）与来自索马里南部地区的乌韦斯·本·穆罕默德·巴拉维（Uways b. Muhammad al-Barawi）的生平。18世纪晚期至19世纪早期非洲东北部穆斯林群体与伊斯兰核心地带如汉志（Hijaz）和也门之间的联系目前仍处于研究起步阶段。

以阿拉伯语或本地语创作的伊斯兰流行诗歌在这一地区很多地方都能见到。对这一地区不同传统的研究很不均衡。恩里科·塞鲁里（Enrico Cerulli）和埃瓦德·瓦格纳（Ewald Wanger）对哈拉尔人作品

---

① Orhonlu（1969）.
② 乔纳斯四世皇帝（1868—1889年在位），孟利尼克皇帝（1889—1913年在位）。
③ 阿拉伯语称之为贾马（Jama'a），索马里语称之为卡马（camaa）。

467

◆ 第五部分　超越通布图

做过研究；萨马塔尔（Samatar）在安德兹耶夫斯基（Andrzejewski）和贾马科·奥马尔·西瑟（Jammac 'Umar Ciise）研究基础上对索马里男性诗歌传统倾注了更多精力；卡普特伊恩斯（Kapteijns）研究了索马里人传唱的女性诗歌。所有这些让我们感觉到对这一地区文学传统的研究仍然任重道远。在主题和形式上，阿拉伯语诗体学都对苏丹的流行诗歌（参见《非洲阿拉伯语文学》，卷一，第3章）和斯瓦西里语诗歌的复杂诗体发展（《非洲阿拉伯语文学》卷三 B 中有所介绍）产生过影响。目前对比这种主题和形式上存在的相似和差异之处出现了一些有意思的成果。

另一个值得深入研究的领域是本土语言的可读写性的发展。这种可读写性的创造有些是通过采纳阿拉伯语字母作为本土语言的书写文字，例如奥罗米纳语（Orominna），哈拉尔语或索马里语；另一些则是通过为本土语创造一种字母，例如阿布·巴克尔·本·奥斯曼·欧达（Abu Bakr b. 'Uthman Oda）为奥罗米纳语创造了新的字母以及奥斯马尼亚字母（Osmania）在索马里的复杂应用史。这是本地区一个复杂的问题。例如，今天的埃塞俄比亚穆斯林就在一个问题上争论不休。他们并不是争论应不应该将《古兰经》翻译成埃塞俄比亚官方语言阿姆哈拉语的问题，而是应该使用阿拉伯语阿贾米字母（ajami）还是衣索比亚字母（Ethiopic）印刷《古兰经》的问题。这样的争论也出现在豪萨语和其他西非语言文化以及东非的斯瓦西里语文化中。但是，东北部非洲出现的这种关于使用正统文字的争论比其他非洲穆斯林地区更为复杂。

东北部非洲的伊斯兰文学反映了诸多不同的内在趋势。东北部非洲临近中东地区，同时受到奥斯曼土耳其和赫迪维夫总督治下的埃及（Khedivial Egypt）的帝国主义干涉。此外，意大利及后来的英国在厄立特里亚也实施了一些伊斯兰政策。这些因素叠加意味着东北部非洲与伊斯兰核心地区的关系不同于西非与伊斯兰核心地区的关系。从学术的角度来看，这一地区确实存在传统的"问道长老"（shaykh seeking）的模式，也存在通过教法学（fiqh）和苏菲神秘主义（tasawwuf）传递"支持"（isnads）的模式，不论这种支持是源于本地区与否。这一地区也存在评注类作品，并且在19世纪时也出现了新苏菲主义的团体。但是，这一地区一直有意或无意地被卷入宗教分歧而引发的局部或区域冲突之中。这种冲突包括土耳其人与葡萄牙人的冲突对抗，英意两国与苏丹马赫迪国之间的对抗及其在厄立特里亚和西埃塞俄比亚的后续影响［参见塔尔哈·本·贾法尔（Talha b. Ja'far）］，以及阿布蒂勒·穆罕默德·哈桑（'Abdille Muhammad Hasan）与英国、意大利和埃塞俄比亚在索马里发生的对抗。所有这些都表明，与其他非洲穆斯林地区相比，东北部非洲所出现的穆斯林与非穆斯林之间的交流互动存在本质上的区别。东北部非洲与整个非洲存在区别，同时也与中东地区不一样。它既带有这两个地区的某些特征，又与这两个地方不一样。这一地区伊斯兰学术传统的复杂性很好地体现了这一点。

《非洲阿拉伯语文学》（卷三B）概览

斯瓦西里语研究

包括阿拉伯语在内的其他非洲伊斯兰语言在一点上无法匹敌斯瓦西里语。[①] 这就是斯瓦西里作为一种语言和文化有着悠久和复杂的学术谱系。[②] 在西方的学术传统中，第一代学术研究代表学者包括基督教传教士路德维希·克拉普夫（Ludwig Krapf）、J. 雷布曼（J. Rebmann）、W. E. 泰勒（WE Taylor）、爱德华·斯迪瑞（Edward Steere）和查尔斯·萨克勒斯（Charles Sacleux）。下一代研究学者中比较重要的包括恩斯特·达曼（Ernst Dammann）和罗兰·阿伦（Roland Allen）。

但是，克拉普夫（卒于1887年）并非第一个对斯瓦西里文化感

[①] 布罗克曼（Brockemann）在其1937—1949年出版的5卷作品中提及非洲的仅仅只有8页篇幅。到20世纪40年代，斯瓦西里研究已经走过了近百年的历史。

[②] 进一步的研究参见Miehe与Mohlig（1995）。

◈❖ 第五部分　超越通布图

兴趣的外部学者。相反，第一位这样做的是一位阿曼的穆斯林学者纳赛尔·本·贾义德·哈鲁斯（Nasir b. Ja'id al-Kharusi）（卒于1847年）。他至少写了两部比较阿曼和阿拉伯半岛地区与斯瓦西里文化中草药应用的作品。沿海与岛屿地区的阿曼和哈德拉米（Hadrami）穆斯林学者对斯瓦西里语尤其是其在诗歌中的应用表现出了日益增长的兴趣。这是他们与斯瓦西里本土学者和文学精英通过各种形式进行深入交流之后的结果。这种对斯瓦西里文化的兴趣与基督教传教传统存在诸多重叠之处。

基督教传教士对斯瓦西里文化的兴趣本质上是一种实用主义的行为。这是一种融入当地群体，并最终引导人们皈依基督教的策略。桑给巴尔的教会大学中非地区传教计划被苏丹禁止向穆斯林传播基督教，但是被允许向新近解放的奴隶传教。主教爱德华·斯迪瑞（卒于1887年）一定程度上导致了穆斯林和基督教传教士之间的紧张局面。他在一个奴隶市场公开进行了一场布道活动，市场附近还修建了一座圣公会教堂。桑给巴尔学者阿卜杜拉·阿齐兹·本·阿布德·戈哈尼·阿马维（'Abd al-'Aziz b. 'Abd al-Ghani al-'Amawi）曾就此给斯迪瑞写过一封信。可惜这封信未能存留下来。但是另一份为伊斯兰辩护的作品流传了下来。这部作品名为《Jawab 'ala 'l-Risala al-mansuba ila al-Masih b. Ishaq al-Nasrani》，作者是伊巴迪（Ibadi）学者阿里·本·穆罕默德·穆德希里（'Ali b. Muhammad al-Mundhiri）。基督教传教士与伊斯兰乌力玛之间的交流实际上是比较儒雅的，艾勒阿马维帮助斯迪瑞将《圣经》译为斯瓦西里语。

W. E. 泰勒（卒于1927年）与蒙巴萨当地的学者关系看上去特别融洽，尽管泰勒也有野心想让斯瓦西里穆斯林皈依基督教。这种融洽的关系对斯瓦西里语文学的发展有重要的影响。泰勒与穆罕默德·斯库伊瓦（Muhammad Sikujua）之间的友好协作在传承穆亚卡·本·哈吉·戈哈萨尼（Muyaka b. Haji al-Ghassaniy）的诗歌作品上起到了重要的作用。穆亚卡是上一代斯瓦西里诗人中的杰出代表。如果不是泰勒和斯库伊瓦，穆亚卡的作品可能就失传了。在蒙巴萨地区，某种

第二十三章　非洲东部地区的阿拉伯文学

程度上也包括桑给巴尔和拉穆岛，伊斯兰和基督教学术传统似乎能够实现一种相互尊重基础上的交流。

拉穆岛上的学者穆罕默德·吉乌姆瓦（Muhammad Kijumwa）是一位诗人、书法家、木雕师和舞蹈家。他与爱丽丝·瓦格纳，W. 希勒兹（W. Hichens）以及恩斯特·达曼过从甚密，这对斯瓦西里研究有着重要的影响。

从某些方面来说，基督教传教士、后来的殖民官僚以及民族主义语言规划者都有明确的计划。其中一个方面便是斯瓦西里语的罗马化计划。正如弗兰克尔（Frankl）指出的那样，并没有特别的理由倡导斯瓦西里语使用罗马字母，不管使用罗马字母还是阿拉伯字母都并不能简化或者复杂化斯瓦西里语。① 东非的德国殖民机构在其存续期间将阿拉伯语文字视为正常文字（斯瓦西里语：阿拉伯文字），并未尝试改变它。尽管没有明确的表述，但是将斯瓦西里语与阿拉伯文字分离开的做法可以被认为是一种将斯瓦西里语"去伊斯兰化"的方式。

这一进程中最具决定性的举措是领土间语言委员会将吉温古贾语（Kiunguja）（桑给巴尔地区的方言，但并不是斯瓦西里文学中广为接受的一种语言形式）确定为斯瓦西里语的标准形式。② 拉穆地区的贾姆方言（Kiamu）或者蒙巴萨地区的基姆菲塔方言（Kimvita）作为传统斯瓦西里语作品中常用的方言③在此竞争中输给了吉温古贾方言。威尔佛雷德·怀特利（Wilfred Whitely）积极参与了斯瓦西里语标准化的工作。他这样总结道："在斯瓦西里语中……殖民管理期间语言标准化选择了一种非文学性的斯瓦西里语方言。这对民族语言来说是一种不详的征兆。"④ 怀特利没有解释为什么吉温古贾方言被选择为

---

①　参见 Frankl（1998）。
②　领土间语言委员会1930年成立。参见 Whiteley（1969：79-95）关于促进"标准"斯瓦西里语的论述。
③　这并非忽视南部索马里地区布拉瓦人使用的斯瓦西里语西米尼（Chimini）方言或西姆巴拉兹（Chimbalazi）方言。
④　Whiteley（1969：94）。引人注目的是，怀特利从未真正解释这一决定背后的理由。这一段插曲需要深入探究。

◈ **第五部分　超越通布图**

斯瓦西里语的标准形式。R. A. 斯诺克绍（RA Snoxall）编纂了一部斯瓦西里语——英语辞典，他同时也是领土间语言委员会的成员。他解释了这种选择：

> ［在一场会议中，］我首先被问到的问题就是，为什么斯瓦西里语吉温古贾方言或者说桑给巴尔方言会被选择为斯瓦西里语的标准形式，而非我所提到的基姆菲塔方言。我的回答是，因为在商贸活动中吉温古贾方言更为常用，这种方言的商业价值决定了它最终被选择为斯瓦西里语标准形式。①

20世纪20年代末蒙巴萨已经发展成为东非地区重要的港口，如果此时讨论这一问题的话，这样的解释可能就并不具有很大的说服力了。

定义的问题

斯瓦西里文学在定义问题上存在严重的挑战。例如，很多斯瓦西里史诗著作曾经、现在依然创作于伊斯兰环境中。然而很多史诗是关于现代世俗化主题的。很多这样的作品都被认为是斯瓦西里语文学作品，这一方面是因为它们所采取的文学形式，另一方面是因为它们的作者所具有的穆斯林背景。有一些作者具有斯瓦西里穆斯林背景，但已经逐渐开始创作关于"国家"或世俗化主题的作品［沙班·本·罗伯特（Shaaban b. Robert）是杰出代表］。这些过渡型的作家也被认为是斯瓦西里语文学作家。

斯瓦西里语文学遇到的这种范围问题受到了"世俗"和"伊斯兰"两种矛盾定义的影响。易卜拉欣·努尔·沙里夫（Ibrahim Noor Shariff）认为，"在每个历史阶段，斯瓦西里人都创造了更多的世俗诗歌而非说教诗歌"，但他同时指出，"斯瓦西里社会传统上很注重

---

① Snoxall（1984）.

第二十三章 非洲东部地区的阿拉伯文学

传承保护［沙里夫着重强调］宗教性诗歌"。①

换句话说，尽管在任何时候世俗诗歌的创作都多于宗教性诗歌，但世俗诗歌的存世量却不大。这种情况出现在所有具有读写能力的伊斯兰社会中。这里所说的世俗指的是不明显涉及宗教话题。我们需要区分世俗和"受西方影响"或"现代"的区别。实际上，穆亚卡·本·哈吉·穆亚卡·本·哈吉·戈哈萨尼就创作了一些世俗主题的韵文，但他是在一个穆斯林社会环境中进行的这种创作。

沙里夫认为斯瓦西里语文学边界的问题受到了西方斯瓦西里研究学者的影响，因为他们过度强调了斯瓦西里文化和文学的伊斯兰特性。他引用了科纳佩特的说法："斯瓦西里语文学完全是一种伊斯兰文学。这一点从其伊始的 1728 年（《颂诗哈姆志雅》创作于这一年）一直到 1884 年德国开始殖民统治这一地区都是如此。"② 如果科纳佩特将这种"伊斯兰特性"从文化背景角度定义为一个穆斯林社会的文学创作，那么这种对斯瓦西里文学的概括就很容易理解了。这种偏见实际上是基于一种源流批判（source criticism）。我们不难理解作为一位学者，科纳佩特为什么会选择关注斯瓦西里语伊斯兰诗歌。这是因为研究斯瓦西里语伊斯兰诗歌可以遵循一些现成的分析标准。科纳佩特通过研究斯瓦西里史诗、阐述先知生活中的故事或者伊斯兰初期故事，在鲁迪·帕雷特（Rudi Paret）③ 基础上进一步深入研究了穆斯林世界的圣徒文学（伊斯兰文学中的一种先知传记体文学体裁）。④沙里夫认为这种对斯瓦西里语文学宗教性的过度强调还有其他原因。他引用了灵顿·哈里斯（Lyndon Harries）的说法："亚非学院的图书馆中存有数以百计的斯瓦西里语短篇诗歌，但是阐释这些诗歌是个难题。这一定程度上是因为这些诗歌的创作背景不详。"⑤ 阿卜杜拉齐

---

① Shariff（1991：41）.
② Knappert（1971：5）.
③ 参见 Paret（1927–28）。
④ 参见 Gibb et al.（1960–2004：卷 2，1161–1164）。
⑤ Harries（1962：2）.

◈ 第五部分 超越通布图

兹教授（Professor Abdulaziz）对穆亚卡的沙依里诗歌（shairi）之研究[1]佐证了哈里斯的观点。长久以来一直存在这样的问题：以伦敦大学亚非学院为代表的机构中保存有丰富多样的诗歌文献。这其中很多是偶然或特殊情境下创作的，因此很可能无法释读。这并非仅仅是非洲文学所面临的问题。

  沙里夫继续着自己的论证。他主张穆亚卡及其同辈诗歌表现出来的成熟老练不可能是穆亚卡或者其同辈在那个时代才发展出来的。[2]这种说法类似研究古希腊文学时常见的一种说法："荷马的作品太过成熟老练，他不可能是这种文学传统的创始者。"

  前文我已经指出，在大多数伊斯兰社会中，世俗性文学作品的数量（并不局限于书面文学）很可能比目前存世的数量大。实际上，这一说法适用于所有一神论宗教社会中的前现代文学发展。以文本的形式记录和流传下来的都是时人认为重要的文学作品，他们倾向于保存宗教或者说教性的文学作品。"世俗"文学作品的寿命很短暂，或者只是因为非文学的或机遇巧合的原因，或者宗教反讽的原因得以保留下来。阿拉伯诗歌《无知》创作于前伊斯兰时代。这篇诗作能够流传下来部分是因为其所蕴含的阿拉伯式规范，这对理解伊斯兰经典是非常关键的。

  《非洲阿拉伯语文学》（卷三B）旨在记录现存的（或存目的）一些作品，主要是非洲伊斯兰作家的作品。书中也包含了一些对口传文学的讨论。如此一来，此书中并未涉及斯瓦西里人身份、起源或者斯瓦西里文学是伊斯兰文学还是世俗文学的争论。关于这些争论目前已经存在大量的文献材料。[3]

  罗林斯（Rollins）指出，在1900年至1950年，大约出版了359部斯瓦西里语散文作品。其中346部是欧洲人创作的，并且主要在英

---

[1] Abdulaziz（1994）.
[2] Shariff（1991：43）.
[3] 参见Mazrui与Shariff（1994）关于西方"东方主义"学者将阿拉伯—穆斯林身份强加给斯瓦西里人及斯瓦西里文学的论述。

第二十三章 非洲东部地区的阿拉伯文学

国和德国出版。[①]

他接着指出，总体上来说，这是一种基督教文学，试图将欧洲基督教规范强加到斯瓦西里语上。当然，这种文学没有被收录入《非洲阿拉伯语文学》（卷三 B）之中。对于现在的编者来说，他们震惊地发现欧洲的斯瓦西里文化研究者普遍放任自己对斯瓦西里文学作出各种美学和价值判断。他们对自己的放任程度远比西方阿拉伯文学研究学者要严重得多。

如若有机会编写一部斯瓦西里语文学通史，希望《非洲阿拉伯语文学》（卷三 B）可以成为一份有益的参考材料。对于编写这样一部文学通史而言，其艰巨性和复杂性之一便是分析东方学专家、殖民统治者、基督教传教士和本土（无论如何定义这种本土）作家之间的复杂互动。

斯瓦西里诗歌的年代划分

20 世纪之前，斯瓦西里文学主要体裁是诗歌。除了一些 18 世纪早期流传下来的零散书信，几乎没有其他证据可以证明斯瓦西里语曾被用于书写散文。阿拉伯语有散文体裁作品，同样的，波斯语和乌尔都语也有散文体裁作品。

斯瓦西里诗歌是一种口叙、传唱和书面形式并存的文学形式。这三者之间的复杂互动并非这里探讨的内容。

尽管在斯瓦西里诗歌传统研究上，泰勒、达曼、哈里斯、阿伦父子以及科纳佩特都做出了一些开创性的贡献，但我们对这一传统的理解仍然很零碎。可信的综述建立在大量的基本的文献学、词典编纂和文本研究工作之上。科纳佩特在各种调查研究中一再提醒要避免给出仓促的普遍性结论。下文的研究评论需要在这样的上下文语境中来理解。

为了对斯瓦西里语诗歌进行初步的年代划分，我们首先需要关注

---

① Rollins（1985：51）.

◈ 第五部分 超越通布图

肯尼亚北部沿海地区"文化英雄"福莫·兰戈所创立的诗派。历史上是否确有其人目前没有定论，据传其生活在公元 7 世纪至 17 世纪之间。目前归于兰戈名下的作品中可能有一部分确为其所创作，但也不乏附会之作。现阶段可以断言的是，史诗体裁作为一种诗歌传统可能起源于福莫·兰戈所创立的诗歌圈子。

目前的问题是，"通俗"伊斯兰主题是如何传播并最终以史诗形式出现在斯瓦西里文学之中的。这个问题也存在不确定性。根据科纳佩特的说法，目前传世最早的长篇诗歌是巴瓦纳·穆翁戈（Bwana Mwengo）1652 年翻译的《颂诗哈姆志雅》。这是一部阿拉伯语文学名著的斯瓦西里语翻译版本。《颂诗哈姆志雅》与肯尼亚北部帕泰岛（Pate）有某种渊源。《灵魂的觉醒》（al-Inkishafi）可能是最优秀的斯瓦西里语史诗，但我们对其渊源同样知之甚少。这两篇诗歌都表明 18 世纪时，帕泰城有着很成熟的诗歌环境。最早的手稿均为史诗体裁，例如伊斯兰历 1141 年（公元 1728—1729 年）创作的《赫尔卡勒史诗》（Chuo cha Herkal）。

就目前来说，我们能够给出的稳妥可信的一般性说法是一个稚嫩的诗歌传统不可能创作出像《灵魂的觉醒》这样的诗歌，《灵魂的觉醒》这样的作品应该是一个非常优雅和成熟的诗歌传统的产物。这一诗歌传统在其萌芽发展的时期主要是书面的还是口传的形式，目前仍待研究。

研究斯瓦西里诗歌史需要深入关注的另一个问题是，斯瓦西里诗歌形式和内容在多大程度上反映了东非沿岸政治与社会变迁的现实情况。

目前给出一般性的概括还为时尚早。但后葡萄牙时期（大约 1700 年以后）帕泰岛/拉姆岛似乎获得了某种政治主导权。18 世纪至 19 世纪早期，这一地区诞生了一些斯瓦西里语经典作品如《灵魂的觉醒》和《穆瓦纳库珀纳》（Mwana Kupona）。这种政治上的主导地位可能是因为与索马里贝纳迪尔海岸贸易有关，后来阿曼人从北方夺去了这种主导地位。

第二十三章 非洲东部地区的阿拉伯文学

19世纪中期的蒙巴萨处在马兹瑞人（Mazrui）部落的主导下，他们与阿曼和桑给巴尔苏丹萨义德（Sa'id）冲突不断。这一时期的蒙巴萨出现了新的诗歌形式沙依里诗歌（shairi）。这种私人性、对话性和论争性很强的诗歌受到了穆亚卡·本·哈吉的极力推崇。如果将所谓"经典"诗歌之外的史诗归为现代史诗，那么就目前存世的作品来说，最为重要的是19世纪对话性和论争性的诗歌。泰勒（伦敦大学亚非学院）和达曼（柏林）的大部分收藏都属于这一类型。但是这些实际上是"偶然的"诗歌，正如哈里斯所指出的那样，这些诗歌的创作场合基本已经很难复原了。对这些诗歌背景复原和正确阐释是未来斯瓦西里文学史研究者面临的挑战。安·比尔斯特克（Ann Bierteker）花了很多精力研究对话性诗歌传统也就是库吉比扎纳（kujibizana）。这一诗歌传统在20世纪的报纸中重现了。莫扎·宾提·米（Moza binti Mi）在桑给巴尔报纸《指南》（Mwongozi）就时事话题发表了一些诗歌。他与穆亚卡·本·哈吉之间的这种延续性并非不可理喻。有一些诗人会因为东非先令的发行或英王乔治五世的生辰而咏诗一首，其他诗人则探讨更为永恒的主题。

叙事史诗（tendi）自其诞生开始已经成为斯瓦西里文学不可分割的一部分。《非洲阿拉伯语文学》（卷三B）详细记载了大量各种类型的斯瓦西里叙事史诗传统。比较鲜为人知的是说教性的诗歌，例如布拉瓦族（Brava）女诗人达达·马蒂斯（Dada Matisi）和穆希丁·卡赫塔尼（Muhyi'l Din al-Qahtani）。这里体现了传统和现代的交融。马蒂斯和卡赫塔尼使用斯瓦西里语［马蒂斯使用的是斯瓦西里方言西米尼（Cimini）语］展现本土方言中蕴含的伊斯兰教诲。除此之外，本土斯瓦西里语散文（与受传教士影响的斯瓦西里语散文相对）也在日益增加。

斯瓦西里散文创作

19世纪以前，东非沿海和岛屿地区的穆斯林学者均使用阿拉伯语创作散文，使用斯瓦西里语创作诗歌（尽管有些学者例如艾勒卡赫

◆ 第五部分　超越通布图

塔尼同时使用这两种语言创作诗歌）。斯瓦西里语散文创作大约出现于 20 世纪 20 年代。

斯瓦西里语散文创作的先行者是穆罕默德·阿明·马兹瑞（Muhammad al-Amin al-Mazrui）和他的姐夫穆罕默德·卡西姆（Muhammad Qassim）。马兹瑞兄弟和桑给巴尔作家阿卜杜拉·萨勒赫·法尔西（'Abdallah Saleh Farsy）创作了大量的斯瓦西里散文作品。《非洲阿拉伯语文学》（卷三 B）中收录了一些。这类作品大多是说教性质的，本质上是一些传播关于伊斯兰话题相关知识的小册子。各种翻译性的作品则更具野心，开山之作便是艾哈迈迪耶教派（Ahmadiyya）翻译的《古兰经》。① 这种类型的文学作品近些年来迅速增多，很多清真寺外面都开设了书店。我们有理由相信此类文学作品主要面向女性，因为女性已经成为穆斯林公共生活中不可忽视的群体。

使用斯瓦西里语创作小说从 20 世纪 30 年代开始发展起来了。很多斯瓦西里语小说创作的倡导者是在伊斯兰环境之外进行创作。影响最大的是沙班·本·罗伯特（Shaaban b. Robert）。罗伯特的父亲皈依了基督教，但罗伯特本人信仰伊斯兰教。本·罗伯特在斯瓦西里语成为国家语言的过程中扮演了过渡性角色。

阿拉伯语作品

一些传统的阿拉伯地理学家在其作品中谈到了东非沿岸的伊斯兰教发展。除了这些作品之外，穆罕默德·本·萨义德·卡勒哈提（Muhammad b. Sa'id al-Qalhati）所著的《基尔瓦故事》（al-Maqama al-Kilwiyya）一书是最早涉及东非沿岸地区伊斯兰发展状况的作品。这是一部伊巴德派说教性质的作品，创作于伊斯兰历 1116 年。这部作品讲述的是基尔瓦的两兄弟阿里·本·阿里（'Ali b. 'Ali）和哈桑·本·阿里（Hasan b. 'Ali）的故事。这两兄弟一直热心于在基尔瓦地区传播伊巴德派伊斯兰教。

---

① 我这里没有考虑传教士戈弗雷·达尔（Godfrey Dale）所翻译的《古兰经》。

第二十三章 非洲东部地区的阿拉伯文学

这一地区最早的本土阿拉伯语作品是基尔瓦编年史《关于基尔瓦快乐生活的历史书》（al-Sulwa fi akhbar Kilwa）。这部作品的原版作者出生于伊斯兰历904年10月2日（公元1499年5月13日），名字已不可考。若奥·巴洛斯（Joao de Barros）（1496—1570）在其最早出版于1552年①的作品《论亚洲》一书中引用了这部编年史中的小段翻译。这是目前这部编年作品在撒哈拉以南非洲地区最早的踪迹。

19世纪之前的阿拉伯语作品很少能流传下来。少量17、18世纪的伊巴德派文本被带到了苏丹统治下的桑给巴尔岛，因而得以流传下来。1880年，苏丹巴加什（Barghash）（1870—1888年在位）在桑给巴尔岛建立了印刷社，开始了野心勃勃的伊巴德派神学和法理学作品印刷计划。这一计划涉及了很多穆扎卜山谷地区（阿尔及利亚）、开罗、阿曼和桑给巴尔地区的学者（参见《非洲阿拉伯语文学》卷三B，第二章）。

因为主导东非地区伊斯兰法理学思想（madhhab）的是沙斐仪教派，所以这一地区很多阿拉伯作品涉及的都是沙斐仪派法理学。

参考文献

Abdulaziz MH（1994/1979）Muyaka, 19th century Swahili popular poetry. Nairobi：Kenya Literature Bureau.

Allen V（1963）A catalogue of the Swahili and Arabic manuscripts in the library of the University of Dar es Salaam. Leiden：Brill.

Brockelmann C（1937 – 49）Geschichte der arabischen Literattur（2 Vols, 2nd edition 1943 – 49；3 Vols Supplement, 1937 – 42）. Leiden：Brill.

Dammann E（1993）Afrikanische handschriften（Vol. 1）：Handscriften in Swahili und anderen Sprachen afrikas. Stuttgart：Franz Steiner.

Erlich H（1994）Ethiopia and the Middle East. Boulder, CO：Lynne

---

① 参见 Freeman-Grenville（1962：34）。

Rienne Publishers.

Frankl PJL (1998) Review of Tarjama ya al-muntakhab katika tafsiri ya qur'ani tukufti. British Journal of Middle Eastern Studies 25: 191 – 193.

Freeman-Grenville GSP (1962) The medieval history of the coast of Tanganyika, with special reference to recent archaeological discoveries. Berlin: Akademie Verlag.

Gibb HAR et al. (Eds) (1960 – 2004) Encyclopaedia of Islam (12 Vols). Leiden: Brill.

Harries L (1962) Swahili poetry. Oxford: Clarendon Press.

Hussein A (2001) Islam in nineteenth-century Wallo, Ethiopia: revival, reform, and reaction. Leiden: Brill.

Knappert J (1971) Swahili Islamic poetry. Leiden: Brill.

Mazrui AM & Shariff IN (1994) The Swahili: Idiom and identity of an African people. Trenton, NJ: Africa World Press.

Miehe G & Mohlig WJ (1995) Swahili handbuch. Cologne: Rudiger Koppe Verlag.

O'Fahey RS & Hunwick JO (Eds) (1994) Arabic literature of Africa: The writings of eastern Sudanic Africa to c. 1900 (Vol. 1). Leiden: Brill.

O'Fahey RS & Hunwick JO (Eds) (2003) Arabic literature of Africa: The writings of the Muslim peoples of northeastern Africa (Vol. 3A). Leiden: Brill.

O'Fahey RS & Hunwick JO (Eds) (in press) Arabic literature of Africa: The writings of the Muslim peoples of eastern Africa (Vol. 3B).

Orhonlu G (1969) Habesh eyalati. Istanbul: n. p.

Paret R (1927 – 28) Die arabische Quelle der Suaheli-Dichtung Chuo cha Herkal. Zeitschrift der Deutschen Morgenlandischen Gesellschaft 1: 241 – 249.

Rollins JD (1985) Early 20th century Swahili prose narrative structure and some aspects of Swahili ethnicity. In E Breitinger & R Sander (Eds) Towards African authenticity, language and literary form. In Bayreuth African Studies 2: 49 – 68.

Roper G (Ed.) (1994) World survey of Islamic manuscripts (Vol. 3). London: al-Furqan Islamic Heritage Foundation.

Shariff IN (1991) Islam and secularity in Swahili literature: an overview. In KW Harrow (Ed.) Faces of Islam in African literature. London: J. Currey.

Snoxall RA (1984) The East African Interterritorial Language (Swahili) Committee. Swahili Language and Society 22: 15 – 24.

Trimingham JS (1952) Islam in Ethiopia. London: Frank Cass.

Wagner E (1997) Afrikanische handschriften (Vol. 2): Islamische Handschriften ausAthiopien. Stuttgart: Franz Steiner.

Whiteley W (1969) Swahili: The rise of a national language. London: Methuen.

第二十四章　伊斯兰非洲历史的文本考证：桑给巴尔国家档案馆中的阿拉伯语材料

安妮·K. 邦（Anne K Bang）

　　桑给巴尔国家档案馆（Zanzibar National Archives）位于桑给巴尔石头城外的基里马尼区（Kilimani），收藏了丰富的阿拉伯语以及使用阿拉伯文字书写的斯瓦西里语文献资料，[①] 其中有些可以追溯到东非的阿曼统治时期（1800—1890），有些源于英属东非保护国时期（1890—1963）。很大一部分手稿收藏来源于桑给巴尔本地、东非地区、阿曼以及中东地区。手稿中包含了很多桑给巴尔苏丹与非洲、中东以及欧洲同时代人的通信稿件，还有一些法官法庭记录、权利契约书以及瓦合甫文件（waqf），显示伊斯兰教在东非以广泛而多样的形式存在。这一收藏因其丰富性和多样性而被提名为联合国教科文组织世界记忆遗产名录候选项目。[②] 在过去的十年里，一些非洲、西方和

---

　　① 感谢桑给巴尔国家档案馆各位负责同志和工作人员为笔者撰写本文所提供的帮助，包括档案馆主任哈马迪·奥马尔（Hamadi Omar）、前资深档案学家哈米斯·S. 哈米斯（Khamis S Khamis）以及阿拉伯文献释读者奥马尔·什赫（Omar Shehe）。这里还需要感谢桑给巴尔博物院部主任阿卜杜勒·沙里夫教授（Professor Abdul Sharif）。此外，洛伦佐·德克里希（Lorenzo Declich）和弗莱德海姆·哈特维希（Friedhelm Hartwig）两位同志对档案馆文献收藏研究倾注了极大的心力，这里一并表示感谢。

　　② 参见 http：//portal. unesco. org/ci/ev. php？ URL_ ID = 12543&URL_ DO = DO_ TOPIC&URL_ SECTION = 201&reload = 1062662650。

第二十四章　伊斯兰非洲历史的文本考证：桑给巴尔国家档案馆中的阿拉伯语材料

阿曼的研究者开始使用这一文献遗产作为历史研究的直接材料。这些手稿和文件几乎都与伊斯兰教相关，内容十分丰富，包含了伊斯兰各种学科文献、法律手册和裁决、诗歌以及书信。

斯科特·里斯（Scott Reese）认为带有宗教性质的文本本身也具有历史价值，另一些伊斯兰非洲研究者持有与他相反的观点。里斯认为，只要宗教性文献体现了特定时期、特定地点的某种知识、关联性和技术，那么这种宗教性文献就具有历史价值。另外，这些文献本身也蕴含了有价值的历史信息。因为在这些文献所创作的那个时代，社会和政治议题恰恰常常会出现在宗教论述之中。[1] 换句话说，桑给巴尔国家档案馆中所收藏的文献不仅仅提供了关于伊斯兰教的一些表面知识，同时也提供了关于东非社会的大量具体和直接的历史证据。最后，这些档案材料不仅仅是伊斯兰遗产的一部分，同时也是东非文学文献的重要组成部分。

本文旨在介绍桑给巴尔国家档案馆收藏的基本情况，并综述目前除殖民地记录材料之外的文献材料的研究现状。我在这里主要依据的是几位同事的研究成果，同时，也考察了桑给巴尔国家档案馆研究人员的成果。国家档案馆研究人员不时地面对种种困难，但他们成功保护了这些对撒哈拉以南非洲文学研究具有重要意义的文献收藏。

本文将概述桑给巴尔国家档案馆所收藏文献的历史背景，并探讨在这些文献材料基础上已经和未来可以研究的历史课题。文章的最后，我介绍了桑给巴尔国家档案馆文献保护的现状以及进一步完善的意见和建议。

背景：东非的阿曼（赛义德王朝）统治时期（约 1830—1890）

阿曼新苏丹萨义德·赛义德·本·苏尔坦·布·赛义德（Sayyid

---

[1] Reese（2004）.

◈ 第五部分　超越通布图

Sa'id b. Sultan al-Bu Sa'idi）自 1804 年继位伊始就将注意力转向了东非。从 12 世纪开始，阿曼人（以及南部阿拉伯半岛居民）就开始向东非地区移民。到 19 世纪初，这种迁徙活动已经延续了数百年。来自南部阿拉伯半岛的部族已经扩散到整个东非海岸。这些部族包括马兹瑞部族（Mazruis），纳布哈尼部族（Nabhanis），谢赫·阿比·巴克尔·本·萨利姆部族（al Shaykh Abi Bakr b. Salim）和贾马勒·拉伊勒部族（Jamal al-Layl）。这些部族与当地原有民族融合形成了一个沿海城镇上层阶级，主要集中在拉穆（Lamu）、蒙巴萨（Mombasa）和基尔瓦（Kilwa）这几个城市。虽然与阿拉伯半岛南部地区的亲族关系可能不再紧密，但在危难时期二者却是可以相互支持的力量。例如，葡萄牙统治东非时期就出现了这种情况。

萨义德·赛义德的注意力转向了桑给巴尔岛，并于 1832 年将王国的首都设立在此处。这种变化不仅重建了之前长期存在的贸易和部族联系，更确立了一种新形式的阿曼人直接统治，其目的是为非洲腹地的浩瀚财富（例如奴隶、香料、象牙、椰仁干等）开辟一个贸易仓库。[①] 以新统治者布·赛义德（Bu Sa'idis）为代表的"新阿曼人"是海洋民族和商业民族。他们成功征服了沿岸城镇先前的统治者。阿曼人的这种封建君主直接统治权即使在阿曼人血统的东非部族之中也并非一直得到拥护。其中的一个例子便是萨义德·赛义德与蒙巴萨的马兹瑞部族之间在 19 世纪 20、30 年代发生的长期对峙。即使如此，1856 年萨义德·赛义德去世以后，阿曼帝国将整个阿曼以及非洲东部沿岸从瓜达富伊角（Guardafui）到德尔加杜角（Cape Delgado）的广阔区域纳入了版图。

阿曼帝国进行了大规模的商业扩张。即便如此，阿曼这个跨海帝国也无法阻止大英帝国崛起成为印度洋上的霸主。帝国内部反对布·赛义德的活动以及英国在这一地区的干预最终导致阿曼帝国于 1861 年分崩离析。萨义德·赛义德的儿子马基德（Majid）继承了阿曼帝

---

① 关于阿曼帝国扩展的经济背景，参见 Sharif（1987）。

第二十四章 伊斯兰非洲历史的文本考证:桑给巴尔国家档案馆中的阿拉伯语材料

国东非地区的领土,赛义德的兄弟特赫瓦伊尼(Thwayni)则成为了阿曼本土权利的继承者。

从政治和经济的角度来看,东非的布·赛义德帝国在1870年苏丹萨义德·巴加什·本·赛义德(Sayyid Barghash b. Sa'id)继位之时已经处于衰落过程中了。英国人在这一地区的影响力逐渐增强,奴隶制的废除造成了劳动力的短缺并最终造成了土地所有者的贫困化。

到19世纪80年代时,阿拉伯农场主实际上已经欠了印度洋商人集团巨额的债务。然而,萨义德·巴加什统治时期(1870—1888)被称为桑给巴尔地区布·赛义德苏丹国的"黄金时期"。我们需要从文化层面理解这种"黄金时期"。很多器物性的发明出现在巴加什执政时期:建造宫殿,电力引入桑给巴尔城以及修建供水系统。从手稿遗产的角度来看,最重要的是学术活动在巴加什执政时期发展迅猛。宗教学校(ribats)从宗教公产(waqf)获得资助,学者获得了很多支持,各种书籍以前所未有的速度输入桑给巴尔地区。

此外,巴加什还从叙利亚引入了印刷出版社和熟练印刷工人,他这样做很可能是受到了当时阿拉伯世界改革浪潮的启发。印刷出版社从1879年开始工作,其间印刷出版了阿曼地区保存的大量手稿文献,主要是北非地区阿曼人所写的法学作品。[①] 其最为雄心勃勃的项目是出版90卷本的《伊斯兰教法大辞典》(Kitab qamus al-shar'iyya),作者是阿曼学者朱马耶·本·卡米斯·赛伊迪(Jumayyil b. Khamis al-Sa'idi)。遗憾的是这项出版计划在完成19卷之后就戛然而止了。从目前桑给巴尔的手稿收藏来看,这所印刷出版社出版的唯一一部当代桑给巴尔人作品是由著名法官兼学者纳西尔·本·萨利姆·拉瓦希(Nasir b. Salim al-Rawwahi,平时多用阿布·穆斯林的名字,卒于1920年)所著。1898年,该出版社出版了这位东非年轻王储的游记。

有意思的是,出版社的记录显示其曾出版拉瓦希的南非游记,但目前这一出版物已经不存。

---

① 关于巴加什所创建的苏丹印刷出版社的影响力,参见 Sadgrove(2004)。

485

◈◈ 第五部分 超越通布图

书面主义问题：阿曼统治与文本生

　　早期的学者例如垂明翰（JS Trimingham）① 认为东非的伊斯兰教主要是在城镇上层阶级中以口头的方式进行传播。最新的研究成果倾向于支持伊斯兰教在这一地区通过双重路径进行传播：一种是通过斯瓦西里语口传诗歌传统；另一种是通过书面和阿拉伯语研习伊斯兰知识的方式。②

　　19世纪阿曼苏丹国的出现使得传播方式更多侧重于书面和基于阿拉伯语的传播路径。到19世纪50年代时，国家委任的总督（liwalis）让阿曼人的权力凌驾在当地生活的方方面面，同时法官也由国家任命而非从地方社群中推举。此外，布·赛义德苏丹国的权力基础已经变成了新型的大农场主而非扮演再分配角色的地方贵族。这样一来，君主就有能力为学者提供资金支持，建立学校，鼓励人们读书识字。这其中最重要的例子便是萨义德·巴加什在桑给巴尔城建立的印刷出版社。

　　阿曼苏丹国的统治也意味着权力掌控在中央政府而非传统贵族手中。在这种格局中，伊斯兰教知识被解释为一整套的书面信条，可以通过文本去检验、控制和论争。③ 可以说东非地区的这种实践将伊斯兰教手稿介绍给了更广大的伊斯兰世界。在这一进程中来自伊斯兰世界其他地方（或其他学派，包括苏菲主义）的作品获得了更广泛的了解和复制传播，同时也得到了资深的东非学者研习和讨论。这也促进了一个新的穆斯林权威学者（乌力马）团体的出现，他们的视野超越了地方的限制。这样的广阔视野是18世纪的学者很难达到的。今天收藏

---

　　① Trimingham（1964）.
　　② Purpura（1997）认为东非地区学术传统一开始是两种路径交织融合发展的状态。这种状态直到19世纪阿曼苏丹国的建立才逐渐消失。阿曼苏丹国建立以后，这两种路径开始变得泾渭分明：口传路径与斯瓦西里人文化结合在了一起，而书面路径则与阿曼国家的文化结合在了一起。
　　③ 这一进程成为了社会流动的新契机。对于来自阿拉伯半岛的新移民来说契机表现得更为明显：他们阿拉伯语流利并且熟悉伊斯兰文学传统。一个比较明显的例子是学者兼法官阿哈迈德·本·苏玛伊特（Ahmad b. Sumayt），Bang（2003）对他有过详细的描述。

第二十四章 伊斯兰非洲历史的文本考证：桑给巴尔国家档案馆中的阿拉伯语材料

在桑给巴尔国家档案馆中的文献材料是这一历史进程的见证者。

尽管巴加什时代的特征是对伊巴德派（阿曼的主流学派）[①] 的强烈推崇，但是东非地区的逊尼派伊斯兰教法学中的沙斐仪派（Shafi'i）也同样出现了手稿研习的热潮。这一浪潮主要是与东非沿岸地区出现的有组织的苏菲派活动有关，涉及沙德希里耶教团（Shadhiliyya），卡迪里耶教团（Qadiriyya）和阿拉维耶教团（'Alawiyya）。苏菲派手册和诗歌从中东发源地复制传播过来，然后被本地深谙伊斯兰学问的学者研习、评论。这种新的发展情况在桑给巴尔岛的档案中也能找到很多证据。

桑给巴尔国家档案馆收藏：阿拉伯文献概述

书籍与论文

桑给巴尔国家档案馆收藏了大约 800 份手稿，大部分原先收藏于桑给巴尔苏丹国皇宫之中，1964 年桑给巴尔革命之后，被移交至现在的档案馆。此外，1999 年档案馆中增加了大约 100 件收藏，由东非口述传统与非洲民族语言研究中心（EACROTNAL）所资助项目收藏整理并最终移交档案馆。目前该中心已停止运作。[②] 收藏中年代最久远的手稿可以追溯至 18 世纪末，年代最近的则创作于 20 世纪初，反映了东非学者阶层在收藏、复写、注解和写作上的品味。

[①] 作为伊斯兰教的特色鲜明的一个分支，伊巴德派的根源可以追溯至伊斯兰教早期的分离主义哈里吉耶派（Kharijiyya）。伊巴德派在公元 685 年与哈里吉耶派分道扬镳。伊巴德派教义是阿曼伊斯兰教长国以及后来的布·赛义德王朝的意识形态基础。伊巴德派的特征就是对其他分支教派持比较宽容的态度。到 19 世纪时，伊巴德派主要的分布区域包括阿曼、桑给巴尔（以及阿曼和布·萨义德王朝所影响的其他东非地区），阿尔及利亚南部以及利比亚的一小部分地区。

[②] EACROTNAL 全称为 Eastern African Centre for Research on Oral Traditions and African National Languages。参见 1988 年完成的 EACROTNAL 收藏清单。大约有 30 份手稿在移交之前或移交的过程中遗失了。EACROTNAL 手稿情况在桑给巴尔国家档案馆完成系统索引编目之后才能完整呈现。关于 EACROTNAL 收藏的概况，参见 Khamis（2001）的《档案，手稿和书面历史材料，口述史及考古学》一文。

第五部分　超越通布图

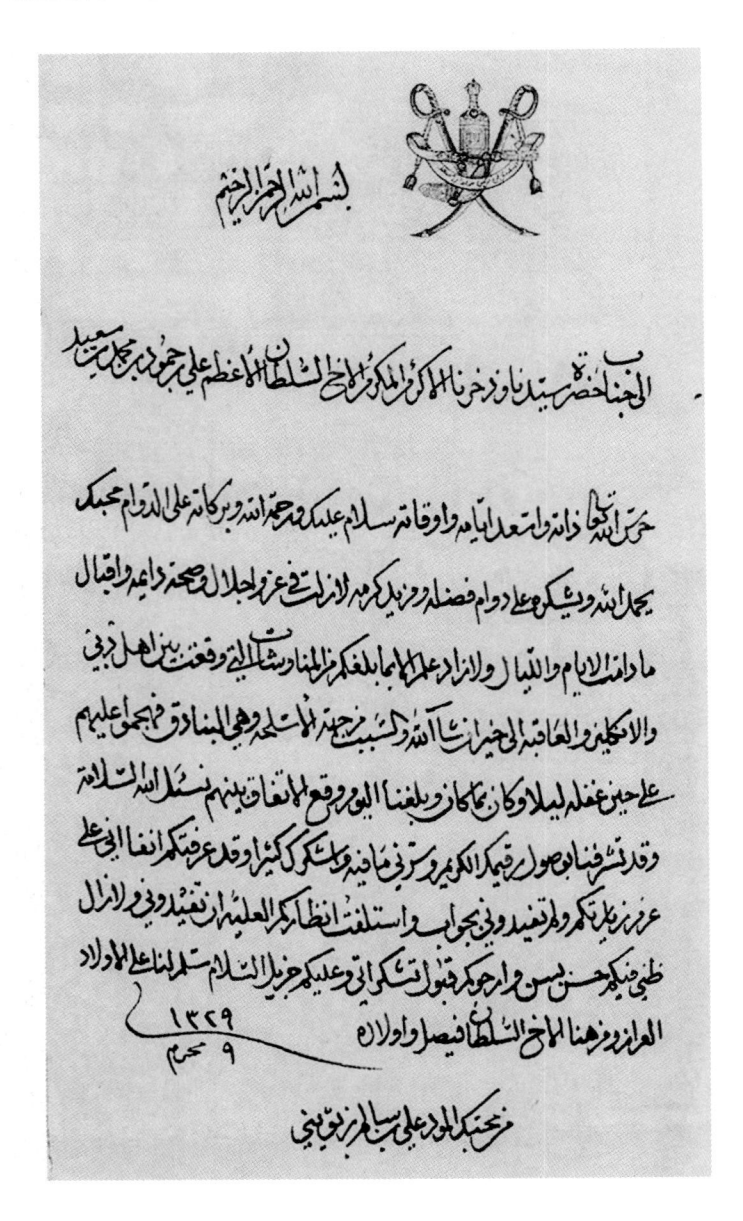

写给桑给巴尔苏丹萨义德·阿里·本·哈穆德·布·赛义迪（Sultan Sayyid 'Ali b. Hammud al Bu Sa'idi）的书信，书信落款日为 1911 年 1 月 10 日。

第二十四章 伊斯兰非洲历史的文本考证：桑给巴尔国家档案馆中的阿拉伯语材料

这些收藏中包含了一些较为特别的手稿，其渊源并非是东非，但其中有些含有东非本地学者的评论注解，体现了本地学者的伊斯兰学术观念。档案馆中大部分收藏都具有阿曼/东非地区渊源。这些手稿因此也成为东非地区文学遗产的重要组成部分，同时体现了桑给巴尔在学术研究中的重要角色。

档案馆收藏的手稿包含了各种伊斯兰学科的论文，例如法律、神学、圣训学（hadith）、教法学（fiqh）、语法学、诗歌学和修辞学。除此之外，手稿中还包含了很有价值的医药学（草药和先知医药）、魔法、天文学、航海学和游记（rihlat）文献。

从作者来看，这份手稿收藏的作者很多是阿曼人，尤其是教法学领域的学者。除此之外，这份收藏中还包含了很多东非知名学者的原版手稿以及一些不知名作者的作品。收藏中还包括著名法官和卡迪里耶派苏菲主义者阿布德·阿齐兹·本·阿布德·贾尼·阿马维（1832—1896）[1]（'Abd al-'Aziz b. 'Abd al-Ghani al-'Amawi）的几件作品。

苏丹书信

桑给巴尔地区布·赛义德王朝苏丹的书信是档案馆手稿收藏中很重要的一部分。总体而言，这些书信的年代比其他手稿要晚一些，但是它们是研究布·赛义德王朝统治时期历史的重要材料，也可以起到相互印证的作用。这些书信对研究布·赛义德王朝在英国殖民势力介入本地区之前和之后的历史都有帮助。档案馆中收藏了将近2600份书信，最早的可以追溯到19世纪40年代苏丹萨义德·赛义德·本·苏尔坦（Sayyid Sa'id b. Sultan）执政时期，最晚的写于20世纪40年代，也就是苏丹萨义德·克哈里法·本·哈鲁布（Sayyid Khalifa b. Harub）执政时期。

---

[1] 阿布德·阿齐兹·阿马维来自布拉瓦地区，年仅16岁便被任命为基尔瓦的法官。在基尔瓦待了几年之后，他回到了桑给巴尔。他后来在桑给巴尔担任法官直到1894年退休。美国伊利诺伊大学厄巴纳-香槟分校（University of Champagne-Urbana）的教授瓦莱丽·霍夫曼（Valerie Hoffmann）目前正在写一部研究阿布德·阿齐兹著作的书籍。

◈ 第五部分 超越通布图

这些书信中大约有六分之一与苏丹萨义德·赛义德有关，六分之一与其继任者马基德（Majid）和克哈里法（Khalifa）有关，另有六分之一与苏丹萨义德·巴加什（Sayyid Barghash）有关。将近一半的书信收藏[①]是与苏丹萨义德·哈穆德·本·穆罕默德（Sayyid Hammud b. Muhammad）以及他的儿子兼继任者阿里·本·哈穆德（'Ali b. Hammud）相关。这对父子的执政时间是从1896年至1911年，与他们相关的书信最为丰富多样，涉及的内容包括晚宴聚会的开销明细、中东地区编者的来信、关于瘟疫的注意事项、结婚请柬，还有与本家族阿曼地区支系亲戚的信件等。总之，这些书信收藏非常珍贵，让我们能够管窥布·赛义德家族与东非官僚集团、地主、治下的臣民以及印度洋上的贷款人之间的关系，他们与阿曼本土同一部族亲戚之间的关系，以及布·赛义德家族与非洲、阿拉伯半岛以及中东地区统治者、学者和改革者之间的关系。这批手稿收藏因此也成为了研究东非和阿曼历史必不可少的材料。这些收藏作为历史研究素材的潜力仍然有待发掘。

法律记录、案件简报（sijillat）、权利契约书以及瓦合甫文件

在布·赛义德王朝时期，特别任命的法官会依据伊斯兰社会通行的规则审理案件，记录契约和瓦合甫文件。比较可信的情况是，每一个法官会自行保存他所经手案件的记录材料，而不是由中央政府机构统一保管这些记录材料。因此，殖民时代之前的布·赛义德王朝时期保留下来的法律记录材料很少。当然，也存在一些例外情况。桑给巴尔国家档案馆中保存了一些19世纪80年代至20世纪20年代的案件简报材料文献。这些简报概括记录了每个案件的情况。大约42册案件简报材料流传了下来。这些简报中记录了每个案件的具体信息包括裁决结果。

---

① 文献编号 AA5/8 和 AA5/9。

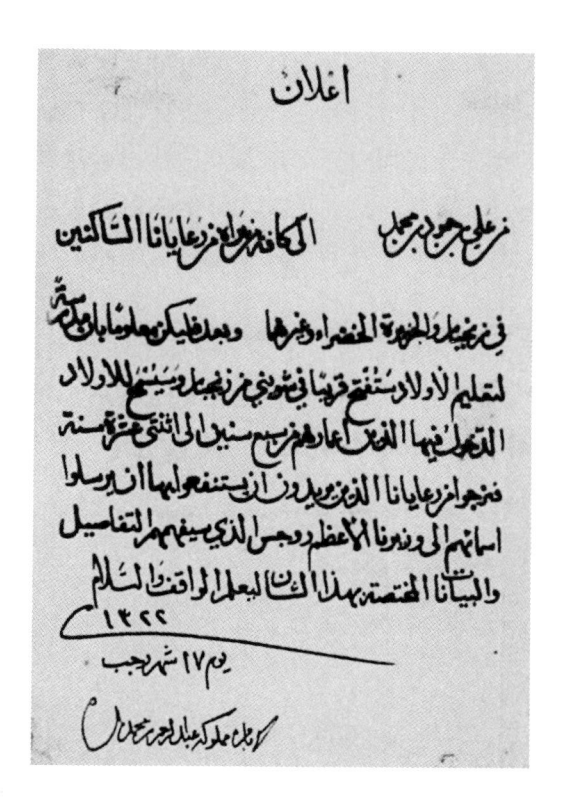

第二十四章　伊斯兰非洲历史的文本考证：桑给巴尔国家档案馆中的阿拉伯语材料

这份日期标注为 1904 年 9 月 27 日的公告宣布开设桑给巴尔地区儿童公立学校，招收年纪在 7—12 岁的学生。

此外，有一些瓦合甫文件也保留了下来。这些文件都是在英国建立东非保护国制度之前出现的。这些瓦合甫文件部分是为防止出现瓦合甫权利争端而预先记录的，有一些则是在涉及瓦合甫管理和分配争端案件中作为证据而被记录下来的。① 国家档案馆中收藏了几份这样

---

① 这就是为什么萨义德·哈穆德·本·艾哈迈德·布·赛义迪（Sayyid Hammud b. Ahmad al-Bu Sa'idi）的瓦合甫原件的内容会出现在法庭里。萨义德·哈穆德是萨义德·巴加什的亲密伙伴。萨义德·哈穆德在 19 世纪 70 年代时也曾多次向宗教公产提供捐赠。英国瓦合甫委员会（British Wakf Commission）对宗教公产的收益进行了规制。萨义德·哈穆德的捐赠活动也被记录了下来。正是由于这样，哈穆德的瓦合甫捐赠原件材料才得以复制并保存在法庭记录中。这两份记录的编号为 ZA-HD6/55 和 ZA-HD3/12。

的瓦合甫文件。这些瓦合甫文件的原件可以追溯到萨义德·巴加什执政时期。这一时期的瓦合甫宗教公产捐赠活动非常活跃。桑给巴尔苏丹也曾进行过一些瓦合甫捐赠活动。涉及这些捐赠的瓦合甫文件由苏丹印刷出版社进行了出版,目前保存在桑给巴尔国家档案馆中。至于权力契约书和买卖合同,苏丹的信件中记载了大约200余例。

从英国在东非建立保护国制度开始,情况发生了变化。国家档案馆中收藏了大量1908年法律改革之后的刑事和民事案件材料[1]。在这批案件材料中,案件的基本情况是使用英语进行了记录,而法官的审议裁决则是使用阿拉伯语进行了记录。这种情形一直持续到20世纪40、50年代。

就瓦合甫记录而言,从英国瓦合甫委员会[2](British Wakf Commission)建立以后,瓦合甫文献的收藏就变得非常的丰富可观。这些瓦合甫材料被进行了完整的编目和索引整理,并添加到一个数据库中。

东非的书面文学遗产与桑给巴尔国家档案馆馆藏:议题与研究领域

关于东非地区知识传播主要是通过口传方式(被理解为"非洲式")还是书面形式(被理解为"中东式")一直存在争论。我们姑且搁置这一争论,桑给巴尔国家档案馆中收藏的文本材料表明以文本生产为传播媒介的传统在这一地区至少已经有200年的历史。虽然这些文本主要使用阿拉伯语作为书写语言,但这并不妨碍这些文本成为这一地区书面遗产的重要组成部分。作为历史研究所依据的实物材料,这些文本材料所带有的"阿拉伯特征"表明当时东非地区的伊斯兰研究权威乌力马('ulama)对东非以外地区的学术发展很了解,并且能够通过外部世界可以理解的语言来表达自己的观点。此外,这

---

[1] 此类文献材料的记录标号为HC开头。
[2] 此类文献材料的记录标号为HD开头。

第二十四章 伊斯兰非洲历史的文本考证：桑给巴尔国家档案馆中的阿拉伯语材料

也并不意味着本地语中不存在口头传播的现象。这种本土语中口头传播的现象可能未曾间断，并且发生在社会的各个层面，可能发生在基层的《古兰经》学校中，也可能发生在巨擘学者旁征博引的注经活动中。[1]

我们的关注点应该是这些文献材料如何展现了东非沿岸学术传统的演变以及孕育这种学术传统的政治和社会环境。我们会发现很多值得探讨的有趣议题。

情境中的东非伊斯兰教

正如本章开头所指出的，目前以东非伊斯兰文献为基础所做的研究已经取得了一些成果，但此类研究目前还有很多空白需要填补。桑给巴尔国家档案馆的文献收藏可以为此类研究提供重要的原始材料。伊斯兰改革方案是如何制定的？伊斯兰改革是如何与当时其它的改革运动相互影响的？伊斯兰权威学者乌力马阅读什么作品？他们在自己的作品中都援引了哪些作者？伊斯兰信仰中具有强调教法传统（shari'a）的一面，这一点是如何与伊斯兰文化中更为大众化的实践（占卜、占星术、鬼魂附体驱魔术以及解梦等）实现了较好的融合？

与非洲大陆其他地区的联系

桑给巴尔苏丹的书信以及苏丹印刷出版社的印刷物不仅证实了东非地区与阿拉伯半岛的联系，同时也表明桑给巴尔地区与非洲其他伊斯兰地区存在联系。其中一个例子是伊巴德派（Ibadi）学者之间形成的网络，他们沿着从阿尔及利亚——桑给巴尔这一轴心线分布，相互间形成了紧密的联系。19世纪末最伟大的伊巴德派改革家是阿尔及利亚南部穆扎卜山谷地区（Wadi Mizab）的穆罕默德·本·优素福·安塔法伊什（1820－1914）（Muhammad b. Yusuf Attafayyish）。

---

[1] 参见 Abdallah Saleh Farsy (1989)。这部作品是我们了解东非伊斯兰学术权威乌力马的生活最直接的材料。书中反复提及各种注经、释经活动。这种注经、释经活动是由各个级别的长老（shaykh）采用口头谈话的方式进行。

◆ 第五部分　超越通布图

他关于释经学（tafsir）、教法学（fiqh）、圣训学（hadith）、逻辑学和文学的著作在阿曼和桑给巴尔地区都很有影响力。安塔法伊什和桑给巴尔苏丹国之间的这种长久联系可以视为非洲内部学术联系的一个例子。曾经有一段时期，安塔法伊什获得了萨义德·巴加什的经济援助，并与巴加什的继任者维持了紧密的关系。桑给巴尔苏丹印刷出版社出版过安塔法伊什的几部著作，并广泛传播到了阿尔及利亚、埃及、利比亚以及阿曼。①

桑给巴尔国家档案馆中也可以找到本地区与逊尼派沙斐仪分支学术交流的通信证据。

东非地区医药史研究

桑给巴尔国家档案馆中一小部分手稿文献涉及某种形式的医药问题。这部分文献很少有人研究。② 但这部分文献对于东非地区药学实践的历史研究很有价值。

这些文献中有些讨论了草药配方，有些讨论了巫术，还有一些描述了先知医药学传统（tibb nabawwi）。国家档案馆收藏了至少三部关于这些医药学知识的经典著作。这表明东非地区的人们知道甚至使用过这些医药学书籍。③《先知医学和智慧中的仁慈》（Kitab al-rahma fi al-tib wa al-hikma）属于这一类作品。这本书的作者是贾拉尔·丹·苏乌提（卒于1505年）（Jalal al-Din al-Suyuti）。桑给巴尔国家档案馆中收藏了本书1728年的复本。这也是档案馆中收藏的最古老的手稿。这表明桑给巴尔的学者了解这一医学知识。《王权之树》（Shajarat al-arsh）是本地所著医药专著的一个例子。档案馆中收藏了此书的1936年版手稿。这篇医药专著的作者是萨义德·赛义德·本·苏尔坦（Sayyid Sa'id b. Sultan）的顾问纳西尔·本·贾义德·克哈鲁斯

---

① 关于桑给巴尔地区出版的安塔法伊什作品的概况，参见 Sadgrove（2004）.
② 德克里希是一个例外。参见 Declich（2001，2004）。
③ Declich（2001，2004）。

(1776—1847)（Nasir b. Ja'id al-Kharusi）。这本专著中描绘了可以在医药或者巫术中使用的根茎、植物和药草。

这些文献资料大多是 19 世纪中叶至晚期的作品。这些文献有待深入研究，而不该只是索引目录上无人问津的条目。

天文学与航海学

桑给巴尔国家档案馆中收藏的文献材料有不少涉及天文学和航海学。考虑到东非地区对远距离航海活动的依赖，这种现象也就不难理解了。桑给巴尔最知名的学者中有不少人至少写过一部涉及天文学或航海学的作品。早期的学者如 R·B·萨金特（RB Serjeant）曾研究过南部阿拉伯半岛人的航海诗歌和航海方法。然而，依据东非地区的材料进行此类研究工作仍然处于初级阶段。

穆斯林—基督徒关系研究

桑给巴尔国家档案馆所收藏的文献材料大部分创作于布·赛义德苏丹国领土内传教活动日益扩张的时期。在这一时期，伊斯兰教是受过教育的阶层寻求文化和文明指引的唯一官方参照系。基督教则在奴隶（再后来是前奴隶）群体中发展了很多皈依者，这一点不能忽视。

这些文献中最直接涉及穆斯林—基督徒关系的是一部里萨拉作品（risala）。这是阿里·本·穆罕默德·穆德希里（1866—1925）（'Ali b. Muhammad al-Mundhiri）为保卫伊斯兰教所写的作品。手稿成稿于 1891 年。穆德希里家族是具有阿曼渊源的伊巴德派。作为学者和法官，穆德希里家族和布·赛义德家族保持了很紧密的关系。当基督教传教活动成为 19 世纪 80 年代的桑给巴尔地区最为主要的宗教现象时，伊斯兰教学术权威乌力马积极参与了大辩论。他们中的有些人通过口头的方式参与辩论，有些则像穆德希里一样通过书面的方式参与辩论。穆德希里的这篇作品是对另一篇文献的回应。他所回应的文章名为"肯迪为选择基督教而非伊斯兰教所作之辩护"（The Apology of al-Kindi in Favour of Christianity over Islam）。这篇文章写于公元 830 年

◈ 第五部分 超越通布图

左右。文章是一位信仰基督教的阿拉伯人解释自己为何选择基督教而非伊斯兰教。19世纪时，这篇文章（显然已并非原稿）被活跃在伊斯兰社会中的基督教传教士组织所利用。[①] 穆德希里回应这篇文章的文章原稿目前收藏在桑给巴尔国家档案馆中。[②] 穆德希里通过讨论"三位一体"和"基督的神性"这些问题来驳斥原文作者。讨论过程充分体现了他对基督教信条和基督教福音书历史背景的熟识度。

桑给巴尔国家档案馆文献保护状况

桑给巴尔地区阿拉伯语文献有相当大比例保存在私人手中。这部分文献或者收藏于私人家中，或者作为宗教公产收藏在清真寺或者宗教团体里。出于对政府的不信任以及其他一些原因，个人都不乐意将手稿原件交给档案馆进行收藏。

就私人收藏中的文献材料来说，目前亟需开展登记和修复工作。目前私人收藏的文献材料的保存状态面临着急剧恶化的危险。有些是因为潮湿的气候和虫蛀鼠咬，有些则是面临着被卖给来自海湾地区国家财大气粗的收购商的危险。

一个特别的例子：苏丹书信馆藏

桑给巴尔国家档案馆收藏了数量庞大且极具特色的苏丹书信。但目前档案馆对这些书信文献的收藏方式无论从安全保存还是公众使用角度来看都有提升的空间，这一方面是因为缺乏改善物质硬件的资金，另一方面也是因为馆内工作人员缺乏所需的技能，包括阿拉伯语技能和现代文献保护能力。换句话说，桑给巴尔国家档案馆的苏丹书信文献需要进行细致的索引编目，在保护的基础上将这些文献整理成可供研究的馆藏资料。这既要求提高物质性的保存能力，也要求提高

---

① 关于肯迪所做辩护以及穆德希里所做回应的历史背景，参见 Hoffmann（2004）。相关情况 O'Fahey & Vikør（1996）一书中也有涉及。

② 此手稿文献编号 ZA 8/10。桑给巴尔国家档案馆中收藏的手稿长达316页，但瓦莱丽·霍夫曼教授认为这份手稿收藏明显不完整。

第二十四章　伊斯兰非洲历史的文本考证：桑给巴尔国家档案馆中的阿拉伯语材料

馆内员工的技能水平。

桑给巴尔国家档案馆中的馆藏规模不是特别大，其中有些文献只有一两页篇幅。因此将这些文献扫描并建立数据库并非天方夜谭的想法。这样一来这些文献均能通过线上进行浏览。不论是去馆内现场还是在身处世界的某个角落，人们都能通过网络接触到这些文献。这可以让这些文献避免物理接触而造成的折旧和损坏。因此，对书信文献进行编目、扫描和保护应当成为一项急迫的项目。此外，这一项目还应当包含能力提升的内容，尤其是档案馆员工的相关能力的提升。

截至目前，桑给巴尔国家档案馆中没有精通阿拉伯语、斯瓦西里语和英语这三门语言的员工。如果获得了足够的资金支持，档案馆可以从桑给巴尔国立大学或者私立的学校如穆斯林学院中招录员工。因为这些大学或学校中培养了一些精通前述三种语言的候选人。第二，桑给巴尔国家档案馆负责维护文献的员工从20世纪80年代以后就停止了接受相关培训。建议邀请来自印度或者欧洲的专家对相关馆员进行最新文献保护方法方面的内部培训。同时，我建议档案馆安排一名负责索引编目的馆员前往喀土穆或卑尔根接受培训。这一点很重要。因为即使某个员工精通阿拉伯语、斯瓦西里语和英语，他可能也并不了解将阿拉伯字母转写为拉丁字母的过程。因此，为了编写出方便研究者使用的索引，这一项目必不可少。最后，项目所需的硬件技术设备需要配备齐全，包括扫描仪、数码相机以及足够支撑大型数据库运行的电脑设备。

参考文献

Bang AK (2003) Sufis and scholars of the sea, family networks in East Africa, 1860 - 1925. London/New York：RoutledgeCurzon.

Declich L (2001) The Arabic manuscripts of the Zanzibar National Archives：Sources for the study of popular Islam in the island during the 19th century. In BS Amoretti (Ed.) Islam in East Africa：New sources. Rome：Herder.

Declich L (2004) Zanzibar: Some nineteenth-century Arabic writings on healing. In S Reese (Ed.) The transmission of learning in Islamic Africa. Leiden: Brill.

Farsy AS (1989) Baadhi ya wanavyoni wa kishafi wa mashariki ya Afrika/The Shafi'i Ulama of East Africa, ca. 1830 – 1970: A hagiographical account. Translated, edited and annotated by RL Pouwels. University of Wisconsin, African Primary Text Series, III.

Hoffmann V (2004) al-Mundhir and the defence of Ibadism in Zanzibar. Unpublished paper, MESA, San Francisco.

Khamis KS (2001) The Zanzibar National Archives. In BS Amoretti (Ed.) Islam in East Africa: New sources. Rome: Herder.

O'Fahey S & Vik?r K (1996) A Zanzibari waqf of books: The library of the Mundhiri family. Sudanic Africa 7: 5 – 23.

Purpura P (1997) Knowledge and agency: The social relations of Islamic expertise in Zanzibar Town. PhD thesis, City University of New York.

Reese S (2004) Introduction. Islam in Africa: challenging the perceived wisdom. In S Reese (Ed.) The transmission of learning in Islamic Africa. Leiden: Brill.

Sadgrove P (2004) From Wadi Mizab to Unguja: Zanzibar's scholarly links. In S Reese (Ed.) The transmission of learning in Islamic Africa. Leiden: Brill.

Sharif A (1987) Slaves, spices and ivory in Zanzibar. London: James Currey.

Trimingham JS (1964) Islam in East Africa. New York: Books for Libraries.

附 录

作者简介

安妮·K. 邦（Anne K Bang），挪威研究委员会/卑尔根大学研究员

希拉·S. 布莱尔（Sheila S Blair），美国波士顿学院诺玛·让·卡尔德伍德大学伊斯兰和亚洲艺术教授；弗吉尼亚联邦大学哈马德·本·哈利法伊斯兰艺术基金会主席。

乔纳森·M. 布罗姆（Jonathan M Bloom），美国波士顿学院诺玛·让·卡尔德伍德大学伊斯兰和亚洲艺术教授；弗吉尼亚联邦大学哈马德·本·哈利法伊斯兰艺术基金会主席。

哈米德·博博伊（Hamid Bobboyi），尼日利亚艾哈迈杜·贝罗大学阿雷瓦·豪斯历史文献和研究中心主任。

蒂莫西·克利夫兰（Timothy Cleaveland），美国弗吉尼亚大学非洲研究所副教授。

穆罕默德·迪亚加耶特（Muhammad Diagayeté），马里艾哈迈德·巴巴伊斯兰高等研究所研究员。

苏莱曼尼·贝希尔·迪亚涅（Souleymane Bachir Diagne），美国西北大学哲学系教授。

保罗·F. 德莫拉斯·法瑞斯（Paul F de Moraes Farias），英国伯明翰大学西非研究中心荣誉高级研究员。

阿斯拉姆·法鲁克－阿里（Aslam Farouk-Alli），南非外交部政治顾问，曾任开普敦大学通布图项目研究员。

附录

阿卜杜勒·卡德尔·海达拉（Abdel Kader Haidara），马里玛玛·海达拉纪念图书馆馆长、策展人。

伊斯梅尔·迪亚迪埃·海达拉（Isma？l Diadié Haidara），马里方多·卡蒂图书馆馆长、策展人。

穆拉耶·哈桑（Moulaye Hassane），尼日尔尼亚美大学人文科学研究所阿拉伯和阿贾米手稿研究系主任。

约翰·汉维克（John Hunwick），美国西北大学非洲伊斯兰思想研究所荣休教授、主任。

沙米尔·耶派（Shamil Jeppie），南非开普敦大学历史研究系通布图项目高级讲师、主任

默里·拉斯特（Murray Last），英国伦敦大学东方和非洲研究学院非洲研究中心副研究员。

贝弗利·B.马克（Beverly B Mack），美国堪萨斯大学非洲研究教授。

马哈曼·马哈穆杜（Mahamane Mahamoudou），马里通布图教学动画中心教育顾问；ISESCO-AMAI 图书馆馆长；伊斯兰科学教师。

穆罕默德·沙伊德·马特（Mohamed Shaid Mathee），南非开普敦大学通布图项目博士研究生、研究者。

罗德里克·J.麦金托什（Roderick J McIntosh），美国耶鲁大学人类学系教授；南非比勒陀利亚大学访问人类学教授。

R.希安·欧法希（Séan O'Fahey），挪威卑尔根大学非欧洲研究系教授；美国西北大学客座教授。

叶海亚·乌尔德·巴拉（Yahya Ould el-Bara），阿拉伯联合酋长国扎耶德大学阿拉伯和伊斯兰研究系教授。

阿卜杜勒·维都德·乌尔德·切赫（Abdel Wedoud Ould Cheikh），法国梅茨大学人类学和社会学教授。

穆罕默德·乌尔德·游巴（Mohammed Ould Youbba），马里艾哈迈德·巴巴伊斯兰高等研究所客座总干事。

查尔斯·C.斯图尔特（Charles C Stewart），美国伊利诺伊大学国

际事务临时副教务长,历史系教授。

豪阿·道若(Haoua Taore),马里方多·卡迪图书馆助理策展人。

穆赫塔尔·本·叶海亚·旺加里(Mukhtar bin Yahya al-Wangari),马里旺加里图书馆馆长、策展人。

编辑说明

关于音译

阿拉伯名字和头衔总体上根据《芝加哥手册（第15版）》的建议进行音译。我们试图尽可能简化音译，除了 hamza（'）和 ayn（'）之外，不使用变音符号。我们将定冠词 al 与名词连用连字符连接，在 d、n、r、s、sh、t 和 z 之前没有省略（例如 Tarikh al-Sudan 而不是 as- Sudan）。由于阿拉伯字母不区分大写和小写形式，我们只大写专有名词和句子的第一个词，或在一本书或手稿的音译标题。非洲语言中的人名的拼写方式接近他们的实际发音，或者根据手稿中标识的元音来拼写。起源于阿拉伯语的穆斯林名字也相应地被翻译成英文，尽管当地的发音有很大的不同（例如，Amadu 代表 Ahmad，Usman 代表"Uthman"）。我们试图保持拼写一致性，但也包括非洲法语区常用的拼法，因此，艾哈迈德·巴巴研究所拼写为（Ahmed Baba Insitute），因为马里是这样用的；但学者艾哈迈德·巴巴的名字则按照我们音译的规范译为 Ahmad Baba。

关于日期

伊斯兰历和太阳历的对应根据 Faik Resit Unat 的 *Hicri tarihleri miladi tarihe cevirme kilavuzu*（Ankara：Turk Tarih Kurumu Basimevi，1994）一书计算。如未注明，日期为公历；只有当原稿中的日期是伊斯兰历

时，我们标出了两种日期。一些微小的分歧可能存在，因为月是根据看见新月的时间而设定的。伊斯兰历中年的月份顺序如下：穆哈兰姆月、色法尔月、赖比尔·敖外鲁月、赖比尔·阿色尼月、主马达·敖外鲁月、主马达·阿色尼月、赖哲卜月、舍尔邦月、赖买丹月、闪瓦鲁月、都尔喀尔德月、都尔黑哲月。一个月有29天或者30天，一整年是355天。伊斯兰历（月亮历）中的一个世纪大约是太阳历中的97年。